Max Weber

C

Durch dieses Lehrbuch wird an das Gesamtwerk Max Webers (1864 – 1920) herangeführt. Weber gilt nicht nur als einer der bedeutendsten deutschen Sozialwissenschaftler, er zählt zu den wirkungsvollsten Denkern des 20. Jahrhunderts überhaupt. Die Auseinandersetzung mit Max Webers Hypothesen, Begriffen, Methoden und Ergebnissen liefert bis heute einen der wichtigsten gemeinsamen Nenner bei der Definition der wissenschaftlichen Identität internationaler Soziologie. Diese Einführung behandelt Webers Biographie, seine Werkgeschichte, seine wichtigsten Arbeiten auf den Gebieten der Argrar-Wirtschafts- und Sozialgeschichte der Antike und des Mittelalters, seine Studien zur Sozial- und Wirtschaftsverfassung des Wilhelminischen Deutschland, seine Schriften zur Religionssoziologie, der Begrifflichkeit und Architektur von »Wirtschaft und Gesellschaft«, seine zentralen methodologischen Positionen, seine wissenschaftliche Bedeutung zu Lebzeiten und seine Bedeutung für die heutige und die zukünftige Soziologie.

Dirk Käsler ist Professor für Allgemeine Soziologie an der Philipps-Universität Marburg.

Dirk Käsler

Max Weber

Eine Einführung in Leben, Werk und Wirkung

Campus Verlag
Frankfurt/New York

Die Deutsche Bibliothek – CIP-Einheitsaufnahme

Käsler, Dirk:
Max Weber: eine Einführung in Leben, Werk und Wirkung /
Dirk Käsler. – Frankfurt/Main; New York: Campus Verlag, 1995
ISBN 3-593-35072-6

Umschlaggestaltung: Atelier Warminski, Büdingen
Umschlagfoto: Max Weber bei der Lauensteiner Tagung 1917 (im Hintergrund Ernst Toller); Aufnahme Leif Geiges
Druck: Druckhaus Beltz, Hemsbach
Gedruckt auf säurefreiem und chlorfrei gebleichtem Papier.
Printed in Germany

Inhalt

Einleitung

Dieses Buch lädt ein zu einer Exkursion durch Leben und Werk Max Webers (1864-1920). Max Weber gilt heute nicht nur als einer der bedeutendsten deutschen Sozialwissenschaftler, er zählt darüber hinaus zu den wirkungsvollsten Denkern des Zwanzigsten Jahrhunderts. Seit Jahrzehnten wird sein nachgelassenes Werk von zahlreichen geisteswissenschaftlichen Disziplinen im internationalen Wissenschaftsdiskurs behandelt. Die Auseinandersetzung mit Max Webers Hypothesen, Begriffen, Methoden und Ergebnissen liefert bis heute einen der wichtigsten gemeinsamen Nenner bei der Definition der wissenschaftlichen Identität internationaler Soziologie.

Das hier vorgelegte Lehrbuch setzt sich in textnaher Weise auseinander mit Max Webers Biographie, seinem Werk, seinen zentralen methodologischen Positionen und seiner Wirkung. Es verfolgt im wesentlichen *drei Zielsetzungen*:

1) Noch immer wirken in der bisherigen Auseinandersetzung mit Max Weber Tendenzen einer Zersplitterung und Abtrennung. Besonders auffällig ist dabei die *Trennung von Leben, Werk und Methode*. Mit dieser Arbeit soll eine möglichst umfassende, *systematische Darstellung der Verflechtung* dieser drei Zusammenhänge angeboten werden.
2) Gerade weil es nicht mehr ganz aktuell ist, sei daran erinnert, daß es bis vor kurzem einen wirkmächtigen Argumentationszusammenhang gab, durch den Max Weber als der Repräsentant einer "bürgerlichen Soziologie" stilisiert, oder besser: denunziert wurde. Nun, da dieser Diskurs weitgehend verschwunden ist, erscheint es mir heute noch wichtiger als früher, Max Webers *sozialökonomisches Erkenntnisinteresse* als durchgängigen Grundton seiner Arbeiten herauszustellen. Verkürzt man Webers Werk auf eine handlungstheoretisch orientierte, aus-

schließlich "verstehende" Soziologie, auf eine primär "subjektiv" gerichtete Theoriekonzeption in der Soziologie, so verfehlt man, so meine ich, seine Gesamtleistung an entscheidender Stelle. Die Gefahr jenes interpretativen Mißverständnisses, die Weber in rein idealistischer Weise halbiert, ihn in diesem Sinn "verbürgerlicht", ist weniger denn je gebannt. Diesem entgegenzuwirken ist eine der zentralen Absichten meiner Darstellung.

3) Dieses Lehrbuch will und kann kein Ersatz für eigene Lektüre sein. Es soll, ganz im Gegenteil, als *Wegweiser zur selbständi*
4) *gen Arbeit an Webers Texten* dienen. Die teilweise referierende Vorgehensweise ergibt sich sowohl aus meinen didaktischen Erfahrungen als auch aus meiner Absicht, das Interesse auch auf Texte zu lenken, die bislang von der Soziologie weitgehend vergessen worden sind.

Bei der Darstellung des immer wieder beeindruckend umfangreichen Werks Max Webers wird versucht, in einem gerade noch erträglich erscheinenden Grad der Komprimierung sowohl einen *Überblick über das gesamte wissenschaftliche Werk* Max Webers zu bieten, als auch die darin enthaltenen, *soziologisch relevanten* Themen und Thesen herauszuarbeiten. Diese Zielsetzung hat *vier Konsequenzen* zur Folge:

1) Sie erfordert das *Abgehen von der chronologischen Reihenfolge* des Entstehens der einzelnen Arbeiten. Dadurch soll jedoch versucht werden, bestimmte durchgehende Fragestellungen und deren Weiterentwicklung aufzuzeigen.
2) Der Einführungscharakter dieses Buches erfordert eine künstliche, dem Ansatz Max Webers nicht adäquate, *Trennung von "Werk" und "Methode"*. Sowohl durch die Querverweise auf das methodische Vorgehen in den Passagen über das Werk, als auch durch Hinweise auf die dadurch gewonnenen Ergebnisse in den Abschnitten über die Methode soll deren *enger Zusammenhang* verdeutlicht werden.
3) Aus der ausschließlichen Beschränkung auf das wissenschaftlich-soziologische Kondensat des Weberschen Gesamtwerks ergibt sich der *Verzicht* auf die Behandlung eines Bereichs des Weberschen Werks, der für ein Gesamtverständnis unverzichtbar ist: den quantitativ erheblichen Bestand *der (tages-)politisch orientierten*

Arbeiten Max Webers. Die Erkenntnisse jedoch, die sich aus den schon bisher erschienenen Bänden der Max Weber-Gesamtausgabe zu diesem Komplex, aber auch der erste Band der Briefe Max Webers, lassen es derzeit geraten sein, den ganzen Bereich auszusparen. Stattdessen wird auf die bewährten Darstellungen von Wolfgang J. Mommsen und David Beetham verwiesen[1]

4) Aufgrund des hinführenden Lehrbuch-Charakters dieser Darstellung habe ich mich darum bemüht, den Einfluß *rein persönlicher Interpretationen* von Werk und Methode zu vermeiden. Die emsige Industrie der zahllosen nationalen und internationalen Weber-(Re)Interpretationen bedarf keines weiteren Beitrags. Was "Studierende" Max Webers vielleicht eher brauchen können, ist eine systematische

5) Rekonstruktion der zentralen Gedanken und Argumentationsketten Max Webers selbst, eine Art von *Wegweiser zum Max-Weber-Lesen.* Die Zahl der klugen Neu- und Umformulierungen Weberscher Gedanken, und ganz sicherlich die Unzahl jener Arbeiten, die sich darauf berufen, daß Weber sie eigentlich hätte schreiben wollen oder zumindest sollen, muß nicht vergrößert werden.

Wenn ich mich also insgesamt bei dieser Neufassung einer in die Jahre gekommenen Darstellung[2] an deren anglo-amerikanischem "Ableger" orientiert habe[3] so verdankt sich dies meiner Einschätzung, der zufolge das Zurücktreten hinter den Gedankenketten Max Webers der Sache eher zuträglich ist, als das Trittbrettfahren einer wuchernden Max Weber-Interpretationsindustrie.

Natürlich fordert eine solche Vorgehensweise Preise. Einer der betrüblicheren ist, daß Max Weber in der nachfolgenden Darstellung zu einem relativ nüchternen, analytischen und sehr soziologisch-wissenschaftlichem Denker "präpariert" wird. Max Weber war auch so, aber eben nur *auch.* Der "vulkanische", "dämonische" Weber, der leidenschaftliche Politik-Denker, aber auch der nationalistische Eiferer, sie alle bleiben in der nachfolgenden Darstellung außen vor. Eine "Einführung" ist eine Hinführung, und keine Endstation.

---

1 *Mommsen, Wolfgang J.*, Max Weber und die deutsche Politik 1890 - 1920. 2. Aufl. Tübingen:Mohr-Siebeck 1974; *Beetham, David*, Max Weber and the Theory of Modern Politics. 2nd. ed. Cambridge:Polity 1985.

2 *Käsler, Dirk*, Einführung in das Studium Max Webers. München:Beck 1979.

3 *Käsler, Dirk*, Max Weber. An Introduction to his Life and Work. Cambridge:Polity Press / Chicago:University of Chicago Press 1988.

Ausblickend möchte ich gerade darum auch hier jenen Gedanken in Erinnerung rufen, der mir in jüngster Zeit noch erklärungsträchtiger als früher erscheint. Schon früher betonte ich, daß die Lebendigkeit des "Klassikers" Weber eben darin läge, daß er seine spezifisch soziologische Sehweise nicht in einer in sich abgeschlossenen "Theorie" vorlegte, sondern daß er seine "Versuche der Vermittlung" in immer neuen Wendungen unternommen habe. Mit diesem Hinweis wollte ich andeuten, daß sich Max Weber, dieser vermeintlich so nüchterne, trockene, analytische Paragraphen-Soziologe *auch* in einen Zusammenhang einordnen ließe, in dem er bislang noch nicht gesehen wurde: dem der *Essayisten.*[4] Max Weber, so behaupte ich weiterhin, unternahm seine unablässigen "Versuche der Vermittlung" in der Darstellungsform des Essays, jenem Stilmittel also, mit dessen Hilfe ein Gegenstand, ein Thema, ein historischer Prozeß in das Zentrum ganz unterschiedlicher Perspektiven und Aspekte gestellt wird. Dabei von besonderer Wichtigkeit ist der experimentelle, hypothetische Charakter des Essays, dessen erklärtes Ziel die Synthese ist, also genau das, was wir mit "Vermittlung" bezeichnen. Betrachtet man den Essay als die dem Zwanzigsten Jahrhundert angemessene Kunstform, so stünde Weber unmittelbar in einer Reihe mit Autoren wie Georg Simmel, Robert Musil, Georg Lukács u.a. Ihnen allen wäre gemeinsam der Versuch zu "vermitteln", Brücken zu schlagen und gerade dadurch neue Wege zu bahnen. Versteht man von hier aus etwa die "Gesammelten Aufsätze zur Religionssoziologie", ja sogar "Wirtschaft und Gesellschaft", als *große wissenschaftliche Essays*, bzw. Sammlungen von Essays, und nicht als umfassende theoretisch-empirische Monographien, so erübrigte sich mancher Interpretationsstreit über "Einheit" oder "Zersplitterung" des Werks.[5]

Gerade die Möglichkeit und Notwendigkeit immer wieder neuer

---

4 Den ursprünglichen Hinweis auf diese Interpretationsmöglichkeit verdanke ich dem verstorbenen Peter C. Ludz, der dieses Konzept als Verbindungselement zwischen Arnold Hauser und Georg Lukács herausgearbeitet hatte. Vgl. dazu *Hauser, Arnold*, Im Gespräch mit Georg Lukács. Mit einem Nachwort von P. C. Ludz. München:Beck 1978, insbes. S. 94-97, 117ff.

5 Aktuell bestärkt werde ich in diesen Überlegungen durch eine soeben erschienene Arbeit, die aus literaturwissenschaftlicher Sicht überzeugend nachweist, daß Weber sich weit mehr als bisher angenommen für Kunst und Literatur interessierte. Vgl. *Weiller, Edith*, Max Weber und die literarische Moderne. Ambivalente Begegnungen zweier Kulturen. Stuttgart:Metzler 1994.

Lesarten und Interpretationen seines Gesamtwerkes sind es auch, die zur Auseinandersetzung mit Werk und Methode Max Webers unablässig anregen und einladen. Jenseits seiner historischen Bedingtheit wird der "Klassiker" Max Weber in seinem uns hinterlassenen Werk ein hervorragender "Prüfstein" für die Bestimmung der professionellen Identität aller Menschen bleiben, die sich im Irrgarten der Sozialwissenschaften weder verlieren wollen, noch sich mit falscher Sicherheit zufrieden geben wollen.

Die ernsthafte Auseinandersetzung mit dem Werk Webers wird zugleich wegführen von jeder engen, nur disziplinbezogenen Perspektive und hinführen zur (Wieder-)Entdeckung der historischen Dimension gesellschaftlicher Wirklichkeit.

I. Das Leben[6]

Karl Emil *Maximilian* Weber wurde am 21. April 1864 in Erfurt in Thüringen geboren. Er war das erste von acht Kindern von Dr. jur. Max Weber sen. und dessen Frau Helene, geb. Fallenstein. Einer der jüngeren Brüder Max Webers, Alfred (1868-1958), sollte später ebenfalls als Soziologe wirken.

Der Vater dieser beiden soziologischen Brüder, Max Weber sen. (1836-1897), war Jurist, stammte aus einer in Westfalen ansässigen Industriellen- und Kaufmannsfamilie von deutsch-englischen Textilfabrikanten. Der Großvater, Karl August Weber, war Mitglied des Bielefelder Handelspatriziats und blieb für seinen Enkel Max das Beispiel eines frühkapitalistischen Unternehmers. Der Onkel, Carl David Weber, übernahm später eine Leinenweberei im westfälischen Oerlinghausen und führte moderne Unternehmensführung ein; er gab das Vorbild des modernen kapitalistischen Unternehmers ab. Zur Zeit von Max Webers Geburt war der Vater Magistrat in Erfurt, nachdem er vorher einen Posten bei der Berliner Stadtverwaltung bekleidet hatte.

Läßt sich die väterliche Familie Weber eher dem deutschen Besitzbürgertum zuordnen, so gehörte die mütterliche Familie der Fallenstein, ursprünglich hugenottischer Herkunft, eher zum deutschen Bildungsbürgertum. Helene, Max Webers Mutter (1844-1919), empfing die wesentlichsten geistigen Anregungen von ihrem Vater, Georg Friedrich Fallenstein, einem Regierungsrat und späterem Gehei-

6 Vieles im Leben Max Webers ist heute, siebzig Jahre nach seinem Tod, noch unerforscht. Die hier vorgelegte Skizze kann daher nur Stückwerk sein. Erst die vollständige Veröffentlichung der privaten und wissenschaftlichen Korrespondenz wird Licht in manche Ungeklärtheiten werfen. Vgl. *Käsler, Dirk*, Der retuschierte Klassiker. Zum gegenwärtigen Stand der Biographie Max Webers. - In: Max Weber heute. Erträge und Probleme der Forschung. Hrsg.v.J.Weiß. Frankfurt a.M. 1989, S.29-54.

men Finanzrat im Finanzministerium in Berlin. Ihre Mutter, Emilie Souchay, entstammte ebenfalls einem Hugenottengeschlecht, das in der Gegend um Frankfurt am Main ansässig geworden war. Helene selbst war eine Frau von hoher Bildung, die sich stark mit religiösen und sozialen Problemen beschäftigte und ab 1904 in der Armenverwaltung der Charlottenburger Stadtverwaltung tätig wurde[7].

1866 erkrankte Max Weber jun. an halbseitiger Meningitis. 1869 wurde sein Vater besoldeter Stadtrat in Berlin und ließ sich mit seiner Familie in Charlottenburg nieder. Max Weber sen. begann eine parlamentarische Laufbahn als Abgeordneter der Nationalliberalen Partei im Preußischen Abgeordnetenhaus und im Deutschen Reichstag, wo es ihm allmählich gelang, eine einflußreiche Position einzunehmen. Von seiner politischen Haltung her gehörte er Anfang der 1860er Jahre zu den "Konstitutionalisten", einer Fraktion der "Nationalliberalen", die sowohl für eine starke Hohenzollern-Monarchie als auch für die Beachtung der Rechte des Volkes eintrat. Max Weber sen. entwickelte sich zu einem typischen bürgerlichen Politiker des damaligen Wilhelminischen Deutschlands, er war pragmatisch und tagespolitisch orientiert. Seinen Frieden mit Bismarck hatte er, wie fast alle damaligen Liberalen, längst geschlossen. Persönlich eher hedonistisch eingestellt, kollidierte er oft mit seiner Frau, deren religiöse und humanitäre Überzeugungen er, obwohl ebenfalls protestantisch, nicht teilte. Religion zumal blieb für ihn immer ein Synonym für Heuchelei. Die Mutter versuchte dem jungen Max Weber bald ihre Religiosität und das Bewußtsein sozialer Verantwortung zu vermitteln, freilich ohne großen Erfolg. Als Hausfrau war sie mit ihrem Mann, sieben Kindern, einem großen Haus und einem umfangreichen Freundeskreis voll ausgelastet.

1870 trat Max Weber in eine Berliner Privatschule ein, zwei Jahre später wechselte er auf das Königliche Kaiserin-Augusta-Gymnasium in Charlottenburg. Während seiner Schulzeit las er viel: hauptsächlich historische Werke (Theodor Mommsen, Ernst Curtius), die antiken Klassiker (Homer, Herodot, Cicero, Sallust, Vergil, Livius) und Philosophen (Spinoza, Schopenhauer, Kant). Mit seinem älteren Cousin Fritz Baumgarten, der bereits in Berlin studierte, pflegte der 14-jährige einen intensiven Briefwechsel über Homer, Herodot,

---

7 Zur genauen Darstellung der Verwandtschaftsverhältnisse Max Webers vgl. den Abschnitt "Verwandtschaftstafeln" in MWG II/5, S.764-767.

Vergil und Cicero. Die Lehrer der Schule waren mit dem Schüler Max Weber nicht zufrieden: seine Leistungen könnten besser sein und sein Verhalten wurde als respektlos bezeichnet. Ihn hingegen langweilte die Schule, so soll er nach und nach die gesamte 40bändige Cottasche Goethe-Ausgabe unter der Schulbank gelesen haben.

Der große Kreis bekannter Persönlichkeiten, die in seinem Elternhaus verkehrten - unter ihnen bedeutende Politiker und Wissenschaftler - und mit denen sein Vater politische und intellektuelle Diskussionen pflegte, schuf für den jungen Weber ein geistig anregendes Milieu. So waren als Haupteinflüsse während seiner Jugendzeit sein familiärer Hintergrund und die damals hervorragende deutsche Gymnasialbildung anzusehen, die die Grundlage für das weite Spektrum Weberscher Interessengebiete abgaben. Ungeachtet der autoritär-patriarchalischen Züge des Vaters identifizierte sich Max in dieser Zeit stärker mit diesem. Er vermittelte ihm wichtige Impulse für das spätere Studentenleben.

Die wachsende Entfremdung zwischen seinen Eltern trat beim Tod einer 4jährigen Tochter der Webers (1876) zu Tage: Max Weber sen. teilte zunächst den Kummer der Mutter, kehrte aber bald zu seiner inneren Ausgeglichenheit zurück und überging diese Störung seiner Lebensfreude. Die von Anfang an bestehenden Spannungen zwischen Webers Eltern, die grundlegende Unverträglichkeit zwischen dem das Vergnügen liebenden Berliner Politiker und der an sozial und religiös bestimmter Innerlichkeit orientierten Mutter, brachen offen auf. Wie Max Weber diesen Zwiespalt in seiner Kindheit verarbeitete, ist unklar - in seiner Zeit als Berliner Rechtsreferendar und Assessor, die er im Elternhaus verbrachte, wurde ihm dieser Konflikt jedenfalls voll bewußt.

Im Frühjahr 1882 absolvierte Max Weber das Abitur und begann im darauf folgenden Sommersemester sein Studium in Heidelberg, dem Jugendwohnsitz seiner Mutter, wo er im Hauptfach Jurisprudenz, daneben Nationalökonomie, Geschichte, Philosophie und etwas Theologie belegte. Seine Spezialthemen waren die Geschichte der Spätantike, modernes Handelsrecht und die zeitgenössische Staatsrechtslehre. Wie er in der Vita zu seiner Dissertation später selbst schrieb, hörte er Jurisprudenz bei Ernst Immanuel Bekker, Otto Karlowa, M. Heinze und H. Schulze, Philosophie bei Kuno Fischer, Nationalökonomie bei Karl Knies und Geschichte bei Erdmannsdörfer. Weber trat, wesentlich auf Anregung seines Vaters, bei der Burschenschaft "Allemannia" ein und beteiligte sich aktiv an Kommersen und Mensuren. Er war in dieser Zeit mit seinem Vetter Otto Baumgarten eng befreundet, der in Heidelberg sein Theologiestudium abschloß.

Weber verließ das Berliner Elternhaus als magerer, schüchterner Student, während der drei Semester in Heidelberg wandelte er sich, physisch und in seiner Persönlichkeit, grundlegend. Den Studienalltag, den er mit Otto Baumgarten verbrachte, erhellt uns eine Stelle aus seinen Briefen: "Das Logikkolleg früh um 7 Uhr zwingt zum Frühaufstehen, dann hasple ich mich jeden Morgen eine Stunde lang auf dem Paukboden ab, sitze dann gewissenhaft meine Kollegien ab. Ich esse um 1/2 1 Uhr zu Mittag nebenan für eine Mark, trinke zeitweise 1/4 Liter Wein oder Bier dazu, spiele dann bis zwei Uhr häufig mit Otto und Herrn Ickrath (dem Wirt) einen soliden Skat, ohne den Otto nicht existieren kann, worauf wir uns in unsre verschiedenen Behausungen zurückziehen, ich meine Kollegheftе durchsehe und dann Strauß ‚Der alte und der neue Glaube' lese. Eventuell gehen wir nachmittags auf die Berge. Abends sind wir wieder zusammen bei Ickrath, wo wir für 80 Pfg. ein ganz gutes Abendessen haben und lesen danach regelmäßig Lotzes Mikrokosmus, über den wir in der hitzigsten Weise aneinandergeraten."[8]

In seiner Heidelberger Studienzeit besuchte Max Weber seinen Onkel Hermann Baumgarten in Straßburg, zu dem er später eine engere Beziehung entwickeln sollte. Die weltliche Atmosphäre des modernen akademischen Lebens brachte Max Weber rasch weiter in Distanz zu seiner in sich gekehrten Mutter. 1883 siedelte er nach Straßburg über, um dort seinen einjährigen Wehrdienst abzuleisten. Der Dienst war hart und für ihn ungewohnt, so daß er erleichtert war, als er schließlich zum Korporalschaftsführer ernannt wurde. In seinem weiteren Leben war er immer stolz auf seinen späteren Rang als Hauptmann der Reserve der Kaiserlichen Armee. Dem stupiden Kasernendienst entging er zum Teil durch das nebenherlaufende Studium an der Straßburger Universität: außer bei Rudolph Sohm und Bremer hörte er insbesondere bei seinem Onkel, der einen Lehrstuhl für Geschichte innehatte.

Zwei Schwestern seiner Mutter Helene waren mit Straßburger Professoren verheiratet: seine Tante Emilie mit dem Geologen und

8 *Weber, Marianne*, Max Weber. Ein Lebensbild. 3.Aufl. Tübingen 1984, S.72.

Paläontologen Ernst Wilhelm Benecke, zu der Familie seiner Tante Ida, der Frau Hermann Baumgartens, verband ihn mit der Zeit eine tiefe Freundschaft. Die Baumgartens wurden Webers "zweite Eltern", wie er später selbst sagen sollte. Der Onkel war für ihn politischer und intellektueller Mentor und Vertrauter. Im Gegensatz zu Max Weber sen. war er gegen Kompromisse und Zugeständnisse an Bismarck. Baumgarten gehörte zu jener kleinen Minderheit deutscher Liberaler, die sich den 48er Geist bewahrt hatten und sich über den restaurativen Charakter der Politik des Reichskanzlers keine Illusionen machten; zugleich jedoch erhielt er sich eine sehr kritische Position dem politisch-organisierten Liberalismus seiner Zeit gegenüber[9]. Hermann Baumgarten bildete, neben dem Onkel Carl David Weber, dessen kreative unternehmerische Energien den Neffen stark beeindruckten, eine starke Gegenfigur zum Vater.

Ida Baumgarten war wie ihre Schwester tief von religiösen und sozialen Neigungen geprägt. Unter ihrem Einfluß schätzte Max Weber seinen Vater zunehmend als amoralischen Genußmenschen ein, und er begann zugleich die religiösen Werte seiner Mutter besser zu verstehen. Im Hause der Baumgartens begegnete er zudem seiner ersten großen Liebe: deren Tochter Emmy.

1884 nahm Weber für zwei Semester sein Studium in Berlin wieder auf, wohl auf Wunsch seiner Eltern, die ihn der Kontrolle und dem Einfluß der Baumgartens entziehen wollten. Das ungebundene, stürmische Studentenleben seiner Heidelberger Zeit, Webers einzige "Jugend", setzte er in Berlin, vermutlich seiner Mutter zuliebe, nicht weiter fort. Mit wenigen Unterbrechungen - Studienabschluß in Göttingen und verschiedene Militärübungen - blieb er die nächsten acht Jahre zu Hause, damit auch finanziell vom zunehmend ungeliebten Vater abhängig. An der Berliner Universität hörte er bei Georg Beseler Privatrecht, bei Ludwig Aegidi Völkerrecht, bei Rudolf von Gneist deutsches Staats- und preußisches Verwaltungsrecht, bei Heinrich Brunner und Otto von Gierke deutsche Rechtsgeschichte sowie historische Vorlesungen bei Theodor Mommsen und Heinrich von Treitschke, dessen übersteigerter Patriotismus ihm unsympathisch war. In dieser Haltung wurde er von Hermann Baumgarten bestärkt - gegen seinen Vater, der der Glorifizierung der Hohenzol-

9 Vgl. *Baumgarten, Hermann,* Der deutsche Liberalismus. Eine Selbstkritik. - In: Preußische Jahrbücher, Bd. 18(1866), S. 455ff.; 575ff.

lern durchaus wohlwollend gegenüberstand. Der demagogische Heinrich von Treitschke wurde für Max Weber zum Exempel des professoralen Agitators, dem er als Alternative den "werturteilsfreien", historisch differenzierenden Wissenschaftler entgegenzusetzen wußte.

Im April 1885 absolvierte er seine erste militärische Übung in Straßburg, belegte das Sommersemester - sein fünftes - wieder in Berlin, um sich im Wintersemester 1885/86 in Göttingen auf das juristische Referendarexamen vorzubereiten. Von dem geruhsamen Heidelberger Studentenleben war wenig geblieben: Weber entwickelte in dieser Zeit jenes intensive Arbeiten, das seine weitere akademische Laufbahn bestimmen sollte. Nach dem Ersten juristischen Staatsexamen, das er in Celle im Mai 1886 absolvierte, kehrte er zurück ins Elternhaus in Berlin-Charlottenburg, um es erst 1893 bei seiner Heirat endgültig zu verlassen. Er setzte seine Studien in Berlin fort, mit dem Ziel der damals in seinem Fach in Berlin sehr schweren Promotion. Er studierte hauptsächlich bei Levin Goldschmidt und August Meitzen. Im darauffolgenden Jahr weilte Weber zur Ableistung seiner zweiten Offiziersübung wiederum in Straßburg. Seine inzwischen enge Beziehung zu Emmy Baumgarten wurde unterbrochen, da diese psychisch erkrankte und längere Zeit in einer Nervenheilanstalt zubringen mußte.

Nach seiner Rückkehr nach Berlin wurde Weber Doktorand bei dem Handelsrechtler Goldschmidt. Während seiner ihn sehr langweilenden Referendarzeit absolvierte er seine dritte militärische Übung 1888 in der Provinz Posen, wohin sein Regiment von Straßburg zu Beginn des Jahres 1887 verlegt worden war. Der dortige Landrat Otto Nollau, dessen Frau eine Jugendfreundin von Max Webers Mutter war, verschaffte ihm Einblick in die preußische Ansiedlungspolitik, wie sie seit der "Ostmarkvorlage" betrieben wurde. Dies war ein Ansiedlungsgesetz für die Provinzen Posen und Westpreußen, das 1886 vom Deutschen Reichstag verabschiedet worden war. Durch umfangreiche Landkäufe und die Aufteilung dieser Ländereien vorwiegend in der Form von Rentengütern unter deutsche Ansiedler sollte ein starker deutscher Kleingrundbesitz geschaffen werden, um auf diese Weise eine Konsolidierung des vor allem durch die anhaltende Abwanderung der ländlichen Arbeitskräfte und die Zuwanderung von polnischen Saisonarbeitern gefährdeten "Deutschtums" in diesen beiden preußischen Provinzen zu erreichen. Die deutsch-slawische Grenze bildete in Webers Augen eine kulturell-nationale Grenze, an der die Gefahr einer "Überfremdung" des deutschen Ostens zu entstehen drohte. Weber trat dem "Verein für Socialpolitik" bei, sein wissenschaftliches Hauptinteresse in dieser Zeit galt dem Grenzgebiet zwischen Ökonomie und Rechtsgeschichte.

Mit endgültigem Abschluß im August 1889 promovierte er mit "magna cum laude" bei Goldschmidt und Gneist über die "Entwickelung des Solidarhaftprinzips und des Sondervermögens der offenen Handelsgesellschaft aus den Haushalts- und Gewerbegemeinschaften in den italienischen Städten", wobei er sich auf Hunderte italienischer und spanischer Quellen stützte. Die formal bei der juristischen Fakultät der Friedrich-Wilhelms-Universität zu Berlin eingereichte Dissertation bildete das dritte Kapitel der größeren Arbeit "Zur Geschichte der Handelsgesellschaften im Mittelalter. Nach südeuropäischen Quellen". Die Disputation über drei der von ihm aufgestellten Thesen bestand er glänzend, nach einem vielbeachteten Streitgespräch mit dem alten Theodor Mommsen, bei dem Weber zwar nur eine einzige Vorlesung über "Römisches Staatsrecht" besucht hatte, und der insofern nie sein formeller "Lehrer" gewesen war[10], und als Emeritus mehr als Freund der Familie gekommen war. Mommsen sagte zum Abschluß der Disputation mit Weber: "Aber wenn ich einmal in die Grube fahren muß, so würde ich keinem lieber sagen: ‚Sohn, da hast du meinen Speer, meinem Arm wird er zu schwer, als dem von mir hochgeschätzten Max Weber.'"[11]

Unmittelbar im Anschluß an die mündliche Doktorprüfung im Mai 1889 begann er mit der Vorbereitung für seine Habilitation. Nach Beendigung seiner Referendarzeit beim Königlichen Amtsgericht Berlin-Charlottenburg schloß er seine juristische Ausbildung mit dem Assessor-Examen ab und wurde in Berlin als Rechtsanwalt zugelassen. Er besuchte den, maßgeblich von dem Hofprediger Stoecker gegründeten, ersten "Evangelisch-sozialen Kongreß". Im Rahmen dieser Organisation knüpfte Max Weber freundschaftliche Kontakte, insbesondere zu Paul Göhre und Friedrich Naumann, und arbeitete an der von Martin Rade herausgegebenen "Christlichen Welt" mit.

---

10 Vgl. MWG I/2, S. 9f.; 22

11 Vgl. *Weber, Marianne*, Max Weber. Ein Lebensbild, S. 121; zu weiteren Details vgl. MWG I/2, S.57f.

Im gleichen Zeitraum erhielt er vom "Verein für Socialpolitik" den Auftrag, in der geplanten "Landarbeiter-Enquête" die ostelbischen Gebiete zu bearbeiten. Dieses Engagement setzte er durch die Mitarbeit bei der von seinem Vetter Otto Baumgarten herausgegebenen Schrift "Evangelisch-soziale Zeitfragen" fort. Bemühungen Webers um eine Syndikusstelle bei der Handelskammer Bremen, die davor Werner Sombart innehatte - wohl eine letzte Alternative zur akademischen Karriere - verliefen ergebnislos[12].

Endgültig im Februar 1892 wurde Max Weber mit seiner bereits im Oktober 1891 publizierten Arbeit über "Die römische Agrargeschichte in ihrer Bedeutung für das Staats- und Privatrecht" an der Universität Berlin habilitiert. Neben seiner Anwaltstätigkeit beim Berliner Kammergericht vertrat Weber seit dem Sommersemester 1892 als Privatdozent den erkrankten Goldschmidt durch Vorlesungen und Übungen über Handelsrecht und Römische Rechtsgeschichte an der Berliner Universität.

Im Frühjahr desselben Jahres kam die Großnichte von Max Weber sen., Marianne Schnitger, nach Berlin. Die 2ljährige Tochter eines Arztes und Sanitätsrates in Oerlinghausen und Lage/Lippe wollte dort ihre Berufsausbildung abschließen. Wie bei vorhergehenden Aufenthalten stellte sie ihre Zuneigung zum jungen Max Weber fest, die dieser erwiderte. Nach einigen Konfusionen verlobten sich die beiden. Die Beziehung mit Emmy Baumgarten, die in der Zwischenzeit genesen war, entwickelte sich in der Folgezeit zu einer kameradschaftlichen Freundschaft.

Max Weber schloß die Enquête über "Die Verhältnisse der Landarbeiter im ostelbischen Deutschland" ab. Die annähernd 900 Seiten starke Arbeit stellte die Auswertung einer breitangelegten empirischen Erhebung über die Lage der Landarbeiter in den Preußischen Provinzen Ost- und Westpreußen, Pommern, Posen, Schlesien, Brandenburg, den Großherzogtümern Mecklenburg und dem Herzogtum Lauenburg dar. Weber entwickelte aus dem eingegangenen Material Folgerungen von großer politischer Tragweite. So postulierte er, die Verbesserung der Lage des ostelbischen Landarbeiters und die Verteidigung der deutschen Nationalität gegenüber der be-

---

12 Vgl. *Tennstedt, Florian / Leibfried, Stephan*, Max Weber und Bremen. Die Bewerbung eines Gründers der Sozialwissenschaften als Syndikus der Handelskammer 1890. - In: Wirtschaft in Bremen, Handelskammer Bremen, H.2 (Februar 1987), S.13-16).

sonders durch die polnischen Saisonarbeiter erzeugten "Überfremdung" aus den slawischen Nachbarländern seien nur durch die Ablösung der ostelbischen Großgüterwirtschaft zu erreichen.

Diese Untersuchungen trugen ihm allgemeine wissenschaftliche Anerkennung ein. So meinte Georg Friedrich Knapp, einer der führenden deutschen Agrarhistoriker jener Zeit, anläßlich seines Vortrages über die Landarbeiter-Enquête vor dem Verein für Sozialpolitik, "daß es mit unserer Kennerschaft vorbei ist, daß wir von vorne zu lernen anfangen müssen"[13]. Die Untersuchungen selbst und insbesondere die daraus abgeleiteten Forderungen Webers lösten heftige politische Kontroversen aus.

Im Anschluß an die Habilitation für Römisches Recht und Handelsrecht wurde Max Weber im Februar 1892 Privatdozent für diese Bereiche. Im folgenden Jahr wurde ihm durch Ministerialdirektor Friedrich Althoff vom preußischen Kultusministerium eine außerordentliche Professur für Handels- und deutsches Recht an der Berliner Universität übertragen. Im Juli 1893 erhielt er einen Ruf auf einen Lehrstuhl für Nationalökonomie an die Universität Freiburg. Die Berufung des 29jährigen Juristen Max Webers auf diesen Lehrstuhl erfolgte wesentlich aufgrund seiner wirtschaftshistorischen und wirtschaftspolitischen Arbeiten. Damit war ein erster größerer Orientierungswechsel in Webers wissenschaftlicher Arbeit vollzogen, der von der Jurisprudenz zur Nationalökonomie.

Im Anschluß an seine Referate über die Landarbeiter-Enquête vor dem "Verein für Sozialpolitik" erhielt er vom "Evangelisch-sozialen Kongreß" den Auftrag, zusammen mit Paul Göhre, eine weitere Enquête über die Lage der deutschen Landarbeiter zu erstellen, diesmal jedoch mittels Befragung von ca. 15 000 evangelischen Geistlichen im ganzen Reich. Dies entsprach Webers eigenen Intentionen, der mit der ersten Erhebung, die auf der Befragung von Grundbesitzern basierte, unzufrieden war und dies durch neue Erhebungen ausgleichen wollte.

Mit Friedrich Naumann, einem der führenden Köpfe der damaligen christlich-sozialen Bewegung in Deutschland, von dem starke sozialreformerische Impulse auf den deutschen Protestantismus ausgingen, verband ihn eine enge Freundschaft. Eine gewisse Versachli-

---

[13] Vgl. Verhandlungen des Vereins für Sozialpolitik von 1893, Leipzig 1893, S.7. Genaue bibl. Angaben vgl. Bibl. Nr. 18.

chung bei gleichzeitiger Radikalisierung in den Einstellungen Naumanns ist sicherlich auf den Einfluß Webers zurückzuführen. Max Weber trat dem "Alldeutschen Verband" bei, wesentlich wegen dessen nationaler Zielsetzung, von der er sich eine Lösung der Probleme mit den polnischen Saisonarbeitern erhoffte, und hielt zu diesem Thema im Verband Vorträge. Die starre Haltung der im Verband vertretenen 39 Großgrundbesitzer, die nicht auf die Anwerbung billiger polnischer Arbeiter verzichten wollten, bewegte ihn jedoch im Jahr 1899 zum Austritt.

Familiär brachte das Jahr 1893 erhebliche Einschnitte im Leben Max Webers, zum einen durch den Tod Hermann Baumgartens, zum anderen durch seine Heirat mit Marianne Schnitger. Die Verbindung mit dieser Enkelin seines Onkels war durch eine intellektuelle und moralische Kameradschaft getragen; sexuelle Erfüllung war Max Weber in der Ehe verwehrt, sie erfuhr er erst kurz vor dem Ersten Weltkrieg in außerehelichen Beziehungen, die Ehe selbst blieb kinderlos.

Im Herbst 1894 erfolgte die Übersiedlung nach Freiburg, wo der 30jährige seine Professur für "Nationalökonomie und Finanzwissenschaft" an der dortigen Universität im April angenommen hatte, als Nachfolger des berühmten Eugen von Philippovich. Neben bekannten Gelehrten wie Hugo Münsterberg begegnete er in Heinrich Rikkert der südwestdeutschen Schule des Neukantianismus, dessen Interesse an einer wissenschaftslogischen Abwehr des Totalitätsanspruches der "exakten" Naturwissenschaften zugunsten einer Dichotomie Geisteswissenschaft vs. Naturwissenschaft er insoweit unterstützte, als ihm sowohl "Naturalismus" wie "Historismus" gleichermaßen als "Ressortpatriotismus" ärgerlich waren.

Auf der Frankfurter Tagung des Evangelisch-sozialen Kongresses hielt er ein Referat über die Landarbeiter-Enquête. Die gegen den Großgrundbesitz zielenden Schlüsse der Untersuchung führten zum Bruch zwischen den linksgerichteten Christlich-Sozialen (Schulze-Gaevernitz, Naumann, Göhre, Weber) und den Konservativen unter Stoecker.

Im Mai 1895, seinem zweiten Freiburger Semester, hielt Max Weber seine akademische Antrittsrede "Der Nationalstaat und die Volkswirtschaftspolitik". Die Rede erregte weit über die akademische Öffentlichkeit hinaus Aufsehen. Radikal und schockierend verkündete Weber darin sein wissenschaftliches und politisches Credo.

Inhaltlich sich an der Analyse der ostelbischen Agrarverhältnisse orientierend, benutzte er die Gelegenheit, Attacken gegen die verschiedenen Schulen der damaligen Nationalökonomie zu richten. Er wandte sich gegen die naiv-eudämonistischen Kathedersozialisten wie gegen die ethisch-kulturell orientierte Nationalökonomie Schmollerscher Provenienz. Ihnen allen warf er die unreflektierte Vermengung von Werturteilen mit Tatsachenaussagen vor. Demgegenüber forderte er eine klare Orientierung an deutschen, nationalstaatlichen Wertmaßstäben: "Die Volkswirtschaftspolitik eines deutschen Staatswesens, ebenso wie der Wertmaßstab des deutschen volkswirtschaftlichen Theoretikers können deshalb nur deutsche sein."[14] In dieser Rede bediente Weber sich einer nationalistischen Sprache voller sozialdarwinistischer Begrifflichkeit. Weber bekannte sich nachdrücklich zur "Realpolitik" und zum deutschen Imperialismus, wobei er in Großbritannien das politische Vorbild für Deutschland sah. In dieser flammenden Rede wurden erstmals politische Entwicklungsprozesse in soziologischen Kategorien beschrieben, etwa wenn Weber sowohl der Arbeiterschaft als auch dem Bürgertum ihr spezifisches Versagen vor den nationalen Aufgaben bescheinigte. Die Entwicklung Webers zu praktisch-politischem Engagement, wie sie in dieser Rede schon anklang, fand ihren Ausdruck auch in seiner Kritik der Vorschläge der Börsenenquête-Kommission, der er vorwarf, nach moralischen statt politischen Gesichtspunkten und unter dem Druck der agrarischen Interessenvertreter zu verfahren. Seinem umfangreichen akademischen Arbeitsprogramm - er hielt 12 Stunden Kolleg und 2 Seminare pro Woche - folgte von August bis Oktober 1895 eine Reise durch England und Schottland.

1896 wurde Max Weber als Nachfolger von Karl Knies, einem der führenden Köpfe der historischen Schule der Nationalökonomie, auf dessen Lehrstuhl für Nationalökonomie und Finanzwissenschaften an der Universität Heidelberg berufen. Sein Rückzug aus der Tagespolitik, mit dem er immer wieder spielte, gelang wegen seiner Tätigkeit als Berichterstatter des Bundesrates beim vorläufigen Börsenausschuß und durch seine Wahl in die Getreidehandelskommission nur teilweise. Das neue Börsengesetz kritisierte er scharf.

Weber nahm an der Erfurter Versammlung der National-Sozialen teil und wurde Mitglied des dort gegründeten "Nationalsozialen

---

[14] MWG I/.4, 2. Halbbd. S.560.

Vereins". Neben mehreren Vorträgen über agrarische Probleme beteiligte er sich am 7. Evangelisch-sozialen Kongreß. Weber frischte Kontakte zu seinen früheren Lehrern Bekker, Erdmannsdörfer und Kuno Fischer in Heidelberg auf; er knüpfte Beziehungen zum Verfassungsrechtler Jellinek, zum Theologen Troeltsch und zum Philosophen Windelband. Das Webersche Haus wurde zu einem zentralen und wirkungsvollen Treffpunkt der Heidelberger akademischen Intellektuellen.

Neben verschiedenen tagespolitischen Aktivitäten in der christlich-sozialen Bewegung brachte das Jahr 1897 zwei wichtige Stationen in Webers politischer Entwicklung: Er wurde nicht in den endgültigen Börsenausschuß aufgenommen und er lehnte das Angebot einer Reichstagskandidatur in Saarbrücken ab.

Auch für seine persönliche Entwicklung wurde das Jahr 1897 von zentraler Bedeutung. Im Juli hatte er eine schwere Auseinandersetzung mit seinem Vater, der mit Webers Mutter zu Besuch in Heidelberg weilte. Der Streit ging um das von Max Weber nunmehr scharf kritisierte autoritär-patriarchalische Verhalten des Vaters gegenüber der Mutter, deren persönliche Freiheit er gefährdet sah. So verweigerte ihr dieser, über einen kleinen Teil ihres Erbes ihrer verstorbenen Mutter frei zu verfügen, wie er einen jungen Theologiestudenten hinauswarf, der dem Sohn Karl erzieherisch beistehen sollte und in dem sie einen anregenden Gesprächspartner gefunden hatte. Ohne sich wieder mit Frau und Sohn verständigt zu haben, starb Max Weber sen. am 10. August in Riga. Später fühlte sich Weber wegen seines feindlichen Ausbruchs schuldig, ohne eine Möglichkeit zu sehen, das Unrecht wieder gut zu machen.

Im Herbst diesen Jahres meldeten sich bei Max Weber erste Anzeichen einer Nervenkrise, einer psychischen und physischen Erschöpfung. Die Symptome der Krankheit waren körperliche Schwäche, Schlaflosigkeit, innere Spannungen, Gewissensbisse, Erschöpfung, Angstzustände, anhaltende Unruhe. "Alles und jedes ist zu viel: Er kann ohne Qualen weder lesen noch schreiben, noch reden, noch gehen und schlafen" berichtete Marianne Weber über diese Zeit.[15] Das folgende Jahr wurde, nach leichter Besserung, mit tagespolitischen Aktivitäten eingeleitet. Die Lehrtätigkeit fiel Weber allerdings unverändert schwer, im Frühjahr, zu Semesterschluß, erlitt er einen

---

15 *Weber, Marianne,* Max Weber. Ein Lebensbild, S.255.

schweren nervlichen Zusammenbruch. Eine Erholungsreise zum Genfer See brachte etwas Besserung bis zum Beginn des Sommersemesters, im Sommer verlebte Weber einen Sanatoriumsaufenthalt am Bodensee. Das Lehren im folgenden Wintersemester wurde ihm zur Qual, zu Weihnachten hatte er einen erneuten Zusammenbruch und beendete nur mühsam das Semester.

Als Gründe für das Nervenleiden Webers lassen sich mehrere aufzählen, ohne daß es als möglich und sinnvoll erscheint, zwischen ihnen eine sinnvolle Abwägung vorzunehmen[16]. Die frühe Meningitis ließe sich als physiologischer Faktor ebenso anführen wie die völlige Überarbeitung Webers. Plausibel erscheinen darüber hinaus etliche Deutungen, die sich auf psychische Faktoren gründen: Webers schwere seelische Depression und die geleugneten und verdrängten Schuldgefühle, die ihn, auch als Resultat der Auseinandersetzung mit seinem Vater, schwer belasteten. Weber litt unter dem Konflikt zwischen den Werten der Mutter und der Tante, denen des Vaters und denen des Onkels, um die zentralen Personen zu erwähnen. Dieser Konflikt trug ihm vermutlich erhebliche Identifikationsschwierigkeiten ein, - ein idealer Nährboden für psychische Erkrankungen.

Die beiden zentralen Identifikationsmuster des jungen Max Weber bildeten sich spätestens in seiner Studienzeit heraus: Einerseits Mutter-orientiert, vermochte er zumindest ansatzweise deren Innerlichkeit, Religiosität und Moralität nachzuempfinden, sehr ausgeprägt in gemeinsamen Beratungen über die Erziehung des dritten Sohnes. Andererseits Vater-orientiert, gab Weber als massiver, biertrinkender, Mensuren schlagender, zigarrenrauchender Student das Ideal seines Vaters ab. Dabei bot er ein Bild, das die Mutter, angesichts ihres schmisseverzierten, aufgeschwemmten Sohnes nach Semesterschluß 1882 zu einer schallenden Ohrfeige provozierte.

Die Umstände der Heirat mit seiner Cousine Marianne, bei gleichzeitiger Trennung von der anderen Cousine, Emmy Baumgarten, verfolgten Weber längere Zeit. Auch das asexuelle Verhältnis zu Marianne Weber trug sicherlich nicht zu Max Webers mentaler Stabilität bei.

Auch seine rigide Arbeitsdisziplin, eingebettet in eine asketische

---

16 Vgl. zuletzt *Frommer, Jörg / Frommer, Sabine*, Max Webers Krankheit - soziologische Aspekte der depressiven Struktur. - In: Fortschritte der Neurologie/Psychiatrie, H.5, 61. Jg. (Mai 1993), S.161-171.

Lebensführung, ist im hier angesprochenen Zusammenhang bemerkenswert. Neben dem Wunsch nach beruflichem Erfolg - Weber strebte in den hierfür interessanten späten 80er Jahren gleichzeitig eine Universitätskarriere und eine Laufbahn als Rechtsanwalt an - gab er selbst als Grund für seine Arbeitswut eine unbestimmte Angst vor der "Bequemlichkeit" des Daseins an. Diese selbstzufriedene Lebensweise wurde ihm täglich - Weber lebte immerhin bis zu seinem 29. Lebensjahr im Elternhaus - von seinem Vater vorgeführt. Nichts erscheint plausibler, als daß, solange der Vater lebte, Max Weber durch den Konfrontationsdruck aus dessen Beispiel ins andere Extrem, eine enorme Arbeitswut und Askese getrieben wurde. Mit dem Tod des Vaters fiel das Gegenüber weg - die gesamte Arbeitsmaschinerie brach zusammen, Weber wurde schließlich unfähig, irgend etwas zu tun.

Allgemein kann die Webersche Krankheit wohl nicht als eigentliche "Geisteskrankheit" eingestuft werden. Komplexe Ursachen und mannigfaltige Anlässe führten zum Ausbruch der Nervenkrise. Ein direkter Einfluß der Krankheit auf Webers Denken ist jedoch nirgends festzustellen, so ist häufig übersehen worden, daß Max Weber von 1889 bis 1920 jedes Jahr publizierte, ausgenommen im Jahr 1901[17].

Für das Sommersemester 1899 ließ Weber sich aus gesundheitlichen Gründen von der Universitätslehre dispensieren. Als er im Herbst die Lehrtätigkeit wieder aufnahm, kam es zu einem erneuten, dem bislang schwersten Zusammenbruch. Weber war sich sicher, für lange Zeit seine Lehrtätigkeit aufgeben zu müssen und stellte ein Gesuch um Entlassung aus dem Amt; statt der beantragten Entlassung gewährte man ihm jedoch einen langen Urlaub. Im Juli 1900 suchte Max Weber eine Nervenheilanstalt in Urach auf: der seelische Tiefstand war erreicht. Er war unfähig zur Arbeit und Lektüre, zum Briefeschreiben und zum Sprechen, vollkommen nervlich überreizt.

Im Anschluß an eine Reise nach Korsika trat eine leichte Besserung im Zustand Max Webers ein. Im folgenden Jahr reiste er im März nach Rom und Süditalien, den Sommer verbrachte er in der Schweiz, wo er einen Rückfall erlitt, im Herbst kehrte er nach Rom zurück, um dort den Winter zu verbringen. Sein Zustand hatte sich soweit gebessert, daß er für das Sommersemester 1902 eine Vorle-

---

[17] Vgl. die Aufstellung der Publikationen von Max Weber u. S. 267 ff..

sung an der Universität Heidelberg ankündigen ließ. Seinen äußeren Ausdruck fand der Aufstieg in der Wiederaufnahme der Lektüre, insbesondere in der Bibliothek des "Historischen Instituts" in Rom. Seine Beschäftigung galt kunsthistorischen, philosophischen und soziologischen Arbeiten. Durch die intensive Lektüre zu Geschichte, Verfassung und Wirtschaft der Klöster stieß Max Weber erstmals auf das Thema der "Rationalität", insbesondere des Wirtschaftslebens. Ostern 1902 reiste er nach Rom und Florenz ab, um im April in Heidelberg einzutreffen. Um sein immer noch labiles inneres Gleichgewicht besorgt, reichte Weber ein zweites Gesuch um Amtsentlassung ein.

In Heidelberg begann er mit seinen methodologischen Arbeiten. Weber glaubte, unter Einbeziehung der erkenntnistheoretischen Ansätze des Neukantianismus, die Legitimation für eine nicht naturalistisch orientierte, methodisch fundierte Sozialwissenschaft - zunächst mit seinem Aufsatz über "Roscher und Knies und die logischen Probleme der historischen Nationalökonomie" und über "Die ‚Objektivität' sozialwissenschaftlicher und sozialpolitischer Erkenntnis" - gefunden zu haben. Dabei war seine Arbeitskraft freilich bei weitem noch nicht wieder hergestellt, er hatte mit psychischen Schwierigkeiten, auch gelegentlichen Rückfällen, zu kämpfen.

Die Angst vor dem Lehrbetrieb, vor termingerechten Arbeiten und der enorme Anspruch dem eigenen Professorenberuf gegenüber wurden bei Weber geradezu zur Zwangsidee. Im Oktober 1903, mit 39 Jahren, trat er endgültig vom Lehramt zurück: er blieb Heidelberger Honorarprofessor mit Lehrauftrag ohne Promotionsrecht und ohne Mitspracherecht in der Fakultät.

Die Reihe seiner soziologischen Arbeiten im engeren Sinn eröffnete er 1904 mit seiner Schrift "Die protestantische Ethik und der ‚Geist' des Kapitalismus". Zu dieser religionssoziologischen Arbeit reizte ihn die Frage nach dem Ursprung des modernen Kapitalismus, dessen revolutionierende Macht er schon bei den Landarbeiterstudien erkannt hatte.

Im gleichen Jahr fuhr Weber auf Einladung Hugo Münsterbergs, seines in Harvard lehrenden Kollegen aus Freiburger Tagen, in die USA zu einem wissenschaftlichen Weltkongreß anläßlich der Weltausstellung in St. Louis. Mit seiner Frau und seinem Freund Ernst Troeltsch reiste er von August bis Dezember 1904 durch die USA. In St. Louis referierte Weber über "Deutsche Agrarprobleme in Vergangenheit und Gegenwart", seine erste seit 6 1/2 Jahren gehaltene Rede vor akademischem Publikum. Zu den starken Eindrücken, die er auf seiner Fahrt durch die Vereinigten Staaten auch für spätere Arbeiten gewann, gehörten insbesondere die protestantischen Sekten, die Organisationen der politischen "Maschinerie", die Bürokratisierung in den USA, die Präsidentschaft und die amerikanische politische Struktur überhaupt. Amerika wurde für ihn zum Modell einer neuen, zumindest aber anderen Gesellschaft, vor deren Hintergrund ihm manche Züge der zeitgenössischen Gesellschaft der alten Welt in schärferem Licht erschienen. In der Bibliothek der Columbia University in New York suchte er weiteres Material für seine Arbeit über die historischen Auswirkungen der protestantischen Ethik.

Weber übernahm zusammen mit Edgar Jaffé und Werner Sombart die Redaktion des "Archivs für Sozialwissenschaften und Sozialpolitik" , der Nachfolgerin des älteren von Heinrich Braun herausgegebenen "Archivs für soziale Gesetzgebung und Statistik", das er zur führenden deutschen sozialwissenschaftlichen Zeitschrift jener Zeit ausbauen sollte. Im selben Jahr 1904 erschien hier der berühmte Artikel Webers über "Die ‚Objektivität' sozialwissenschaftlicher und sozialpolitischer Erkenntnis", in dem er seinen Ansatz wissenschaftlichen Denkens einführte: eine kritisch-rationale Wissenschaftsvariante skeptischen Zuschnitts gegenüber den naiv-positivistischen oder metaphysischen Auffassungen. Hier wurden erstmals explizit seine Konzepte der "Wertfreiheit", der "Wertbeziehung" und des "Idealtypus" eingeführt. Für Weber sollte das "Archiv" sein neuer, außeruniversitärer Einstieg in die Wissenschaft sein.

In dieser Zeit hoffte Max Weber auf eine Liberalisierung durch die Revolution in Rußland von 1905, die er begrüßte. Das Zarenregime verglich er mit dem "persönlichen Regiment" des Kaisers in Berlin. Er lernte in wenigen Wochen so gut die russische Sprache, daß er die Vorgänge im Spiegel der russischen Presseberichte ohne wesentliche fremde Hilfe verfolgen konnte. Mit seinen Prognosen war er jedoch eher pessimistisch: Die Veränderung der russischen Verhältnisse führe nicht notwendig zur Demokratisierung, eher zur Bürokratisierung. Prophetisch sagte er den Sieg des Marxismus voraus. Auch in den folgenden Jahren beschäftigte er sich weiter intensiv mit den Vorgängen in Rußland. In dieser Zeit konnte er gleichzeitig die Veröffentlichung der "Protestantischen Ethik" mit den letzten Beiträgen im "Archiv" einstweilen abschließen. Weber wurde zum Führer des linken Flügels des "Vereins für Sozialpolitik" in der Konfrontation mit dessen konservativ-autoritärer Führung.

Weber äußerte sich in dieser Zeit mehrfach zu hochschulpolitischen Fragen. Er versuchte sowohl Georg Simmel, dessen Berufung in ein Heidelberger Ordinariat von Dilthey, Rickert und Windelband, wesentlich aus antisemitischen Motiven, gemeinsam hintertrieben wurde, als auch Robert Michels, dem die Universitätslaufbahn nicht zugänglich war, weil er den Sozialdemokraten angehörte, den Weg in die Universität zu ebnen. Weber nahm im Jahr 1906 am SPD-Parteitag teil und kritisierte den kleinbürgerlichen Charakter der SPD und deren fehlende Programmatik.

Der Pluralismus seiner politischen Gesichtspunkte mochte vielen seiner Zeitgenossen als Ausdruck eines kontroversen, schwierigen Charakters gelten, ja ihn des opportunistischen Relativismus verdächtig machen. Auch die posthume Diskussion um seinen Begriff der "plebiszitären Führerdemokratie" und um eine eventuelle "Ahnherrschaft" für den faschistischen Autoritarismus findet hier einen Ansatzpunkt. Solche Ambivalenzen Weberscher Gesinnung erscheinen nur auf der Oberfläche, auf der Ebene seiner politischen Ethik lassen sie sich durchaus als stringent ableiten.

Im Frühjahr 1907 geriet Webers Arbeitskraft erneut in eine schwere Krise. Eine Erbschaft - sein Großvater Karl August Weber war gestorben - brachte die erhoffte Lösung finanzieller Probleme. Sein Bruder Alfred, mittlerweile Professor in Prag und Soziologe wie er, wurde nach Heidelberg berufen. Im Frühjahr 1908 weilte Weber längere Zeit in der Provence und in Florenz, ohne seine Frau, im selben Jahr reiste er erneut nach Holland. In diese Zeit fiel auch der Beginn seines Interesses für die industrielle Berufsarbeit, wozu er Untersuchungen in der Textilfabrik seines Onkels vornahm, sich viel mit statistischen Berechnungen befaßte und als Resultat zwei Arbeiten publizierte.

Weiter nahm ihn eine große historisch-soziologische Arbeit mit dem Titel "Agrarverhältnisse im Altertum" für das renommierte "Handwörterbuch der Sozialwissenschaften" in Anspruch. Weber wurde von dem Tübinger Verleger Paul Siebeck die Aufgabe übertragen, zur Fortführung des vierbändigen "Schönberg'schen Handbuches der Politischen Ökonomie", die Schriftführung des in fünf Büchern und neun Abteilungen geplanten "Grundrisses der Sozialökonomik" zu übernehmen. Für die Abteilung III, unter dem Gesamttitel "Wirtschaft und Gesellschaft", waren zwei Hauptteile geplant: I. "Die Wirtschaft und die gesellschaftlichen Ordnungen und Mächte" von Max Weber, und II. "Entwicklungsgang der wirtschafts- und sozialpolitischen Systeme und Ideale" von Eugen von Philippovich. Marianne Weber übernahm im Jahr 1922 den Abteilungstitel für die posthume Veröffentlichung des Manuskript-Torsos für den geplanten Teilband und ordnete die hinterlassenen Entwürfe nach eigenen Vorstellungen.

Die neukonstituierte Heidelberger Akademie der Wissenschaften trug 1908 Weber eine außerordentliche Mitgliedschaft an, was dieser in einer Kritik an den Aufnahmemodalitäten zurückwies. Aus einem alten Unbehagen an der wissenschaftspolitischen Ausrichtung des "Vereins für Sozialpolitik" unternahm Weber Schritte zur Konstitution einer neuen, streng wissenschaftlich-empirisch arbeitenden Forschungsorganisation. Auch die Enttäuschungen und Erfahrungen aus den Landarbeiter-Enquêten müssen dem Entstehungszusammenhang einer solchen Organisation zugeordnet werden. Weber erkannte die Notwendigkeit unabhängiger sozialwissenschaftlicher Forschungsinstitute, die Methoden der empirischen Sozialforschung entwickeln sollten. Ihm schwebten sozialwissenschaftliche Pendants zu den naturwissenschaftlich orientierten "Kaiser-Wilhelm-Instituten", den institutionellen Vorläufern der heutigen Max-Planck-Institute, vor. Am 3. Januar 1909 begründete er die "Deutsche Gesellschaft für Soziologie" in Berlin mit, deren erster Vorstand gebildet wurde von Ferdinand Tönnies als Vorstand, Georg Simmel und Heinrich Herkner (bald ersetzt von Werner Sombart) als Beisitzer und Max Weber als "Rechner". Erst in dieser Zeit bezeichnete sich Weber gelegentlich selbst als "Soziologen".

Im Heidelberger Kreis wurden in dieser Zeit die Ideen von Otto Groß, einem Freud-Schüler diskutiert, der viktorianische Vorstellungen von ehelicher Beziehung und Treue massiv angriff. Max Weber konnte ihm und seinen in Heidelberg viel beachteten Argumenten nicht folgen, seine letzten Werte waren in diesem Zusammenhang "Askese" und "heroische Ethik", auch gegenüber ehelichen Verhältnissen, die als unbefriedigend empfunden werden. Die Episode erhellt ansatzweise die psychische Problematik von Webers Verhältnis zu seiner Frau. Er unterdrückte eigene sexuelle Impulse und polemisierte, zumindest bis etwa 1910, öffentlich gegen eine Ethik des sinnlichen Vergnügens. Es gab für ihn nur die Alternative: puritanisch-christliche Ethik des asketischen Heroismus oder selbstgerechter Hedonismus. So unterstützte er auch die Frauenbewegung nur gegen die autoritäre männliche Vorherrschaft in der Ehe, diese selbst oder gar die sexuelle Monogamie an sich anzutasten, kam ihm nicht in den Sinn. Im übrigen war er durchaus geneigt, die Bedeutung der Freudschen Theorie, in ihrer Begrenztheit auf Phänomene unterhalb der Ebene sinnhaften sozialen Verhaltens, anzuerkennen.

Dieser ethische Rigorismus in einer "asketisch" interpretierten Ausprägung erfuhr jedoch im Laufe der Jahre eine gewisse Lockerung: Seit etwa 1893, also noch in Freiburg, entwickelte sich allmählich eine innige Beziehung zwischen Max Weber und Else von Richthofen, spätere Jaffé, der engsten Freundin von Marianne Weber, die zudem zur Studentin bei Max Weber wurde und bei ihm 1901 promovierte. Ab etwa 1918 erfuhr der Charakter dieser Beziehung eine Veränderung, die ab dieser Zeit als eine intime Freundschaft bezeichnet werden kann und bis zu Webers Tod andauerte.

Des weiteren spielte eine bedeutungsvolle Rolle die Beziehung Webers zu Mina Tobler, die ab etwa 1911/12 für ihn wichtig wurde: Sie weckte sein großes Interesse für die Künste, vor allem für Musik, und trug ebenfalls zur Entkrampfung seines moralischen Rigorismus bei. Auch diese Beziehung dauerte bis zu Webers Tod an.

Weber nahm an der Wiener Tagung des "Vereins für Sozialpolitik" teil: in seinen Debattenreden bezog er Stellung gegen Schmollers Propaganda für bürokratische Sozialpatronage gegenüber der Arbeiterschaft. Vom Frühjahr bis zum Sommer 1909 machte Weber wiederum eine längere Nervenkrise durch. Auf dem ersten Soziologentag in Frankfurt 1910, für dessen Zustandekommen er maßgeblich verantwortlich war, erstattete Max Weber den "Geschäftsbericht", der die zukünftige Arbeit der Deutschen Gesellschaft für Soziologie bestimmen sollte. Weber hatte zahlreiche persönliche Konflikte mit Universitätskollegen und der Presse auszufechten. Auf der Tagung wandte er sich besonders gegen jede rassistische Ideologie.

Auf dem Vierten Deutschen Hochschullehrertag 1911 nahm Max Weber in einer Rede Stellung gegen die Bildungs- und Personalpolitik seines ehemaligen Gönners Althoff, des verstorbenen Ministerialdirektors im preußischen Kultusministerium. Dieser Angriff und die gleichzeitig scharfe Kritik des Korporationswesens an Handelshochschulen lösten eine umfangreiche Pressediskussion aus. Weber begegnete den öffentlichen Antworten der Rektoren der Handelshochschulen Köln und Berlin mit einer Denkschrift. Im Oktober unterstützte Weber einen kritischen Artikel der "Frankfurter Zeitung" über einen militärfreundlichen Freiburger Festkommers - der Prorektor hatte sich polemisch gegen pazifistische "Einfaltspinsel" und "Friedensduselei" gewandt und einen anwesenden General zu weiteren drastischen Worten animiert. Die Freiburger Professorenschaft reagierte mit einer Kollektiverklärung gegen Weber, auf die dieser nun seinerseits wiederum mit einem Brief an seine Kollegen antwortete.

Ein weiteres Beispiel Weberscher Streitlust war ein Ehrenhandel mit Duelldrohung wegen publizistischer Angriffe auf seine sich frauenrechtlich engagierende Gattin und ihn selbst. Weber ließ sich dabei auf eine langwierige Auseinandersetzung, zunächst mit der betreffenden Zeitung ein, woran sich eine Beleidigungsklage gegen den betreffenden Redakteur (Prozeß über zwei Instanzen) und schließlich ein Prozeß gegen den Heidelberger Professor Adolf Koch wegen Beleidigung anschloß. Weber bekam Recht, hatte dabei jedoch die gesamte Heidelberger Öffentlichkeit aufgewühlt und die Karriere seines Kollegen ruiniert - nicht ohne ihm nach diesem Sieg seines Ehrgefühls großmütig zu vergeben. Diese Haltung und nicht zuletzt sein Selbstverständnis als Reserveoffizier trieben ihn oft in Rechtsschwierigkeiten und Ehrenhändel.

1911 widmete er sich intensiv seinen großangelegten religionssoziologischen Arbeiten über China, Japan, Indien, das Judentum und den Islam. Auf der Tagung des "Vereins für Sozialpolitik" in Nürnberg hielt er eine Rede zum Thema "Probleme der Arbeiterpsychologie". In diese Zeit der Jahre 1911 bis 1913 fiel auch die Niederschrift des ursprünglichen Manuskriptes, des späteren zweiten Teils, von "Wirtschaft und Gesellschaft" für den genannten "Grundriss der Sozialökonomik".

Das Jahr 1912 brachte zahlreiche verbandspolitische Aktivitäten Webers: Auf dem Berliner Soziologentag hielt er den kritisch gefaßten Rechenschaftsbericht; bei dieser Gelegenheit setzte er sich besonders mit dem Begriff der "Nation" auseinander. Gegen Ende des Jahres schied Weber wegen Meinungsverschiedenheiten in der Frage der "Werturteilsfreiheit" aus dem Vorstand der Deutschen Gesellschaft für Soziologie aus. In seinem Schreiben begründete er seinen Schritt: "Mögen nun diese Herren, von denen keiner es sich mal verkneifen kann (denn das ist es!), einem mit ihren mir unendlich gleichgültigen subjektiven ,Wertungen' zu behelligen, gefälligst unter sich bleiben; ich habe es absolut satt, stets erneut als Don Quichotte eines angeblich undurchführbaren Prinzips aufzutreten und peinliche ,Szenen' herbeizuführen."[18]

Das Jahr 1913 stellte den Höhepunkt von Webers Schaffen dar. In seinem Schreibtisch lag der Hauptteil des Manuskriptes zu seinem Beitrag für den "Grundriss der Sozialökonomik", insbesondere die Teile der Wirtschafts- und der Rechtssoziologie. Sein Entwurf einer Musiksoziologie war vorläufig abgeschlossen, er beendete die Arbeiten zur systematischen Religionssoziologie. Zudem beschäftigte er sich schwerpunktmäßig mit methodologischen Problemen. Im Verlauf seiner wissenschaftlichen Bemühungen verschob sich sein vergleichend historischer Ansatz, dem er seit seiner Studienzeit verpflichtet war, immer stärker in Richtung systematisch-soziologischen Vorgehens, exemplarisch an "Wirtschaft und Gesellschaft" abzulesen, deren zweitem, historisch-empirisch orientierten Teil er in seinem letzten Schaffensjahr als ersten Teil eine systematisch orientierte "Kategorienlehre" nahezu symmetrisch zuordnete. In diesem Jahr erschien auch der Versuch einer Analytik der soziologischen Grundbegriffe unter dem Titel "Ueber einige Kategorien der verstehenden Soziologie".

Von 1909 bis 1914 beteiligte sich Max Weber maßgeblich an den großen Debatten im "Verein für Sozialpolitik", die unter der Bezeichnung "Werturteilsstreit" bekannt geworden sind. Der Grundgedanke und die zentrale Position Webers war dabei, es sei unmöglich bzw. abzulehnen, eine politische Haltung mit quasi-objektiven "wissenschaftlichen" Argumenten zu rechtfertigen. Die leidenschaftlichen Auseinandersetzungen fanden weitgehend unter Ausschluß der Öffentlichkeit statt.

Reisen nach Italien im Frühjahr und Herbst 1913 führten Max Weber unter anderem in den Kreis einer Kommune von "Anarchisten, Naturmenschen, Vegetariern und anderen modernen Sektierern", die ihr Domizil in Ascona ("Monte Verità") aufgeschlagen hatte und dort ein unabhängiges, nicht zuletzt durch die Ideen von Otto Groß und Erich Mühsam geprägtes Leben führte, das auf Weber wohl nicht ohne positiven Eindruck blieb - durchaus im Widerspruch zu seinen früheren Auffassungen.

---

[18] *Weber, Marianne,* Max Weber. Ein Lebensbild, S.430.

Nach Ausbruch des Ersten Weltkrieges trat Weber seinen Dienst bei der Reserve-Lazarettkommission in Heidelberg an, wo er die Funktion eines Disziplinaroffiziers übernahm. Als solcher richtete er insgesamt neun Lazarette ein und übernahm deren Leitung. Bei dieser Tätigkeit, die ihn voll ausfüllte, gewann er wertvolle Erfahrungen mit der "Innenansicht" der Bürokratie, einem seiner zentralen Studienobjekte, und erwies sich zudem als brauchbarer Praktiker. Seine Haltung zum Krieg insgesamt war einigen Wandlungen unterworfen: Erfüllte ihn zu Kriegsausbruch die größte Besorgnis, da er die Gesamtlage für das deutsche Reich als ungünstig beurteilte, so wurde er bald von einer Welle des allgemeinen nationalen Enthusiasmus mitgerissen. Seine heroische Bejahung des Geschehens drückte er in einem Brief vom August 1914 mit den Worten aus: "Denn einerlei wie der Erfolg ist - dieser Krieg ist groß und wunderbar."[19] Seine Meldung als Freiwilliger stand durchaus im Einklang mit seinen nationalistischen Überzeugungen von früher.

Im September 1915 ersuchte Weber um Entlassung aus dem Lazarettdienst, da die Auflösung der Lazarettkommission bevorstand und man nicht mehr so recht wußte, wie er adäquat eingesetzt werden konnte. Durch Vermittlung von Edgar Jaffé sollte Weber für wirtschaftspolitische Untersuchungen für die deutsche Militärverwaltung in Brüssel gewonnen werden: eine Reise dorthin endete allerdings erfolglos. Bemühungen um eine politische Aufgabe verliefen im Sande, so sein Versuch, eine Mitsprachemöglichkeit bei den Anstrengungen zur Lösung der Polenfrage zu bekommen. So konzentrierte er sich wieder auf die wissenschaftliche Arbeit, insbesondere auf seine religionssoziologischen Studien.

Max Webers Einstellung zur deutschen Kriegspolitik erfuhr mit dem Laufe des Krieges eine erneute Änderung. So unterschrieb er die "Delbrück-Denkschrift", eine Gegenerklärung zur "Seeberg-Adresse", in der zahlreiche Personen des öffentlichen Lebens weitreichende Kriegszielforderungen aufgestellt hatten. Die Eroberung Polens und der deutsche Einmarsch in Belgien veranlaßten ihn dazu, gegen die deutsche Annexionspolitik Stellung zu nehmen. Weber verlor zunehmend seine Illusionen über die deutsche Kriegspolitik, er verwandte zunehmend viel Zeit auf Memoranden und Appelle, die zu einer maßvollen Kriegszielpolitik mahnten. Er kritisierte das Verhal-

---

[19] *Weber, Marianne,* Max Weber. Ein Lebensbild, S. 530.

ten der Kriegsparteien als Glücksspiel von Munitionsherstellern und Agrarkapitalisten, womit er frühere kritische Anmerkungen zur deutschen sozialpolitischen Struktur wieder aufnahm. 1916 trat Weber durch die Vermittlung Friedrich Naumanns dem "Arbeitsausschuß für Mitteleuropa" bei, der die Voraussetzungen für eine Zoll- und Wirtschaftsgemeinschaft der mitteleuropäischen Länder prüfte. Im Auftrag dieses Ausschusses fuhr er nach Wien und Budapest.

Seine extensive journalistische Tätigkeit, besonders in der "Frankfurter Zeitung", war von der Sorge um die Nation und von einer Kritik der unklaren Kriegsziele bestimmt. Er beschäftigte sich mit der Problematik des Pazifismus, kämpfte gegen den, zunächst verschärften U-Boot-Krieg und trat besonders für den Reichskanzler Bethmann-Hollweg ein. Im März verfaßte er, zusammen mit Felix Somary, eine Denkschrift gegen den verschärften U-Boot-Krieg, die er an maßgebliche öffentliche Stellen verschickte; darin bezog er Stellung gegen den bereits propagierten uneingeschränkten U-Boot-Krieg, der seiner Ansicht nach unweigerlich die USA in den Krieg bringen und damit die deutsche Niederlage herbeiführen würde.

Im folgenden Jahr setzte Weber seine journalistische Tätigkeit für die "Frankfurter Zeitung" fort. Er kam dabei in Konflikt mit der Militärzensur. Den "Lauensteiner Tagungen", organisiert von dem Jenaer Verlagsbuchhändler Eugen Diederichs, die der Diskussion von Deutschlands Zukunft dienten, wohnte er sowohl im Frühjahr als auch im Herbst 1917 bei. Die ihm zugeschriebenen Don Quichottehaften Züge kamen auch hier deutlich zum Vorschein. Unter dem Eindruck des Kriegsverlaufes äußerte er gegenüber Theodor Heuß, ebenfalls einem Tagungsteilnehmer: "Sobald der Krieg zu Ende ist, werde ich den Kaiser so lange beleidigen, bis er mir den Prozeß macht, und sollen die verantwortlichen Staatsmänner Bülow, Tirpitz, Bethmann-Hollweg gezwungen werden, unter Eid auszusagen."[20]

1917 markiert eine biographische Phase, in der Weber sich eine Rückkehr an die Universität wieder vorstellen konnte. In Wien wurde ihm die Nachfolge Eugen von Philippovichs angeboten, die Universitäten Göttingen, München und Heidelberg erwogen ebenfalls die Ruferteilung. Im Oktober reiste er nach Wien, führte Berufungsverhandlungen und übernahm ein "Probekolleg" während des Sommersemesters 1918.

---

[20] *Weber, Marianne,* Max Weber. Ein Lebensbild, S. 610.

Im selben Zeitraum erschienen seine religionssoziologischen Arbeiten über Hinduismus und Buddhismus (1916) und über das Antike Judentum (1917). Von der Beschäftigung mit der wilhelminischen Außenpolitik gelangte er zunehmend zu einer kritischen Auseinandersetzung mit den innenpolitischen Verhältnissen des deutschen Reiches. Das politische Versagen der Reichsleitung und die Entfremdung zwischen Regierung und Volk ließen ihn eine innere Neuordnung als Voraussetzung des staatlich-geschichtlichen Fortbestandes fordern, die aus dem Obrigkeitsstaat einen Volksstaat machen sollte. So verfaßte er für die "Frankfurter Zeitung" eine Kritik des preußischen Dreiklassenwahlrechts und eine Auseinandersetzung mit der Kanzlerkrise.

Letztlich warf für Weber die innere und äußere Situation Deutschlands die Frage nach einer Revision der Verfassungsverhältnisse auf, als deren Ziel er die Parlamentarisierung betrachtete. So begann er an einigen Verfassungsentwürfen zu arbeiten. Ihren Niederschlag fanden diese Überlegungen in einer Artikelserie in der "Frankfurter Zeitung", die später gesondert unter dem Titel "Parlament und Regierung im neugeordneten Deutschland" veröffentlicht wurden. Diese Artikel rückten ihn in gefährliche Nähe zu anderen "vaterlandslosen Gesellen", wie zu dieser Zeit besonders die "Linken" und Pazifisten etikettiert wurden: eine Anklage wegen Majestätsbeleidigung gegen Weber wurde von der preußischen Regierung erwogen. Eine gewisse Bestätigung seiner Bemühungen dürfte Weber in dem berühmten "Ostererlaß" des Kaisers gesehen haben, der wesentlich das Versprechen enthielt, das Klassenwahlrecht zu beseitigen. Außenpolitisch resignierte Weber im Frühjahr 1917, nachdem die Vereinigten Staaten ihren Kriegseintritt erklärt hatten. Seiner Ansicht nach sollte dies den Vereinigten Staaten den Weg zur Weltmacht ebnen. Seine dezidierte Opposition gegen die deutsche Annexionspolitik wurde wesentlich durch die Überzeugung gestärkt, daß die deutsche Position und besonders die deutsche Weltmacht nicht durch Besatzungs-, sondern durch freie Bündnispolitik auszubauen sei. Max Weber begann mit der deutschen Niederlage zu rechnen.

1918 übernahm Weber im Sommersemester probeweise den Lehrstuhl für Politische Ökonomie in der Rechts- und staatswissenschaftlichen Fakultät der Universität Wien. Er hielt Vorlesungen über "Wirtschaft und Gesellschaft" mit dem erläuternden Untertitel

"Positive Kritik der materialistischen Geschichtsauffassung". Nebenbei führte er seine journalistischen Aktivitäten als freier Mitarbeiter der "Frankfurter Zeitung" fort und verfertigte den Entwurf einer republikanisch-föderalistischen deutschen Verfassung. Auf Drängen einiger Freunde erklärte er seinen Beitritt zur "Deutschen Demokratischen Partei" (DDP), in deren provisorischen Parteivorstand er Ende November 1918 bestellt wurde. Nach dem Zusammenbruch des alten Systems bemühte sich Max Weber über Naumann, den Kaiser zum rechtzeitigen Abdanken zu bewegen, um die Ehre der Dynastie zu retten. Zu dieser Zeit hielt Weber eine konstitutionelle Monarchie für Deutschland noch für möglich.

Für die Wahlen zur Nationalversammlung im Januar 1919 beteiligte er sich aktiv durch zahlreiche Wahlreden für die DDP, deren Gesamtvorstand er seit Dezember 1918 angehörte. Seine Wahlkampfreden waren, nach den Presseberichten zu urteilen, außerordentlich gut besucht. Man nominierte ihn zwar zum Kandidaten der DDP im Wahlkreis Hessen-Nassau, die endgültige Aufstellung als Reichstagskandidat wurde jedoch von lokalen Parteihonoratioren hintertrieben, Weber landete an aussichtsloser Listenstelle, beleidigt verschmähte er es, anderen Orts plaziert zu werden. Im Rat der Volksbeauftragten wurde erwogen, Weber zum Staatssekretär des Reichsamts des Inneren zu machen, der vor allem die Aufgabe haben sollte, einen Entwurf für eine demokratische Reichsverfassung zu erarbeiten. Ludo Moritz Hartmann und Konrad Haußmann schlugen ihn zum deutschen Botschafter in Wien vor. Trotz aller dieser Überlegungen erhielt Max Weber im Rahmen des neugeordneten politischen Systems keine amtliche Aufgabe. Dennoch nahm er im Dezember 1918 als einziger von 13 Teilnehmern in nichtamtlicher Funktion als "Sachverständiger" an den Beratungen über die Grundzüge des Verfassungsentwurfes im Reichsrat des Inneren teil.

Im Herbst 1918 hielt Weber sich in München auf und verfolgte besorgt und empört die anwachsenden separatistischen und radikal pazifistischen Tendenzen in Bayern. Noch am 4. November 1918, als in Kiel bereits revolutionäre Erhebungen im Gange waren, und drei Tage vor der Einsetzung einer revolutionären Volksregierung unter Kurt Eisner, nahm er in einer Versammlung der "Fortschrittlichen Volkspartei" gegen bayerische Separationsgelüste Stellung: Der Ruf "Los von Preußen" sei schlimmer als ein Verbrechen, nämlich eine Dummheit und die pazifistische Parole "Frieden um jeden Preis" politisch verantwortungslos.[21] Und zu linken politischen Richtungen gewandt: "Das Spielen mit der Revolution bedeutet, daß man sein Bedürfnis, *Worte* zu machen, spazierenführe auf Kosten des Proletariats, [denn] was würde das Ergebnis einer Revolution sein: der Feind im Lande und später dann eine Reaktion, wie wir sie noch nie erlebt haben. Und dann wird das Proletariat die Kosten zu zahlen haben."[22]

Auch Webers persönlicher Kontakt zu Ernst Toller und zahlreichen anderen revolutionär gesinnten Sozialisten und seine persönlichen Interventionen vermochten nicht, die revolutionäre Erhebung, die er schon länger kommen sah, und die er durch das persönliche Regiment Wilhelm II., mit dessen Desertion aus der Hauptstadt und dessen Spielen mit dem Staatsstreich, geradezu provoziert sah, aufzuhalten.

Dabei war es nicht nur seine antiseparatistische Gesinnung, die ihn zum Gegner der Revolution machte. Weber war auch deswegen erbittert und empört über den Ausbruch der Revolution, weil sie im Augenblick des größten Triumphs der Feinde Deutschlands stattfinde. Es sei die schwere Schuld dieser Revolution, daß sie Deutschland endgültig die Waffen aus der Hand geschlagen habe, Wilsons Rolle als "Weltfriedensrichter" unmöglich gemacht habe und so Deutschland vollkommen der Fremdherrschaft ausliefere. Wolfgang Mommsen wies in diesem Zusammenhang darauf hin, daß Weber mit dieser Argumentation bedenklich nahe an die "Dolchstoßlegende" gekommen sei und zudem das Ausmaß der rein militärischen Niederlage verkannt habe.[23]

Und nicht nur aus national motivierten, außenpolitischen Gründen tobte Weber gegen den "blutigen Karneval, der den ehrenvollen Namen Revolution nicht verdient"[24], sondern auch wegen der, von ihm befürchteten, innenpolitischen Auswirkungen. Die Machtergreifung durch Arbeiter-, Bauern- und Soldatenräte mißbilligte er auf das Schärfste. Weber prognostizierte ein riesiges Chaos und die sinnlose Vergeudung des verbliebenen wirtschaftlichen Potentials. Trotz sei-

---

21 Vgl. MWG I/16, S.359-369.

22 Vgl. *Mommsen, Wolfgang J.*, Max Weber und die deutsche Politik 1890-1920. 2.Aufl. Tübingen 1974, S. 310.

23 Vgl. *Mommsen, Wolfgang J.*, Max Weber und die deutsche Politik 1890-1920, S. 319.

24 Vgl. *Weber, Marianne*, Max Weber. Ein Lebensbild, S. 642.

ner eigenen Wahl und Mitarbeit als Delegierter der "Fortschrittlichen Volkspartei" im Heidelberger Arbeiter- und Soldatenrat verurteilte er mehrfach öffentlich die Mißwirtschaft der zu einer geordneten Verwaltung unfähigen Revolutionsorgane. Wolfgang Mommsen vermutete, daß es diese entschiedene Gegnerschaft gegenüber der Revolution war, die es letztlich verhinderte, daß sich die Pläne des Reichspräsidenten Friedrich Ebert, Max Weber zum Staatssekretär des Inneren oder zumindest zum deutschen Gesandten in Wien zu machen, nicht realisierten[25]. Nachdrücklich bekannte er sich zur parlamentarischen Republik als der Deutschland angemessenen Staatsform, wobei er, mit Blick auf die notwendigen Prozesse der "Führerauslese", dem Parlamentarismus plebiszitäre Elemente (volksgewählter Reichspräsident, Enquêterecht) und dem Föderalismus unitarische Züge (Festlegung verfassungspolitischer Mindestanforderungen für Länderverfassungen, Beibehaltung eines Bundesrats) entgegensetzte. 1919 setzte Weber seine Wahlkampftätigkeit für die DDP fort. Journalistische Äußerungen von ihm ergingen besonders zur Frage der "Kriegsschuld".

Einer Einladung des "Freistudentischen Bundes" nach München folgend, hielt er seine beiden berühmten Reden "Wissenschaft als Beruf" (Nov. 1917) und "Politik als Beruf" (Jan. 1919). Marianne Weber, die sich mit ihrem Mann gemeinsam am Wahlkampf beteiligte, wurde zur Abgeordneten im Badischen Landtag gewählt und im gleichen Jahr zur Vorsitzenden des "Bundes deutscher Frauenvereine" bestellt, des organisatorischen Zusammenschlusses der bürgerlichen Frauenbewegung.

Im Frühjahr wurde Weber zum Mitglied der Friedensdelegation, geleitet von dem Grafen Brockdorff-Rantzau, dem deutschen Reichsminister des Auswärtigen, berufen. Mit Max Graf Montgelas, Hans Delbrück und Albrecht Mendelssohn Bartholdy reiste er nach Versailles, um mit diesen zusammen in nur drei Tagen die deutsche Antwort auf die Kriegsschulddenkschrift der Siegermächte zu erarbeiten.

Aus wesentlich persönlichen Gründen, die Notwendigkeit eines regulären Professorengehalts und die räumliche Nähe zu Else Jaffé, nahm Weber im März 1919 den Ruf auf den Lehrstuhl von Lujo Brentano für "Gesellschaftswissenschaft, Wirtschaftsgeschichte und

---

[25] *Mommsen, Wolfgang J.*, Max Weber und die deutsche Politik, S. 324.

Nationalökonomie" an der staatswirtschaftlichen Fakultät der Universität München an. Im Sommersemester las er über "Die allgemeinsten Kategorien der Gesellschaftswissenschaft", im Wintersemester bot er einen "Abriß der universalen Sozial- und Wirtschaftsgeschichte" und im Sommersemester "Allgemeine Staatslehre und Politik (Staatssoziologie)" und über "Sozialismus". Die Angebote aus Wien (Universität), Berlin (Handelshochschule), Frankfurt am Main (Institut für Gemeinwohl) und Bonn (Universität) schlug er aus. In München erlebte er das Ende der Räterepublik. Sein Versuch, sich noch einmal in die Gestaltung der Reichsverfassung einzuschalten, verlief ergebnislos. Ebenso vergeblich war sein Besuch bei Erich Ludendorff, dem ehemaligen Ersten Generalquartiermeister der Kaiserlichen Armee, im Mai 1919, diesen zur freiwilligen Auslieferung an die Siegermächte, zur objektiven Klärung der Kriegsschuldfrage, zu bewegen. Im Oktober starb Webers Mutter. Er arbeitete am "Grundriss der Sozialökonomik" und an den "Gesammelten Aufsätzen zur Religionssoziologie". Weber nahm, auf Bitten der sozialistischen Studentenschaft kritisch zu den Diskussionen über die Begnadigung des Mörders des bayerischen Ministerpräsidenten Kurt Eisner, Anton Graf Arco-Valley, Stellung. Darauf demonstrierten nationalistisch gesinnte Studenten gegen ihn in seiner Vorlesung.

Lili Schäfer, Max Webers besonders geliebte Schwester, schied im Juni 1920 durch Selbstmord aus dem Leben; die Webers planten die Adoption der vier verwaisten Kinder, die Marianne im April 1927 auch vollziehen sollte. Im Juni 1920 erkrankte Max Weber an einer Lungenentzündung, ausgelöst durch die Spanische Grippe, die damals um die Welt ging. Er starb er am 14. Juni 1920 in München, umsorgt von Marianne Weber und Else Jaffé.

II. Das Werk

1. Studien zur Agrar-, Wirtschafts- und Sozialgeschichte der Antike und des Mittelalters

Behandelte *Texte* (genaue Angaben s. Bibl. S. 268 ff.)

"Zur Geschichte der Handelsgesellschaften im Mittelalter" (1889)
"Die römische Agrargeschichte" (1891)
"Die sozialen Gründe des Untergangs der antiken Kultur" (1889)
"Agrarverhältnisse im Altertum" (1897; 1898; 1909)
"Wirtschaftsgeschichte" (1919/20)
"Die Stadt" (1920/21)

Thema wie Anlage seiner Dissertationsschrift "*Zur Geschichte der Handelsgesellschaften im Mittelalter*" zeigten, daß Max Weber sich vom Beginn seiner wissenschaftlichen Arbeit nicht auf den vorgegebenen Wegen bewegen wollte. Sein juristisches Studium legte er derart an, daß er sich zum Zeitpunkt der Promotion sowohl im römischen als auch im deutschen Recht gleichermaßen gut auskannte. Diese Tatsache trug ihm nicht nur die Mißbilligung seines Lehrers und Doktorvaters Levin Goldschmidt ein, sondern stellte ihn von Anfang zwischen die Lager der sich heftig befehdenden "Germanisten" und "Romanisten".

Schon in dieser, seiner ersten publizierten Arbeit konzentrierte Weber sich auf jenes Thema, das eines der sein ganzes Werk bestimmenden sein sollte: die Entstehung und die Auswirkungen des "modernen" Kapitalismus. In seiner Dissertation ging er die Frage nach der historischen Genese dieser spezifischen Form des Wirtschaftens von zwei Seiten aus an: einmal inhaltlich, indem er die Entstehung der kapitalistischen Handelsgesellschaften im späten

Mittelalter, insbesondere die Loslösung der Unternehmungen von den Familiengemeinschaften darstellte; zum zweiten rechtsdogmatisch, indem er der Kontroverse nachging, ob es mehr germanische oder mehr römisch-rechtliche Vertragselemente waren, die einen stärkeren Einfluß auf die mittelalterlichen Handelsgesellschaften ausübten. Seine zentrale These war, daß das "individualistische" römische Recht hinter bestimmten deutschrechtlichen Voraussetzungen des modernen Kapitalismus zurückgetreten sei.

Seine Ausführungen zur Geschichte der Handelsgesellschaften, die sich auf eine Kenntnis der umfangreichen Quellen stützen, galten insbesondere der historischen Herausbildung des Vermögensrechts der modernen offenen Handels- und Kommanditgesellschaft. Bei seiner Gegenüberstellung der "societas" des römischen Rechts mit den modernen handelsrechtlichen Instituten erschien ihm als die wesentlichste Differenz das Fehlen eines "Sondervermögens" . Im römischen Recht war nämlich ein Gesellschaftsfonds, ein nur auf die societas als juristische Person bezogenes Vermögen, unbekannt, die römischen Institute waren nur auf "Wirkung inter socios" beschränkt. Ein solches Sondervermögen, so Weber, stand in "innigstem Zusammenhang" mit den Haftungsverhältnissen, da es die Hauptlast, beispielsweise bei Konkursen, zu tragen hatte. Die zwei Faktoren, Solidarhaftung und Sondervermögen, sah er als wesentliche Indikatoren einer Entwicklung zur modernen "Firma", eines Rechtsinstituts, das im Verhältnis dritten gegenüber, wie auch im Verhältnis zu seinen eigenen Mitgliedern, als selbständiges Subjekt erschien und mehr war als eine interessenbestimmte Vereinigung quotenmäßig an Geschäften beteiligter Kaufleute und Produzenten. Die "Firma" wurde zu einer zentralen Voraussetzung kapitalistischer Warenwirtschaft.

Die rechtliche Entwicklung dieses Instituts verfolgte Weber anhand der seehandelsrechtlichen Societäten: der *Kommenda* - "ein Geschäft [...], durch welches jemand die Verwertung von Waren eines andern, auf dessen Gefahr, gegen Gewinnanteil übernimmt" (2, S.17) - und der *societas maris* (Entwicklung einer echten Gesellschaft infolge Gewinnbeteiligung des früheren Kommissionärs, der nun das Risiko mitträgt). Die societas maris zeigte Ansätze zum Geschäft mit stillem Teilhaber; trotz dieser Ansätze der Sonderbehandlung des Societätsfonds konnte sich die Solidarhaftung auf dieser Grundlage nicht entwickeln. Für die *societas terrae*, die Binnenhandelsgesellschaft, sah Weber ebenfalls einige "essentialia" der späteren Kommanditgesellschaft (persönlich voll haftender Gesellschafter, nur mit ihrer Einlage haftende socii, Anfänge eines Sondervermögens) entstehen, eine persönliche Solidarhaftung aller socii ließ sich jedoch nicht finden. Um deren Ursprung zu erforschen, holte Weber bis hin zur Familiengemeinschaft im Mittelalter aus, als einem der ältesten Verhältnisse, "welche zur Bildung gemeinschaftlicher Vermögen mit dem Zwecke gemeinschaftlicher Erwerbsthätigkeit führen mußten und rechtlich geregelt erscheinen" (2, S. 44).

Weber sah die Familiengemeinschaft auf eine Güter- und Erwerbsgemeinschaft gegründet, derart, daß alle Hausgenossen gleichberechtigt neben dem Hausvater Anrechte auf das Hausgut, einschließlich des miteingebrachten Erwerbs hatten. Die Hausgemeinschaft umfaßte dabei nicht nur Verwandte, sondern auch das Dienstpersonal mit allen vermögensrechtlichen Konsequenzen: nicht das Verwandtschafts-, sondern das Erwerbsprinzip dominierte. Die vermögensrechtliche Entwicklung verlief nach Weber in Richtung einer Einschränkung der Vermögensgemeinschaft, die Einnahmen und Ausgaben des Fonds wurden rechenhaft erfaßt, die Beteiligung des Einzelnen mehr unter dem Begriff des Anteils, analog einer Societätseinlage, gefaßt. Im städtischen Handwerk fanden dazu Zusammenschlüsse von Arbeitsgemeinschaften statt, die sich am Institut der Hausgemeinschaft ausrichten konnten, da sie deren Erwerbsprinzip übernahmen.

Von diesen Gemeinschaftsverhältnissen ausgehend, erwuchs über die Sippenhaftung für Delikte eines Genossen die Haftung für Kontraktschulden, wobei zwei Haftungsformen voneinander zu unterscheiden waren: durch das Vermögen der Gemeinschaft und durch persönliche Mithaftung der Genossen. Das Bedürfnis nach Absicherung der Haftungsgründe führte schließlich zur vertraglichen Fixierung auch von Familiensocietäten, die Hausgemeinschaft als gewohnheitsrechtliche Grundlage trat zurück, selbständige Institute wie Sondervermögen, Solidarhaftung entstanden, die "Firma" wurde zum dominanten Typus.

Wo das römische Recht nur das Individualvermögen kannte, bildete im Mittelalter die Erwerbs- und nicht die Hausgemeinschaft die Grundlage für solidarische Haftung. Eine solche trat jedoch nur dort ein, wo Geschäfte "für Rechnung der Societät" geschlossen wurden, d. h. die Firma schon von ihren Mitgliedern abgehoben gedacht wurde. Damit waren die Vermögensverhältnisse zweistufig: Privatgläubiger hatten, über das Privatvermögen eines Geschäftsmannes hinaus, keine Ansprüche auf das Vermögen seiner Societät.

Diese Sondervermögensbildung diskutierte Weber im einzelnen an den Beispielen Pisa, als Fall des "unbedingten Vorherrschens des Seehandels", und Florenz, als "einer Landstadt, welcher der Zugang zum Meer [...] versperrt wurde" (2, S. 128). Wesentlich für Pisa erschienen Weber die ad hoc Associationen von Seehändlern, wesentlich für Florenz die familiaren Gewerbeunternehmen, deren Grundlage die generationenlange Kontinuität der Haushalte war.

Weber unterschied am Ende seiner Untersuchung im wesentlichen zwei Rechtsformen voneinander: eine Societät mehrerer Personen, welche unter einem gemeinsamen Namen ein Geschäft betrieben mit Solidarhaftung der socii ausschließlich gegenüber den creditores societatis und einem Sondervermögensfonds (= *offene Handelsgesellschaft*), sowie eine Societät mehrerer Personen, von denen eine das Geschäft auf ihren Namen betrieb, die anderen mit ihren Kapitaleinlagen beteiligt waren und nicht persönlich hafteten, außer mit ihrer Einlage (= *Kommanditgesellschaft*).

Das Hauptthema dieser Arbeit stellte somit die Erforschung jener Gemeinschaftsformen dar, die sich mit der Ausbreitung des See- und Binnenhandels und der städtischen Gewerbeproduktion fortentwikkelten. Die entstehenden Rechtsinstitute richteten sich nach Risiko und Gewinnteilung aus, nach der jeweiligen Festlegung von Verbindlichkeiten und Verantwortlichkeit.

Bei der Beantwortung der Frage nach, im weitesten Sinne, *soziologischen* Aspekten in dieser juristischen Dissertation scheinen die folgenden drei Punkte wichtig zu sein:

- Bei der Gegenüberstellung von römisch-rechtlicher societas und offener Handelsgesellschaft zeigte sich bereits deutlich Webers *komparatives Vorgehen*, welches durchaus nicht selbstverständlich war, sondern in diesem Fall noch dazu gegen den, von Weber immer attackierten, "Ressortpatriotismus" gerichtet war, in diesem Fall gegen die Trennung von "Romanisten" und "Germanisten"
- Weber trennte im Gang seiner Untersuchung deutlich zwischen rein *rechtlichen und wirtschaftlichen* Betrachtungsweisen der Gesellschaftsentwicklung und betonte die Möglichkeit einer *dishar-*

monischen Entwicklung von Rechtsgrundsätzen und ökonomischen Gegebenheiten; er hingegen bemühte sich um die Herausarbeitung einer *dialektischen* Verbindung beider Bereiche, nach der wirtschaftliche Verhältnisse rechtliche, und rechtliche Regelungen wirtschaftliche Konsequenzen bewirken bzw. beeinflussen können. Das Ungenügen der römisch-rechtlich orientierten Jurisprudenz seiner Zeit zeige sich in ihrer Unfähigkeit, die von ihm behandelten Rechtsinstitute historisch korrekt zu verstehen. "Auch zeigt die ganze Art der Behandlung und Erörterung bei den Juristen, daß nicht irgend eine durchdachte und konsequent durchgeführte wirtschaftliche oder gar soziale Theorie ihrer Betrachtungsweise zu Grunde liegt, sondern daß ihre einzelnen Entscheidungen lediglich ein Ergebnis abstrakter Konstruktion ist." (2, S. 151)

– Weber sah in den *sozialen Unterschieden* eine Hauptursache für unterschiedliche *Wirtschafts- und Rechtsentwicklungen*, wenn es etwa hieß: "Ist dem so, so haben wir hier wieder einen Beleg für die interessante Beobachtung [...], daß die Kommendaverhältnisse und was sich daran anschließt [...] ihren Ausgangspunkt von der Association von wirtschaftlich und man kann sogar sagen sozial ungleich Stehenden nimmt, während die solidarische Haftung aus Gemeinschaften Gleichstehender und prinzipiell an einem Vermögen mit gleichen Dispositonsbefugnissen Ausgestatteter erwachsen ist." (2, S. 123f.)

Schon in seiner ersten wissenschaftlichen Arbeit, geschrieben als juristische Dissertation, lassen sich demnach ökonomisch-soziologische Fragestellungen erkennen, die um das Problem der Herausbildung der kapitalistischen Wirtschaftsform kreisten.

Die Habilitationsschrift Max Webers über "*Die Römische Agrargeschichte in ihrer Bedeutung für das Staats- und Privatrecht*" stellte sich zur Aufgabe, "verschiedene Erscheinungen des römischen Staats- und Privatrechts [in] ihrer praktischen Bedeutung für die Entwickelung der agrarischen Verhältnisse" (5, S. 1) zu untersuchen.[26] Schon aus der Einleitung wird deutlich, daß die Webersche Beschäftigung mit der römischen Agrargeschichte auf einer insgesamt sozialökonomischen Sichtweise beruhte. In seinem Bemühen, die Zusammenhänge zwischen den Rechtsstrukturen des römischen Agrarwesens und den jeweiligen ökonomischen und gesellschaftlichen Verhältnissen in den verschiedenen Epochen der römischen Agrarentwicklung herauszuarbeiten, stützte Weber sich im Kern auf die Einschätzung der römischen Geschichte, wie sie vor ihm von Theodor Mommsen autoritativ entwickelt worden war[27] : Die Geschichte des römischen Imperialismus war ganz wesentlich auch "eine fortwährende Vergrößerung des der römischen Besiedelung und kapitalistischen Ausbeutung unterliegenden Areals" (5, S. 6).

Max Weber ging es dabei um die Fragen, welchen konkreten wirtschaftlichen und gesellschaftlichen Bedingungen und Interessen die Rechtsstellung von Grund und Boden sowie die juristische Stellung der in der Landwirtschaft tätigen Menschen entsprachen. Das eigentliche innenpolitische Kampfobjekt war nach seiner Einschätzung das öffentliche Land, der *ager publicus*, dessen Aufteilung von immenser sozialer, ökonomischer und politischer Bedeutung war. Weber stellte sich deshalb neben der Frage: "Welche sozialen Schichten und wirtschaftlichen Interessengruppen bildeten politisch die treibende Kraft?" (5, S. 6), die weitere Frage: Welchen wirtschaftlichen Gedanken entsprach auf dem Gebiet des Agrarwesens das Privateigentum an Grund und Boden als ein Eigentumsbegriff, "welcher noch heute unser juristisches Denken beherrscht, von den einen wegen seiner logischen Konsequenzen bewundert, von den andern als Wurzel alles Übels auf dem Gebiet unsers Grundbesitzrechtes befehdet?" (5, S. 7). Um diese Fragen beantworten zu können, d.h. um jene Entwicklung vom ursprünglichen Gemeineigentum zum Privateigentum nachzeichnen zu können, wandte sich Weber einleitend den verschiedenen Aufmessungsformen des römischen Ackers zu, von der

---

26 "Einleitung" und "Editorischer Bericht" von *Jürgen Deininger* im Rahmen der MWG geben detailliert und erschöpfend Auskunft über 1) Max Webers Weg zur Beschäftigung mit der Römischen Agrargeschichte, 2) die maßgeblichen Einflüsse für seine diesbezüglichen Arbeiten, 3) Aufbau und Inhalt der Habilitationsschrift, 4) die Rezeption des Werkes in der wissenschaftlichen Kritik und 5) die Bezüge zwischen der Römischen Agrargeschichte und Webers späterem Werk (Vgl. MWG I/2).

27 Vgl. MWG I/2, S. 23f.

Annahme ausgehend, daß die feldmesserische Behandlung des römischen Bodens mit den öffentlichrechtlichen und privatrechtlichen Verhältnissen in Beziehung stand. Weber unterschied im wesentlichen drei Formen der Bodenaufteilung:

- den ager limitatus, per centurias divisus et assignatus: diese Teilungsart, insbesondere jenes Bodens, der an koloniale Neuansiedler verteilt wurde, wurde bei vollem römischen Bürgerrecht angewandt, die Besteuerung erfolgte nach der Vermögenssteuer des Besitzers.
- den ager per scamna et strigas divisus et assignatus: hier wurde staatliches Land gegen Zins oder Grundsteuer vergeben, wobei sich die genaue Festlegung der Besitzgrenzen aus dem Steuermodus ergab. An diese Aufteilungsart schloß sich der ager quaestoris an, womit eine Überlassung der Bodennutzung gegen Kapital gemeint war, bei der der Staat ein Wiederkaufsrecht besaß, was also einer rohen Form der Kreditaufnahme des Staates entsprach.
- den ager per extremitatem mensura comprehensus, der jene Fälle betraf, in denen das Land weder gänzlich privatisiert noch gänzlich der römischen Verwaltung unterworfen wurde. Es bestand in diesen Fällen keine direkte Steuerpflicht des Einzelnen, vielmehr garantierte die ganze Gemeinde (municipium) der römischen Steuerverwaltung den Steuerbetrag und trieb ihn ihrerseits bei den Bauern eigenständig ein.

Von dieser Dreiteilung ausgehend, beschäftigte Weber sich mit den verwaltungsrechtlichen Folgen der Landaufteilung, insbesondere der Censusfähigkeit und dem Zugang zur Manzipation, d. h. der privatrechtlichen Verkaufsform des steuerfreien Ackers, sowie den hauptsächlichen Streitformen "de loco" (auf eine *bestimmte Parzelle* gerichtet) und "de modo" (auf *irgendeine* Menge Land *bestimmter Qualität* gerichtet). Daran anschließend analysierte Weber die juristischen und ökonomischen Bedingungen, die Rom "zur Immobilienbörse der Welt machten" (5, S. 99), wobei er darauf hinwies, daß die generelle Tendenz, die für die Besitz- und Erwerbsfunktionen auf ein allmähliches Verschwinden der Form "de modo" hinauslief, folgendermaßen zusammengefaßt werden kann: "Wir haben gesehen,[...] daß der römische ager privatus Produkt einer bewußten agrarpolitischen Tendenz ist, welche auf ziemlich künstlichem Wege die unbedingte Freiheit der wirtschaftlichen und rechtlichen Disposition über das Grundeigentum und dessen möglichste Mobilisierung zu erreichen strebte und tatsächlich, nicht ohne so manche soziale und wirtschaftliche Schäden in den Kauf zu nehmen, erreicht hat." (5, S. 114).

Mit diesem "revolutionären Übergang" vom ager publicus einer Flurgemeinschaft zum ager privatus des Privatbesitzes, und das heißt mit der Freisetzung des Privateigentums an Grund und Boden, wurde nach Weber der Weg zum Großgrundbesitz frei: "Wir werden annehmen müssen, daß auch die den Charakter einer Separation und Verkoppelung tragende wirtschaftliche Emanzipation, der Sieg der von patrimonialen wie gemeinwirtschaftlichen Lasten freien Individualwirtschaft, die Auflösung der Flurgemeinschaft durch Aufteilung zu vollem Privateigentum, Ziel derselben Partei und Ergebnis der gleichen Zeit war. Sie hat denjenigen Begriff des Privateigentums geschaffen oder vielmehr auf das Grundeigentum angewendet, welcher, obwohl ein künstliches Produkt reflektierender Interessenpolitik, vermöge des Raffinements seiner logischen Durcharbeitung die Gedanken der Jurisprudenz, solange es eine solche gibt, beherrscht hat und noch beherrscht." (5, S. 117f.).

Der letzte Teil der Arbeit, "welcher den Versuch einer wirtschaftsgeschichtlichen Betrachtung der römischen Landwirtschaft bietet" (5, S. 3), wandte sich der Kaiserzeit zu, jener Episode römischer Geschichte, in der der Kampf um den ager publicus, um das öffentliche Land, zu den schwersten inneren Konflikten geführt hatte. Nach seiner Untersuchung der historischen Entstehung und Differenzierung des ager publicus beschrieb Weber die Aufteilung des öffentlichen Landes durch Okkupation und Bewirtschaftung, was einer "unerhörten Begünstigung des Kapitals" (5, S. 129) gleichkam: "Denn daß diese freie Konkurrenz nicht den kleinbäuerlichen Besitzern, sondern nur den Großkapitalisten, Patriziern wie Plebejern, zustatten kam, ist oft hervorgehoben worden. Sie stellt in der Tat den schrankenlosesten Kapitalismus auf agrarischem Gebiet dar, welcher in der Geschichte jemals erhört gewesen ist und wird von den als Analogie schon erwähnten Übergriffen und Einhegungen der spätmittelalterlichen Grundherren quantitativ und qualitativ nicht entfernt erreicht." (5, S. 129).

Die Pachtverhältnisse jener Zeit tendierten zur Vereinfachung in Großpachten mit Afterpächtern, was nicht nur zur "rechtlichen Vernichtung der Gemeindeverbände" führte, sondern auch zur zahlenmäßigen Vermehrung der Großbetriebe (5, S. 139). Diese Pachtverhältnisse waren teilweise vererbbar, so daß sich der Pachtzins allmählich in eine Grundsteuer verwandelte und sich auch hier das Privateigentum an Grund und Boden durchsetzte. Die somit entstehenden Rechtsformen, "in welchen Land an Großunternehmer vergeben wird", führten zu folgendem Zustand: "Zwischen dem Bauern einerseits und dem ‚Gutsbesitzer' und Domänenpächter andererseits bestand eine durch keine Zwischenglieder überbrückte Kluft, auch in der Rechtsstellung." (5, S.178).

Abschließend wandte sich Weber dieser zunehmend dominierenden Stellung des römischen Großgrundbesitzes zu. Dieser allein war imstande, den für den profitablen Wein- und Ölanbau bzw. die Viehwirtschaft nötigen Kapitalaufwand zu erbringen. Während die römische Grundaristokratie zu einem städtischen, Grundrente verzehrenden Kapitalistenstand wurde, nahm die Zahl der kleinen Grundeigentümer stark ab (5, S. 230), und ein "sozial ins Gewicht fallender Bauernstand" (5, S. 232), der sich gegen die ungerechten Pachtverhältnisse gewehrt hätte, fehlte.

Die Bauern differenzierte Weber anhand des Kriteriums ihrer Abhängigkeit vom Gutsherrn: vom kleinen Eigentümer, über den Hand- und Spanndienste leistenden Pächter, den abhängigen Tagelöhner bis hin zum Sklaven. Den Niedergang des römischen Reiches machte Weber besonders an dem zunehmend geänderten und differenzierten Status der Sklaven fest: Aus Mangel an Sklavenangebot gingen die Gutsherren dazu über, die Sklaven untereinander immer stärker zu differenzieren (Vorarbeiter, Verwalter, etc.), ihnen Land zur Rente zu geben und sie teilweise aus dem engeren Gutshaushalt zu entlassen. "Die Annäherung der Sklaven an die Colonen, d. h. die Verwandlung der ländlichen Arbeiter in Bauern, ist aber eine der wichtigsten und zweifellosesten Tatsachen der römischen Kaiserzeit." (5, S. 276). Die Herausbildung der großen Güter in Privateigentum führte, in der Darstellung Webers, zu einer allmählichen Aushöhlung der gemeinschaftlichen Institutionen und des Gemeineigentums, was wiederum folgende Situation verursachte: "Tatsächlich aber war über das Reich ein Netz von Grundherrschaften ausgebreitet, auf welchem die Municipien, ohne unentbehrliche Mittelpunkte des gewerblichen Lebens oder der Kapitalbildung und auch ohne unentbehrliche Marktorte zu sein, also im Grunde nur als Schröpfköpfe im Interesse der staatlichen Steuerverwaltung saßen." (5, S. 267).

Fragt man bei dieser Arbeit nach den *soziologischen* Aspekten, so läßt sich ebenfalls eine Reihe von Ansätzen verzeichnen, die sowohl über eine rein juristische als auch über eine rein agrarhistorische Untersuchung hinausweisen. Alfred Heuß, einer der ganz wenigen Kenner dieser ersten Arbeiten Max Webers, faßte diese Tatsache mit Blickrichtung auf die Römische Agrargeschichte zusammen, als er von der Fähigkeit Max Webers sprach, "durch juristische Institutionen hindurch auf erstens die sie begründende wirtschaftliche Absicht und dann zweitens von der juristischen Form aus auf ihre sozialen Konsequenzen hindurchzublicken".[28] Diese Fähigkeit führte dazu, daß die Römische Agrargeschichte "manche Betrachtung [enthält], die auch im späteren Gedankenkreis des Soziologen Max Weber Bedeutung haben sollte".[29] Wie bereits angedeutet, hatte die ökonomisch-rechtliche Herausbildung des Privateigentums an Grund und Boden sowohl eine Reihe von ökonomischen, politischen und sozialen Voraussetzungen als auch Folgen. Daß Weber diesen Fragestellungen nachgegangen war, hob seine Untersuchung über eine rein agrarhistorisch-juristische Monographie hinaus, war jedoch sicher auch Ursache für die bis heute relativ geringe Rezeption seitens der Altertumswissenschaft und Alten Geschichte.

Auch in seiner Habilitationsarbeit verfolgte Weber eine Richtung, die wir schon in seiner Dissertation angelegt sahen: die Erforschung der Entstehungsbedingungen des kapitalistischen Wirtschaftens, hier unter der speziellen Frage nach der Herausbildung des römischen Agrarkapitalismus. - Darüber hinaus sei noch auf zwei zusätzliche Komponenten dieser Arbeit verwiesen:

Zum einen artikuliert sich in dieser Arbeit ein erkennbar *sozialpolitisches Interesse* Webers, wenn er sich beispielsweise der Lage der kleinen Bauern intensiv zuwandte, die in immer größere Abhängigkeit gegenüber dem großgrundbesitzenden Adel gerieten. Weber lieferte hier einen Ansatz zur Klassenanalyse der Antike und eine differenzierte Untersuchung der Lage der Sklaven, die er, im Gegensatz zur marxistischen Doktrin, nicht ausschließlich als Ausbeutungsobjekt einer "Sklavenhaltergesellschaft" sah. Er beschäftigte

---

[28] *Heuß, Alfred*, Max Webers Bedeutung für die Geschichte des griechisch-römischen Altertums. - In: Historische Zeitschrift, Bd. 201, H. 3 (Dez. 1965), S. 534. - Für Heuß' eigene Darstellung vgl. *Ders.*, Römische Geschichte. Braunschweig 4. Aufl. 1976.

[29] *Ebd.*, S.539.

sich mit den Ansätzen einer zunftmäßigen Organisation und dem "Arbeitsethos" dieser Gruppen, das jedoch nicht über das angestrebte Ziel der Freilassung hinausging.

Zum anderen läßt sich schon in dieser frühen Arbeit ein lebhaftes, wenn auch noch keineswegs systematisches, *methodologisches Interesse* erkennen: Die sehr ungewöhnliche Absicht Webers, die Techniken der Feldvermessung mit der historischen Herausbildung des rechtlichen Instituts des Privateigentums in Verbindung zu setzen, stellte ein erhebliches methodisches Problem dar. Weber schrieb dazu: "das Bestehen eines Zusammenhanges zwischen zwei historischen Erscheinungen läßt sich nun einmal nicht in abstracto, sondern nur so zur Anschauung bringen, daß eine in sich geschlossene Ansicht über die Art, *wie* dieser Zusammenhang sich konkret gestaltet habe, vorgetragen wird" (5, S. 2). Neben dieser Betonung der Wichtigkeit empirisch-historischer Forschung und einer logisch konsistenten Hypothesenformulierung beschäftigte sich Weber mit dem Problem des Aufstellens von historischen "Gesetzen". Er schrieb dazu angesichts der Tatsache empirisch beobachtbarer Widersprüchlichkeiten: "Man kann das Entwicklungsgesetz als allgemeines feststellen in dem Sinne, daß derartige ‚Gesetze' eben *Tendenzen* darstellen, die durch lokal stärker wirkende gekreuzt werden können." (5, S. 4)

Noch ein weiterer Punkt ist es wert, festgehalten zu werden: Schon in seiner Habilitationsarbeit erwähnte Weber ein Konzept, das er später zu einem zentral wichtigen Element seiner methodologischen Überlegungen machen sollte. Bei der Erörterung des Verhältnisses von Gemeineigentum und Privateigentum konstatierte Weber die teilweise erhebliche Unterschiedlichkeit in den jeweiligen Regionen ("Es braucht nicht gesagt zu werden, daß diese Entwicklung lokal in sehr verschiedenem Grade zur Durchführung gelangte.. ."), um dann festzulegen: "Will man die Tendenzen der Entwicklung, immer unter dem Vorbehalt, daß sie eben nur Tendenzen sind und daß der Grad ihrer Durchführung ein lokal verschiedener ist, sie ganz rein überhaupt vielleicht nirgends realisiert erscheinen, also in Idealbildern, formulieren, so kann man, glaube ich, ohne allzu große Kühnheit sagen: ..." (5, S. 266). Es ist sicherlich nicht überinterpretiert, wenn man schon an dieser Stelle aus dem Jahre 1891 die groben Umrisse des späteren Konzeptes einer *idealtypischen Vorgehensweise* erkennt.

Trotz all dieser *soziologisch relevanten* Aspekte handelte es sich bei der Habilitationsschrift - ebenso wie bei der Dissertation, die primär eine handelsrechtliche war - um eine primär agrarhistorisch-juristische Arbeit, die jedoch in der Richtung der Fragestellung als auch in einzelnen methodologischen Aspekten mit den späteren fachsoziologischen Werken Webers in Verbindung gebracht werden muß.

Ein Beleg für die Richtigkeit der Einschätzung von Alfred Heuß: "Der ‚Gelehrte' Max Weber bildete sich [...] zu einem wesentlichen Teil in der Beschäftigung mit dem Altertum aus"[30] kann im Anschluß an das bisher Ausgeführte in dem Aufsatz über "*Die sozialen Gründe des Untergangs der antiken Kultur*" von 1896 gesehen werden. Wenn in bezug auf Dissertation und Habilitationsschrift von soziologisch relevanten Fragestellungen und Ansätzen die Rede war, so handelte es sich bei dieser Arbeit bereits um eine genuin soziologische Untersuchung, auch wenn hier die ohnehin sachlich wenig sinnvollen Grenzen zur Sozial- und Wirtschaftsgeschichte nicht eindeutig bestimmbar sind. Es lohnt sich, den Argumentationsverlauf skizzenhaft nachzuzeichnen, da bereits hier eine Vielzahl der Themen anklingt, die den Soziologen Max Weber zeit seines Lebens beschäftigt haben.

Schon die Überschrift deutet an, was der erste Abschnitt ausführt: Es waren nicht äußere Ursachen, die das Ende des römischen Weltreiches herbeiführten, sondern im wesentlichen *innere* Entwicklungen. Weber fragte in der ihm und seiner Zeit eigenen Weise insbesondere nach den Gründen, die für den Zerfall, die "innere Selbstauflösung" einer *Kultur* verantwortlich gemacht werden können. Um darauf antworten zu können, stellte sich Weber die Aufgabe, die "*Eigentümlichkeiten* der sozialen Struktur der antiken Gesellschaft" (43, S. 59) herauszuarbeiten. Er nannte dabei drei Momente als wesentlich: Die antike Kultur sei 1. städtische Kultur, 2. Küstenkultur und 3. Sklavenkultur. Insbesondere den dritten Aspekt nannte Weber als entscheidend, da diesem die größte Bedeutung für die wirtschaftliche Entwicklung zukomme, die ihrerseits die Gesamtentwicklung bestimmte. Aus einem Kolonien erobernden Ackerbürgerstaat wurde, insbesondere mit den überseeischen Eroberungen, ein auf Menschenjagd gehendes Reich, das für seine immer größer werdenden Latifundien einen ständigen Nachschub an Sklaven benötigte. Das

---

30 *Heuß 1965 [FN 28, o.S. 49]*, S.531.

Emporsteigen einer Grundaristokratie führte zu jener Entwicklung, die Weber folgendermaßen beschrieb: "Der Sklavenhalter ist so der ökonomische Träger der antiken Kultur geworden, die Organisation der Sklavenarbeit bildet den unentbehrlichen Unterbau der römischen Gesellschaft [...]. Der Typus des römischen Großgrundbesitzers ist nicht ein selbst den Betrieb leitender Landwirt, sondern ein Mann, der in der Stadt lebt, politisch tätig ist und vor allen Dingen Geldrente beziehen will." (43, S. 63f.)

Von dieser Analyse ausgehend wandte sich Weber insbesondere der "sozialen Eigenart" der Sklaven zu, von denen er ein "Idealschema" (43, S. 65) entwarf, das das einer "Kasernenexistenz" ist: eigentumslos und familienlos. Die Sklavenkasernen waren nach Webers Auffassung die Voraussetzung für das politische, wirtschaftliche und soziale System des Römischen Kaiserreiches. Und die Sklavenkasernen ihrerseits waren "abhängig von regelmäßiger Menschenzufuhr auf den Sklavenmarkt. Wie, wenn diese einmal versagte ? Das mußte auf die Sklavenkasernen wirken, wie die Erschöpfung der Kohlenlager auf die Hochöfen wirken würde. - Und dieser Moment trat ein. Wir kommen damit zu dem Wendepunkt in der Entwicklung der antiken Kultur." (43, S. 66)

Dieser "Wendepunkt", und damit die entscheidende Ursache für den Untergang der antiken römischen Kultur, lag für Weber in der Einstellung der römischen Eroberungskriege und deren Folgen. Mit dieser inneren und äußeren "Befriedung des antiken Kulturkreises" versiegte auch die regelmäßige Versorgung der Sklavenmärkte, und damit ergab sich "die Unmöglichkeit des Fortschreitens der Produktion auf Grundlage der Sklavenkasernen" (43, S. 67). Diese Entwicklung führte zu zwei weiteren, die sich gegenseitig verstärkten: Zum einen kam es zu einer immer stärkeren Abwendung von den Stadtgemeinden, hin zu den großen Gütern, die sich der Einbeziehung durch die Gemeinden zu entziehen versuchten. Zum anderen kam es zur langsamen Herausbildung einer ständischen Gliederung der Menschen auf den Gütern der Großgrundbesitzer: "Die *ständische Gliederung* hatte an Stelle des alten einfachen Gegensatzes von Freien und Unfreien begonnen. Eine in ihren einzelnen Stadien fast unmerkliche Entwicklung führte dahin, weil die ökonomischen Verhältnisse dahin drängten. Die Entwicklung der *feudalen Gesellschaft* lag in der Luft schon des spätrömischen Reiches." (43, S. 70) - Diese beiden Entwicklungen führten zur immer stärkeren Herausbildung einer arbeitsteiligen Deckung des Eigenbedarfs auf den großen Gütern, damit zu einem allmählichen Schwinden des Wirtschaftsverkehrs mit den Städten und einer immer stärkeren Naturalwirtschaft. Durch die staatliche Finanzpolitik, die diese Entwicklungen nur noch verstärkte, waren Beamtentum und Berufsheer zunehmend schwerer aufrechtzuerhalten und zu finanzieren. "Der Zerfall des Reiches war die notwendige politische Folge des allmählichen Schwindens des Verkehrs und der Zunahme der Naturalwirtschaft. Er bedeutete im wesentlichen nur den Wegfall jenes Verwaltungsapparats und damit des geldwirtschaftlichen politischen Überbaus, der dem naturalwirtschaftlichen ökonomischen Unterbau nicht mehr angepaßt war." (43, S. 75).

In einem abschließenden Abschnitt zog Weber ein Resümee der historischen Entwicklungen des Altertums, indem er das Verschwinden seiner entscheidenden Bestandteile konstatierte: des stehenden Heeres, des besoldeten Beamtentums, des interlokalen Güteraustauschs, der Stadt. Webers Fazit lautete: "Die Kultur ist ländlich geworden." (43, S. 76).

Diese Entwicklung bedeutete in den Augen Webers den Untergang der antiken Kultur und deren "Geistesarbeit". "Unwillkürlich wehmütig berührt uns das Schauspiel, wie eine scheinbar dem Höchsten zustrebende Entwicklung ihre materielle Unterlage verliert und in sich selbst zusammenbricht. Allein was ist es denn, was wir in diesem gewaltigen Vorgang vor uns sehen ? In den Tiefen der Gesellschaft vollzogen sich und mußten sich vollziehen organische Strukturänderungen, die im ganzen doch einen gewaltigen Gesundungsprozeß bedeuteten. Die Einzelfamilie und der Privatbesitz wurden den Massen der Unfreien zurückgegeben; diese selbst aus der Situation des ‚sprechenden Inventars' langsam wieder in den Kreis der Menschen hinaufgehoben, deren Familienexistenz das emporwachsende Christentum dann mit zähen moralischen Garantien umgab [..]. Freilich sank zugleich ein Teil der freien Bevölkerung zu faktischer Hörigkeit, und die raffiniert gebildete Aristokratie des Altertums zur Barbarei herab. Der naturalwirtschaftliche Untergrund, den das Anschwellen der unfreien Arbeit der antiken Kulturentwicklung untergeschoben hatte, war zunächst immer weiter gewuchert, je mehr der Sklavenbesitz die Vermögen differenzierte, und hatte nach dem Übergang des politischen Schwergewichts von der Küste auf das Binnenland und nach dem Versiegen der Menschenzufuhr seine zum Feudalismus drängende Struktur auch dem ursprünglich verkehrswirtschaftlichen Oberbau aufgezwungen. So schwand die dünn gewordene Hülle der antiken Kultur, und das Geistesleben der okzidentalen Menschheit sank in lange Nacht. Sein Niedersinken gemahnt aber an jenen Riesen der hellenischen Mythe, der neue Kraft gewann, wenn er am Busen der Mutter Erde ruhte. [...] Erst als auf der Grundlage der freien Arbeitsteilung und des Verkehrs die *Stadt* im Mittelalter wieder erstanden war, als dann der Übergang zur Volkswirtschaft die bürgerliche Freiheit vorbereitete und die Gebundenheit unter den äußeren und inneren Autoritäten des Feudalzeitalters sprengte, da erhob sich der alte Riese in neuer Kraft und hob auch das geistige Vermächtnis des Altertums empor an das Licht der modernen bürgerlichen Kultur." (43, S. 76f.)

Die *soziologische* Relevanz dieser Arbeit wird schon aus dieser skizzenhaften Nachzeichnung des Argumentationsverlaufs deutlich: Max Weber unternahm hier den Versuch, sehr komplexe historische Wandlungsprozesse (Zerfall des römischen Weltreiches und seiner Kultur) aus Veränderungen der Sozialstruktur der antiken Gesellschaft zu erklären. Dabei fällt die starke Betonung der Bedeutung *ökonomischer* Entwicklungen ("ökonomischer Unterbau") auf, deren sozialstrukturellen Auswirkungen Weber im einzelnen nachging: Herausbildung ständischer Gliederung, Auflösung von Berufsbeamtentum und Berufsheer, Auflösung der städtischen Kultur. Soziologisch interessant ist auch die Miteinbeziehung der Bedeutung religiös-ideologischer Wertsysteme für die Absicherung ("Garantien") sozialstruktureller Veränderungen.

Die *methodologischen* Aspekte der Arbeit verstärken die Beobachtungen aus den vorangegangenen Arbeiten: Auch hier wandte Weber bereits eine idealtypische Vorgehensweise ("Idealschema") bei der Darstellung der Sklaven, Großgrundbesitzer, Wirtschaftsformen etc. an, und auch hier ging er wesentlich komparativ vor (Vergleich Antike-Mittelalter). Als bemerkenswert kommt hinzu der starke Anteil der normativen Bewertung seiner Analyseergebnisse ("Untergang", Gesundungsprozeß"), bei der von seiner späteren Position in bezug auf "Werturteile" noch nichts zu erkennen ist. Dabei sollte jedoch festgehalten werden, daß er, ähnlich wie schon in seiner Habilitationsarbeit, erkennbar auf der Seite der sozial Schwachen, hier insbesondere der Sklaven, bei diesen Bewertungen stand.

Die intensive Beschäftigung mit den sozio-ökonomischen Verhältnissen der Antike in den bisher besprochenen Arbeiten trug Max Weber den Ruf eines Spezialisten für diesen Themenbereich ein. Dies wiederum führte dazu, daß man ihm die Betreuung des Artikels "*Agrarverhältnisse im Altertum*" im "Handwörterbuch der Staatswissenschaften" antrug.[31]Dieser Beitrag liegt in drei Fassungen vor, d. h. Weber schrieb ihn mit jeder Auflage (1897, 1898, 1909) neuerlich um, wobei sich der Umfang jedesmal erheblich verstärkte. Von diesem Beitrag sagte Alfred Heuß: "[...] dem Inhalt nach die originellste, kühnste und eindringlichste Schilderung, die die Wirtschafts- und Gesellschaftsentwicklung des Altertums jemals erfahren hat. Der Begriff ‚Agrargeschichte' ist deshalb hier weit überschritten; es handelt sich um viel mehr, nämlich um eine Skizze der gesamten Wirtschafts- und Sozialgeschichte des Altertums."[32]

Betrachtet man die Fassung von 1897, so begegnen uns die meisten der bereits besprochenen Argumente wieder: Eine interessante neue Note taucht jedoch auf mit dem gleich einleitend eingeführten Vergleich zwischen dem Okzident und den "asiatischen Kulturvölkern" (48, S. 1). Dieser Vergleich tritt mit diesem Aufsatz neben den bis dahin immer wiederkehrenden Vergleich zwischen Antike und Mittelalter und wird uns insbesondere im späteren Werk Webers immer häufiger begegnen. Die Hauptunterschiede zwischen Okzident und "den Asiaten" sah Weber im Gemeineigentum an Boden (Mark, Allmende) und dem Privatbesitz der Herde ("der primitive Ausgangspunkt alles Feudalismus") im Okzident. Die Herausbildung des okzidentalen Feudalismus ist für Weber in dieser Fassung das entscheidende Unterscheidungsmerkmal zwischen den beiden Kulturbereichen.

In den Ausführungen über das hellenische Altertum befaßte sich Weber wieder mit den landwirtschaftlichen Produktionsweisen, der Familienstruktur und der Siedlungsweise. Auffallend ist dabei die

---

31 Offensichtlich beabsichtigte Weber ursprünglich auch den Artikel zum Stichwort "Kolonat" zu übernehmen, wie durch die zahlreichen Querverweise deutlich wird. (Vgl. 48, S. 17; 95, S. 129, 171, S. 180ff., 188) Diesen Artikel übernahm dann jedoch Michael Rostowzew, der auch später eine umfassende Untersuchung zu diesem Thema vorlegte: *Rostowzew, Michael,* Studien zur Geschichte des römischen Kolonates. Erstes Beiheft zum Archiv für Papyrusforschung und verwandte Gebiete. Hrsg. v. Ulrich Wilcken. Leipzig/Berlin 1910.

32 *Heuß 1965 [FN 28, o.S. 49]*, S. 538.

starke Betonung der politisch-militärischen Entwicklungen und der städtischen Entwicklungen. - Im Abschnitt über das römische Altertum bis zum Ende der Republik begegnen wir erneut den Argumenten aus Dissertation und Habilitation, insbesondere der Betonung des "völlig mobilisierten privaten Bodenbesitzes", der die Schaffung eines "unerhörten agrarischen Kapitalismus" zur Folge hatte (48, S. 10). Weber behandelte auch hier wiederum den "diametralen Interessengegensatz" zwischen dem städtischen Kapital, d.h. den Sklavenbesitzern, und den Bauern, den er als "Kampf zwischen freier und unfreier Arbeit" bezeichnete (48, S. 11). Der Sieg des städtischen Kapitals und die dadurch ermöglichte Herausbildung von Sklavengroßbetrieben schaffte in seinen Augen die "politische Grundlage des Caesarismus" (48, S. 12). - Im Abschnitt über die Entwicklung in der Kaiserzeit wiederholte Weber seine Analyse des Untergangs der antiken Kultur, mit den Stationen der Einschränkung der Sklavenmärkte, Ausbildung einer ständischen Gliederung, Auflösung von Berufsbeamtentum und stehendem Heer und einem "Zerbröckeln" der Städte. Bei der Darstellung der Herausbildung ständischer Gliederungen unterschied Weber einerseits den Stand der immediatsteuerpflichtigen possessores und jenen der mediatssteuerpflichtigen *coloni*, wobei er von den *possessores* sagte, daß sie es gewesen seien, die am Schluß der Kaiserzeit auf dem Land "als alleiniger Träger desjenigen Maßes bürgerlicher Freiheit, welches die diokletianische Epoche noch kannte, erscheint" (48, S. 17).

Die Fassung in der zweiten Auflage von 1898 gleicht der in der ersten Auflage weitgehend, unterscheidet sich jedoch von ihr durch die erwähnte Einbeziehung des vorderen Orients (Ägypten, Babylon, Assyrien). - Eben diese Ausweitung der Fragestellung und die generelle Ausrichtung wird am deutlichsten in der berühmt gewordenen, dritten Auflage des Handwörterbuches von 1909. Hier tritt uns nun der Weber nach "Objektivitätsaufsatz" (Bibl. Nr. 62) und "Protestantischer Ethik" (Bibl. Nr. 65 und 74) entgegen, wobei es unsere Absicht ist, die Kontinuitäten, inhaltlich und methodologisch, deutlich zu machen, die sich durch die Arbeiten Webers während der gesamten Arbeitsphase seines Lebens ziehen. Der Unterschied zwischen dem Weber der ersten und dem der dritten Auflage des Handwörterbuches liegt in einer Präzisierung der Fragestellung und in einer gründlicheren methodologischen Reflexion der Untersuchung.

In seiner "Einleitung" zur dritten Auflage ordnete Weber seine

Fragestellung wiederum in einen Vergleich des europäischen Okzidents mit dem Bereich ostasiatischer Kulturvölker ein, jedoch unter Miteinbeziehung von Vorderasien. Dadurch gelangte er zu einer erheblich differenzierteren Sicht als in den vorherigen Untersuchungen. Jetzt ging es nicht mehr um eine einfache Gegenüberstellung nach dem Muster: hier Feudalismus, dort nicht, sondern um die genaue Unterscheidung von Gemeinsamkeiten, Ähnlichkeiten, Analogien und Verschiedenheiten: "Sowohl die ostasiatischen wie die altamerikanischen Kulturvölker kannten Einrichtungen, die wir ihrer Funktion nach als ganz zweifellos ‚feudalen' Charakters betrachten, und es ist nicht einzusehen, warum nicht *alle* jene sozialen Institutionen, welchen die Herausdifferenzierung einer für den Krieg oder den Königsdienst lebenden Herrenschicht und ihre Sustentation durch privilegierten Landbesitz, Renten oder Fronden der abhängigen waffenlosen Bevölkerung zugrunde liegt, in den Begriff einbezogen werden sollten, die Amtslehen in Ägypten und Babylon ebensogut wie die spartanische Verfassung." (95, S. 53)

Aus solchen Gemengelagen hob Weber im wesentlichen zwei spezifisch okzidentale Formen heraus: zum einen die individualistische Form des Feudalismus und die spezifisch politische Form des "Stadtfeudalismus". Methodologisch von besonderer Bedeutung sind seine skeptischen und differenzierten Beurteilungen des komparativen Vorgehens, das wir als einen durchgehenden Strang in den bisher schon behandelten Arbeiten Webers kennenlernten: "Aber diese Analogien mit mittelalterlichen und modernen Erscheinungen, scheinbar auf Schritt und Tritt vorhanden, sind zum nicht geringen Teil höchst unverläßlich und oft direkt schädlich für die unbefangene Erkenntnis. Denn jene Ähnlichkeiten können leicht trügerische sein und sind es tatsächlich nicht selten. Die antike Kultur hat spezifische Eigentümlichkeiten, welche sie von der mittelalterlichen wie von der neuzeitlichen scharf unterscheiden." (95, S. 54).

Als besonders prägnante Erläuterung dieses Gedankens sei auf Webers Ausführungen über die Nichtvergleichbarkeit des antiken Proletariats mit der "Arbeiterklasse" seiner Zeit hingewiesen (vgl. 95, S. 55). Diese Betonung der "Differenziertheit der Gebilde" (95, S. 56) und die Webersche Absicht, deren spezifische Eigenart, Eigentümlichkeit herauszuarbeiten, muß eingeordnet werden in das methodologische Konzept des "idealtypischen Vorgehens", das er in diesem Handwörterbuchartikel präzise charakterisiert (vgl. 95, S. 55,

72, 183, 188), und auf das weiter unten eingegangen werden soll. Diese sehr viel differenziertere Sichtweise führte Weber auch zur Korrektur seiner früheren Einschätzung der Sklavenproblematik, indem er eine "zu niedrige Einschätzung der quantitativen Bedeutung der freien Arbeit" einräumte (vgl. 95, S. 57, 179), d.h. insbesondere der freien Handwerker und der freien ungelernten Lohnarbeiter im Altertum.

Und hier nun begegnet uns auch die für Max Weber immer wieder zentrale Frage: "kennt das Altertum (in einem kulturhistorisch relevanten Maß) *kapitalistische* Wirtschaft ?" (95, S. 57)

Die Beantwortung dieser Frage ist naturgemäß von der Definition des Begriffs "Kapitalismus" abhängig: Für Weber bedeutete "Kapital" stets "*privat*wirtschaftliches *Erwerbs*kapital", d. h. Güter, die der Erzielung von "Gewinn" im Güter*verkehr* dienen. "*Jedenfalls* ist also ‚verkehrswirtschaftliche' Basis des Betriebs zu fordern." (95, S. 58). Unter diesem Aspekt betrachtete Weber dann auch den landwirtschaftlichen Fronhofbetrieb im Altertum und im frühen Mittelalter als ein "Mittelding": "er ist "kapitalistisch" sofern für den Markt produziert wird und der *Boden* Verkehrsgegenstand ist, - *nicht* kapitalistisch, sofern die Arbeitskräfte als Produktionsmittel sowohl dem Kauf wie der Miete im *freien* Verkehr entzogen sind" (95, S. 58).

Mit dieser Bestimmung von Kapitalismus distanzierte sich Weber von der in seiner Zeit allgemein üblichen Auffassung, die sich ausschließlich an der Betriebsform der großen kapitalistischen Dauerbetriebe orientierte, "weil sie es ist, welche die eigenartigen *sozialen* Probleme des *modernen* ‚Kapitalismus' gebiert" (95, S. 59); aus diesem Grund stellte auch die zeitgenössische Altertumsforschung die Existenz und Bedeutung "kapitalistischer Wirtschaft" in Abrede. Wenn man dagegen, wie Weber, "kapitalistische Wirtschaft" nicht auf eine bestimmte Kapitalverwertungsart festlegt, sondern diese Bezeichnung auch dort gelten läßt, "wo Besitzobjekte, die Gegenstand des *Verkehrs* sind, von Privaten zum Zweck verkehrswirtschaftlichen *Erwerbes* benutzt werden, - dann steht nichts fester als ein recht weitgehend ‚kapitalistisches' Gepräge ganzer - und gerade der ‚größten' - Epochen der antiken Geschichte" (95, S. 59).

Diese Hypothese wurde von Weber im einzelnen zu belegen versucht, indem er die Bedeutung der Edelmetallvorräte in ihrer Stellung zu den Marktzentren herausarbeitete, die ökonomische Problematik der Sklavenarbeit analysierte, die Bedeutung der politischen Schicksale und Eigenarten der einzelnen Länder mit ihrer unterschiedlichen Ausbildung der Bürokratisierung betonte.

Nur als ein Beispiel sei angeführt, was er über das monarchische Regierungssystem in diesem Zusammenhang sagte: "Die, für die Masse der Untertanen, so wohltätige *Ordnung* der Monarchie war eben der Tod der kapitalistischen Entwicklung und alles dessen, was auf ihr ruhte. Die Sklaverei als Trägerin kapitalistischen *Erwerbes* tritt dann weit zurück, die Neubildung privater mobiler Kapitalvermögen erlischt, da der Stimulus der Verwertungschancen *unter* das, bei der Konstitution des antiken Kapitals, unerläßliche Minimum sinkt, reglementierte und verwaltungsrechtlich gebundene, aber der privatrechtlichen Form nach ‚freie', Arbeit tritt in den Vordergrund der ökonomischen Struktur. Wo überdies die Monarchie *theokratischen* Charakter annimmt, da kann sich auch der in solchen Fällen nie ausbleibende religiöse und staatsgesetzliche ‚Schutz der Schwachen' [...] zu einer ziemlich festen Schranke kapitalistischer Menschenverwertung entwickeln." (95, S. 66) - Gerade in diesem Zusammenhang verdient noch ein weiterer Punkt unsere Aufmerksamkeit, wenn Weber schrieb: "Andererseits fehlte jede ethische Verklärung der Erwerbsarbeit, zu der sich nur im Kynismus und in dem hellenistisch-orientalischen Kleinbürgertum leise Ansätze finden. Die Stütze, welche die Rationalisierung und Ökonomisierung des Lebens an der wesentlich religiös motivierten ‚Berufsethik' der beginnenden Neuzeit fand, mangelte dem antiken ‚Wirtschaftsmenschen'." (95, S. 67)

Zusammenfassend betonte Weber, daß die antike Agrargeschichte eng verflochten gewesen sei mit den "Peripetien" der antiken Stadtgeschichte, die er mit Hilfe der Entwicklung verschiedener Typen von "Organisationsstadien" städtischer Entwicklung darzustellen suchte. (vgl. 95, S. 67-72) Diese Beschäftigung mit der Typologie und Geschichte der städtischen Entwicklung wurde in seinem Essay über "Die Stadt" (Bibl. Nr. 202) ausführlich wiederaufgenommen, und wird von uns deshalb bei der anschließenden Erörterung dieser Arbeit behandelt.

Nach seiner stark methodologisch orientierten und teilweise bereits zusammenfassenden "Einleitung" folgte der Hauptteil des Handwörterbuchartikels über "Die Agrargeschichte der Hauptgebiete der alten Kultur" mit außerordentlich material- und detailreichen

Darstellungen der Agrargeschichte Mesopotamiens (95, S. 73-80), Ägyptens (95, S. 80-91), Israels (95, S. 91-95), Griechenlands (95, S. 95-141) und Roms (95, S. 141-171).

In dem abschließenden und zusammenfassenden Abschnitt über die "Grundlagen der Entwicklung in der Kaiserzeit" (95, S. 171-182) führte Weber nochmals alle jene Elemente auf, die nach seiner Ansicht ursächlich für die Herausbildung eines okzidentalen *modernen* Kapitalismus waren. Das ist zum einen der "Siegeszug" der Polis durch die okzidentale Welt, der sowohl ökonomisch, gesellschaftlich, politisch als auch religiös bedingt und wirkungsvoll war. Daneben traten spezifisch rechtliche Unterschiede: "[...] die ganze spezifisch *moderne* kapitalistische Entwicklung, die des *gewerblichen* Kapitalismus, [knüpft an] an die von [...] jenen ‚Industriestädten' geschaffenen Rechtsnormen, also an das, was der antiken Polis *fehlt*." (95, S. 172) Beim Vergleich des Bürgers der antiken Polis mit dem der mittelalterlichen Stadt betrachtete Weber den des Mittelalters in weit höherem Maß als "homo oeconomicus": "Das Interesse der mittelalterlichen Bürgerschaft [...] wird und bleibt instradiert in der Richtung auf *friedliche* Erweiterung des [...] *Waren*absatzes." (95, S. 175)

Das alleinige Ansammeln großer Vermögen im Mittelalter (Medici, Fugger) war jedoch nicht das spezifisch Neue gegenüber dem Altertum, mit seinen Hammurabis und Crassus': "nicht *hier*, und *nicht* in der Frage nach der Art der Akkumulation der ersten großen Geldvermögen liegt das Problem von der Herkunft der *Eigenart* der spätmittelalterlichen und neuzeitlichen Wirtschaftsverfassung, schließlich auch: des *modernen* Kapitalismus, beschlossen" (95, S. 175). Und so formulierte Weber die beiden für ihn entscheidenden Fragen (95, S. 175):

- "wie entwickelte sich im Mittelalter die *Abnehmerschaft* für die später kapitalistisch organisierten Gewerbe?" (Entwicklung des Marktes)
- "wie geriet das Verwertungsstreben des Kapitals in die Bahn der Schaffung *derjenigen* Organisationen ‚freier' Arbeit, welche das Altertum nicht gekannt hat?" (Ordnung der Produktion)

Und als die zentrale Antwort auf diese Fragen nannte Weber die Entwicklung des *Bürgertums*. Diese im Gegensatz zum Altertum spezifisch okzidental-mittelalterliche Entwicklung sah Weber einerseits bedingt durch den Wechsel des geographischen Schauplatzes - vom Land zur Stadt - und zum anderen durch zwei große militärtechnische Umwälzungen im Altertum: Einführung des Pferdes und die Verwendung eiserner Waffen. Erst im Mittelalter kam es nach seiner Auffassung zur Herausbildung der Ritterheere, dadurch zur feudalen Gesellschaftsordnung mit ihrer Ablösung vom Landknechtsheer und der Bildung disziplinierter moderner Truppen. Alle diese Prozesse führten für Weber zu einem Sieg der *modernen Staatsordnung*.

Für das Altertum war es die staatliche Organisation, die den sich entwickelnden Kapitalismus "langsam aber sicher [...] erstickt" hat (95, S. 181). Als weiteren Grund, neben den genannten, führte Weber die politische Verankerung der "*privaten* Ausbeutung politischer Herrschaftsverhältnisse" (95, S. 181) an, die zu einer weitgehenden *Bürokratisierung* des staatlichen Lebens geführt hatte, welche ihrerseits die private ökonomische Initiative unterbunden hatte. - Gerade diese letzte Überlegung ließ Weber eine abschließende Parallelität zu seiner eigenen Zeit konstatieren: "[...] während im Altertum die Politik der Polis den ‚Schrittmacher' für den Kapitalismus bilden mußte, ist *heute* der Kapitalismus Schrittmacher der *Bürokratisierung* der Wirtschaft. [...] Die Bürokratisierung der Gesellschaft wird bei uns des Kapitalismus aller Voraussicht nach irgendwann ebenso Herr werden, wie im Altertum." (95, S. 182)

Die *soziologische* Relevanz jener Arbeiten Webers, die er für das "Handwörterbuch" erarbeitete, bedarf sicher keiner besonderen Betonung: Die uns darin begegnende Frage nach der historischen Genese des modernen Kapitalismus und seinen ökonomischen, gesellschaftlichen, politischen und normativ-ideologischen Voraussetzungen ebenso wie Auswirkungen ist ohne Zweifel von hoher gesellschaftswissenschaftlicher Bedeutung. Daß Weber gerade in den zuletzt behandelten Untersuchungen eine, durch Studium und wissenschaftliche Forschung erarbeitete, "subtile Differentialanalyse" [33] vorlegte, unterschied ihn zweifellos von vielen Fachsoziologen. Das Hauptergebnis seiner Arbeit war dabei, daß es in Webers Augen ebenso wenig sinnvoll war, die Existenz eines kapitalistischen Wirtschaftens im Altertum vollkommen zu leugnen, wie jedoch auch, den "antiken Kapitalismus" mit dem "modernen" einfach gleichzusetzen. Weber kam zum Ergebnis, daß es in der Antike sehr wohl eine Form kapitalistischen Wirtschaftens gegeben habe, die man jedoch am

---

[33] *Heuß 1965 [FN 28, o.S. 49]*, S. 540.

ehesten als "politischen Kapitalismus" bezeichnen sollte, d. h. einer Wirtschaftsform, der (noch) weitgehende Grenzen durch politische, ethische und ideologische Bedingungen gesteckt gewesen waren.

Die *methodologische* Bedeutung dieser Arbeiten wird am deutlichsten bei der Fassung von 1909: Dabei beobachteten wir eine erheblich differenziertere Anwendung des komparativen Vorgehens, bei dem es sehr viel weniger um das Ausfindigmachen von Gleichförmigkeiten, als viel mehr um das Erfassen von "Verschiebungen" ging, um derart die "Eigenart" der jeweils untersuchten Phänomene herauszuarbeiten (vgl. 95, S. 172f.). Des weiteren begegnete uns hier das bereits weitgehend ausgearbeitete Konzept des idealtypischen Vorgehens.

Der Essay "*Die Stadt*" gehört ganz wesentlich in den thematischen Zusammenhang der bisher behandelten Arbeiten. Er basiert auf Material, das Max Weber seit 1889 bearbeitet hatte, und wurde von ihm vermutlich in den Jahren 1911-1913 geschrieben. Der Beitrag, der als unvollendet angesehen werden muß, wurde zu Webers Lebzeiten nicht veröffentlicht; erst Marianne Weber publizierte ihn 1921 im "Archiv für Sozialwissenschaft und Sozialpolitik" und nahm ihn wenig später in die von ihr betreute, posthume Ausgabe von "Wirtschaft und Gesellschaft" von 1922, unter der gleichen Überschrift "Die Stadt" auf (215, S. 513-600). Seit der 4. Auflage, herausgegeben von Johannes Winckelmann, befindet sich der Text weiterhin in WuG, seitdem allerdings unter der problematischen Überschrift "Die nichtlegitime Herrschaft (Typologie der Städte)" (215c, S. 735-822; 215d, S. 923-1033; 215e,f, S. 727-814).

Bei dieser Arbeit handelte es sich um die systematisierte Untersuchung der historischen Entwicklung und Bedeutung der Stadt im Okzident, mit besonderer Berücksichtigung der Antike und des Mittelalters. Für eine Arbeit mit einer derartigen Zielsetzung besteht eine der Hauptschwierigkeiten in der Bestimmung des Untersuchungsgegenstandes, weswegen sich Weber einer historischen, mehrdimensionalen und idealtypischen Annäherung bediente. Nach einer sehr allgemeinen, deskriptiven Fassung - Stadt als relativ geschlossene, große "Ortschaft" - unterschied er die verschiedenen, nur analytisch trennbaren, Aspekte historischer und gesellschaftlicher Wirklichkeit voneinander:

– eine *soziologische* Perspektive: "eine Ortschaft, also eine Siedelung in dicht aneinandergrenzenden Häusern, welche eine so umfangreiche zusammenhängende Ansiedelung darstellen, daß die sonst dem Nachbarverband spezifische, persönliche gegenseitige Bekanntschaft der Einwohner miteinander *fehlt*" (215f, S. 727). Man könnte hier vom soziologischen Definitionskriterium der "*Anonymität*" sprechen.

- eine *ökonomische* Perspektive: "Wir wollen von ‚Stadt' [...] erst da sprechen, wo die ortsansässige Bevölkerung einen ökonomisch wesentlichen Teil ihres Alltagsbedarfs auf dem örtlichen Markt befriedigt, und zwar zu einem wesentlichen Teil durch Erzeugnisse, welche die *ortsansässige* und die Bevölkerung des nächsten Umlandes *für den Absatz* auf dem Markt oder sonst erworben hat." (215f, S. 728). Weber beschrieb damit das ökonomische Kriterium "*Marktort*". - Die ökonomische Definition führte Weber zur Entwicklung einer differenzierten Typologie von Konsumentenstadt vs. Produzentenstadt, Gewerbestadt vs. Händlerstadt, wobei er betonte, daß es nicht seine Absicht sei, "eine weitere Spezialisierung und Kasuistik, wie sie eine streng ökonomische Städtetheorie zu leisten hätte, vorzuführen. Es braucht kaum gesagt zu werden, daß die empirischen Städte fast durchweg Mischtypen darstellen und daher nur nach ihren jeweils vorwiegenden ökonomischen Komponenten klassifiziert werden können." (215f, S. 730)
- eine *politisch-administrativ-rechtliche* Perspektive: hier ging Weber davon aus, daß jede Stadt - in der Antike wie im Mittelalter, innerhalb und außerhalb Europas - eine Art von "Festung" und "Garnison" sei, d. h. zur Stadt gehörte eine Burg oder Mauer, wobei "die *herrschaftliche Burg*" und damit ein Burgfürstentum für ihn als universelle Erscheinung galt (215f, S. 732f.). Bei allen derartigen Ansiedlungen kam es nach Weber regelmäßig zur Teilnahme der "Bürger", im Sinne von In- und Anwohner der Burg, an militärischen Leistungen wie Bau und Reparatur der Mauer, Wache und Verteidigung. "Die Frage der Beziehung zwischen der Garnison, der politischen Festungsbürgerschaft einerseits und der ökonomischen, bürgerlich erwerbenden Bevölkerung andererseits ist nun eine oft höchst komplizierte, immer aber *entscheidend* wichtige Grundfrage der städtischen Verfassungsgeschichte." (215f, S. 735)

Um die Vielfalt der mit den bis dahin aufgeführten Definitionskriterien beschriebenen Formen städtischer Siedlungen einzugrenzen, führte Weber den Begriff der "*Stadtgemeinde*" ein (215f, S. 736f.), für die folgende fünf Kriterien gelten müßten: die Befestigung, der Markt, eigenes Gericht und teilweise eigenes Recht, Verbandscharakter, teilweise Autonomie, d. h. eine Verwaltung durch Behörden, "an deren Bestellung die Bürger als solche irgendwie beteiligt waren" (215f, S. 736). Daraus ergab sich für Weber: "Ein gesonderter Bürgerstand, als [...] Träger [ständischer Privilegien] war daher das Charakteristikum der Stadt im politischen Sinn." (215f, S. 736)

Eine solche "Stadtgemeinde" nun hatte nach Weber nur der Okzident, zumindest als Massenerscheinung, gekannt. In den Gebieten außerhalb des Abendlandes existierte kein "gemeinsamer Verband mit Vertretung einer Gemeinde der Stadtbürger als solcher. Dieser Begriff fehlt eben gänzlich. Es fehlen vor allem spezifisch ständische Qualitäten der städtischen Bürger. Davon findet sich in China, Japan, Indien überhaupt nichts und Ansätze nur in Vorderasien." (215f, S. 737f.)

Nach einer detaillierten Darstellung der jeweiligen Entwicklungen, insbesondere für Asien, wandte Weber sich der Stadt des Okzidents zu, vornehmlich der Stadt des Gebiets nördlich der Alpen im Mittelalter, wobei er jedoch ständig Vergleiche und Analogien mit der okzidentalen Antike anstellte. Weber definierte diesen Stadtypus als einen "*anstaltsmäßig vergesellschafteten*" mit besonderen und charakteristischen Organen ausgestatteten Verband von ‚Bürgern', welche in dieser ihrer Qualität einem nur ihnen zugänglichen *gemeinsamen Recht* unterstehen, also ständische ‚Rechtsgenossen' sind." (215f, S. 737) Das Vorhandensein eines ständischen "Stadtbürgerrechts" war für Weber das entscheidende Definitionsmerkmal, wobei es ihm keineswegs um die rein juristische Bestimmung ging, sondern sehr viel mehr um die gesellschaftlichen Auswirkungen. Für ihn war es entscheidend, ob die Einwohner einer derartigen Siedlung sich als anstaltsmäßige "Gemeinde" fühlten oder nicht, ob es zu einer Verbandsbildung im Sinne einer "Verbrüderung" kam.

Gerade dieses Moment der "Verbrüderung" war für Max Weber von zentraler Wichtigkeit. Für ihn war die mittelalterliche Stadt, neben den bereits genannten Eigenschaften, ein "Kultverband" (215f, S. 747), der durch den Bürgereid und die Teilnahme an der christlichen Abendmahlsgemeinschaft konstituiert wurde. "Die Stadt des Okzidents, im speziellen Sinn aber die mittelalterliche, [...] war nicht nur ökonomisch Sitz des Handels und Gewerbes, politisch (normalerweise) Festung und eventuell Garnisonstadt, administrativ ein Gerichtsbezirk, und im übrigen eine schwurgemeinschaftliche Verbrüderung." (215f, S. 748) Dazu gehörten etwa die Stadtkirche, der Stadtheilige, die Teilnahme der Bürger am Abendmahl, die offiziellen kirchlichen Feiern der Stadt - alles Angelegenheiten, an denen beispielsweise Ungetaufte, wie die Juden nicht partizipierten (vgl. 215f, S. 747).

Weber betonte dabei, daß es notwendig sei, die formalrechtlichen von den soziologisch und politisch relevanten Vorgängen zu trennen: Formalrechtlich seien diese Korporationen der Bürger und ihrer Behörden "legitim" konstituiert worden, gerade in den wichtigsten Fällen derartiger Gründungen handelte es sich jedoch um eine "revolutionäre Usurpation" (215f, S. 749). "Bei originärer Entstehung war der Bürgerverband das Ergebnis einer politischen Vergesellschaftung der Bürger trotz der und gegen die ‚legitimen' Gewalten, richtiger: das Ergebnis einer ganzen Serie von solchen Vorgängen. [...] Die originäre Usurpierung durch einen akuten Vergesellschaftungsakt, eine Eidverbrüderung (Conjuratio), der Bürger war namentlich in den großen und alten Städten, wie etwa Genua und Köln, das Primäre." (215f, S. 749) Weber untersuchte detailliert diese Prozesse der conjurationes und stellte verallgemeinernd dazu fest: "Das positive Ziel der Eidverbrüderung aber war zunächst die Verbindung der ortsangesessenen Grundbesitzer zu Schutz und Trutz, zu friedlicher Streitschlichtung untereinander, und zur Sicherung einer den Interessen der Stadtinsassen entsprechenden Rechtspflege, ferner aber die Monopolisierung der ökonomischen Chancen, welche die Stadt ihren Insassen darbot." (215f, S. 751)

Aus solchen, oft nur fallweise oder kurzfristig geschlossenen rein personalen Eidverbänden wurden im Laufe der Geschichte allmählich dauernde politische Verbände, deren Zugehörige "Rechtsgenossen eines besonderen ständischen Rechts der Stadtbürger waren" (215f, S. 752). "Das Bürgerrecht war ein ständisches Recht der Mitglieder der bürgerlichen Schwurgemeindegenossen. Ihm unterstand man kraft Zugehörigkeit zum Stande der Stadtbürger oder der von ihnen abhängigen Hintersassen." (215f, S. 752)

Diese hier kursorisch wiedergegebene Analyse der wichtigsten Elemente der städtischen Entwicklungen im Okzident wandte Weber auf die "Geschlechterstadt" in Antike und Mittelalter an, wobei er sich ausführlich mit Venedig (215f, S. 758-762), der englischen

Entwicklung (215f, S. 762-765), dem nordeuropäischen Kontinent (215f, S. 765f), und den antiken Städten Griechenlands und Roms (215f, S. 766-772) beschäftigte. Allen diesen städtischen Erscheinungen gemeinsam war das Vorhandensein eines "gentilcharismatischen Adels", d. h. "die Herrschaft der Geschlechter", eines "Patriziats".

In den beiden letzten Abschnitten seines Essays über die "Plebejerstadt" und die "Antike und Mittelalterliche Demokratie" beschäftigte sich Max Weber mit der Brechung dieser Herrschaft der alten Geschlechter und dem allmählichen Sieg des "Demos", der "Plebs", des "Popolo", der "Liveries" und der Zünfte. Weber wandte sich zunächst dem italienischen Popolo am Ende des 12. und zu Beginn des 13. Jahrhunderts zu, der sich einerseits aus den städtischen Unternehmern und zum anderen aus den Handwerkern zusammensetzte, wobei die ersteren führend im Kampf gegen die ritterlichen Geschlechter gewesen waren. Sie schufen die Eidverbrüderung der Zünfte und finanzierten die Kämpfe gegen die Geschlechterherrschaft. In politischer Hinsicht bildete der Popolo "eine politische Sondergemeinde innerhalb der Kommune, mit eigenen Beamten, eigenen Finanzen und eigener Militärverfassung: im eigentlichsten Wortsinn ein Staat im Staate, der erste ganz bewußt illegitime und revolutionäre politische Verband" (215f, S. 776). Die allmählichen Erfolge des Popolo wurden im Verlauf heftiger und blutiger Kämpfe gegen den Adel errungen, wobei es insbesondere die "unteren" Zünfte gewesen waren, die ein "wenigstens relativ demokratisches Element" (215f, S. 778) in die Räte der Städte hineinbrachten. Ausgangspunkt solcher Kämpfe war "regelmäßig die oft sehr weitgehende faktische Rechtsverweigerung gegenüber Nichtadeligen" (215f, S. 779), wodurch das "soziale Standesgefühl" der Ritterschaft und das "naturgemäße Ressentiment des Bürgertums" aufeinander stießen. - Weber verglich diese Entwicklung mit der des antiken "Demos" und der "Plebs" und stellte deren große Ähnlichkeit mit dem Popolo fest (vgl. 215f, S. 779-784).

Als den antiken wie den mittelalterlichen Städten gemeinsam sah Max Weber das Auftreten der "Stadttyrannis", wenn auch zumeist als lokal beschränkte Erscheinung. Diese war überall "Produkt des Ständekampfes" (215f, S. 784). "Der typische antike Klassengegensatz: die stadtsässigen wehrhaften Patrizier als Geldgeber, die Bauern als Schuldner [...] kam darin zur Geltung." (215f, S. 784) Die Tyrannen fühlten sich und galten nach Weber überall als "spezifisch illegitime Herren" (215f, S.784), wodurch sie sich in ihrer religiösen wie politischen Stellung vom alten Stadtkönigtum unterschieden. Als Beförderer "neuer emotionaler Kulte" suchten sie dennoch die äußeren Formen einer kommunalen Verfassung zu wahren, um so den "Anspruch der Legalität" zu erheben.

Insbesondere das Beispiel der italienischen "Signorie" war für Weber in diesem Zusammenhang von Bedeutung, als sie "als erste politische Macht in Westeuropa eine rationale Verwaltung mit (zunehmend) ernannten Beamten durchführte" (215f, S. 785). Durch die allgemeinen Entwicklungen in Richtung einer zunehmenden ökonomischen Unabkömmlichkeit der Erwerbenden, die zunehmende militärische Disqualifikation der gebildeten Schichten des Bürgertums und die zunehmende Rationalisierung der Militärtechnik in Richtung des Berufsheeres entwickelten sich jedoch auch diese Formen einer "Stadttyrannis" immer mehr zu einem erblichen patrimonialen Fürstentum: "Wurde sie dies, so trat sie damit in den Kreis der legitimen Gewalten ein." (215f, S. 787)

Bei seinem Versuch, die "Gesamtlage" der mittelalterlichen Städte zusammenfassend darzustellen, schickte Max Weber eine Vorbemerkung voran, die die Zielrichtung der gesamten Untersuchung verdeutlicht: "[...] weder der moderne Kapitalismus noch der moderne Staat [sind] auf dem Boden der antiken Städte gewachsen, während die mittelalterliche Stadtentwicklung für beide zwar keineswegs die allein ausschlaggebende Vorstufe und gar nicht ihr Träger war, aber als ein höchst entscheidender Faktor ihrer Entstehung allerdings nicht wegzudenken ist."(215f, S. 788)

Diese in ihrer Bedeutung derart eingestuften mittelalterlichen "Errungenschaften" der Städte faßte Weber mit folgenden sechs Punkten zusammen:

- Politische Selbständigkeit, (teilweise) eigene Außenpolitik, eigenes Militär.
- Autonome Rechtssatzung der Städte wie der Gilden und Zünfte.
- Eigene Gerichts- und Verwaltungsbehörden ("Autokephalie").
- Steuergewalt über die Bürger, die "von außen" zins- und steuerfrei waren.
- Marktrecht, autonome Handels- und Gewerbepolizei, monopolistische Banngewalten.

– Spezifisches Verhalten gegenüber den "nichtstadtbürgerlichen Schichten", das sich aus dem Gegensatz zu den außerstädtischen politischen, ständischen und grundherrlichen "Strukturformen" ergab, wobei Weber hier ein besonders großes Maß an unterschiedlichen Ausformungen derartiger Gegensätze konstatierte und darstellte.

Gerade dieser letzte Punkt diente Weber zum Ende seiner Untersuchung als Ausgangspunkt eines zusammenfassenden Vergleichs des mittelalterlichen mit dem antiken Stadttypus, mit dem Ziel, "die treibenden Ursachen der Verschiedenheit zusammenhängend zu überblicken" (215f, S. 797). Dabei fand dieser Vergleich zum einen zwischen dem antiken und dem mittelalterlichen Stadttypus, zum anderen zwischen dem südeuropäischen und dem nordeuropäischen Stadttypus im Mittelalter statt, wobei diese Vergleiche jeweils in bezug auf bestimmte Fragestellungen angestellt wurden.

Weber kam offensichtlich nicht zu einem Abschluß der gesamten Untersuchung, so daß eine systematische Kontrastierung fehlte. Als zentrale Hypothese, und damit als "Endergebnis" seiner Arbeit, kann jedoch seine Aussage gewertet werden, daß die antike Stadt ganz wesentlich politisch-militärisch geprägt war, die mittelalterliche Stadt dagegen ökonomisch. "[...] die spezifische mittelalterliche Stadt: die bürgerliche gewerbliche Binnenstadt war [...] primär ökonomisch orientiert. [...] Die Stadtbürger waren [...] ökonomisch zunehmend an friedlichem Erwerb durch Handel und Gewerbe interessiert, und zwar die untersten Schichten der Stadtbürgerschaft am allermeisten [...]. Die politische Situation des mittelalterlichen Stadtbürgers wies ihn auf den Weg, ein homo oeconomicus zu sein, während in der Antike sich die Polis während der Zeit ihrer Blüte ihren Charakter als des militärtechnisch höchststehenden Wehrverbandes bewahrte: Der antike Bürger war homo politicus." (215f, S. 805)

Die Kondensation der *soziologischen* Bedeutung der Weberschen Studie über „Die Stadt“ in den vorangegangenen Zeilen sollte zeigen, daß Weber bei seiner Absicht, eine systematische Untersuchung über die historische Entwicklung und Bedeutung "der" Stadt im Okzident anzustellen, von einem sehr allgemeinen Konzept ausgehend, relativ schnell zum soziologischen Konzept der "Stadtgemeinde" kam. Die Stadtgemeinde, und nicht "die Stadt", wurde sein eigentliches Untersuchungsobjekt, dessen Bedeutung er für die historische Entwicklung des Bürgertums, des modernen Kapitalismus, des modernen, rationalen und bürokratischen Staates und der okzidentalen Demokratie zu analysieren bestrebt war.

Die *methodologische* Bedeutung dieser Studie besteht ganz besonders darin, daß sie als eines der klarsten Anwendungsbeispiele des idealtypischen Vorgehens durch Weber selbst angesehen werden kann, bei dem die außerordentliche historische Differenziertheit und die Mehrdimensionalität der Typenbildung ganz besonders deutlich werden.

Wenn zum Abschluß dieses Abschnitts die Vorlesungsniederschrift "*Wirtschaftsgeschichte*" behandelt wird, so bedarf diese Einordnung der Begründung. Bei dem derart betitelten Werk handelt es sich um eine von Siegmund Hellmann, unter Mitwirkung von Melchior Palyi und Marianne Weber, 1923 herausgegebene Nachkonstruktion einer Vorlesung Webers im Wintersemester 1919/20, die dieser an der Universität München unter dem Titel "Abriß der universalen Sozial- und Wirtschaftsgeschichte" gehalten hatte. Von dieser Vorlesung fanden sich im Nachlaß weder ein Skriptum noch zusammenhängende Aufzeichnungen, "nur eine Anzahl Blätter mit schlagwortartig hingeworfenen Notizen in seiner kaum dem Geübten und Eingeweihten zugänglichen Handschrift" (216b, S. XIX). Die Herausgeber verfertigten den Text auf der Grundlage von studentischen Mitschriften, die sie durch "reichere Gliederung" übersichtlicher machen wollten. Bei der dritten Auflage 1958 wurde der Text von Johannes Winckelmann überarbeitet, wiederum auf der Grundlage einer neugefundenen studentischen Mitschrift.

Nicht nur aus den mit dieser Editionsgeschichte des Textes verbundenen Problemen soll dieses Werk an dieser Stelle und nur sehr am Rande behandelt werden: Die Vorlesung als ganze, und insbesondere die einleitende "Begriffliche Vorbemerkung" (216b, S. 1-17), stehen thematisch, begrifflich und zeitlich in engstem Zusammenhang mit den Arbeiten Webers an "Wirtschaft und Gesellschaft". - Sowohl in seine Vorlesung wie auch in "Wirtschaft und Gesellschaft" flossen die Materialströme jahrzehntelanger Forschungsarbeit aus allen Arbeitsgebieten Max Webers, weswegen wir uns daher sehr viel eher "Wirtschaft und Gesellschaft" zuwenden werden, ungeachtet ähnlicher editorischer Probleme.

Im Zusammenhang mit diesem Abschnitt sei jedoch an einem Punkt deutlich gemacht, in welcher Kontinuität bestimmte Fragestellungen Max Webers standen und welche Schwerpunktsetzungen im Laufe der wissenschaftlichen Entwicklung Webers stattfanden. Das vierte Kapitel der Weberschen Vorlesung war überschrieben "Die Entstehung des modernen Kapitalismus" (216b, S. 238-315), wobei - besonders die drei letzten Paragraphen jene Problemkreise reflektierten, von denen uns in diesem Zusammenhang der erste besonders zu interessieren hat: § 7: Das Bürgertum; § 8: Der rationale Staat; § 9: Die Entfaltung der kapitalistischen Gesinnung.

Die Ausführungen über das Bürgertum faßten vieles von dem zusammen, was uns in den bisher behandelten Arbeiten Webers, beginnend mit seiner Dissertation, bereits begegnet ist. "Bürgertum" ging Weber von drei Perspektiven aus an: zum einen meinte er damit eine "ökonomische Interessenlage spezifischer Art", zum anderen umfaßte für ihn der Begriff im politischen Sinn "alle Staatsbürger in ihrer Eigenschaft als Träger bestimmter politischer Rechte", und zum dritten schließlich in ständischer Hinsicht verwies der Begriff auf "diejenigen Schichten, die von der Bürokratie, dem Proletariat, jedenfalls immer von Außenstehenden, als ‚Leute von Besitz und Bildung' zusammengefaßt werden: Unternehmer, Rentner, schließlich und überhaupt alle Persönlichkeiten, die akademische Bildung und damit einen gewissen ständischen Standard, ein soziales Prestige besitzen." (216b, S. 270f.)

Bei jeder dieser drei Sichtweisen war der "Bürger" für Weber eine Eigentümlichkeit des Okzidents, wobei die ständische Klassifikation "ein spezifisch modern-okzidentaler Begriff wie derjenige der *Bourgeoisie*" ist (216b, S. 271). - Weber definierte weiterhin: "Der Bürger in seiner ständischen Qualität ist stets Bürger einer bestimmten *Stadt*, und die Stadt in diesem Sinn hat es nur im Okzident, sonst, wie in der Frühzeit Mesopotamiens, nur in Ansätzen gegeben." (216b, S. 271) Daran anschließend folgten die, von uns bereits erörterten, Ergebnisse der Weberschen Erforschung der Geschichte städtischer Entwicklungen (vgl. 216b, S. 271-286). Wieder war es die Betonung des politischen Charakters der antiken Stadt und ihrer Wirtschaft, von der Weber ausging, wenn er schrieb: "Fragt man nach den Folgen, welche diese Verhältnisse für die Entwicklung des Kapitalismus hatten, so muß man die Verschiedenheit des Erwerbs in der Antike und im Mittelalter und die verschiedenen Gattungen des Kapitalismus ins Auge fassen." (216b, S. 286)

Weber unterschied im wesentlichen zwischen einem "nichtrationalen" und einem "rationalen" Kapitalismus: Der letztere ist "an Marktchancen orientiert, also wirtschaftlichen Chancen im engeren Sinne des Wortes, und je rationaler er ist, desto mehr an Massenabsatz und Massenversorgungschancen. Diesen Kapitalismus zum System zu erheben, ist der modernen okzidentalen Entwicklung seit dem ausgehenden Mittelalter vorbehalten geblieben." (216b, S. 286). War, wie wir gesehen haben, der Übergang von den antiken zu den mittelalterlichen Zuständen wesentlich bedingt gewesen durch die Zerstörung der Städte, die zur "Erdrosselung des antiken Kapitalismus" (216b, S. 287) führte, so war es für die Entwicklung vom Spätmittelalter zur Neuzeit in den Augen Webers wiederum die städtische Entwicklung, die hier eine zentral entscheidende Rolle spielte: Den Städten des 17. und 18. Jahrhunderts wurde sukzessive Militärhoheit, Gerichtshoheit, Gewerbehoheit entzogen. "Formal wurde dabei an den alten Rechten in der Regel nichts geändert: aber tatsächlich sind die Städte in der Neuzeit ihrer Freiheit ganz ebenso beraubt worden wie in der Antike mit der Aufrichtung der Römerherrschaft." (216b, S. 288). Entscheidend für die moderne Entwicklung war jedoch, daß die neuzeitlichen Städte "in die Gewalt konkurrierender Nationalstaaten, die in ständigem friedlichen und kriegerischen Kampf um die Macht lagen", gerieten (216b, S.288).

Und dieser nationale Konkurrenzkampf war es, der dem neuzeitlich-abendländischen Kapitalismus "die größten Chancen" schuf. "Der einzelne Staat mußte um das freizügige Kapital konkurrieren, das ihm die Bedingungen vorschrieb, unter denen es ihm zur Macht verhelfen wollte. Aus dem notgedrungenen Bündnis des Staates mit dem Kapital ging der nationale Bürgerstand hervor, die Bourgeoisie im modernen Sinn des Wortes. Der geschlossene nationale Staat also ist es, der dem Kapitalismus die Chancen des Fortbestehens gewährleistet; solange er nicht einem Weltreich Platz macht, wird also auch der Kapitalismus dauern." (216b, S. 288f.)

2. Studien zur Sozial- und Wirtschaftsverfassung des Wilhelminischen Deutschland

Von den zahlreichen Arbeiten Max Webers, die sich unter dieser Überschrift zusammenfassen ließen, wollen wir hier jene herausgreifen, die sich mit folgenden, soziologisch relevanten und für das Gesamtverständnis des Weberschen Werks unverzichtbaren Themenkreisen befassen:

a) Untersuchungen zur Lage der deutschen Landarbeiter
b) Untersuchungen zur Börse
c) Untersuchungen zur Lage der deutschen Industriearbeiter

a) Untersuchungen zur Lage der deutschen Landarbeiter

Behandelte *Texte* (genaue Angaben s. Bibl. S. 268 ff)

Arbeiten zur Enquête des "Vereins für Sozialpolitik"

"Die Verhältnisse der Landarbeiter im ostelbischen Deutschland" (1892)
"Die Erhebung des Vereins für Sozialpolitik über die Lage der Landarbeiter" (1893)
"Wie werden einwandfreie Erhebungen über die Lage der Landarbeiter angestellt ?" (1893)
"Referat über die ländliche Arbeitsverfassung" (1893)
"Entwicklungstendenzen in der Lage der ostelbischen Landarbeiter" (1894)

Arbeiten zur Enquête des "Evangelisch-sozialen Kongresses"

" 'Privatenquêten' über die Lage der Landarbeiter" (1892)
"Die Erhebung des Evangelisch-sozialen Kongresses über die Verhältnisse der Landarbeiter Deutschlands" (1893)
"Referat über die deutschen Landarbeiter" (1894)
"Vorbemerkung des Herausgebers" (1899)

Aus dem vorausgegangenen Abschnitt wurde das Interesse Webers an der Agrargeschichte und der Geschichte des Kapitalismus deutlich. Beide Themen in ihrem Zusammenwirken waren das übergreifende Thema der Weberschen Landarbeiterstudien, über deren Entstehungsgeschichte und die von Weber gezogenen politischen Schlußfolgerungen einiges im biographischen Teil berichtet wurde.

Die Landarbeiter-Enquête des "Vereins für Sozialpolitik"

Der "Verein für Sozialpolitik"[34] beauftragte im September 1890 seine Mitglieder Max Sering, Hugo Thiel und Johannes Conrad mit der Planung und Durchführung einer Enquête über "Die Verhältnisse der Landarbeiter in Deutschland", deren Ergebnisse auf der Generalversammlung 1892 vorgetragen werden sollten. Ein erster Fragebogen wurde im Dezember 1891 an 3 180 Landwirte, deren Adressen die "Landwirtschaftlichen Centralvereine Deutschlands" genannt hatten, versandt, von denen 2 277 beantwortet zurückliefen. Im Februar 1892 wurde ein zweiter Fragebogen an 562 ausgewählte Berichterstatter für ganze landwirtschaftliche Bezirke gesandt, von denen 291 beantwortet wurden. Mit Hilfe dieser großangelegten Befragung der ländlichen *Arbeitgeber* versuchte der Verein Auskunft über die Lage der deutschen Landarbeiter zu erhalten. Im Anschreiben vom Dezember 1891 hieß es dazu: "Unter allen Fragen, welche die Landwirte jetzt bewegen, steht die Arbeiterfrage oben an, und wird dieselbe aus den verschiedensten Gründen wirtschaftlicher und socialer Natur auch so bald nicht von der Tagesordnung verschwinden. Um vorhandene Schäden in dem ganzen Arbeiter-Verhältnis verbessern, mangelhaften Zuständen abhelfen, unberechtigten Anforderungen mit Erfolg entgegentreten und die öffentliche Meinung und damit auch den Gang der Gesetzgebung rechtzeitig beeinflussen zu können, ist eine klare und zuverlässige Darlegung der thatsächlichen Verhältnisse erste Vorbedingung." [35]

Die Bearbeitung und Interpretation der eingegangenen Fragebogen wurden von sieben "Berichterstattern" übernommen; die Ergebnisse wurden in drei Bänden der Schriften des "Vereins" (Bände 53, 54, 55) von zusammen über 2 000 Druckseiten veröffentlicht. - Max Weber übernahm die Aufgabe der Auswertung und Interpretation der eingegangenen Fragebögen - an deren Fassung er keinen Anteil hatte -, soweit sie das *ostelbische Deutschland* (Ost- und Westpreußen, Pommern, Posen, Schlesien, Brandenburg, Mecklenburg, Lau-

---

[34] Über diese Organisation und über den gesamten Kontext der Enquête geben detailliert und erschöpfend Auskunft "Einleitung" und "Editorischer Bericht" von *Martin Riesebrodt* im Rahmen der MWG (Vgl. MWG I/3)

[35] Vgl. Die Verhältnisse der Landarbeiter in Nordwestdeutschland, Württemberg, Baden und in den Reichslanden. Schriften des Vereins für Socialpolitik. LIII. Die Verhältnisse der Landarbeiter in Deutschland. 1. Bd., Leipzig 1892, S. VIII.

enburg) betrafen. Grundlage seiner Arbeit waren 77 General- und 573 Spezialberichte, die er, nach Provinzen und Regierungsbezirken aufgeschlüsselt, in tabellarischer Form ordnete und auswertete. Unter offensichtlich erheblichem Zeitdruck - Rücklauf der Fragebögen II im Februar 1892, Publikation des Berichts für die geplante Tagung im September des gleichen Jahres - legte der 28jährige die Ergebnisse seiner Arbeit termingemäß dem "Verein" vor, die als Band III der Landarbeiter-Enquête publiziert wurden. (Bibl. Nr. 8) Die Ergebnisse dieser 891seitigen Untersuchung zogen sich ab da wie ein roter Faden durch das Werk Max Webers, was deren Kenntnis für ein umfassendes Verständnis unverzichtbar wichtig macht: Weder seine Freiburger Antrittsrede (Bibl. Nr. 40) von 1895, noch sein Vortrag anläßlich der Weltausstellung in St. Louis (Bibl. Nr. 76) von 1904 sind ohne die Kenntnis der Enquêten verständlich. Zudem ist diese Enquête ein entscheidender Schritt für die Entwicklung einer spezifischen Methodologie der empirischen Sozialwissenschaften in Deutschland.

Die Arbeit gliedert sich in drei Teile: Nach einer kurzen Vorbemerkung und einer kursorischen Skizzierung der Arbeitsverfassung des deutschen Ostens folgt der Materialteil von ca. 700 Seiten, an den sich eine kritische Würdigung und Zusammenfassung der Untersuchung anschließt. Im Gegensatz zu den beiden anderen Bänden bezog Weber in seine Untersuchung bereits bis dahin vorliegende vergleichbare Arbeiten von Alexander von Lengerke[36] und von Theodor von der Goltz[37] ein, da es seine Absicht war, über eine Bestandsaufnahme des aktuellen Standes hin zur Darstellung eines Wandlungsprozesses zu gelangen. "Die Wandlungen, welche sich seit einer Reihe von Jahrzehnten in der sozialen Gliederung der Landwirtschaft des Ostens vollziehen und welche wir auch aus den Berichten erkennen können, haben den Charakter von *Massenerscheinungen* und beruhen im wesentlichen auf dem mächtigen Druck einer allgemeinen socialen Umschichtung der Bevölkerung." (8, S. 4) Die Richtung dieser Umwandlungsprozesse deutlich zu machen, war die erklärte Absicht Webers.

Weber skizzierte in groben Zügen die Hauptmomente der Ar-

---

[36] *von Lengerke, Alexander*, Die ländliche Arbeiterfrage. Berlin 1849.

[37] *von der Goltz, Theodor*, Die Lage der Landarbeiter im Deutschen Reich. Berlin 1875.

beitsverfassung des deutschen Ostens in ihrer geschichtlichen Entwicklung. Das strukturelle Hauptproblem jeder ländlichen Arbeitsverfassung ist das des variablen Bedarfs an landwirtschaftlichen Arbeitskräften während des Jahres, wobei diese Schwankungen bei unterschiedlichen Bodennutzungs- und Verwertungssystemen, sowie unterschiedlichen Produktionstechniken nochmals erheblich variieren können. Insbesondere der Großgrundbesitz, mit dem sich Weber vor allem als der typischen Form der deutschen Ostgebiete befaßte, löste dieses Problem stets durch die kontinuierliche Beschäftigung eines Stammes von Arbeitern, die je nach Bedarf durch vorübergehend Beschäftigte ergänzt wurden. Nach der Aufhebung der Leibeigenschaft und durch die Agrargesetzgebung des 19. Jahrhunderts war die Möglichkeit der Heranziehung von dienstpflichtigen Bauern zu Hand- und Spanndiensten während der Zeiten der Feldbestellung und Ernten weggefallen; an ihre Stelle trat die Beschäftigung von Arbeitern mittels Arbeitsverträgen. Der variable Bedarf an landwirtschaftlichen Arbeitskräften führte im wesentlichen zu zwei Hauptkategorien von Arbeitern: einerseits dem kontraktlich gebundenen Arbeiter, der auf dem Gut wohnte und seine Arbeitskraft jederzeit zur Verfügung stellen mußte, andererseits dem sogenannten "freien" Arbeiter, der sich ohne Kontrakt für verschieden lange Zeiträume verdingte. - Weber unterschied innerhalb der ersten Gruppe drei Typen voneinander:

- Das dauernd erforderliche, meist ledige, *Gesinde*, dessen Stellung mit der von städtischen Dienstboten vergleichbar ist,
- Die "Chargen" der Wirtschaftsbeamten, Vögte, Statthalter, Oberschäfer u. a., deren feste Entlohnung zur Bezeichnung "*Deputatisten*" führte,
- Die "*Instleute*" ("Gutstagelöhner") als der "social und wirtschaftlich weitaus interessantesten Kategorie der ländlichen Arbeiterschaft des Ostens" (8, S. 11).

Diesen *Instleuten* galt das besondere Interesse Webers, er schilderte ihre Situation folgendermaßen: Sie wohnten auf dem Gut in einzelnen Katen oder in sogen. "Familienhäusern", d. h. "ländlichen Arbeiter-Mietskasernen", waren durch einen meistens einjährigen Arbeitsvertrag, der mit der ganzen Arbeiterfamilie abgeschlossen wurde, zur Arbeit verpflichtet und erhielten, im Gegensatz zu den "Deputatisten", kein festes Entgelt, sondern eine Kombination von

Geldzahlung, Naturalbezügen, Landanweisung zur eigenen Nutzung und Weideberechtigung, wobei das Verhältnis dieser einzelnen Bestandteile der Entlohnung und deren jeweilige Regelung stark unterschiedlich waren. Der Instmann stellte nicht nur seine eigene Arbeitskraft und die seiner Frau und Kinder zur Verfügung, sondern zumeist auch noch die eines oder zweier "Scharwerker" oder "Hofgänger", die er selber entlohnte. Der Instmann war somit gegenüber dem Gutsherren Arbeitnehmer, den Scharwerkern gegenüber jedoch Dienstherr. Dieser und weitere Gründe machten es nötig, daß nur verheiratete, nicht völlig besitzlose Arbeiter diese Position bekleidesten.

Ein zusätzliches, außerordentlich wichtiges Moment der Entlohnung der Instleute war die anteilige Beteiligung am Gesamtertrag des Dreschens, das die Instleute hauptsächlich allein ausführen "durften". Eine Entlohnung nach Tageslohn fand nur während der Zeit der Saat und Ernte statt: Die übrige Zeit des Jahres - bis zu acht Monaten - galt der Arbeit des Ausdreschens. Die Erträge des "Dreschmaßes" schwankten naturgemäß je nach dem Ausfall der Ernte - und damit auch das Einkommen der Instleute.

Den Juristen Max Weber interessierte die rechtliche Natur des Verhältnisses zwischen Großgrundbesitzer und Instmann außerordentlich, weil diese als eine Mischung sehr heterogener Momente erschien. Es war einerseits kein reiner Arbeitsvertrag, da ja nicht nur ein Arbeitsverhältnis, sondern darüber hinaus ein "Herrschaftsverhältnis über die Person des Instmannes" (8, S. 18) bestand, weil der Gutsbesitzer nicht nur Arbeitgeber sondern zugleich auch die Gerichtsobrigkeit innehatte. Andererseits war es jedoch auch kein reines Lohnarbeitsverhältnis, da die Entlohnung nicht nur durch einen festen Lohn, sondern durch eine Beteiligung am Gesamteinkommen der Gutswirtschaft geregelt war. "Das Verhältnis trug so einerseits die Eierschalen der Unterthänigkeit noch an sich, deren Beseitigung dem Gutsherrn in materieller Beziehung mindestens ebensoviele Pflichten als Rechte abgenommen hatte, es machte und macht den Arbeiter in besonders hohem Grade abhängig von der persönlichen Leistungsfähigkeit und auch von den Willkürlichkeiten des Herrn, andererseits aber begründete es eine intensive Interessengemeinschaft zwischen dem Gutsherrn und seinen Instleuten, welche diesen täglich vor Augen stehen mußte." (8, S. 18) Somit wurde, trotz ihres Charakters als eines "straff monarchisch-zentralisierten wirtschaftlichen Organismus", die Gutswirtschaft eine Gemeinschaft der wirtschaftlichen Interessen von Instleuten und Gutsherren, ungeachtet dessen "gewaltiger Präponderanz". Der Instmann wurde zum Teilhaber an der Wirtschaft des Herrn, ein "Kleinunternehmer": "Die streng patriarchalische Leitung wurde ertragen, wenn sie den wirtschaftlichen Unterlagen des Verhältnisses entsprach. Ob dies noch heute der Fall ist und künftig der Fall sein wird, das zu untersuchen muß eine der Hauptaufgaben der nachfolgenden Darstellung sein." (8, S. 19) Webers These war, daß im Falle eines Divergierens der wirtschaftlichen Interessen von Instleuten und Gutsherren mit dem Fortbestand des alten Verhältnisses "schlechterdings nicht zu rechnen" war.

Die Gruppe der sogenannten "freien" Arbeiter wurde deswegen so bezeichnet, weil sie im allgemeinen nicht der Polizei- und Gerichtsbarkeit des Gutsherrn unterlagen, nicht durch einen festen Arbeitskontrakt, zusammen mit ihren Familien, auf ein Jahr an den Gutsbetrieb gebunden waren, sondern auf der Grundlage eines normalen Lohnarbeitsverhältnisses mit dem einzelnen Arbeiter arbeiteten. Bei ihnen war eine reine Geldentlohnung die Regel. An dieser Gruppe interessierte Weber vor allem die Frage, welche Chancen dieser Personenkreis hatte, zu selbständigen Kleinbauern aufzusteigen. Diese Chancen hingen nach seiner Ansicht von mehreren Momenten ab: ob und in welchem Lebensalter der Arbeiter finanzielle Rücklagen machen konnte und ob in der jeweiligen Gegend überhaupt die Gelegenheit des Kaufs oder der Pachtung kleinbäuerlicher Wirtschaften geboten wurden. Aber neben diesen "äußeren Verhältnissen" erschien Weber die "subjektive Disposition" des Arbeiters, ein Kleinunternehmer zu werden, als mindestens ebenso entscheidend. Im Gegensatz zu den Instleuten hatte dieser Personenkreis meistens keine Gelegenheit, eine notwendige Vorbildung zu eigener Wirtschaftsführung zu erlangen, und er kam vor allem nicht dazu, "sich den Gedanken einer Standesehre des landwirtschaftlichen Betriebes anzueignen" (8, S. 34). Die Entlohnung durch den reinen Geldlohn "fordert zum Vergleich auf mit den teils wirklich, teils (angesichts der städtischen Wohnungs- und Marktpreise) nur scheinbar günstigeren Lohnbedingungen der Industrie und legt ihm den Gedanken nahe, durch Übergang zum gewerblichen Arbeiterstand sich ein - allerdings nur in seiner Vorstellung bestehendes - Ascensionsverhältnis zu schaffen. Es prädisponieren ihn auch seine materiellen Interessen, welche in Bezug auf die Preisstellung der Produkte denjenigen der Arbeitgeber *entgegen*laufen, ohnehin dazu, sich von dem in großartiger Entwicklung begriffenen Klassenbewußtsein des modernen, Stadt und Land umfassenden Proletariats ergreifen zu lassen, und vor allen Dingen hat er wenigstens in vielen Fällen nicht die Qualifikation zur Führung einer eigenen Wirtschaft." (8, S. 34f.)

Neben diesem Typus der "freien" Arbeiter gab es zudem nicht kontraktlich gebundene Arbeiter, die eigenen Grundbesitz oder eine selbständige Wirtschaft auf gepachtetem Land besaßen. Die Erträge aus der eigenen Wirtschaft genügten in aller Regel nicht zur Dekkung des Nahrungsmittelbedarfs, was zu einer konsequenzenreichen Problematik führte. "In der That besteht der eigenartige Widerspruch in den materiellen Interessen dieser Leute, daß sie einerseits Landwirte sind, andererseits einen Teil ihres Nahrungsbedarfs regelmäßig sich durch Zukauf beschaffen müssen und die Preisgestaltung der notwendigen Lebensmittel daher ihr Interesse gerade im entgegengesetzten Sinn berührt wie dasjenige des Gutsherrn und der Bauern. Während diese an hohen, haben sie an niedrigen Lebensmittelpreisen ein Interesse und dieser Gegensatz ist zum Teil die betonte Grundlage des vielfach gerade zwischen dieser Kategorie von Arbeitern und den Grundbesitzern bestehenden Mißtrauens."(8, S. 36) Eine Sonderstellung unter den sogenannten "freien" Arbeitern nahmen die, vornehmlich *polnisch-russischen Wanderarbeiter* ein, auf die wir weiter unten zu sprechen kommen werden.

Im anschließenden Materialteil der Untersuchung der Verhältnisse in den einzelnen Bezirken wurde jeweils ein Bericht über die Bodenverhältnisse, die Grundbesitzentwicklung und über die Verteilung der angeführten Arbeiterkategorien vorausgeschickt; daran schlossen sich tabellarische, außerordentlich detaillierte Darstellungen der allgemeinen Arbeitsverhältnisse an: Arbeitszeit, Überstunden, Sonntagsarbeit, Frauenarbeit, Kinderarbeit, Alters-, Invaliditäts-, Krankheits-Versorgung, Angaben über Bildungseinrichtungen usw.

Trotz unzweifelhafter Mängel, vor allem vom Stand heutiger sozialwissenschaftlicher Methodologie aus: Weber fehlten die Kenntnisse der Wahrscheinlichkeits- und Stichprobentheorie, stellte diese Auswertung des erhobenen Materials eine wichtige Etappe in der Entwicklung sozialwissenschaftlicher Methoden und Techniken dar, ganz abgesehen von der anhaltenden Relevanz ihrer Ergebnisse für das Verständnis der gesellschaftlichen und wirtschaftlichen Realitäten des damaligen Deutschen Reiches.

In seinem Schlußteil ging Max Weber auf drei Aspekte der Landarbeiter-Enquête ein: methodologische Einordnung und Kritik, rechtliche Fragen und sein Versuch, Richtung und mögliche, vor allem politische, Konsequenzen der bisherigen Entwicklung zu formulieren. - Bei seinen methodologischen Bemerkungen beschränkte er sich auf das Aufzeigen grundsätzlicher Probleme einer Fragebogen-Befragung und deutete einige Desiderata an. Als eine unlösbare Schwierigkeit bezeichnete er die Tatsache, daß ein Fragebogen, der auf die Arbeitsverfassung im gesamten Deutschen Reich zugeschnitten war, nicht die relevanten Unterschiede zwischen dem Osten und dem Westen Deutschlands erfassen konnte. Im ganzen bewertete er das Material jedoch als "qualitativ recht befriedigendes". Auf die juristischen Fragen, die sich aus verschiedenen Ergebnissen der Landarbeiter-Enquête ergeben haben, sei hier nicht eingegangen: hinzuweisen ist allenfalls auf die Tatsache, daß Weber, wie auch schon im Haupttext, wiederholt Analogien zum römischen Kolonat anstellte.

Mit dem abschließenden "Ausblick" wollte Weber weder eine Zusammenfassung noch eine umfassende Würdigung der Ergebnisse vorlegen. Die Hauptfunktion der Studie sah er in der Korrektur mancher landläufiger Ansichten, vor allem der, daß die Lage der Landarbeiter eine besonders erbärmliche sei, verglichen mit der Lage der Industriearbeiter. Trotz der hohen Abhängigkeit von dem Erfolg und dem guten Willen des Gutsherrn bezeichnete Weber die Lage gerade des Gesindes und der Instleute als derart, daß "bei durchschnittlichen Verhältnissen ihre materielle Lage ungleich gesicherter ist als die auch der bestgestellten gewerblichen Arbeiter und unter einigermaßen günstigen Bedingungen schlechterdings nicht damit verglichen werden kann" (8, S. 775).

Warnend wies Weber jedoch auf Entwicklungstendenzen der ländlichen Arbeitsverfassung hin, die diesen befriedigenden Zustand erschüttern könnten. Diese Tendenzen hingen vor allem mit der veränderten Stellung der Getreideproduktion und mit Konsumveränderungen zusammen. Ausführlich stellte Weber diese Prozesse dar, vor allem den großen Einfluß, den der Konsum von Kartoffeln und mehr Fleisch bei der Landbevölkerung ausübten. Dazu kamen die Wirkungen, die stark schwankende Getreidepreise auf dem inländischen und dem Weltmarkt sowie die Einführung intensiverer Anbaumethoden und von Dreschmaschinen auslösten. Alle diese Momente zusammen bewirkten, daß die traditionellen Grundlagen einer "Interessengemeinschaft" zwischen Arbeitgebern, d.h. den Grundbesitzern, und ländlichen Arbeitern allmählich beseitigt wurden. Damit kam es zunehmend auf die Frage an, "wie die Interessen von Arbeitgeber und Arbeitnehmer sich zueinander stellen, auf die *wirtschaftliche Interessenposition* und auf die *sociale* Schichtung der Arbeiter [...], und zwar ausschließlich [...], wenn man die Zeichen der Zeit deuten will. Der Übergang vom Kleinwirt und vom Kleinunternehmertum überhaupt zum Proletariat bedeutet, rein materiell betrachtet, meist eine Erleichterung; eine gewaltige Last von Sorgen wird damit von den Schultern des Instmanns, dem der Himmel und der Weltmarkt den sauer miterarbeiteten Ernteertrag schmälern konnten, genommen; [...] Aber das ändert nichts daran, daß der frühere Kleinwirt eben Proletarier geworden ist, daß seine Interessen die des Konsumenten sind, daß er überhaupt die stets vor Augen stehende Interessenbeziehung zum *einzelnen* Gut verliert und Glied der großen einheitlichen Masse der Besitzlosen wird." (8, S. 780)

Das Zerbrechen der traditionellen Interessengemeinschaft und die "Proletarisierung" der Landarbeiterschaft machte Gutsherrn und Landarbeiter zu ökonomischen Gegnern, für die nach Weber gilt: "Zwischen natürlichen wirtschaftlichen Gegnern giebt es eben nur den Kampf, und es ist eitler Wahn, zu glauben, daß eine Stärkung der ökonomischen Macht der einen Partei der *socialen* Position der anderen zu Gute kommen werde." (8, S. 790)

Der gemeinsame Nenner für diese Entwicklungsprozesse ist nach Weber die Umwandlung einer patriarchalischen Organisation in eine kapitalistische. Dabei sei es keinesfalls böser Wille einzelner Handelnder, die diese Entwicklung verursachten, und denen daraus ein "Vorwurf" gemacht werden könne. "Es arbeiten *beide* Teile, Arbeiter und Arbeitgeber, nach der angedeuteten Richtung hin und der einzelne Arbeitgeber handelt lediglich in Konsequenz der nun einmal mit zwingender Gewalt sich gestaltenden Verhältnisse. Will er unter den jetzigen Konkurrenzverhältnissen und bei der Schwierigkeit des Arbeitsmarktes bestehen, so kann er nicht anders verfahren. Gerade das ist das Bedrohliche der Situation, daß die Wirksamkeit der darin liegenden Entwicklungstendenzen von dem Thun und Lassen Einzelner unabhängig ist." (8, S. 794)

Weber ging ausführlich auf die - größtenteils ungewollten bzw. nichtbedachten - Konsequenzen dieser Entwicklung ein: die Auswirkungen auf die militärische Disziplin, die Verdrängung der einheimischen, deutschen Arbeiterschaft durch die Wanderarbeiter, den allmählichen Verlust der ökonomischen Machtstellung der Großgrundbesitzer, dieser "Stütze der Monarchie". - In diesem Zusammenhang stellte sich für Weber die "ländliche Arbeiterfrage" nicht primär als eine sozialpolitische Problematik, sondern als eine politische, die "vom Standpunkt des Staatsinteresses gewiß nicht gleichgültig" sein kann (8, S. 295). Sie war in seinen Augen daher primär eine "Landfrage", d.h. es ging seiner Ansicht nach darum, ob man gerade den deutschen Arbeitern "nach oben" Luft schafft, ob man ihnen die Möglichkeiten eines Aufsteigens zu einer selbständigen Existenz bietet oder solche verhindert: "die wichtigste Frage ist, ob ihnen [den Arbeitern] ein *Aufsteigen in den Bauernstand* ermöglicht werden kann, und damit läuft die ländliche Arbeiterfrage für den Osten in die Frage der *inneren Kolonisation* aus [...]" (8, S. 802).

Gerade in diesem Zusammenhang sah Weber im Import slawischer Wanderarbeiter eine Gefährdung des "Deutschtums" in einem sich entvölkernden Osten, in dem die deutsche Kultur vor die "Existenzfrage" gestellt sei. "Ob man die Konsequenzen dieser Situation entschlossen zieht, davon wird die Zukunft des deutschen Ostens abhängen. Die Dynastie der Könige von Preußen ist nicht berufen zu herrschen über ein vaterlandsloses Landproletariat und über slawisches Wandervolk neben polnischen Parzellenbauern und entvölkerten Latifundien, wie sie die jetzige Entwicklung im Osten bei weiterem Gehenlassen zu zeitigen vermag, sondern über deutsche Bauern neben einem Großgrundbesitzerstand dessen Arbeiter das Bewußtsein in sich tragen, in der Heimat ihre Zukunft im Aufsteigen zu selbständiger Existenz finden zu können." (8, S. 804)

Nach seiner intensiven Beschäftigung mit der Auswertung des Enquête-Materials war es Max Weber ein dringendes Anliegen, diese Ergebnisse einem größeren Kreis von sozialpolitisch und wissenschaftlich Interessierten bekannt zu machen. Es war ihm wichtig, daß die von ihm festgestellten Ergebnisse weithin publik wurden und daß die von ihm vorgeschlagenen sozialpolitischen/politischen Empfehlungen diskutiert wurden. Aus diesen Gründen veröffentlichte er in den Jahren 1893/94 mehrere Aufsätze (Bibl. Nr. 12, 13, 21, 25), bei denen sich erkennbar, neben seiner Absicht, aufgetauchte Mißverständnisse aufzuklären und kritischen Einwänden zu begegnen, die Akzente immer mehr in Richtung der politischen Forderungen verschoben. Einen gewissen "Höhepunkt" dieser Akzentverschiebung stellte ohne Zweifel die Freiburger akademische Antrittsrede von 1895 dar (Bibl. Nr. 40), in der diese politischen Überzeugungen, entstanden aus seiner Beschäftigung mit der ostelbischen Landarbeiterfrage, von Weber in den größeren Zusammenhang einer Analyse der historisch-politischen Situation des Deutschen Reiches seiner Zeit gestellt wurden und in der die Nation zum obersten Wert einer Volkswirtschaftspolitik erhoben wurde.

Auch mit seinem Referat (Bibl. Nr. 18, 19, 20) auf der Generalversammlung des "Vereins" im März 1893 in Berlin, der über die ländliche Arbeiterfrage, die Bodenbesitzverteilung und die Sicherung des Kleingrundbesitzes verhandelte und für die er seinen Bericht vorbereitet hatte, beabsichtigte Weber keinen Bericht über die Ergebnisse, sondern die "Überleitung zur Debatte" und vor allem eine Erörterung "gewisser hochpolitischer Fragen", die er - wie er selbst eingestand - "etwas provokatorisch" vortrug. Er verglich seine Ergebnisse von vornherein mit denen der Untersuchungen über die anderen Teile Deutschlands, wobei ihm wiederum die "Polenfrage", d. h. die Problematik der polnisch-russischen Wanderarbeiter, das vordringlichste Anliegen bei seiner Behandlung der deutschen Ostgebiete war. Als Begründung für diese Schwerpunktsetzung formulierte er unmißverständlich: "Ich betrachte die ‚ländliche Arbeiterfrage' hier ganz ausschließlich unter dem Gesichtspunkt der *Staatsraison*; sie ist für mich keine Frage der Landarbeiter, also *nicht* die Frage: geht es ihnen schlecht oder gut, wie ist ihnen zu helfen?" (18, S. 74) - Und so standen auch seine praktischen Forderungen ausschließlich in diesem Zusammenhang: Ein absoluter Ausschluß der russisch-polnischen Arbeiter aus dem deutschen Osten und die Förderung der "inneren Kolonisation" durch staatliche Schaffung von bäuerlichen Kleinstellen. Diese Maßnahmen waren gedacht zur "friedlichen Verteidigung der östlichen Grenze des Deutschtums" (18, S. 85).

Die Landarbeiter-Enquête des "Evangelisch-sozialen Kongresses"

Noch im gleichen Jahr 1892, als er noch an der Auswertung der "Vereins"-Enquête arbeitete, regte Weber in den Mitteilungen des Evangelisch-sozialen Kongresses an, die Ergebnisse durch die Durchführung von "Privatenquêten" zu ergänzen und zu korrigieren

(Bibl. Nr. 7). Und bereits im Dezember des gleichen Jahres führten Max Weber und der Generalsekretär des Kongresses, Paul Göhre, in dessen Auftrag eine zweite Enquête über die Lage der Landarbeiter Deutschlands durch. Gerade im Anschluß an die eigenen und von anderen geäußerten Zweifel an der Vollständigkeit und teilweisen Glaubwürdigkeit der Angaben der Gutsbesitzer über die Situation "ihrer" Landarbeiter, suchten Weber und Göhre nach "möglichst unbefangenen Mittelspersonen" (9, S. 536), die weitere, eventuell korrigierende Angaben machen könnten. Aus mehr technischen Gründen verwarfen beide die Anregung, dafür die Landärzte zu befragen, und wandten sich statt dessen an die *evangelischen Pfarrer* in Deutschland, an deren Adressen sie durch den "Kongreß" auch leichter gelangen konnten. Ein von Weber und Göhre entwickelter Fragebogen mit 23, teilweise außerordentlich detaillierten Fragen (Abgedruckt in Bibl. Nr. 56, S. 1) wurde an sämtliche evangelische Geistliche des Deutschen Reiches - etwa 15 000 - gesandt; bis Juni 1893 liefen davon rund 1 000 beantwortet zurück. Diese Berichte teilten sich Göhre und Weber auf, der eine bearbeitete den Westen und Süden Deutschlands, Weber den Osten.

Weber berichtete noch 1893 vom Verlauf und der Zielsetzung dieser Enquête (Bibl. Nr. 9) und bekannte, daß Göhre und er dem Material "fast ratlos" gegenüberstünden, insofern "als wir bisher nicht im klaren sind, wie es verarbeitet werden soll" (9, S. 540). -Im Mai 1894 fanden in Frankfurt am Main die Verhandlungen des 5. Evangelisch-sozialen Kongresses statt, auf dem sowohl Göhre als auch Weber über die vorläufigen Ergebnisse berichteten (Bibl. Nr. 31). Die endgültige Veröffentlichung eines Teils der Ergebnisse und des Materials begann erst 1899 (vgl. Bibl. Nr. 56). Göhre betonte dabei den Charakter der Untersuchung als einer "Ergänzungsenquête" (31, S. 46), deren Absicht es gewesen sei, die Untersuchung des "Vereins" zu erweitern, zu kontrollieren und durch auf anderen Wegen gewonnene Ergebnisse zu ergänzen. Die Entscheidung, die Pfarrer zu befragen, sei bestimmt gewesen von der Überzeugung, diese seien ganz besonders gut dafür geeignet: "Denn der Geistliche beobachtet [...] den Landarbeiter von einem anderen Gesichtspunkt aus als der Arbeitgeber. Dieser ist Partei, wie der Arbeiter selbst, der Geistliche einer der wenigen Unparteiischen, die auf dem Lande überhaupt zur Verfügung stehen." (31, S. 45) - Zudem habe man beabsichtigt, der einseitigen Beschäftigung der "Vereins"-

Enquête mit rein wirtschaftlichen Verhältnissen der Landarbeiter stärker "sozialethische" Fragestellungen entgegenzusetzen; dabei wollte man untersuchen, "welche Wechselwirkungen zwischen der wirtschaftlichen einerseits und der ganzen geistigen sittlichen und religiösen Situation der verschiedenen ländlichen Arbeiterschichten andererseits bestehen"(31, S. 45).

Max Weber betonte in seinem Korreferat vor allem den Aspekt, daß die Geistlichen ihre Angaben durch die Befragung der Landarbeiter selbst beschaffen mußten, so daß die teilweise außerordentlich ausführlichen Berichte "eine Fülle von Angaben aus Arbeitermund" (31, S. 62) enthielten. Daneben habe die Enquête jedoch eine zweite Zielsetzung gehabt: die der Schulung des sozialpolitischen Denkens der Pfarrer, d. h. diesen durch den systematischen Fragebogen "die erleichterte Möglichkeit zu geben, in ihrem eigenen und ihrer Gemeinde Interesse sich einen Einblick in die ökonomischen-sozialen Existenzbedingungen ihrer Gemeindeangehörigen zu verschaffen" (56, S. 10).

Die vorläufigen Ergebnisse der "Kongress"-Enquête zeigten nach Webers Angaben eine weitgehende Übereinstimmung mit den Ergebnissen der "Vereins"-Enquête, erlaubten jedoch eine sehr viel überzeugendere Widerlegung zeitgenössischer Behauptungen über angebliche kausale Zusammenhänge, etwa der Lohnhöhe mit den Lebensmittelpreisen, der Bodenqualität oder intensiveren Bodenbearbeitungstechniken. "Wir sind durch unsere moderne wissenschaftliche Methode gewöhnt worden, technisch-ökonomische Bedingungen und Interessen grundsätzlich als das Prius anzusehen und daraus die soziale Schichtung und die politische Gestaltung eines Volkes abzuleiten. Diese Methode behält selbstverständlich auch für das Land ihr gutes Recht, allein wir sehen hier einmal besonders deutlich, daß es sich um Wechselwirkungen handelt, bei denen den rein ökonomischen Momenten keineswegs die führende Rolle zukommt." (31, S. 66)

Wiederum endeten Webers Schlußfolgerungen wesentlich mit politischen Überlegungen, wobei sich seine Kritik an der traditionellen Großgrundbesitzerschicht erheblich verschärft hatte: "Diesem Grundadel eigen war das naive Bewußtsein, die Vorsehung habe es so eingerichtet, daß er zum Herrscher und die Anderen auf dem Lande zum Gehorsam berufen seien. Warum? Darüber machte er sich keine Gedanken. Die Abwesenheit der Reflexion war ja eine seiner wesentlichen Herrschertugenden." (31, S. 70) Weber, der sich in diesem Zusammenhang selbst als einen "klassenbewußten Bourgeois" bezeichnete (31, S. 77), sah sowohl auf der Seite der Großgrundbesitzer wie auf der Seite der Landarbeiter dominante Tendenzen der Klassenbildung: Die einen wurden zu einer einheitlichen Klasse von Kapitalisten, die anderen zu einer der Proletarier (31, S. 70f.). Mit dieser Entwicklung wurden die ehemaligen persönlichen Herrschaftsverhältnisse allmählich durch eine "unpersönliche Klassenherrschaft" ersetzt: "Nur die Klasse kann mit der Klasse verhandeln; die Verantwortlichkeitsbeziehungen zwischen dem einzelnen Herrn und dem einzelnen Arbeiter verschwinden; der einzelne Unternehmer wird gewissermaßen fungibel, er ist nur noch Typus der Klasse. Die persönliche Verantwortlichkeitsbeziehung verschwindet; etwas Unpersönliches, die Herrschaft des Kapitals pflegt man es zu nennen, tritt an die Stelle." (31, S. 71) Durch diese Entwicklung entstellte der Haß der einen Klasse gegen die andere, den Weber mit dem "Nationalhaß" gegen den "Erbfeind" verglich. Aus diesem Haß entstehe, in Verbindung mit dem objektiven Interessengegensatz, der Klassenkampf, von dem Weber sagte: "Der Klassenkampf ist da und ein integrierender Bestandteil der heutigen Gesellschaftsordnung [...]." (31, S. 73)

Fragt man nach der *soziologischen* Bedeutung der hier kursorisch rekapitulierten Landarbeiter-Enquêten, so ist diese einigermaßen offensichtlich. Es sind sorgfältige empirische Arbeiten zur Analyse relevanter Aspekte jener Gesellschaft, in der Max Weber lebte. Es darf dabei nicht vergessen werden, daß etwa im Jahre 1881 noch 47% der erwerbsfähigen Bevölkerung des Deutschen Reiches in ländlicher Beschäftigung standen.[38] Weber untersuchte hier vor allem die wechselseitigen Auswirkungen der allmählichen Durchsetzung des Kapitalismus im Bereich der landwirtschaftlichen Produktion, Auswirkungen des Kapitalismus auf ökonomischem, gesellschaftlichem, politischem, psychologischem und ethischem Gebiet. Um derartige Ursachen und Folgen übergreifender Prozesse aufzeigen zu können, bemühte sich Weber um eine möglichst umfassende Analyse der gesellschaftlichen Bedingungen (Grundbesitzverteilung, Arbeitsorganisation, Sozialeinrichtungen, etc.) und der nicht unmittelbar gesellschaftlich abhängigen Faktoren (Bodenqualität, klimatische Bedin-

[38] Vgl. "Verhandlungen", Bibl. Nr. 18, S. 194.

gungen, etc.). Zugleich verband er lokale Gegebenheiten mit nationalen (Getreideschutzzölle, staatliche Landwirtschaftspolitik, etc.) und internationalen Verhältnissen (Getreidepreis auf dem Weltmarkt). Er stellte diese, für ein begrenztes Territorium gültigen Ergebnisse in einen kausalen und funktionalen Zusammenhang mit politisch-nationalen Entwicklungen ("Polenfrage") und mit "universalen" Entwicklungen (vom Traditionalismus/Patriarchalismus zum Kapitalismus/Rationalismus), wobei er jeweils die historisch-genetische Dimension nicht aus den Augen verlor. - Daß er im Anschluß an seine wissenschaftliche Aufarbeitung des erhobenenen Materials zu praktischen Empfehlungen und einer tagespolitischen Bewertung dieser Ergebnisse fortschritt, daß ihm diese außerordentlich wichtig waren, sei hier nur am Rande festgehalten. Diese Beobachtung wird uns im Zusammenhang mit dem Abschnitt über die "Werturteilsfreiheit" systematischer beschäftigen.

Die *methodologische* Bedeutung dieser Arbeiten liegt ebenfalls auf der Hand: Es sind historisch entscheidende Stationen bei der Entwicklung systematischer empirischer Sozialforschung und ihrer Methoden und Techniken. Die Entwicklung, Anwendung und Erprobung der Auswertung von statistischen Daten heterogenster Art (Bodenqualität, Bevölkerungsbewegungen, Arbeitszeiten, Lohntabellen) , von Ergebnissen schriftlicher Befragungen (meistens offene Fragen) durch Interpretation, und die Miteinbeziehung der Ergebnisse von - meistens unkontrollierten - Feldbeobachtungen halten zweifellos heutigen methodologischen Standards nicht stand - die jedoch ihrerseits nicht ohne derartige Vorstufen entwickelt worden wären. Bei der Darstellung der Verhältnisse einzelner Landarbeiterkategorien lassen sich Ansätze idealtypischen Vorgehens nachweisen, ohne daß Weber diesen Terminus und das dahinter stehende Konzept bereits in dieser Arbeitsphase zur Verfügung gehabt hätte. Als von grundsätzlicher Bedeutung sollte die Tatsache festgehalten werden, daß es Weber ein erkennbares Anliegen war, die Wechselwirkungen von ökonomischen, sozialen, politischen und psychologischen Entstehungs- und Bedingungszusammenhängen zu erforschen, und daß er jede Behauptung monokausaler Erklärungen und unilinearer Entwicklungen zu vermeiden bemüht war.

b) Untersuchungen zur Börse

Behandelte *Texte* (genauere Angaben s. Bibl. S. 267 ff):

"Die Börse. I. Zweck und äußere Organisation" (1894)
"Die Börse. II. Der Börsenverkehr" (1896)

Die intensive Beschäftigung Max Webers mit der Börse und der literarische Niederschlag dieser Beschäftigung in seinem Werk stehen in unmittelbarem Zusammenhang mit seinen Landarbeiter-Arbeiten. An vielen Stellen seiner Darstellung der ostelbischen Gebiete wies Weber auf die große Bedeutung des nationalen und internationalen Getreidepreises für Grundbesitzer und Landarbeiter hin. Und da es die Börse ist, an der dieser Preis - nach dem Laien unverständlichen Gesetzen - gebildet wird, entstand in der damaligen Zeit nicht nur bei Industriearbeitern und in der Arbeiterbewegung, sondern auch bei Großgrundbesitzern und Landarbeitern der Eindruck, daß es sich bei der Börse um "eine Art Verschwörerklub zu Lug und Betrug auf Kosten des redlich arbeitenden Volkes" (32, S. 17) handele. Eine solche Sichtweise hatte in den Augen Webers ihre Ursachen in einer "grenzenlosen Oberflächlichkeit, welche die Fehler da sucht, wo nur der Unverstand oder der Interessengegensatz sie finden kann" (32, S. 17).

Webers Beschäftigung mit der Börse schlug sich in zwei Arten von Arbeiten nieder: zum einen verfaßte er für die von Friedrich Naumann herausgegebene "Göttinger Arbeiterbibliothek" zwei Hefte über "Die Börse" (Bibl. Nr. 32 und 47), zum anderen nahm er in der "Zeitschrift für das Gesammte Handelsrecht" (Bibl. Nr. 39 und 44), im "Handwörterbuch der Staatswissenschaften" (Bibl. Nr. 36 und 49) und in der "Deutschen Juristen-Zeitung" (Bibl. Nr. 41) teilweise außerordentlich kritisch Stellung zu den Ergebnissen und Vorschlägen der Börsen-Enquête-Kommission und dem Börsengesetz vom 1. Januar 1897. (Vgl. Bibl. Nr. 184/I; 184/II)

Für unseren Zusammenhang sind die beiden Hefte über "Die Börse" von Wichtigkeit. In ihnen bemühte Weber sich darum, gerade jenem Personenkreis, der den Vorgängen an den Börsen und dem Kapitalmarkt "gänzlich fernsteht", eine "erste Orientierung" über Zweck und äußere Organisation der Börsen und den Börsenverkehr zu vermitteln. Seiner Ansicht nach gefährdet eine Arbeiterbewegung nichts schwerer, "als unpraktische in Unkenntnis tatsächlicher Verhältnisse gesteckte Ziele" (32, S. 17).

Für Weber war die Börse eine Einrichtung des modernen Großhandelsverkehrs und ebenso unentbehrlich wie dieser selbst. In didaktisch anschaulichen Schritten schilderte Weber die Entstehungsgeschichte der modernen Tauschwirtschaft, für die die Börse ein moderner, sehr umfangreicher Markt ist - ein Ort also, wo in regelmäßigen Versammlungen Kaufgeschäfte auf der Grundlage von Angebot und Nachfrage gerade für moderne Massenbedarfsartikel abgeschlossen werden. Weber schilderte mit Hilfe von Beispielen die Eigenarten der Produktenbörse, der Effektenbörse und der Wechselbörse. Gerade im Anschluß an die Darstellung der Obligationen und Aktien war es ihm ein Anliegen, die Unpersönlichkeit der Beziehungen zwischen dem Zinsherrn und den Zinspflichtigen herauszuarbeiten, um derart das Schlagwort von der "Herrschaft des Kapitals" verständlich zu machen (vgl. 32, S. 28). Dabei wollte er insbesondere den Eindruck relativieren, es handle sich bei den Inhabern solcher Schuldverschreibungen mit Notwendigkeit um "eine dünne Schicht 'kuponschneidender Faulenzer'", (32, S. 28) oder ausschließlich um "Großkapitalisten" (32, S. 32).

Weber stellte detailliert die Entwicklungsgeschichte der Börse und ihrer typischen Funktionsträger (Börsenhändler, Makler) dar, er verglich die deutschen Börsen mit den Börsen in England, Amerika und Frankreich und charakterisierte die wichtigsten deutschen Börsen (Hamburg, Berlin). Angesichts ihrer unentbehrlichen Funktion fragte Weber ausschließlich, ob die Börse ihre volkswirtschaftlichen Funktionen erfülle und ob die Personengruppe, die die zeitgenössische Börsenorganisation lenke, dafür qualifiziert sei. Insbesondere im Anschluß an die zweite Frage machte Weber seine Vorschläge einer personellen Reform und der Errichtung eines "Börsen-Ehrengerichts". "Die Börse *ist* Monopol der Reichen, nichts ist törichter als diese Tatsache durch die Zulassung unbemittelter und deshalb machtloser Spekulanten verhüllen zu lassen und damit dem Großkapital die Möglichkeit der Abwälzung der Verantwortung auf jene zu geben." (32, S. 17)

Gerade mit dem Phänomen der Spekulation beschäftigte Weber sich intensiv im zweiten Heft: Er schilderte die verschiedenen Arten der Ausnutzung örtlicher und zeitlicher Preisunterschiede auf dem internationalen Markt zur Erzielung von Arbitrage und Spekulationsgewinnen, wobei es ihm wichtig war, diese Art wirtschaftlicher Tätigkeit vom Odium des Unmoralischen zu befreien. Jeder Versuch, die Spekulation als solche zu verhindern, würde in seinen Augen eine entscheidende Schwächung Deutschlands im "unerbittlichen" und "unvermeidlichen" ökonomischen Kampf der Nationen bedeuten. "Eine starke Börse kann eben kein Klub für ‚ethische Kultur' sein, und die Kapitalien der großen Banken sind so wenig ‚Wohlfahrtseinrichtungen' wie Flinten und Kanonen es sind. Für eine Volkswirtschaftspolitik, welche *diesseitige* Ziele erstrebt, können sie nur eines sein: *Machtmittel* in jenem ökonomischen Kampf." (47, S. 80)

Für unsere Zielsetzung der Darstellung des Weberschen Werks ist die Beschäftigung Webers mit der Börse von *soziologischer Bedeutung*, insofern als in ihr eine Modifizierung der Sichtweise, wie sie sich aus seiner Beschäftigung mit der Lage der ostelbischen Landarbeiter ergab, zu erkennen ist. Zeigten die Landarbeiter-Studien, daß das Vordringen des Kapitalismus traditionelle kulturelle Muster zerstörte, so wird aus Webers Untersuchungen und Darstellungen der Börsenverhältnisse deutlich, daß das Vordringen des Kapitalismus auch neue kulturelle Werte mit sich brachte. Erst die Institutionalisierung der Börsen ermöglichte die weltweite Ausdehnung des Tauschhandels von Massenartikeln und die Kalkulierbarkeit internationaler ökonomischer Vorgänge. Daß Weber diese positiven Funktionen wesentlich vom "politischen und ökonomischen Machtinteresse einer Nation aus" (47, S. 78f.) bewertete und ihm eine "rationelle, von den Interessen der Machtstellung Deutschlands ausgehende Börsenpolitik" (47, S. 79) das Hauptanliegen war, sei dabei festgehalten.

c) Untersuchungen zur Lage der deutschen Industriearbeiter

Behandelte *Texte* (genaue Angaben s. Bibl. S. 267 ff.):

"Deutschland als Industriestaat" (1897)
"Die Lage der deutschen Buchdrucker" (1900)
"Erhebungen über Auslese und Anpassung (Berufswahl und Berufsschicksal) der Arbeiterschaft der geschlossenen Großindustrie"(1908)
"Zur Psychophysik der industriellen Arbeit" (1908/1909)

"Zur Methodik sozialpsychologischer Enquêten" (1909)
"Probleme der Arbeiterpsychologie" (1912)

Auch die Arbeiten Webers zur Lage der deutschen Industriearbeiter standen in unmittelbarem Zusammenhang mit den Folgen des Vordringens des Kapitalismus, hier im Bereich der zunehmenden Industrialisierung des Wilhelminischen Deutschland. Schon während der Verhandlungen des 8. Evangelisch-sozialen Kongresses in Leipzig 1897 (vgl. Bibl. Nr. 52), bei denen über die Entwicklung Deutschlands zum Industriestaat diskutiert wurde, machte Weber seine grundsätzliche Position klar. Jene "säkulare Tendenz", durch die sich Deutschland von einem Agrarstaat zum Industriestaat wandelte, war in den Augen Webers "auferlegtes Schicksal" (52, S. 108). Ohne sich zu den "Optimisten des Kapitalismus" zu zählen, antwortete Weber auf seine eigene Frage, ob die kapitalistische Entwicklung Deutschlands gehindert werden kann: "*nein, sie kann nicht gehindert werden*, sie ist unabwendbar für uns und nur die Bahn, in der sie sich bewegt, läßt sich wirtschaftlich beeinflussen" (52, S. 109). Dabei waren es vor allem zwei politische Entwicklungen, die Weber vehement angriff: die Tendenz einer "Feudalisierung des bürgerlichen Kapitals" und die "Lehre vom inneren Markt", die beide zu einem konservativen Binnenkapitalismus führen würden und einer "gedeihlichen sozialen Entwicklung" und der Entwicklung der politischen Freiheit Deutschlands im Wege stünden. (52, S. 110-113).

Durch die zeitgenössischen Diskussionen um die allgemeinen Auswirkungen der Industrialisierung Deutschlands angeregt, insbesondere deren Bedeutung für die "Soziale Frage", wandte Weber sich um die Jahrhundertwende dem Problem der Lage der Industriearbeiter verstärkt zu. Seine erste Aktivität in diesem Zusammenhang war die Mitwirkung bei einer Privat-Enquête über die "Lage der deutschen Buchdrucker" von Walter Abelsdorff (vgl. Bibl. Nr. 57). Dieser befragte mit Hilfe eines Fragebogens, der über den "Verband der Deutschen Buchdrucker" verteilt wurde, 1/6 bis 1/7 aller deutschen Setzer und Buchdrucker (4 815 beantwortete Fragebogen) über Familienstand, Altersgliederung, Kinderzahl, Heiratsalter, regionale und berufliche Mobilität, Intra- und Intergenerationsmobilität. Hinzu kam eine sorgfältige Erhebung und Analyse von Haushaltsbudgets bei fünfzehn ausgewählten vierköpfigen Buchdruckerfamilien im ganzen Deutschen Reich. - In seiner "Vorbemerkung" konstatierte Weber die Notwendigkeit gleichartiger Erhebungen in anderen Berufen und charakterisierte die Abelsdorff-Studie als ein "problematisches Experiment" und einen "probeweisen Anfang". "Insbesondere würde eine ähnliche Erhebung bei den einzelnen Schichten der Arbeiterschaft einer Großindustrie mit bestimmten Standorten, zumal, wenn zwischen denselben starke Differenzen der Arbeitsbedingungen und des sozialen Milieus bestehen, charakteristisch abweichende Ergebnisse zeitigen. Ebenso andererseits Erhebungen innerhalb der alten zünftigen Handwerke. - Es ist die Absicht, gelegentlich eine solche Erhebung durch Angehen der Arbeiterorganisationen zu versuchen." (57, S. VIII)

Diese Absicht Webers führte letzten Endes mit zur großangelegten Enquête des "Vereins für Sozialpolitik" unter dem Titel "Untersuchungen über Auslese und Anpassung (Berufswahl und Berufsschicksal) der Arbeiter in den verschiedenen Zweigen der Großindustrie". Die Inangriffnahme dieser Enquête wurde auf einer Ausschußsitzung des "Vereins" im September 1907 beschlossen; dem endgültigen Unterausschuß gehörten an Heinrich Herkner als Vorsitzender und die Hochschullehrer Schmoller, Sinzheimer, Stein, Zwiedineck-Südenhorst, Alfred und Max Weber. Die Ergebnisse dieser Enquête, die im Oktober 1908 endgültig begonnen wurde, schlagen sich in insgesamt sieben Bänden der Schriften des "Vereins" nieder (Bde. 133, 134, 135 I bis IV, 153), die zwischen 1910 und 1915 publiziert wurden. Sie enthalten die Ergebnisse von Untersuchungen u. a. über die Textilindustrie, Elektroindustrie, Buchdruckerei, Maschinenindustrie, Automobilindustrie, Lederwarenindustrie, Steinzeugindustrie. - Für die Bearbeiter der Enquête verfaßte Max Weber eine "Arbeitsanweisung ('Erhebungen über ...')" für derartige Untersuchungen, die aus Gesprächen mit seinem Bruder Alfred entstand; er sandte den Text an den Vorsitzenden Herkner als "Anregung", dieser ließ die Unterlage vervielfältigen und versenden (Bibl. Nr. 90).

Weber umriss die Forschungsabsichten der Enquête folgendermaßen: "Die gegenwärtige Erhebung versucht festzustellen: einerseits, welche Einwirkung die *geschlossene Großindustrie* auf persönliche Eigenart, berufliches Schicksal und außerberuflichen ‚Lebensstil' ihrer Arbeiterschaft ausübt, welche physischen und psychischen Qualitäten sie in ihnen entwickelt, und wie sich diese in der gesamten Lebensführung der Arbeiterschaft äußern; andererseits: inwieweit die Großindustrie ihrerseits in ihrer Entwicklungsfähigkeit und Entwicklungsrichtung an gegebene, durch ethnische, soziale, kulturelle Provenienz, Tradition und Lebensbedingungen der Arbeiterschaft erzeugte Qualitäten derselben gebunden ist. Es sind damit also zwei verschiedene Fragen miteinander verkoppelt, welche der Theoretiker scheiden kann und muß, die aber in der Praxis der Untersuchung fast überall kombiniert miteinander auftreten, dergestalt, daß wenigstens *letzten* Endes, die eine nicht ohne die andere beantwortbar ist." (90, S. 5) - Schon aus dieser Charakterisierung wird die außerordentliche Fülle der angeschnittenen Fragerichtungen deutlich. Weber betonte nachdrücklich, daß die Erhebung einen rein sozialwissenschaftlichen Zweck verfolge: "[...] es handelt sich ausschließlich um die sachliche und objektive Feststellung von Tatsachen und um die Ermittlung ihrer, in den Existenzbedingungen der Großindustrie und der Eigenart ihrer Arbeiter gelegenen Gründe." (90, S. 6) Alle möglichen praktischen "Nebenerfolge" wie beispielsweise sozialpolitische, handelspolitische und kulturpolitische Vorschläge, seien nicht Zweck dieser Untersuchungen. "Mit solchen Absichten wäre der wissenschaftlichen Unbefangenheit dieser Untersuchungen in keiner Weise gedient." (90, S. 7)

Weber charakterisierte die einzelnen Fragerichtungen und formulierte detaillierte Fragen, die sich aus der oben genannten allgemeinen Forschungsabsicht ergeben. Nicht die Erforschung der Organisation und der inneren Gliederung von Betrieben, nicht deren technische und ökonomische Bedingtheit stünden im Vordergrund ("morphologische" Fragen), sondern deren Auswirkungen auf die Arbeiterschaft. Das heißt beispielsweise, daß es nicht die technischen Neuentwicklungen oder die Zusammensetzung des erforderlichen Betriebskapitals sein können, die von Interesse sind. Für Weber waren das "ökonomische Vorfragen" die erst zur Klärung der folgenden Fragen führten: "Es ist nun für die Erhebung einer der entscheidenden Punkte, daß 1. festgestellt wird, welche *Art* von Arbeitern mit welcher *Art* von Qualitäten durch solche technischen Umwandlungen nach der einen Seite hin ausgeschaltet und auf der anderen gezüchtet werden, 2. inwieweit dies durch die von Maß und *Art* des Kapitalbedarfs abhängigen allgemeinen ökonomischen Grundlagen der betreffenden Industrie bedingt ist." (90, S. 9f.)

Schon aus diesem Beispiel wird zum einen die generelle Fragerichtung deutlich, zum anderen welche hohen Anforderungen Weber an die Bearbeiter dieser Untersuchung stellte: Sie sollten nicht nur eingehende Kenntnisse der Technik und Ökonomie der jeweiligen Industrie mitbringen, sondern sich zudem noch die Ergebnisse physiologischer und psychologischer Forschungen aneignen. Gerade um Aussagen über das Berufsschicksal von Arbeitern, über die sozialen Beziehungen der Arbeiter untereinander und über die allgemeinen "charakterologischen" Qualitäten der Arbeiterschaft in der Großindustrie (vgl. 90, S. 16f.) machen zu können, skizzierte Weber für die zukünftigen Bearbeiter dieser Untersuchungen die Fragestellungen solcher Spezialdisziplinen und die damit verbundenen Probleme. Er ging dabei ebenso auf Fragen der physiologischen Wirkungen einer Rhythmisierung von Arbeitsabläufen (vgl. 90, S. 18f.), der psychischen Bedingungen und Folgen von Ermüdungskurven (vgl. 90, S. 20f.), auf die Folgen von Lärm am Arbeitsplatz (vgl. 90, S. 23) ein, wie auf die experimentalpsychologischen Forschungen über "Erholbarkeit", "Übungsfähigkeit", "Konzentrationsfähigkeit", "Gewöhnungsfähigkeit" (vgl. 90, S. 23ff.).

Besonders eingehend befaßte Weber sich mit der Kontroverse über "natürliche Anlagen" - vor allem in der Manifestation von "Rasseunterschieden" - in ihrem Verhältnis zu "erworbenen Qualitäten" (vgl. 90, S. 28-37). Seine Position in dieser Debatte kann als eine auch heute in der sozialwissenschaftlichen Diskussion gültige bezeichnet werden: "Eine ‚voraussetzungslos' an den Sachverhalt herantretende Betrachtung würde sich wohl vor Augen halten, daß man 1. *jede* menschliche Lebensäußerung als eine bestimmte, durch *gegenwärtige* Lebensumstände determinierte Art und Weise des ‚Funktionierens' ererbter ‚Dispositionen', welche ihrerseits durch vergangene Lebensumstände in bestimmter Art ‚entwickelt' worden sind, auffassen *kann*, 2. daß aber die Frage: ob *generell* die ererbten Anlagen oder die erworbenen Qualitäten das ursächlich ‚Entscheidende' oder vorwiegend ‚Wichtige' seien, schon im Prinzip falsch gestellt und also müßig ist. Falsch gestellt deshalb, weil die Frage, ob etwas, als ursächliches Moment, ‚wichtig' sei oder nicht, davon abhängt' *wofür* es denn ‚wichtig' oder ‚unwichtig' sein soll, das heißt, unter welchem ganz speziellen Gesichtspunkt es im *Einzelfall* auf seine Bedeutsamkeit hin angesehen wird." (90, S. 30). Eine *sozialwissenschaftliche* Untersuchung müsse demzufolge nicht von einer "Erblichkeitshypothese" ausgehen, sondern habe "[...] die Prüfung der Einflüsse der sozialen und kulturellen Provenienz, der Erziehung und Tradition stets *zuerst* zu untersuchen und mit diesem Erklärungsprinzip so weit vorzudringen, wie dies irgend möglich ist [...]. Erst nach Erwägung derartiger Einflüsse und ihrer möglichen Tragweite würde man, falls sie zur Erklärung nicht ausreichen, auf jene Fragen der psychophysischen ‚Eingestelltheit' und *zuletzt* eventuell auf den Einfluß erblicher Qualitäten kommen." (90, S. 32f.) Weber sprach eine "energische Warnung" davor aus, "*komplexe* psychische Eigenschaften und ‚Charakterqualitäten' einer Bevölkerung allzu unbesehen der ‚Erblichkeit' auf das Konto zu setzen" (90, S. 33).

Nach dieser allgemeinen Einordnung entwarf Weber seine "Arbeitsanweisung", in der die "Methodik" der Erhebung detailliert umrissen wurde. Die angesprochenen Punkte waren vor allem 1. die Bedeutung der Arbeitszeit, der Pausenverteilung, der verschiedenen Lohnsysteme; 2. die Miteinbeziehung der Lohnbuchführung und die Benutzung der "Stammrollen" (Arbeiterbuch) der Fabriken. - Was die Befragung der Arbeiter selbst betrifft, so sah Weber - ähnlich wie bei den Landarbeiter-Enquêten - dabei "prinzipielle methodische Schwierigkeiten" (90, S. 48), insbesondere deswegen, weil es schwer sein würde, "Material von seiten der Arbeiter zu gewinnen, welches mit dem von seiten der Unternehmer gewonnenen zu einem Ganzen kombinierbar wäre" (90, S. 48). Dennoch bezeichnete Weber derartige Erhebungen als erstrebenswert, vor allem bei "einer (immerhin: möglichst großen) Anzahl von solchen Arbeitern, welche quantitativ oder qualitativ besonders charakteristisch differenziert erscheinen [...]" (90, S. 48).

Ganz allgemein formulierte Weber nochmals die Absicht der Enquêten: "*Es sollen untersucht werden einerseits die Art der ‚Ausleseprozesse', welche die Großindustrie, den ihr immanenten Bedürfnissen gemäß, an derjenigen Bevölkerung, die mit ihrem Berufsschicksal an sie gekettet ist, vollzieht, - andererseits die Art der ‚Anpassung' des ‚körperlich' oder ‚geistig' arbeitenden Personals der Großindustrien an die Lebensbedingungen, die sie ihm zu bieten haben.* Auf diese Weise soll allmählich der Beantwortung der Frage näher gekommen werden: *Was für Menschen prägt* die moderne Großindustrie kraft der ihr immanenten Eigenart, und *welches berufliche* (und damit indirekt auch: *außerberufliche*) Schicksal bereitet sie ihnen ?" (90, S. 37) - Für die Einlösung solcher Zielsetzungen unterschied Weber zwei gesonderte Typen von *Erhebungsweisen*:

– Zum einen die Form der *Betriebs-* bzw. *Industrie-Enquête*, d. h. die Analyse von Betrieben nach seiner ‚Arbeitsanweisung'. Weber hob für diesen Typus "ausdrücklich" hervor, daß dabei neben dem "Berufsschicksal" der außerberufliche "Lebensstil" Gegenstand der Ermittlungen sein sollte (vgl. 90, S. 53) und sprach explizit von der Notwendigkeit einer Erforschung des "Klassenbewußtseins" der Arbeiterschaft in der Großindustrie (90, S. 55).

– Zum anderen die Form der *Gewerkschafts-* bzw. *Gewerkvereins-Statistik*, d. h. die Verteilung der Fragebogen mit Hilfe der Arbeiterorganisationen.

Abschließend betonte Weber, daß alle derartigen Erhebungen "nur einen (allerdings wichtigen) Teil einer sozialwissenschaftlichen Analyse der modernen Großindustrie" darstellen. Es komme zur Vervollständigung dieser Ergebnisse ebenso darauf an, ähnliche Untersuchungen über die Lage der *technischen Beamtenschaft* in der Industrie und der *Unternehmer* in Angriff zu nehmen. "Alle diese Untersuchungen vereint erst würden ein Bild von der *Kulturbedeutung* des Entwicklungsprozesses, den die Großindustrie vor unseren Augen durchmacht, geben können." (90, S. 57)

Auf der Grundlage dieser Weberschen "Arbeitsanweisung" wurde für die konkrete Durchführung der Enquête ein "*Arbeitsplan*" entworfen, und auf diesem aufbauend der Fragebogen.[39]

Noch bevor die Vereins-Enquête in Angriff genommen wurde, publizierte Max Weber im Anschluß an seine "Arbeitsanweisung" im "Archiv" eine vierteilige Aufsatzserie "*Zur Psychophysik der industriellen Arbeit*" (Bibl. Nr. 86 und 91). Mit dieser bemühte Weber sich einerseits um die Vermittlung der Experimente, Diskussionen und Ergebnisse der anthropologischen, physiologischen, experimentalpsychologischen und psychopathologischen Forschung seiner Zeit. Sein Ziel war dabei die Informierung der Bearbeiter empirischer Untersuchungen und die Klärung der Probleme, wieso es zu keiner Zusammenarbeit dieser Fachwissenschaften mit den sozialwissenschaftlichen Disziplinen gekommen war und wo für die Zukunft derartige Möglichkeiten lägen. Weber unternahm in diesem, "als Li-

---

[39] Vgl. dazu das "Vorwort" von Herkner, Schmoller und Alfred Weber im ersten Ergebnisband: *Bernays, Marie*, Auslese und Anpassung der Arbeiterschaft der geschlossenen Großindustrie. Dargestellt an den Verhältnissen der "Gladbacher Spinnerei und Weberei" AG zu Mönchen-Gladbach im Rheinland. Bd. 133 der Schriften des Vereins für Socialpolitik. Leipzig (Duncker & Humblot) 1910, S. VII-XV.

teratur-Referat gedachten Aufsatz" (91, S. 523), eine "Kompilation" der Arbeiten und Ergebnisse des Psychiaters Emil Kraepelin und seiner Schüler.[40] Dabei ging es Weber vor allem darum, die Ergebnisse der Forschungen über die physiologischen und psychologischen Bedingungen der *Leistungsfähigkeit* bei der (industriellen) Arbeit zusammenzufassen. Die wichtigsten Themen und Begriffe waren: Ermüdung, Erholung, Übung, Gewöhnung und Arbeitsunterbrechung.

Neben diesem informativen Teil seines "Literatur-Berichts" gab Weber die Ergebnisse einer von ihm selbst durchgeführten empirischen Untersuchung zu den psychophysischen Bedingungen von Arbeitsproduktivität bekannt. Diese Studien über die Leistungsschwankungen von Weberei-Arbeitern mit Hilfe von Tabellen und Kurven über Stunden-, Tages- und Wochenleistungen hatte er im Sommer 1908 in der familieneigenen Textilfabrik in Oerlinghausen durchgeführt. Es ist dabei von methodischem Interesse, zu sehen, mit welcher kreativen Phantasie Weber die verschiedensten Fragestellungen zumindest diskutiert und teilweise zu beantworten suchte. Dabei ging es ihm um die Ermittlung jener Faktoren, die die individuelle Leistungsfähigkeit des Arbeiters bedingen, fördern oder hemmen können, wie etwa Lohnhöhe, Luftfeuchtigkeit, Lärm, sexuelle Aktivitäten, Ernährungsgewohnheiten, Alkoholkonsum, Beleuchtung, regionale Herkunft, Konfessionszugehörigkeit, Mitgliedschaft in Gewerkschaften. Max Weber differenzierte bei den von ihm mit Hilfe der Meßergebnisse von "Stuhluhren" und den Daten der Lohnbuchhaltung ermittelten Angaben über die Arbeitsleistungen einzelner Weberinnen und Weber auch noch nach weiteren, berufsspezifischen Kriterien, wie die verwendete Garnsorte, die jeweilige Technik des Webstuhls und die Verschiedenheit eines ein- oder zweistühligen Webens.

Zusammenfassend betonte Weber, daß es sich bei diesen Daten keineswegs um verallgemeinerungsfähige Ergebnisse handele, da schon der untersuchte Betrieb nicht exemplarisch sei: streng lokale Arbeiter-Rekrutierung, erheblicher Wandel des Maschinenbestandes, untypische Branche. Als positive Ergebnisse nannte er in methodischer Hinsicht die Beobachtung, "daß die äußerst irrational sich gebärdenden Zahlenreihen [...] *Durchschnitte* ergaben, welche weit

---

40 Vgl. dazu insbes. *Kraepelin, Emil* (Hrsg.), Psychologische Arbeiten. Leipzig 1895-1914. 6 Bde. mit je 4 Heften.

weniger irrational sind, als die Zahlenreihen selbst [...]" (91, S. 526). In sachlicher Hinsicht habe diese eigene Untersuchung die Bedeutung des Faktors Routine ("Übung") verdeutlicht und zugleich die Notwendigkeit einer eingehenden Beschäftigung mit dem Verhältnis von "Milieu" und "Anlage" gezeigt (vgl. 91, S. 531 f.). Vor allem diese letzte Fragestellung, illustriert an der Diskussion über die eventuelle Vererbbarkeit psychischer Pathologien, beschäftigte ihn - unter expliziter Einbeziehung der Position Sigmund Freuds - intensiv (vgl. 91, S. 532-538). Wiederum kam er zu dem Ergebnis, daß gerade für die notwendigerweise anzustellenden "Dutzende" derartiger Forschungen "vorerst der Streit der Vererbungstheorien gänzlich außer Sichtweite bleiben muß" (91, S. 539).

Auf den Verhandlungen des "Vereins" über "Probleme der Arbeiterpsychologie" in Nürnberg im Oktober 1911 berichtete Heinrich Herkner über die vorläufigen Ergebnisse der Vereinserhebungen. Dabei war es vor allem der Berliner Statistiker Ladislaus von Bortkiewicz, der sich zur methodologischen Problematik der bis dahin vorgelegten Arbeiten, insbesondere der von Marie Bernays, äußerte. In einer scharfen Replik machte Max Weber deutlich, daß der "Verein" mit seinen Erhebungen erst am Anfang stehe, und daß den vorläufigen "Ergebnissen" nur beschränkter Wert zukomme: "Herausgekommen [...] ist bisher an endgültigen Resultaten noch *gar nichts*, nichts anderes wenigstens als einige Zahlen, die geeignet sind, einige Hypothesen zu stützen, andere Hypothesen neu aufzustellen, die Fragestellung zu korrigieren und [...] zu *beweisen*, daß *an* dem Material, das hier in Angriff genommen worden ist, und mit Hilfe des weiter zu gewinnenden ähnlichen Materials sich im Laufe der Zeit und zwar einer sehr langen Zeit mit *sehr hoher Wahrscheinlichkeit* wertvolle und durchschlagende Ergebnisse werden gewinnen lassen." (115, S. 190)

Es scheint so, als ob Max Weber nach 1911 das Interesse an der empirischen Erforschung der Lage der Industriearbeiter weitgehend verloren hat. Noch einmal äußerte er sich "Zur Methodik sozialpsychologischer Enquêten und ihrer Bearbeitung" (Bibl. Nr. 94) in einer Besprechung von drei Arbeiten des Arbeiters und Privatforschers Adolf Levenstein. Dieser hatte zwischen 1907 und 1911 etwa 8 000 Fragebögen mit jeweils 26 Fragen als private Initiative versandt und dabei einen Rücklauf von 63% (5 040 Eingänge) erzielt.[41] Max Weber besprach frühere Arbeiten Levensteins im "Archiv" mit der Absicht, Levensteins "in seiner Art äußerst wertvolles ‚klassenpsychologisches' Material" einer wissenschaftlichen Auswertung zugänglich zu machen. Dabei charakterisierte er nochmals, welche Anforderungen er an die sozialwissenschaftliche Erforschung der Lage der Industriearbeiter stellen würde (vgl. 94, S. 954f.). Von Interesse ist dabei, daß er hier - ohne den Terminus bzw. die Theorie zu kennen - eine Art von "Korrelationsanalyse" forderte, wenn er schrieb: "Im Prinzip muß gefordert werden, daß für *alle erheblichen* Fragen jedesmal festgestellt wird: x% derjenigen, welche auf die Frage a mit b geantwortet haben, haben auf die Frage c mit d geantwortet und zwar zu y% aus dem Grunde g, zu z% aus dem Grunde g2, usw. Selbstredend ‚cum grano salis' zu verstehen. Aber es stellen sich auf diese Weise die unerwartetsten Zusammenhänge zuweilen heraus". (94, S. 956)

[41] Vgl. dazu *Levenstein, Adolf,* Die Arbeiterfrage. München 1912.

3. Schriften zur Religionssoziologie

Behandelte *Texte* (genaue Angaben s. Bibl. S. 268 ff)

"Die protestantische Ethik und der ‚Geist' des Kapitalismus" (1904/05; 1920)
"Die protestantischen Sekten und der Geist des Kapitalismus" (1906; 1920)
"Die Wirtschaftsethik der Weltreligionen" (1915/16; 1916/17; 1918/19; 1920),
"Vorbemerkung" (1920)
"Religionssoziologie (Typen religiöser Vergemeinschaftung)" (1922)

a) Studien zur Kulturbedeutung des Protestantismus

Aus den vorangegangenen Abschnitten über zwei Bereiche des wissenschaftlichen Werks von Max Weber kennen wir als wiederkehrendes Motiv die Frage nach den Ursachen, Erscheinungsformen und Auswirkungen des Kapitalismus, dessen revolutionierende Kraft Max Weber in allen bisher behandelten Arbeiten unter immer neuen Aspekten erforschte.

Seine Studien zur Bedeutung des Protestantismus in diesem Zusammenhang wurden seine populärsten Arbeiten - zu seiner Zeit bis in unsere Tage. Weber arbeitete an der Abhandlung über die protestantische Ethik vor seiner Reise in die Vereinigten Staaten im Sommer 1904 und nach seiner Rückkehr von dort und veröffentlichte seine Artikel 1904/1905 im "Archiv für Sozialwissenschaft und Sozialpolitik"; im Jahr darauf erschienen zwei Fassungen seines Artikels über die protestantischen Sekten (Bibl. Nr. 69, 70, 74).

Insbesondere das zweibändige Werk von Werner Sombart "Der moderne Kapitalismus" (1902), in dem dieser die Wirkungen des Calvinismus und des Quäkertums auf die Entwicklung des Kapitalismus behandelt hatte[42], sowie eine bereits seit Jahren laufende deutsche Diskussion über die Zusammenhänge zwischen religiösen und ökonomischen Entwicklungen,[43] die zudem keine deutsche Eigenheit war,[44] regten Max Weber zu seiner eigenen Arbeit an. Dabei stand für ihn das bis dahin immer stärker gewordene Interesse an einer Erforschung der *Wurzeln des modernen Kapitalismus* im Zentrum seiner Motivation zu diesen Untersuchungen.

Unmittelbar nach ihrer Publikation erregten die Weberschen Arbeiten über den "Geist des Kapitalismus" großes Aufsehen und führten zu einer Kette von Aufsätzen, auf die Max Weber teilweise mit "Repliken" reagierte (Bibl. Nr. 81, 84, 98, 99).

Diese Auseinandersetzungen, die Weber schon wegen der immer wiederkehrenden Mißverständnisse und Unterstellungen ärgerten, dauerten über fünf Jahre. Insbesondere nach den Veröffentlichungen seines Freundes Ernst Troeltsch über dieses Thema[45] wandte Weber sich der mehr generellen Problemstellung der Beziehungen zwischen Religion, Wirtschaft und Gesellschaft im interkulturellen Vergleich zu, deren Ergebnisse im nächsten Abschnitt zu behandeln sein werden.

Als Max Weber sich 1919 an die Zusammenstellung und Überarbeitung seiner bis dahin erschienenen Arbeiten zur Religionssoziologie für die "Gesammelten Aufsätze zur Religionssoziologie" machte, konnte er sowohl die geführten Diskussionen als auch die Ergebnisse seiner späteren Forschungen einarbeiten. Wir werden uns für

---

42 *Sombart, Werner*, Der moderne Kapitalismus. 2 Bde. Leipzig 1902. - Es folgte wesentlich später ein dritter Band: Das Wirtschaftsleben im Zeitalter des Hochkapitalismus. München 1927.

43 Vgl. insbes. *Gothein, Eberhard*, Wirtschaftsgeschichte des Schwarzwaldes. Strassburg 1892. *Wittich, Werner*, Deutsche und französische Kultur im Elsass. Strassburg 1900. *Jellinek, Georg*, Die Erklärung der Menschen- und Bürgerrechte. Leipzig 1895, 2.Aufl. 1904.

44 Vgl. dazu *Bendix, Reinhard*, The Protestant Ethic Revisited. In: Comparative Studies in Society and History, 9, H. 3 (1967), S. 266-273.

45 *Troeltsch, Ernst*, Die Soziallehren der christlichen Kirchen und Gruppen. Tübingen 1912. - Vorher veröffentlicht in: Archiv für Sozialwissenschaft und Sozialpolitik. Hrsg. v. Werner Sombart, Max Weber und Edgar Jaffé. 26. Bd., H. 1, S. 1-55; H. 2, S. 292-342; H. 3, S. 649-692; 27. Bd., H. 1, S. 1-72; H. 2, S. 317-348; 28. Bd., H. 1, S. 1-71; H. 2, S. 387-416; H. 3, S. 621-653: 29. Bd., H. 1, S. 1-49; H. 2, S. 381-416; 30. Bd., H. 1, S. 30-65; H. 3,S. 666-720 (1908-1910).

diese Darstellung an die Fassungen von 1919/20 halten, da sie den letztgültigen Stand seiner eigenen Sichtweise dokumentieren.

Der erste Artikel über die Protestantische Ethik diente der Präzisierung der Problemstellung. Weber ging von einer empirischen Studie seines Schülers Martin Offenbacher[46] über die konfessionelle Berufsschichtung in Baden aus. Ein Ergebnis dieser Untersuchung war die Beobachtung einer überproportionalen Beteiligung von Protestanten bei Kapitalbesitzern, Unternehmern und dem höher qualifizierten technischen oder kaufmännischen Personal moderner Wirtschaftsunternehmen. Durch die Miteinbeziehung ähnlicher Studien aus der Geschichtswissenschaft, die zu dem vergleichbaren Ergebnis, insbesondere in den reichen Städten des 16. Jahrhunderts, kamen, formulierte Max Weber eine erste Frage: "Welchen Grund hatte diese besonders starke Prädisposition der ökonomisch entwickeltsten Gebiete für eine kirchliche Revolution?" (182, S. 19f.) Eine mögliche Antwort, die Abstreifung des ökonomischen Traditionalismus, ließ Weber nicht gelten, da die Reformation nicht die Beseitigung der kirchlichen Herrschaft über das alltägliche Leben anstrebte, sondern sie brachte "eine im denkbar weitestgehenden Maße in alle Sphären des häuslichen und öffentlichen Lebens eindringende, unendlich lästige und ernstgemeinte Reglementierung der ganzen Lebensführung" (182, S. 20).

Diese Überlegung führte Weber zu seiner nächsten Frage: "Wie kommt es nun, daß damals gerade diese ökonomisch entwickeltsten Länder [Genf, Schottland, Niederlande, Neuengland, England] und [...] innerhalb ihrer gerade die damals ökonomisch aufsteigenden ‚bürgerlichen' Mittelklassen jene ihnen bis dahin unbekannte puritanische Tyrannei nicht etwa nur über sich ergehen ließen, sondern in ihrer Verteidigung ein Heldentum entwickelten, wie gerade *bürgerliche* Klassen *als solche* es selten vorher und niemals nachher gekannt haben [...] ?" (182, S. 20f.) - Als Antwort auf die erste Frage unterstellte Weber: "In diesen Fällen liegt zweifellos das Kausalverhältnis so, daß die *anerzogene geistige Eigenart*, und zwar hier die durch die religiöse Atmosphäre der Heimat und des Elternhauses bedingte Richtung der Erziehung, die Berufswahl und die weiteren beruflichen

---

46 *Offenbacher, Martin*, Konfession und soziale Schichtung. Eine Studie über die wirtschaftliche Lage der Katholiken und Protestanten in Baden. Tübingen/Leipzig 1901 (Bd. IV, Heft 5 der Volkswirtschaftlichen Abhandlungen der badischen Hochschulen).

Schicksale bestimmt hat." (182, S. 22) Die Protestanten hatten "*sowohl* als herrschende *wie* als beherrschte Schicht, *sowohl* als Majorität *wie* als Minorität eine spezifische Neigung zum ökonomischen Rationalismus [...]. Der Grund des verschiedenen Verhaltens muß also der Hauptsache nach in der dauernden inneren Eigenart und *nicht* nur in der jeweiligen äußeren historisch-politischen Lage der Konfessionen gesucht werden" (182, S. 23).

Von diesen Beobachtungen und Schlußfolgerungen ausgehend, bestimmte Weber eine erste Aufgabe seiner Untersuchung: "Es würde also darauf ankommen, zunächst einmal zu untersuchen, welches diejenigen Elemente jener Eigenart der Konfessionen sind oder waren, die in der vorstehend geschilderten Richtung gewirkt haben und teilweise noch wirken." (182, S. 24) Eine weitere, gängige Antwort auf diese Fragen, daß diese Erscheinungen an einer (angeblichen) "Weltfremdheit" des Katholizismus und einer (angeblichen) materialistischen "Weltfreude" des Protestantismus lägen, akzeptierte Weber nicht. In seinen Augen versagen diese vermeintlichen "Erklärungen" da, "wo ein virtuoser kapitalistischer Geschäftssinn mit den intensivsten Formen einer das ganze Leben durchdringenden und regelnden Frömmigkeit in denselben Personen und Menschengruppen *zusammen*trifft, und diese Fälle sind nicht etwa vereinzelt, sondern sie sind geradezu bezeichnendes Merkmal für ganze Gruppen der historisch wichtigsten protestantischen Kirchen und Sekten. Speziell der Calvinismus zeigt, wo *immer er aufgetreten ist*, diese Kombination." (182, S. 26) Aus dieser Beobachtung ergab sich für Weber die Folgerung: "Soll also überhaupt eine innere Verwandtschaft bestimmter Ausprägungen des alt-protestantischen Geistes und moderner kapitalistischer Kultur gefunden werden, so müssen wir wohl oder übel versuchen, sie *nicht* in dessen (angeblicher) mehr oder weniger materialistischer oder doch anti-asketischer ‚Weltfreude', sondern vielmehr in seinen rein religiösen Zügen zu suchen." (182, S. 29)

Weber betonte nun, daß bei dem Versuch, eine solche "innere Verwandtschaft" zu erforschen, eine ganze Anzahl möglicher Beziehungen gedacht werden kann. "Es wird nun eben die Aufgabe sein müssen, das, was uns hier undeutlich vorschwebt, so deutlich zu *formulieren*, als dies bei der unausschöpfbaren Mannigfaltigkeit, die in jeder historischen Erscheinung steckt, überhaupt möglich ist. Um dies aber zu können, muß das Gebiet der vagen Allgemeinvorstellungen, mit dem wir bisher operiert haben, notgedrungen verlassen und in die charakteristische Eigenart und die Unterschiede jener großen religiösen Gedankenwelt einzudringen versucht werden, die in den verschiedenen Ausprägungen der christlichen Religion uns geschichtlich gegeben sind." (182, S. 29f.)

Dabei ergab sich für Weber die Notwendigkeit, sein Untersuchungsobjekt präziser zu bestimmen, d. h. insbesondere sein Konzept vom "Geist" des Kapitalismus: "Wenn überhaupt ein Objekt auffindbar ist, für welches der Verwendung jener Bezeichnung irgendein Sinn zukommen kann, so kann es nur ein *‚historisches Individuum'* sein, d. h. ein Komplex von Zusammenhängen in der geschichtlichen Wirklichkeit, die wir unter dem Gesichtspunkt ihrer *Kulturbedeutung* begrifflich zu einem Ganzen zusammenschließen. Ein solcher historischer Begriff aber kann, da er inhaltlich sich auf eine in ihrer individuellen *Eigenart* bedeutungsvolle Erscheinung bezieht, nicht nach dem Schema: 'genus proximum, differentia specifica' definiert (zu deutsch: ‚abgegrenzt'), sondern er muß aus seinen einzelnen, der geschichtlichen Wirklichkeit zu entnehmenden Bestandteilen allmählich *komponiert* werden. Die endgültige begriffliche Erfassung kann daher nicht am Anfang, sondern muß am *Schluß* der Untersuchung stehen: es wird sich m. a. W. erst im Lauf der Erörterung und als deren wesentliches Ergebnis zu zeigen haben, wie das, was wir hier unter dem ‚Geist' des Kapitalismus verstehen, am besten - d. h. für die uns hier interessierenden Gesichtspunkte adäquatesten - zu formulieren sei [...]. Das liegt eben im Wesen der ‚historischen Begriffsbildung', welche für ihre methodischen Zwecke die Wirklichkeit nicht in abstrakte Gattungsbegriffe einzuschachteln, sondern in konkrete genetische Zusammenhänge von stets und unvermeidlich spezifisch *individueller* Färbung einzugliedern strebt." (182, S.30f.)

Als "Veranschaulichung" zitierte Weber aus einem Dokument von Benjamin Franklin zur Anleitung junger Kaufleute,[47] in dem die Ideale des kreditwürdigen Ehrenmannes und der Verpflichtung des Einzelnen gegenüber dem als Selbstzweck vorausgesetzten Interesse an der Vergrößerung seines Kapitals festgehalten sind. Weber schrieb dazu: "In der Tat, daß hier nicht einfach Lebenstechnik, sondern eine eigentümliche ‚Ethik' gepredigt wird, deren Verletzung nicht nur als Torheit, sondern als eine Art von Pflichtvergessenheit

47 *Franklin, Benjamin*, Necessary hints to those that would be rich (1736). Ders., Advise to a young tradesman (1748).

behandelt wird: dies vor Allem gehört zum Wesen der Sache. Es ist nicht *nur* ‚Geschäftsklugheit' was da gelehrt wird - dergleichen findet sich auch sonst oft genug: - es ist ein *Ethos*, welches sich äußert, und in eben *dieser* Qualität interessiert es uns." (182, S. 33)

Was in diesem Dokument eines einzelnen Individuums festgehalten ist, war in Webers Augen eine "*ethisch* gefärbte Maxime der Lebensführung", und in diesem Sinn wollte er den Begriff "Geist des Kapitalismus" gebraucht wissen. "Natürlich: des *modernen* Kapitalismus. Denn, daß hier nur von diesem westeuropäisch-amerikanischen Kapitalismus die Rede ist, versteht sich angesichts der Fragestellung von selbst. ‚Kapitalismus' hat es in China, Indien, Babylon, in der Antike und im Mittelalter gegeben. *Aber eben jenes eigentümliche Ethos fehlte ihm, wie wir sehen werden.*" (182, S. 34)

Insbesondere die Einbettung in ein "summum bonum" machte aus dieser "Ethik" etwas ganz anderes als nur eine Verbrämung rein eudämonistischer oder hedonistischer Motive. "Der Mensch ist auf das Erwerben als Zweck seines Lebens, nicht mehr das Erwerben auf den Menschen als Mittel zum Zweck der Befriedigung seiner materiellen Lebensbedürfnisse bezogen." Dieses "Leitmotiv" des Kapitalismus hing für Weber eng zusammen mit den religiösen Vorstellungen der *handelnden Menschen*, für die Benjamin Franklin nur als ein Repräsentant eingeführt wurde. In diesem Zusammenhang tauchte dann der Gedanke der "*Berufspflicht*" auf: Er ist es, der für die "Sozialethik" der "kapitalistischen Kultur" von konstitutiver Bedeutung ist. Dabei sollte jedoch nicht behauptet werden, "daß für den *heutigen* Kapitalismus die subjektive Aneignung dieser ethischen Maxime durch seine einzelnen Träger, etwa die Unternehmer oder die Arbeiter der modernen kapitalistischen Betriebe, Bedingung der Fortexistenz sei. Die heutige kapitalistische Wirtschaftsordnung ist ein ungeheurer Kosmos, in den der einzelne hineingeboren wird und für ihn, wenigstens als einzelnen, als faktisch unabänderliches Gehäuse, in dem er zu leben hat, gegeben ist. Er zwingt dem einzelnen, soweit er in den Zusammenhang des Marktes verflochten ist, die Normen seines wirtschaftlichen Handelns auf." (182, S. 36f.)

Dennoch muß diese "der Eigenart des Kapitalismus angepaßte Art der Lebensführung und Berufsauffassung" historisch entstanden sein, "und zwar nicht in einzelnen isolierten Individuen, sondern als eine Anschauungsweise, die von Menschen*gruppen* getragen wurde. Diese Entstehung ist also das eigentlich zu Erklärende." (182, S. 37)

Weber stellte auch den "Gegner" dieses "kapitalistischen Geistes" vor: den *Traditionalismus*. Damit bezeichnet er jenes Verhalten und Denken, nach denen "der Mensch ‚von Natur' nicht Geld und mehr Geld verdienen [will], sondern einfach leben, so leben, wie er zu leben gewohnt ist, und soviel erwerben, wie dazu erforderlich ist. Überall, wo der moderne Kapitalismus sein Werk der Steigerung der ‚Produktivität' der menschlichen Arbeit durch Steigerung ihrer Intensität begann, stieß er auf den unendlich zähen Widerstand dieses Leitmotivs präkapitalistischer wirtschaftlicher Arbeit." (182, S. 44f.)

Von "kapitalistischem Geist" sprach Weber zudem deswegen, "weil jene Gesinnung in der modernen kapitalistischen Unternehmung ihre adäquateste Form, die kapitalistische Unternehmung andererseits in ihr die adäquateste geistige Triebkraft gefunden hat" (182, S. 49). Für diese Gesinnung entwarf Max Weber den "Idealtypus" des kapitalistischen Unternehmers, von dem er sagte: "Er scheut die Ostentation und den unnötigen Aufwand ebenso wie den bewußten Genuß seiner Macht und die ihm eher unbequeme Entgegennahme von äußeren Zeichen der gesellschaftlichen Achtung, die er genießt. Seine Lebensführung trägt m. a. W. oft - und es wird gerade auf die geschichtliche Bedeutung dieser für uns wichtigen Erscheinung einzugehen sein - einen gewissen asketischen Zug an sich [...]. Es ist namentlich keineswegs selten, sondern recht häufig bei ihm ein Maß von kühler Bescheidenheit zu finden [...]. Er ‚hat nichts' von seinem Reichtum für seine Person - außer: der irrationalen Empfindung guter ‚Berufserfüllung'. *Das* aber ist es eben, was dem präkapitalistischen Menschen so unfaßlich und rätselhaft, so schmutzig und verächtlich erscheint. Daß jemand zum Zweck seiner Lebensarbeit ausschließlich den Gedanken machen könne, dereinst mit hohem materiellen Gewicht an Geld und Gut belastet ins Grab zu sinken, scheint ihm nur als Produkt perverser Triebe: der ‚auri sacra fames', erklärlich." (182, S. 55)

Weber fragte nun, gewissermaßen als die von ihm selbst geforderte Präzisierung seiner Untersuchungsabsicht: "Wie ist nun aus diesem, im günstigsten Fall, sittlich tolerierten Gebaren ein ‚Beruf' im Sinne Benjamin Franklins geworden ? Wie ist es historisch erklärlich, daß im Zentrum der kapitalistischen Entwicklung der damaligen Welt, in Florenz im 14. und 15. Jahrhundert dem Geld- und Kapitalmarkt aller politischen Großmächte, als sittlich bedenklich oder allenfalls tolerabel galt, was in den hinterwäldlerisch-kleinbürgerlichen

Verhältnissen von Pennsylvanien im 18. Jahrhundert, wo die Wirtschaft aus purem Geldmangel stets in Naturaltausch zu kollabieren drohte, von größeren gewerblichen Unternehmungen kaum eine Spur, von Banken nur die ersten Anfänge zu bemerken waren, als Inhalt einer sittlich löblichen, ja gebotenen Lebensführung gelten konnte ? - *Hier* von einer ‚Widerspiegelung' der ‚materiellen' Verhältnisse in dem ‚ideellen Überbau' reden zu wollen, wäre ja barer Unsinn. - Welchem Gedankenkreise entstammte also die Einordnung einer äußerlich rein auf *Gewinn* gerichteten Tätigkeit unter die Kategorie des ‚Berufs', demgegenüber sich der einzelne *verpflichtet* fühlte ? Denn dieser Gedanke war es, welcher der Lebensführung des Unternehmers ‚neuen Stils' den ethischen Unterbau und Halt gewährte." (182, S. 60)

Von Werner Sombart übernahm Max Weber in diesem Zusammenhang die Hypothese, daß das Grundmotiv der modernen Wirtschaft ein "*ökonomischer Rationalismus*" sei. Weber weitete jedoch dieses Konzept erheblich aus und postulierte: "Es scheint also, als sei die Entwicklung des ‚kapitalistischen Geistes' am einfachsten als Teilerscheinung in der Gesamtentwicklung des Rationalismus zu verstehen und müsse aus dessen prinzipieller Stellung zu den letzten Lebensproblemen ableitbar sein. Dabei käme also der Protestantismus nur insoweit historisch in Betracht, als er etwa als ‚Vorfrucht' rein rationalistischer Lebensanschauungen eine Rolle gespielt hätte. Allein sobald man ernstlich den Versuch macht, zeigt sich, daß eine so einfache Problemstellung schon um deswillen nicht angeht, weil die Geschichte des Rationalismus *keineswegs* eine auf den einzelnen Lebensgebieten *parallel* fortschreitende Entwicklung zeigt. [...] Der ‚Rationalismus' ist ein historischer Begriff, der eine Welt von Gegensätzen in sich schließt, und wir werden gerade zu untersuchen haben, wes Geistes Kind diejenige konkrete Form ‚rationalen' Denkens und Lebens war, aus welcher jener ‚Berufs-Gedanke und jenes [...] Sichhingeben an die Berufsarbeit erwachsen ist, welches einer der charakteristischen Bestandteile unserer kapitalistischen Kultur war und noch immer ist. *Uns* interessiert hier gerade die Herkunft jenes *irrationalen* Elements, welches in diesem wie in jedem ‚Berufs'-Begriff liegt." (182, S. 61f.)

Für Weber stand fest, daß diese religiös bedingte Vorstellung des "Berufs", im Sinne von "Berufung" ein "Produkt der Reformation" (182, S. 69) war, an dem auf jeden Fall eines neu war: "die Schät-

Re-Opening

Form + Figu

Malerei und Skulptur im 20. Jahrhund

Wir würden uns freuen, Sie und Ihre F
in unseren **neuen** Räumen in der Abegg
ım Samstag, den 28. September von 17:0C
begrüßen zu dürfen!

GALERIE & KUNSTHANDEL

DRAHEIM

ıstraße 7 | D-65193 Wiesbaden | Tel.: 0611-910 30 07 | Mc
b: www.kunsthandel-draheim.de | E-Mail: kunsthandel-dr
Besuche bitte nach vorheriger Vereinbarung. By appointme

Abbildungen:
ej Jawlensky, Kopf, 1921, Lithographie, signiert, Blatt 7 der 4. Mappe des Stc
Hans Steinbrenner, Figur, 1970, Ulme

zung der Pflichterfüllung innerhalb der weltlichen Berufe als des höchsten Inhaltes, den die sittliche Selbstbetätigung überhaupt annehmen könne. Dies war es, was die Vorstellung von der religiösen Bedeutung der weltlichen Alltagsarbeit zur unvermeidlichen Folge hatte und den Berufsbegriff in diesem Sinn erstmalig erzeugte." (182, S. 69) Dabei war jedoch dieser Gedanke sehr verschiedener Gestaltungen fähig, die zu unterschiedlichen Schlußfolgerungen führten: "Die Leistung der Reformation als solcher war zunächst nur, daß, im Kontrast gegen die katholische Auffassung, der sittliche Akzent und die religiöse *Prämie* für die innerweltliche, beruflich geordnete Arbeit mächtig schwoll. Wie der ‚Berufs-Gedanke' der dies zum Ausdruck brachte, weiter entwickelt wurde, das hing von der näheren Ausprägung der Frömmigkeit ab, wie sie nunmehr in den einzelnen Reformationskirchen sich entfaltete." (182, S. 74)

Nach einer detailreichen Untersuchung dieses Gedankens bei Martin Luther kam Weber zum Ergebnis: "So blieb also bei Luther der Berufsbegriff traditionallstisch gebunden. Der Beruf ist das, was der Mensch als göttliche Fügung *hinzunehmen*, worein er sich ‚zu schicken' hat: - diese Färbung übertönt den auch vorhandenen anderen Gedanken, daß die Berufsarbeit eine oder vielmehr *die* von Gott gestellte Aufgabe sei." (182, S. 77f.) Die lutherische Fassung des Berufs-Gedanken war demnach für Weber "von jedenfalls nur problematischer Tragweite für das, was *wir* suchen. [...] Es empfiehlt sich daher für uns, zunächst solche Formen desselben zu betrachten, bei denen ein Zusammenhang der Lebenspraxis mit dem religiösen Ausgangspunkt leichter als beim Luthertum zu ermitteln ist." (182, S. 79)

Bei seiner Zuwendung mit dem Calvinismus und anderen protestantischen Sekten, insbesondere in England, betonte er nachdrücklich: "Wenn wir demgemäß bei der Untersuchung der Beziehungen zwischen der altprotestantischen Ethik und der Entwicklung des kapitalistischen Geistes von den Schöpfungen Calvins, des Calvinismus und der anderen ‚puritanischen' Sekten ausgehen, so darf das nun aber nicht dahin verstanden werden, als erwarteten wir, daß bei einem der Gründer oder Vertreter dieser Religionsgemeinschaften die Erweckung dessen, was wir hier ‚kapitalistischen Geist' nennen, in irgendeinem Sinn als *Ziel* seiner Lebensarbeit vorzufinden. [...] Und wir werden deshalb darauf gefaßt sein müssen, daß die Kulturwirkungen der Reformation zum guten Teil - vielleicht sogar für unsere speziellen Gesichtspunkte überwiegend - unvorhergesehene und geradezu *ungewollte* Folgen der Arbeit der Reformatoren waren, oft weit abliegend oder geradezu im Gegensatz stehend zu allem, was ihnen selbst vorschwebte." (182, S. 81f.)

Das Ziel einer derartigen Untersuchung sollte "einen Beitrag bilden zur Veranschaulichung der Art, in der überhaupt die ‚Ideen' in der Geschichte wirksam werden" (182, S. 82). Um jedoch die Begrenztheit der Forschungsabsicht präzise zu fassen, und um alle, von Mißverständnissen und Unterstellungen ausgehende Kritik zu verhindern, verwandte Max Weber reichlich Mühe darauf, seine Zielsetzung genau zu bestimmen: "Es handelt sich bei solchen Studien [...] in keiner Weise um den Versuch, den Gedankengehalt der Reformation in irgendeinem Sinn, sei es sozialpolitisch, sei es religiös, zu *werten.* Wir haben es für unsere Zwecke stets mit Seiten der Reformation zu tun, welche dem eigentlich religiösen Bewußtsein als peripherisch und geradezu äußerlich erscheinen müssen. Denn es soll ja lediglich unternommen werden, den Einschlag, welchen religiöse Motive in das Gewebe der Entwicklung unserer aus zahllosen historischen Einzelmotiven erwachsenen modernen spezifisch ‚diesseitig' gerichteten Kultur geliefert haben, etwas deutlicher zu machen. Wir fragen also lediglich, was von gewissen charakteristischen Inhalten dieser Kultur dem Einfluß der Reformation als historischer Ursache etwa *zuzurechnen* sein möchte. Dabei müssen wir uns freilich von der Ansicht emanzipieren: man könne aus ökonomischen Verschiebungen die Reformation als ‚entwicklungsgeschichtlich notwendig' deduzieren. Ungezählte historische Konstellationen, die nicht nur in kein ‚ökonomisches Gesetz', sondern überhaupt in keinen ökonomischen Gesichtspunkt irgendwelcher Art sich einfügen, namentlich rein politische Vorgänge, mußten zusammenwirken, damit die neu geschaffenen Kirchen überhaupt fortzubestehen vermochten. Aber andererseits soll ganz und gar nicht eine so töricht-doktrinäre These verfochten werden, wie etwa die: daß der ‚kapitalistische Geist' (immer in dem provisorisch hier verwendeten Sinn dieses Wortes) *nur* als Ausfluß bestimmter Einflüsse der Reformation habe entstehen *können* oder wohl gar: daß der Kapitalismus als *Wirtschaftssystem* ein Erzeugnis der Reformation sei. Schon daß gewisse wichtige *Formen* kapitalistischen Geschäftsbetriebes notorisch erheblich *älter* sind als die Reformation, stände einer solchen Ansicht ein für allemal im Wege. Sondern es soll nur festgestellt werden: ob und wieweit religiöse Einflüsse bei der qualitativen Prägung und quantitativen Expansion jenes ‚Geistes' über die Welt hin mitbeteiligt gewesen sind und welche konkreten *Seiten* der auf kapitalistischer Basis ruhenden *Kultur* auf sie zurückgehen. Dabei kann nun angesichts des ungeheuren Gewirrs gegenseitiger Beeinflussungen zwischen den materiellen Unterlagen, den sozialen und politischen Organisationsformen und dem geistigen Gehalte der reformatorischen Kulturepochen nur so verfahren werden, daß zunächst untersucht wird, ob und in welchen Punkten bestimmte ‚Wahlverwandtschaften' zwischen gewissen Formen des religiösen Glaubens und der Berufsethik erkennbar sind. Damit wird zugleich die Art und allgemeine *Richtung*, in welcher infolge solcher Wahlverwandtschaften die religiöse Bewegung auf die Entwicklung der materiellen Kultur einwirkte, nach Möglichkeit verdeutlicht. *Alsdann* erst, wenn dies leidlich eindeutig feststeht, könnte der Versuch gemacht werden, abzuschätzen, in welchem Maße moderne Kulturinhalte in ihrer geschichtlichen Entstehung jenen religiösen Motiven und inwieweit anderen zuzurechnen sind." (182, S.82f.)

Der zweite Artikel über die Protestantische Ethik diente der Untersuchung und Vorbereitung einer "Erklärung" jener Probleme und Zusammenhänge, die im ersten Artikel vorgestellt und definiert worden waren. Wie bereits deutlich wurde, ging es Weber darum, die historischen Wurzeln der ethischen Maxime zu erforschen, die jenen religiös geprägten "Berufs"-Gedanken hervorbrachten, dem ein "gewisser asketischer Zug" eigen war. Hatte Weber für die lutherische Ausprägung des Protestantismus dessen weitgehende traditionalistische Gebundenheit konstatiert, so wandte er sich daher anderen Manifestationen des Protestantismus zu, die diesen spezifischen Gedanken in einer, dem "ökonomischen Rationalismus" adäquateren Form stärker betonten. Die Erforschung dieses "irrationalen Moments" der protestantischen Sekten, die als "ungewollte Folge" eine so enorme Bedeutung für die "Geschichte des Rationalismus" bekommen sollten, stand für Weber als ein Muster für die geschichtliche Wirksamkeit von Ideen.

Die Präzisierung der Problemstellung wurde schon durch die Überschrift des zweiten Artikels deutlich: "*Die Berufsethik des asketischen Protestantismus*". Als geschichtliche Träger dieser Sonderform des Protestantismus betrachtete und untersuchte Weber den Calvinismus, den Pietismus, den Methodismus und "die aus der täuferischen Bewegung hervorwachsenden Sekten". Weber betonte dabei, daß es nicht genügen würde, sich rein an die "sittliche Praxis" zu halten, sondern daß es unerläßlich sei, sich mit den verschiedenen *dogmatischen* Wurzeln zu beschäftigen. "Aber die ursprüngliche Verankerung an jenen Dogmen hat nicht nur in der ‚undogmatischen' späteren Ethik mächtige Spuren hinterlassen, sondern *nur* die Kenntnis des ursprünglichen Gedankengehalts lehrt verstehen, wie jene Sittlichkeit mit dem die innerlichsten Menschen jener Zeit absolut beherrschenden Gedanken an das *Jenseits* verknüpft war, ohne dessen alles überragende Macht damals keinerlei die Lebenspraxis ernstlich beeinflussende sittliche Erneuerung ins Werk gesetzt worden ist." (182, S. 86) Dabei komme es nicht so sehr auf die Inhalte der offiziellen *Lehre* an, "sondern auf etwas ganz anderes: auf die Ermittlung derjenigen durch den religiösen Glauben und die Praxis des religiösen Lebens geschaffenen psychologischen *Antriebe*, welche der Lebensführung die Richtung wiesen und das Individuum in ihr festhielten. Diese Antriebe aber entsprangen nun einmal in hohem Maß auch der Eigenart der religiösen Glaubensvorstellungen." (182, S. 86)

Weber wandte sich zuerst dem *Calvinismus* zu, als jenem Glauben, "um welchen in den kapitalistisch höchst entwickelten Kulturländern: den Niederlanden, England, Frankreich im 16. und 17. Jahrhundert, die großen politischen und Kulturkämpfe geführt worden sind" (182, S. 87f.), und dabei insbesondere dem Dogma der "Gnadenwahl", dem Kern der sogenannten "Prädestinationslehre". In einer außerordentlich behutsamen und detailreichen Argumentation breitete Weber die theologisch-dogmatische Begründung jener Lehre aus, derzufolge die Menschen um Gottes willen da sind, und das menschliche Leben keinen anderen Sinn als den der Verherrlichung Gottes hat. Dabei ist ein Teil der Menschen als selig, ein anderer als verdammt von Gott vorbestimmt, und kein menschliches Verdienst oder Verschulden kann an Gottes absolut freien Entschlüssen etwas ändern. Die "pathetische Unmenschlichkeit" einer solchen Lehre hatte in Webers Augen insbesondere eine Folge: "das Gefühl einer unerhörten inneren *Vereinsamung des einzelnen Individuums*" (182, S. 93). Mit dieser Lehre und ihren radikalen Auswirkungen - kein Prediger, kein Sakrament, keine Kirche, in der letzten Konsequenz: kein Gott (Vgl. 182, S.94) - war in den Augen Webers der Abschluß "jenes großen religionsgeschichtlichen Prozesses der Entzauberung der Welt, welcher mit der altjüdischen Prophetie einsetzte und, im Verein mit dem hellenischen wissenschaftlichen Denken, alle *magischen* Mittel der Heilssuche als Aberglauben und Frevel verwarf" (182, S. 94f.) erreicht.

Dabei gab es weder ein magisches noch irgendein Mittel für den, dem Gott seine Gnade zu versagen sich entschlossen hatte, diese zu erlangen. Diese Lehre bildete somit "eine der Wurzeln jenes illusionslosen und pessimistisch gefärbten Individualismus, wie er in dem ‚Volkscharakter' und den Institutionen der Völker mit puritanischer Vergangenheit sich noch heute auswirkt" (182, S. 95f.).

Und hier traf Weber auf ein Paradoxon: "Es scheint zunächst ein Rätsel, wie mit jener Tendenz zur innerlichen Lösung des Individuums aus den engsten Banden, mit denen es die Welt umfangen hält, die unbezweifelbare Überlegenheit des Calvinismus in der sozialen Organisation sich verknüpfen konnte. Allein gerade sie folgt, so seltsam es zunächst scheint, aus der spezifischen Färbung, welche die christliche ‚Nächstenliebe' unter dem Druck der inneren Isolierung des einzelnen durch den calvinistischen Glauben annehmen mußte. Sie folgt daraus zunächst dogmatisch. Die Welt ist dazu - und nur dazu - bestimmt: der Selbstverherrlichung Gottes zu dienen, der erwählte Christ ist dazu - und nur dazu - da, den Ruhm Gottes in der Welt durch Vollstreckung seiner Gebote an seinem Teil zu mehren. Gott aber will die soziale Leistung des Christen, *denn* er will, daß die soziale Gestaltung des Lebens seinen Geboten gemäß und so eingerichtet werde, daß sie jenem Zweck entspreche. Die soziale Arbeit des Calvinisten in der Welt ist lediglich Arbeit ‚in majorem gloriam *Dei*'. Diesen Charakter trägt daher auch die *Berufs*arbeit, welche im Dienste des diesseitigen Lebens der Gesamtheit steht. Schon bei Luther fanden wir die Ableitung der arbeitsteiligen Berufsarbeit aus der ‚Nächstenliebe'. Aber was bei ihm ein unsicherer, rein konstruktivgedanklicher Ansatz blieb, wurde nun bei den Calvinisten ein charakteristischer Teil ihres ethischen Systems. Die ‚Nächstenliebe' äußert sich - da sie ja nur Dienst am Ruhme *Gottes*, nicht der *Kreatur*, sein darf - in *erster* Linie in Erfüllung der durch die lex naturae gegebenen *Berufs*aufgaben, und sie nimmt dabei einen eigentümlich sachlich-*un*persönlichen Charakter an: den eines Dienstes an der rationalen Gestaltung des uns umgebenden gesellschaftlichen Kosmos." (182, S. 98-101)

Aus dieser dogmatisch begründeten Lehre ergab sich für Weber ein Problem und dessen weitreichende "Lösung": "Denn das für uns entscheidende Problem ist erst: wie wurde diese Lehre *ertragen* in einer Zeit, welcher das Jenseits nicht nur wichtiger, sondern in vieler Hinsicht auch sicherer war, als alle Interessen des diesseitigen Lebens. Die eine Frage mußte ja alsbald für den einzelnen Gläubigen entstehen und alle anderen Interessen in den Hintergrund drängen: Bin *ich* denn erwählt? Und wie kann *ich* dieser Erwählung sicher werden? [...] Er [Calvin] verwirft prinzipiell die Annahme: man könne bei anderen aus ihrem Verhalten erkennen, ob sie erwählt oder verworfen seien, als einen vermessenen Versuch, in die Geheimnisse Gottes einzudringen. Die Erwählten unterscheiden sich in diesem Leben äußerlich in nichts von den Verworfenen und auch alle subjektiven Erfahrungen der Erwählten sind [...] auch bei den Verworfenen möglich, mit einziger Ausnahme jenes ‚*finaliter*' beharrenden gläubigen Vertrauens. Die Erwählten sind und bleiben also Gottes unsichtbare Kirche." (182, S. 102ff.)

Diese kompromißlose Position Calvins brachte insbesondere für die seelsorgerische Praxis immer größere Schwierigkeiten, so daß sich für die "Epigonen" und die breite Schicht der Alltagsmenschen im wesentlichen zwei Strategien, mit diesen Problem fertigzuwerden, herausbildeten: Zum einen wurde eine "Pflicht" postuliert, sich für erwählt zu *halten* und jeden Zweifel als Anfechtung des Teufels abzuweisen, "und andererseits wurde, um jene Selbstgewißheit zu erlangen, als hervorragendstes Mittel *rastlose Berufsarbeit* eingeschärft. Sie, und sie allein, verscheuche den religiösen Zweifel und gebe die Sicherheit des Gnadenstandes." (182, S. 105f.)

Bei dieser Lehre ging es nicht um eine Reproduktion der Lehre von der "Werkheiligkeit": Hier stand die Frage im Hintergrund, an welchen Zeichen der Erwählte seine Berufung zum Heil ("effectual calling") ablesen konnte. "So absolut ungeeignet also gute Werke sind, als Mittel zur Erlangung der Seligkeit zu dienen - denn auch der Erwählte bleibt Kreatur, und alles was er tut bleibt in unendlichem Abstand hinter Gottes Anforderungen zurück - so unentbehrlich sind sie als *Zeichen* der Erwählung." (182, S. 110)

Max Weber verglich diese Haltung mit der des Katholizismus und des lutherischen Protestantismus, wo Buße, Sakramentsgnade und Gewißheit der Vergebung, eine "*Entlastung*" von jener ungeheuren *Spannung*, in welcher zu leben das unentrinnbare und durch nichts zu lindernde Schicksal des Calvinisten war. "Für diesen gab es jene freundlichen und menschlichen Tröstungen nicht, und er konnte auch nicht hoffen, Stunden der Schwäche und des Leichtsinns durch erhöhten guten Willen in anderen Stunden wettzumachen, wie der Katholik und auch der Lutheraner. Der Gott des Calvinismus verlangte von den Seinigen nicht einzelne ‚gute Werke', sondern eine zum *System* gesteigerte Werkheiligkeit." (182, S. 114) Diese Systematisierung der ethischen Lebensführung und deren "rationaler Charakter", die zur Heiligung des gesamten Lebens führten, das schon fast "den Charakter eines Geschäftsbetriebs" (182, S. 124) annahm, führten zur konstanten Selbstkontrolle und einer planmäßigen Reglementierung des Lebens. Weber faßte diese "zu einer systematisch durchgebildeten Methode rationaler Lebensführung" (182, S. 116) zusammen unter dem Begriff "*innerweltliche Askese*" (182, S. 118f.). Im Gegensatz etwa zur mönchischen Askese, die, "je intensiver sie den Einzelnen erfaßte, desto *mehr* ihn aus dem Alltagsleben *heraus*drängte" (182, S. 119), fügte der Calvinismus einen "positiven" Gedanken dazu: "den Gedanken der Notwendigkeit der Bewahrung des Glaubens im weltlichen Berufsleben" (182, S. 120). "Er gab damit den breiteren Schichten der religiös orientierten Naturen den *positiven Antrieb* zur Askese, und mit der Verankerung seiner Ethik an der Prädestinationslehre trat so an die Stelle der geistlichen Aristokratie der Mönche außer und über der Welt die geistliche Aristokratie der durch Gott von Ewigkeit her prädestinierten Heiligen *in* der Welt, eine Aristokratie, die mit ihrem character indelebilis von der übrigen von Ewigkeit her verworfenen Menschheit durch eine prinzipiell unüberbrückbare und in ihrer Unsichtbarkeit unheimlichere Kluft getrennt war, als der äußerlich von der Welt abgeschiedene Mönch des Mittelalters, - eine Kluft, die in harter Schärfe in *alle* sozialen Empfindungen einschnitt. Denn diesem Gottesgnadentum der Erwählten und deshalb Heiligen war angesichts der Sünde des Nächsten nicht nachsichtige Hilfsbereitschaft im Bewußtsein der eigenen Schwäche, sondern der Haß und die Verachtung gegen ihn als einen Feind Gottes, der das Zeichen ewiger Verwerfung an sich trägt, adäquat. "(182, S. 120)

Nach dieser Darstellung der dogmatischen Konzeption des Calvinismus und deren Auswirkungen untersuchte Weber in ähnlicher, wenn auch nicht mehr derart nuancierter Weise den *Pietismus* (182, S. 128-150), mit besonderer Berücksichtigung der deutschen Ausprägung (182, S. 135-145), und den angloamerikanischen *Me-*

thodismus (182, S. 145-150), in dem er für seine Untersuchungsabsicht eher ein "schwankend fundamentiertes Gebilde" (182, S. 149) sah.

Anschließend untersuchte Weber, als zweiten selbständigen Träger protestantischer Askese neben dem Calvinismus, das *Täufertum* mit seinen sektenhaften Ausprägungen der Baptisten, Mennoniten und, vor allem, der Quäker. Hier nun sah Weber die "radikale Entzauberung der Welt", durch die "die Intensität des ökonomischen Berufsinteresses [...] durch verschiedene Momente wesentlich gesteigert [wurde]" (182, S. 159). Als die wesentlichsten dieser "Momente" sah Weber die strikte Ablehnung der Übernahme politischer Ämter und die unüberwindliche Gegnerschaft zu jeder Art aristokratischen Lebensstils.

Nach seinem Durchgang durch die verschiedenen protestantischen Glaubensgemeinschaften, in denen die "Berufs"-Idee einen spezifisch "asketischen" Charakter erhalten hatte, faßte Weber selbst zusammen und verdeutlichte die weitergehende Untersuchungsabsicht: "Wir haben nunmehr die puritanische Berufsidee in ihrer Wirklichkeit auf das *Erwerbsleben* zu verfolgen, nachdem die vorstehende Skizze ihre religiöse Fundamentierung zu entwickeln versucht hat. Bei allen Abweichungen im einzelnen und bei aller Verschiedenheit in dem Nachdruck, welcher bei den verschiedenen asketischen Religionsgemeinschaften auf den für uns entscheidenden Gesichtspunkten liegt, zeigten sich diese letzteren doch bei ihnen allen vorhanden und wirksam. Entscheidend aber für unsere Betrachtung war immer wieder [...] die bei allen Denominationen wiederkehrende Auffassung des religiösen ‚Gnadenstandes' eben als eines Standes (status) welcher den Menschen von der Verworfenheit des Kreatürlichen, von der ‚Welt', abscheidet, dessen Besitz aber [...] *nicht* durch irgendwelche magisch-sakramentalen Mittel oder durch Entlastung in der Beichte oder durch einzelne fromme Leistungen garantiert werden konnte, sondern nur durch die *Bewährung* in einem spezifisch gearteten, von dem Lebensstil des ‚natürlichen' Menschen unzweideutig verschiedenen Wandel. Daraus folgte für den einzelnen der *Antrieb* zur *methodischen Kontrolle* seines Gnadenstandes in der Lebensführung und damit zu deren *asketischer* Durchdringung. Dieser asketische Lebensstil aber bedeutet eben [...] eine an Gottes Willen orientierte *rationale* Gestaltung des ganzen Daseins. Und diese Askese war *nicht* mehr ein opus supererogationis, sondern eine Leistung, die jedem zugemutet wurde, der seiner Seligkeit gewiß sein wollte. Jenes religiös geforderte, vom ‚natürlichen' Leben verschiedene Sonderleben der Heiligen spielte sich - das ist das Entscheidende - nicht mehr außerhalb der Welt in Mönchsgemeinschaften, sondern *innerhalb* der Welt und ihrer Ordnungen ab. Diese *Rationalisierung* der Lebensführung innerhalb der Welt im Hinblick auf das Jenseits war die Wirkung der *Berufskonzeption* des asketischen Protestantismus. - Die christliche Askese, anfangs aus der Welt in die Einsamkeit flüchtend, hatte bereits aus dem Kloster heraus, indem sie der Welt entsagte, die Welt kirchlich beherrscht. Aber dabei hatte sie im ganzen dem weltlichen Alltagsleben seinen natürlich unbefangenen Charakter gelassen. Jetzt trat sie auf den Markt des Lebens, schlug die Türe des Kloster hinter sich zu und unternahm es, gerade das weltliche *Alltags*leben mit ihrer Methodik zu durchtränken, es zu einem rationalen Leben in der Welt und doch nicht von dieser Welt oder für diese Welt umzugestalten. Mit welchem Ergebnis, wollen unsere weiteren Darlegungen zu zeigen versuchen." (182, S. 162f.)

Bei dieser methodologisch unzweifelhaft außerordentlich schwierigen Aufgabenstellung einer Erforschung der "Zusammenhänge" zwischen religiösen Grundvorstellungen (puritanische Berufsidee, Askese) und Maximen des ökonomischen Alltagslebens ("Kapitalistischer Geist") wandte Weber sich ausgewählten theologischen Schriften zu, die einen expliziten Bezug zur seelsorgerischen *Praxis* hatten.

Als einen Hauptrepräsentanten dieser puritanischen Ethik wählte Weber Richard Baxter (1615-1691), den berühmten Pfarrer der anglikanischen Gemeinde in Kidderminster und Gründer der "Worcester Association".[48] Mit Hilfe einer eingehenden Interpretation seiner Werke, insbesondere von "A Christian Directory: or a Sum of Practical Theology and Cases of Conscience" (London 1673), stellte Weber alle jene Elemente eines asketischen Protestantismus heraus, die ihm für die Entwicklung des modernen Kapitalismus als relevant erschienen. "Die innerweltliche protestantische Askese [...] wirkte also mit voller Wucht gegen den unbefangenen *Genuß* des Besitzes, sie schnürte die *Konsumtion*, speziell die Luxuskonsumtion, ein. Dagegen *entlastete* sie im psychologischen Effekt den *Gütererwerb* von den Hemmungen der traditionalistischen Ethik, sie sprengte die Fesseln des Gewinnstrebens, indem sie es nicht nur legalisierte, sondern

48 Vgl. *Martin, Hugh*, Puritanism and Richard Baxter. London 1954.

[...] direkt als gottgewollt ansah. [...] Auf der *Seite der Produktion* des privatwirtschaftlichen Reichtums kämpfte die Askese gegen Unrechtlichkeit ebenso wie gegen rein *trieb*hafte Habgier, - denn diese war es, welche sie als ‚covetousness', als ‚Mammonismus' usw. verwarf: das Streben nach Reichtum zu dem Endzweck, reich zu *sein.* Denn der Besitz als solcher war Versuchung. [...] die religiöse Wertung der rastlosen, stetigen, systematischen, weltlichen Berufsarbeit als schlechthin höchsten asketischen Mittels und zugleich sicherster und sichtbarster Bewährung des wiedergeborenen Menschen und seiner Glaubensechtheit mußte ja der denkbar mächtigste Hebel der Expansion jener Lebensauffassung sein, die wir hier als ‚Geist' des Kapitalismus bezeichnet haben. Und halten wir nun noch jene Einschnürung der Konsumtion mit dieser Entfesselung des Erwerbsstrebens *zusammen*, so ist das äußere Ergebnis naheliegend: *Kapitalbildung* durch *asketischen Sparzwang*." (182, S. 190ff.)

Diese derart charakterisierte puritanische Lebensauffassung kam nun "der Tendenz zu bürgerlicher, ökonomisch *rationaler* Lebensführung zugute; sie war ihr wesentlichster und vor allem: ihr einzig konsequenter Träger. Sie stand an der Wiege des modernen ‚Wirtschaftsmenschen'." (182, S. 195)

Die entscheidende Wende dieser Entwicklung fand jedoch erst statt, wenn die derart vorbereitete Formation einer veränderten Einschätzung wirtschaftlichen Handelns sich von ihren religiösen Ursprüngen emanzipiert hatte: "Ihre volle *ökonomische* Wirkung entfalteten [...] jene mächtigen religiösen Bewegungen, deren Bedeutung für die wirtschaftliche Entwicklung ja in erster Linie in ihren asketischen *Erziehungs*wirkungen lag, regelmäßig erst, nachdem die Akme des *rein* religiösen Enthusiasmus bereits überstiegen war, der Krampf des Suchens nach dem Gottesreich sich allmählich in nüchterne Berufstugend aufzulösen begann, die religiöse Wurzel langsam abstarb und utilitarischer Diesseitigkeit Platz machte, - wenn [...] der *isolierte Wirtschaftsmensch*, welcher nebenher Missionsarbeit treibt, an die Stelle des in innerlich einsamen Streben nach dem Himmelreich durch den ‚Jahrmarkt der Eitelkeit' eilenden Bunyanschen ‚Pilgers' getreten war. Wenn dann weiterhin der Grundsatz herrschend wurde: ‚to make the best of *both* worlds' so mußte schließlich [...] das gute Gewissen einfach in die Reihe der Mittel komfortablen bürgerlichen Lebens eingereiht werden, wie dies ja auch das deutsche Sprichwort vom ‚sanften Ruhekissen' recht hübsch zum Ausdruck bringt. Was jene religiös lebendige Epoche des 17. Jahrhunderts ihrer utilitaristischen Erbin vermachte, war aber eben vor allem ein ungeheuer gutes - sagen wir getrost: ein *pharisäisch* gutes - Gewissen beim Gelderwerb, wenn anders er sich nur in legalen Formen vollzog. [...] Ein spezifisch *bürgerliches Berufsethos* war entstanden. Mit dem Bewußtsein, in Gottes voller Gnade zu stehen und von ihm sichtbar gesegnet zu werden, vermochte der bürgerliche Unternehmer, wenn er sich innerhalb der Schranken formaler Korrektheit hielt, sein sittlicher Wandel untadelig und der Gebrauch, den er von seinem Reichtum machte, kein anstößiger war, seinen Erwerbsinteressen zu folgen und *sollte* dies tun. Die Macht der religiösen Askese stellte ihm überdies nüchterne, gewissenhafte, ungemein arbeitsfähige und an der Arbeit als gottgewolltem Lebenszweck klebende Arbeiter zur Verfügung. Sie gab ihm dazu die beruhigende Versicherung, daß die ungleiche Verteilung der Güter dieser Welt ganz spezielles Werk von Gottes Vorsehung sei, der mit diesen Unterschieden ebenso wie mit der nur partikulären Gnade seine geheimen, uns unbekannten Ziele verfolge." (182, S.197ff.)

Dabei war also die Hauptwirkung dieser puritanischen Ethik, zumindest für den von Weber behandelten Zusammenhang, die Herausbildung einer *rationalen Lebensführung* auf der Grundlage einer *Berufsidee*, die aus dem Geist der *innerweltlichen Askese* entstanden war. Und diese Idee war es, die konstitutiver Bestandteil des *modernen kapitalistischen Geistes* und der *modernen Kultur* wurde. "Denn indem die Askese aus den Mönchszellen heraus in das Berufsleben übertragen wurde und die innerweltliche Sittlichkeit zu beherrschen begann, half sie an ihrem Teile mit daran, jenen mächtigen Kosmos der modernen, an die technischen und ökonomischen Voraussetzungen mechanisch-maschineller Produktion gebundenen Wirtschaftsordnung erbauen, der heute den Lebensstil aller einzelnen, die in dies Triebwerk hineingeboren werden - *nicht* nur der direkt ökonomisch Erwerbstätigen -, mit überwältigendem Zwange bestimmt und vielleicht bestimmen wird, bis der letzte Zentner fossilen Brennstoffs verglüht ist. Nur wie ‚ein dünner Mantel, den man jederzeit abwerfen könnte', sollte nach Baxters Ansicht die Sorge um die äußeren Güter um die Schultern seiner Heiligen liegen. Aber aus dem Mantel ließ das Verhängnis ein stahlhartes Gehäuse werden. Indem die Askese die Welt umzubauen und in der Welt sich auszuwirken unternahm, gewannen die äußeren Güter dieser Welt zunehmende und schließlich unentrinnbare Macht über den Menschen, wie niemals zuvor in der Geschichte. Heute ist ihr Geist - ob endgültig, wer weiß es ? - aus diesem Gehäuse entwichen. Der siegreiche Kapitalismus jedenfalls bedarf, seit er auf mechanischer Grundlage ruht, dieser Stütze nicht mehr. [...] Niemand weiß noch, wer künftig in jenem Gehäuse wohnen wird und ob am Ende dieser ungeheuren Entwicklung ganz neue Propheten oder eine mächtige Wiedergeburt alter Gedanken und Ideale stehen werden, *oder* aber - wenn keins von beiden - mechanisierte Versteinerungen, mit einer Art von krampfhaftem Sichwichtignehmen verbrämt. Dann allerdings könnte für die ‚letzten Menschen' dieser Kulturentwicklung das Wort Wahrheit werden: ‚Fachmenschen ohne Geist, Genußmenschen ohne Herz: dies Nichts bildet sich ein, eine nie vorher erreichte Stufe des Menschtums erstiegen zu haben.'" (182, S. 203f.)

Weber verwandte bei der Zusammenfassung der Ergebnisse seiner Untersuchung erhebliche Mühe auf die methodologische und inhaltliche Einordnung seiner Studie. Der problematische Rekurs von theologischen Traktaten hin zur sittlichen Praxis der Lebensführung war ihm völlig bewußt, etwa wenn es hieß: "Es kommt natürlich hier für uns nicht sowohl darauf an, was die theologische ethische Theorie begrifflich entwickelte, sondern darauf, was im praktischen Leben der Gläubigen *geltende* Moral war, *wie* also die religiöse Orientierung der Berufsethik praktisch *wirkte*." (182, S. 176) - Insbesondere jedoch reflektierte Max Weber durchgehend die enorme methodologische Problematik der wissenschaftlichen Verbindung religiöser Ideen mit materiell-ökonomischen Entwicklungen. Betonte er eingangs seine Forschungsabsicht, einen Beitrag zur Veranschaulichung der historischen Wirkung von *Ideen* zu leisten, so verwies er zugleich darauf, "daß ich den Einfluß der wirtschaftlichen Entwicklung auf das Schicksal der religiösen Gedankenbildung für sehr bedeutend halte und später darzulegen suchen werde, wie in unserem Falle die gegenseitigen Anpassungsvorgänge und Beziehungen beider sich gestaltet haben." (182, S. 192)

Die klare Erkenntnis der Einseitigkeit seiner Fragerichtung war es auch, die ihn abschließend die notwendigen weiterführenden Forschungsabsichten formulieren ließ: "Die Aufgabe wäre vielmehr: die in der vorstehenden Skizze ja nur angeschnittene Bedeutung des asketischen Rationalismus nun auch für den Inhalt der *sozialpolitischen* Ethik, also für die Art der Organisation und der Funktion der sozialen Gemeinschaften vom Konventikel bis zum Staat aufzuzeigen. Alsdann müßte seine Beziehung zu dem humanistischen Rationalismus und dessen Lebensidealen und Kultureinflüssen, ferner zur Entwicklung des philosophischen und wissenschaftlichen Empirismus, zu der technischen Entwicklung und zu den geistigen Kulturgütern analysiert werden. Dann endlich wäre sein geschichtliches Werden von den mittelalterlichen Ansätzen einer innerweltlichen Askese aus und seine Auflösung in den reinen Utilitarismus *historisch* und durch die einzelnen Verbreitungsgebiete der asketischen Religiosität hindurch zu verfolgen. Daraus erst könnte sich das *Maß* der Kulturbedeutung des asketischen Protestantismus im Verhältnis zu anderen plastischen Elementen der modernen Kultur ergeben. Hier ist ja erst Tatsache und *Art* seiner Einwirkung in einem, wenn auch wichtigen, Punkt auf ihre Motive zurückzuführen versucht worden. Weiter aber müßte dann auch die Art, wie die protestantische Askese ihrerseits durch die Gesamtheit der gesellschaftlichen Kulturbedingungen, insbesondere auch der *ökonomischen*, in ihrem Werden und ihrer Eigenart beinflußt worden ist, zutage treten. Denn obwohl der moderne Mensch im ganzen selbst beim besten Willen nicht imstande zu sein pflegt, sich die Bedeutung, welche religiöse Bewußtseinsinhalte auf die Lebensführung, die Kultur und die Volkscharaktere gehabt haben, *so* groß vorzustellen, wie sie tatsächlich gewesen ist, so kann es dennoch natürlich nicht die Absicht sein, an Stelle einer einseitig ‚materialistischen' eine ebenso einseitig spiritualistische kausale Kultur- und Geschichtsdeutung zu setzen. *Beide* sind *gleich möglich*, aber mit beiden ist, wenn sie nicht Vorarbeit, sondern Abschluß der Untersuchung zu sein beanspruchen, der historischen Wahrheit gleich wenig gedient." (182, S. 204ff.)

Bevor wiederum eine kurze Zusammenfassung der soziologischen und methodologischen Relevanz dieser berühmten Studie Max Webers angestellt werden soll, sei noch kurz auf den Essay "*Die protestantischen Sekten und der Geist des Kapitalismus*" eingegangen. Max Weber verfaßte diese Arbeit nach seinen Reiseeindrücken in den Vereinigten Staaten und veröffentlichte sie 1906 in zwei Folgen in der "Frankfurter Zeitung" (Bibl. Nr. 69, 70); diese Artikel wurden, etwas erweitert, im gleichen Jahr in der "Christlichen Welt" nochmals publiziert (Bibl. Nr. 74). Für die Aufnahme in die "Gesammelten Aufsätze zur Religionssoziologie" überarbeitete Weber diesen Text 1919/20, wobei er darauf hinwies, daß die Überarbeitung dadurch motiviert worden sei, daß der von ihm in dieser Studie entwickelte soziologische Begriff der "Sekte" inzwischen von seinem Freund Ernst Troeltsch übernommen worden sei.

Wiederum ging Max Weber von einer eher soziographischen Beobachtung aus: Trotz der weitgehenden Ignorierung religiöser Gruppierungen durch den amerikanischen Staat betrug der Anteil der Konfessionslosen zu seiner Zeit nur etwa 6 Prozent der Gesamtbevölkerung, und das trotz der erheblichen, insbesondere materiellen Lasten einer Kirchen- bzw. Sektenzugehörigkeit in den Vereinigten Staaten. Von seinen auf Reisen gesammelten Eindrücken ausgehend, präzisierte Max Weber die sich aus dieser Beobachtung ergebende Frage: Wie kommt es, daß "der private gesellschaftliche und auch der auf Dauer und *Kreditgewährung* abgestellte geschäftliche Verkehr" die Frage nach der Konfessionszugehörigkeit (annähernd) immer stellt ? (183, S. 209)

Von eher zufälligen persönlichen Beobachtungen ausgehend, fand Weber zur generellen Feststellung, daß nur diejenigen Bürger ökonomischen Erfolg zu verzeichnen haben, welche (insbesondere) methodistischen oder baptistischen oder anderen Sekten angehörten. Für die Tatsache, daß diese Menschen "Kredit bei aller Welt" hatten, machte Weber verantwortlich, "daß in eine einigermaßen reputierliche Sekte *nur* aufgenommen wurde, wessen ‚Wandel' ihn als zweifelsfrei *qualifiziert* erscheinen ließ" (183, S. 211). Dabei war die Art des Glaubensbekenntnisses weitgehend gleichgültig, wenn nur die Mitgliedschaft an ein ethisches, insbesondere geschäftsethisches "Qualifikationsattest" (183, S. 211) geknüpft war.

Weber führte in diesem Zusammenhang die in seinem späteren Werk folgenreiche Unterscheidung zwischen "Kirche" und "Sekte" ein. Es hieß dazu: "Eine ‚Kirche' ist eben eine Gnaden*anstalt*, welche religiöse Heilsgüter wie eine Fideikommißstiftung verwaltet und zu welcher die Zugehörigkeit (der Idee nach !) obligatorisch, daher für die Qualitäten des Zugehörigen nichts beweisend, ist; eine ‚Sekte' dagegen ein voluntaristischer Verband ausschließlich (der Idee nach) religiös-ethisch Qualifizierter, in den man freiwillig eintritt, wenn man freiwillig kraft religiöser Bewährung Aufnahme findet." (183, S. 211)

Diese aus religiösen Konzeptionen geborene Erscheinung von entscheidender ökonomischer Relevanz unterlag nun, wie Weber konstatierte, einem "Säkularisations"-Prozeß. Die Methoden der Recherche und Feststellung der ethischen Qualifikation wurden von einer Vielzahl von Organisationen und "Gesellschaften" übernommen. Sie verfolgten damit alle den selben Zweck: den der Überprüfung der *Kredit*würdigkeit.

Wiederum wurden spezifisch religiöse Konzepte von ihren, insbesondere theologischen Entstehungszusammenhängen entfernt und übten dadurch eine sehr allgemeine Wirkung aus. "Aber es darf eben nie übersehen werden, daß ohne diese universelle Verbreitung jener Qualitäten und Prinzipien methodischer Lebensführung, welche durch diese religiösen Gemeinschaften gestützt wurden, der Kapitalismus noch heute sogar in Amerika nicht das wäre, was er ist." (183, S. 214)

Weber arbeitete in diesem Zusammenhang heraus, wie es insbesondere der bürgerliche Mittelstand gewesen war, der diese Konzeptionen als "typisches Vehikel des Aufstiegs in den Kreis des mittleren bürgerlichen Unternehmertums" einsetzte (183, S. 213). Diese Entwicklung führte ihrerseits zu "ständischen Aristokratisierungstendenzen", zur Entwicklung eines bestimmten Ideals des (amerikanischen) "Gentleman".

Die *soziologische Relevanz* der Weberschen Studien über die Kulturbedeutung des Protestantismus herauszuarbeiten, heißt Position beziehen in einem seit über neunzig Jahren andauernden wissenschaftlichen Diskurs. Die möglichen "Lesarten" dieser Arbeiten waren orientiert an unterschiedlichen Erkenntnisinteressen und Theoriezusammenhängen, und ihr literarischer "Niederschlag" füllt Bibliotheken. Für diese Hinführung zu den Originaltexten Max Webers orientieren wir uns an der Frage, auf welche soziologische Konstruktion sich diese famosen Studien zusammenfassen lassen.

Schon aus den beiden vorangegangenen Abschnitten über das Werk Max Webers ergab sich deutlich, daß dessen wissenschaftliches Hauptaugenmerk bis zur Entstehungszeit der "Protestantischen Ethik" der *Kulturbedeutung des Kapitalismus* in Geschichte und Gegenwart gegolten hatte. Weber hatte sich dem Protestantismus zugewandt als einer der historischen *Quellen* eben dieser Wirtschaftsordnung. Hier war es primär das Interesse an einer bestimmten Verfassung der sozio-ökonomischen Strukturen der abendländischen Kultur, durch das er auf die Erforschung der religiösen Ordnung gelenkt wurde.

Es läßt sich zeigen, daß Webers Analyse dieser Zusammenhänge im wesentlichen auf drei Ebenen angesiedelt war:

Zwischen diesen drei Ebenen finden *Vermittlungen* statt, die durch die beiden idealtypischen Konstrukte "Geist des Kapitalismus" und "Innerweltliche Askese" angedeutet sind. Dabei behauptete Weber *keine kausale Adäquanz*, sondern eine *"sinnhafte" Adäquanz*, d.h. er sagte *nicht*, wenn A (= Puritanismus) dann B (= Kapitalismus), sondern vielmehr: wenn A (= Kapitalismus) und B (= Berufsethos, Innerweltliche Askese) zusammentreffen, *kann sich* ("Chance") der moderne Kapitalismus als herrschende Wirtschaftsform durchsetzen und hat dieses in den von ihm untersuchten historischen Fällen getan.

Diese *Vermittlung* zwischen den Ebenen 1 und 3 findet statt durch Prozesse, die von der Ebene 2 ausgehen und auf diese treffen, d.h. durch Akte *handelnder Individuen*. Diese Handelnden sind nicht abstrakte Konstruktionen, vielmehr ging Weber von konkreten Personen aus, die mit ihrem Handeln einen zu erfassenden *subjektiven Sinn* verbanden. Darum ist zuerst von Benjamin Franklin die Rede und erst danach vom "Geist des Kapitalismus": Der Anfang der Prozesse, aus denen eine so komplexe historische Figur wie "der" Kapitalismus entstand, brauchte notwendig *Träger*. Nicht der Protestantismus, Puritanismus, Calvinismus waren der Anfang, sondern Einzelne, die bestimmte Glaubensüberzeugungen vertraten und in Handeln umsetzten. Es blieb aber nicht bei Einzelnen, sondern das Interesse des Soziologen Max Weber richtete sich auf Kollektive von Menschen, auf *soziale Gruppen*. So blieb es nicht bei Benjamin Franklin, sondern Weber ging über zum "bürgerlichen Mittelstand" als "Träger" der von ihm untersuchten Sinndeutungen. Diese Sinndeutungen manifestierten im Zeitverlauf eine "Gesinnung", die ihrerseits als "das Produkt eines lang andauernden Erziehungsprozesses" von Weber dargestellt wurde (182, S. 46).

Der für Weber fesselndste Aspekt dieser Entwicklung waren dabei die Prozesse der *unbeabsichtigten* Loslösung dieser subjektiven Sinndeutungen von den Handelnden und deren Verfestigung zu verbindlichen Normen (ökonomischen) Alltagshandelns. Erst diese, sich hier abzeichnende *Dialektik* von geistigen Triebkräften ("subjektiv gemeinter Sinn") und den sich organisierenden sozio-ökonomischen Strukturen ("moderner Kapitalismus") ließen die "Kulturbedeutung" von (religiösen) Ideen in das Blickfeld geraten. Der *subjektiv gemeinte Sinn* war bezogen auf den Einsatz von Mitteln zur Erlangung des Heils, oder vielmehr: zur Dokumentation seiner Gewährung - er wurde zu einem *objektiven Sinnzusammenhang* durch sein *Zusammentreffen* mit den sich herausbildenden Organisationsformen modernen kapitalistischen Wirtschaftens.

Auf diesem Boden konnten sich die *Aggregate subjektiven Sinns* zu allgemeinen Normen gesellschaftlichen Handelns herausbilden, die sich ab da von ihren religiösen Entstehungszusammenhängen lösen konnten. Der moderne Kapitalismus, erst einmal zur herrschenden Wirtschaftsform gelangt, brauchte nicht mehr länger das Vehikel religiöser Überzeugungen zu seiner Legitimation - ja er konnte sich sogar *gegen* diese wenden. Unter bestimmten Bedingungen können derart Ideen Wirkungen hervorrufen, die ihrerseits zu Ursachen der Zerstörung eben dieser Ideen werden können.

Die Prozesse der historischen Wirkung von Ideen auf das Handeln von Individuen und Gruppen sind dabei *nicht* gesteuert von irgendwelchen "Sachzwängen", sondern es sind primär handelnde Menschen, d.h. intentionale und reflexionsfähige Individuen, die diese Prozesse in Gang setzen. Andererseits sind diese subjektiven Sinndeutungen keine bedingungslos vorhandenen Größen, sondern sie entstehen auf der Folie konkreter, materieller Bedingungszusammenhänge. Weder kann sich ein moderner Kapitalismus ohne eine entsprechende Ethik ausbilden, noch kann sich diese Ethik etablieren, ohne daß sie durch den Kapitalismus gestützt wird. Die historische Wirklichkeit wird in diesen Untersuchungen als eine vom Handelnden beeinflußbare und konstruierte gesehen, sie tritt ihm gleichzeitig als Bedingung und Begrenzung seiner Handlungsmöglichkeiten gegenüber.

Über die *methodologische* Bedeutung der Weberschen Protestantismus-Studien ist ebenso vieles und Kontroverses geschrieben worden wie über deren davon untrennbare soziologische Relevanz. Tatsache ist, daß Weber in diesen Arbeiten bereits ein Konzept komparativen und *idealtypischen* Vorgehens seiner Analyse zugrundelegen konnte. (Vgl. Bibl. Nr. 180, S. 87) Weiterhin ist methodologisch von größter Bedeutung sein Versuch, den außerordentlich komplexen *Sinnzusammenhang von Ideen und materieller Wirklichkeit* zu rekonstruieren, wobei hier gar nicht erst der Versuch unternommen werden soll, Stellung zu beziehen in der weitausgefächerten Debatte über das "Basis-Überbau"-Problem im Zusammenhang mit diesen Studien. Daß Weber selbst die *Einseitigkeit* seiner Fragerichtung in diesen Studien deutlich vor Augen hatte, wurde bereits hervorgehoben. Und noch ein drittes Moment dieser Arbeiten hat eine nachhaltige methodologische Bedeutung: die Prämisse, daß der subjektiv gemeinte *Sinn* einzelner handelnder Individuen, über die Aggregation in sozialen Gruppen, ein zentral wichtiger Bestandteil sozio-ökonomischer Wirklichkeit ist, und daher für das wissenschaftliche *Verstehen* von ebenso großer Bedeutung. Das soziale Handeln von Menschen wurde zum Ausgangspunkt der Methodologie einer "Verstehenden Soziologie", die bis heute historisch mit dem Namen Max Weber und dessen Studien zur Kulturbedeutung des Protestantismus verbunden ist.

b) *Die Wirtschaftsethik der Weltreligionen*

An den "religionssoziologischen Skizzen" über "Die Wirtschaftsethik der Weltreligionen" arbeitete Max Weber in den Jahren 1911 bis 1914. Ab 1915/16 veröffentlichte er sie im "Archiv für Sozialwissenschaft und Sozialpolitik" mit der Begründung, daß es nach dem Ende des Krieges wohl unmöglich sein werde, diese "Gedankenreihen" wieder aufzunehmen. Die Aufsätze waren auch bestimmt, gleichzeitig mit der im "Grundriß der Sozialökonomik" enthaltenen Abhandlung über "Wirtschaft und Gesellschaft" zu erscheinen, den religionssoziologischen Abschnitt zu interpretieren und zu ergänzen (allerdings auch in vielen Punkten durch ihn interpretiert zu werden). (127, S. 1) Bei der Veröffentlichung dieser eher unvollkommenen Fassung setzte Weber an die Spitze eine "Einleitung", die er 1915 verfaßte und in der er eine Art erste und vorläufige Zusammenfassung der Hauptergebnisse unternahm. Der Anspruch war ein eher bescheidener, wenn er schrieb: "in ihrer jetzigen Form können sie [die Abhandlungen] vielleicht zur Ergänzung der Problemstellungen der Religions-, und hie und da wohl auch der Wirtschaftssoziologie in einigen Punkten nützlich sein." (127, S. 1) Aus Gründen, die unten erläutert werden, stützen wir uns für die "Einleitung" auf die Fassung von 1914 (Bibl. Nr. 127), bei den Abhandlungen über die Weltreligionen jedoch auf die von "starken Unvollkommenheiten" bereinigten Fassungen der Überarbeitung von 1919/20 (Bibl. Nr. 184, 203, 204, 205).

In dieser "*Einleitung*" definierte Weber die begrifflichen Konzepte und die Forschungsabsicht seiner religionssoziologischen Untersuchungen über die "Wirtschaftsethik" der "Weltreligionen" und formulierte auch einige ihrer vorläufigen Ergebnisse. Unter "Weltreligionen" verstand Weber "jene fünf religiösen und religiös bedingten Systeme der Lebensreglementierung [...] welche besonders große Mengen von Bekennern um sich zu scharen gewußt haben: die konfuzianische, hinduistische, buddhistische, christliche, islamitische religiöse Ethik" (127, S. 1f.). Als sechste erwähnte er das Judentum - für die Behandlung des Christentums verwies er auf seine Abhandlungen über die Protestantische Ethik, deren Kenntnis er voraussetzte. Unter "Wirtschaftsethik" verstand Weber nicht "die ethische Theorie theologischer Kompendien [...] sondern die in den psychologischen und pragmatischen Zusammenhängen der Religionen gegründeten praktischen Antriebe zum Handeln. [...] Die Wirtschaftsethik ist keine einfache ‚Funktion' der wirtschaftlichen Organisationsformen, ebensowenig wie sie umgekehrt diese eindeutig aus sich heraus prägt." (127, S. 2)

Um die Determinanten dieser so gefaßten Wirtschaftsethik bestimmen zu können, wandte Weber sich der religiösen Bestimmtheit der Lebensführung jener sozialen Schichten zu, "welche die praktische Ethik der betreffenden Religion am stärksten bestimmend beeinflußt und ihr die charakteristischen [...] Züge aufgeprägt haben" (127, S. 3). - Dabei war es nicht die Annahme Webers, "daß die Eigenart einer Religiosität eine einfache Funktion der sozialen Lage derjenigen Schicht sei, welche als ihr charakteristischer Träger erscheine, etwa nur deren ‚Ideologie' oder eine ‚Widerspiegelung' ihrer materiellen oder ideellen Interessenlage darstelle" (127, S. 4). Seine These dagegen war jedoch, "daß zwar für jede Religion der Wandel der sozial ausschlaggebenden Schichten tiefgreifende Bedeutung zu haben pflegte, daß aber andererseits der einmal geprägte Typus einer Religion seinen Einfluß ziemlich weitgehend auch auf die Lebensführung sehr heterogener Schichten auszuüben pflegt" (127, S. 4f.).

Am Kriterium der Wertung des *Leidens* in der jeweiligen religiösen Ethik und den eventuellen Wandlungen dieser Wertung sich orientierend, unterschied Weber eine "Theodizee des Glückes" von einer "Theodizee des Leidens" (vgl. 127, S. 6ff.). Insbesondere die "Erlösungsreligionen", wesentlich geprägt von der letzteren, richteten sich in erster Linie nicht an die Glücklichen, Besitzenden, Herrschenden, welche eines Erlösers und Propheten nicht bedurften, sondern an die Bedrückten oder die von Not Bedrohten. In dem auf dieser Grundlage aufbauenden "Heilandsmythos" sah Weber eine *rationale Weltbetrachtung* im Keim vorgebildet, d. h. eine "rationale Theodizee des Unglücks" (127, S. 9). Diese Idee erfuhr zusätzlich eine gewaltige Steigerung "durch das mit zunehmender Rationalität der Weltbetrachtung zunehmende Bedürfnis nach einem ethischen ‚Sinn' der Verteilung der Glücksgüter unter den Menschen. Die Theodizee stieß dabei mit zunehmender Rationalisierung der religiös-ethischen Betrachtung und Ausschaltung der primitiven magischen Vorstellungen auf steigende Schwierigkeiten." (127, S. 9) Weber sah also bei den "Erlösungsreligionen" ein grundlegendes Mißtrauen gegen Reichtum und Macht, das zur Ausgangsposition einer rationalen religiösen Ethik wurde, die von den sozial minder gewerteten Schichten ausging und auf deren "innere Lage" erhebliche Auswirkungen hatte. - Die Konzeption einer "Erlösung", insbesondere dort, „wo sie Ausdruck eines systematisch-rationalisierten ‚Weltbildes'" (127, S. 15) ist, war entscheidend abhängig von den Antworten auf die Fragen, "wovon" und "wozu" man "erlöst" sein wollte. Weber zählte die Antworten darauf auf und faßte zusammen: "Stets steckte dahinter eine Stellungnahme zu etwas, was an der realen Welt als spezifisch ‚sinnlos' empfunden wurde und also die Forderung: daß das Weltgefüge in seiner Gesamtheit ein irgendwie sinnvoller ‚Kosmos' sei." (127, S. 15) Welche der Möglichkeiten gesellschaftlich und historisch bedeutsam wurden, "das gerade ist es nun, was in zum mindesten sehr starkem Maße rein historisch und sozial bestimmt wurde durch die Eigenart, das heißt aber hier: die äußere, sozial, und die innere, psychologisch, bedingte *Interessenlage* derjenigen Schichten, welche Träger der betreffenden Lebensmethodik in der entscheidenden Zeit der Prägung derselben waren." (127, S. 16)

Weber unterschied dabei, ausgehend bereits von den Ergebnissen seiner Einzelanalysen, verschiedene solcher sozialen Träger voneinander: Beamte, Krieger, Bauern, Bürger, Intellektuelle. Dabei betonte er jedoch: "wenn [...] die Art der erstrebten Heilsgüter beeinflußt war durch die Art der Interessenlage und der ihr adäquaten Lebensführung der herrschenden Schichten und also durch die soziale Schichtung selbst, so war auf der anderen Seite die Richtung der ganzen Lebensführung, wo immer sie rationalisiert wurde, auf das tiefgreifendste bestimmt durch die letzten Werte, an denen sich diese Rationalisierung orientierte." (127, S. 21) Diese "letzten" Werte waren nach Weber in aller Regel religiös bedingte Wertungen. An dieser Stelle führte Weber eine weitere, wichtig werdende Differenzierung ein: Diese "höchsten", "letzten" Werte und Heilsgüter waren nun nicht universell verteilt und gültig, sondern mußten verbunden werden mit der "Erfahrungstatsache der *ungleichen* religiösen *Qualifikation* der Menschen" (127, S. 21).

Aus dieser "Tatsache" ergab sich eine "ständische Gliederung gemäß den charismatischen Qualifikationsunterschieden" (127, S. 21). Weber meinte hier im wesentlichen die Unterschiede zwischen einer "Virtuosen"-Religiosität und einer "Massen"-Religiosität (127, S. 21 ff.), wobei ihn dabei besonders interessierte das jeweilige *Verhältnis zum Alltag* als der "Stätte der Wirtschaft" (127, S. 23). Diese Beziehungen gestalteten sich in den verschiedenen religiösen Entwürfen und Systemen sehr unterschiedlich und waren das eigentliche Thema der Weberschen Studien über die Wirtschaftsethik der Weltreligionen. Dabei war es nicht seine Absicht, eine "systematische Typologie der Religionen" zu entwickeln, sondern, " 'typologisch' ist die nachstehende Darstellung in dem Sinne, daß sie das für den Zusammenhang mit den großen Gegensätzen der *Wirtschafts*gesinnung in typischer Art Wichtige an den historischen Realitäten betrachtet, und Anderes vernachlässigt. [...] Auch die für die Wirtschaftsethik wichtigen Züge der Religionen aber sollen uns hier wesentlich unter einem bestimmten Gesichtspunkt interessieren: in der Art ihrer Beziehung zum ökonomischen Rationalismus, und zwar [...] zum ökonomischen Rationalismus von demjenigen Typus, der den Occident als eine Teilerscheinung der dort heimisch gewordenen Art der bürgerlichen Lebensrationalisierung seit dem 16. und 17. Jahrhundert zu beherrschen begann." (127, S. 26)

Für eine derartige Untersuchungsabsicht nahm Weber ein "unhistorisches" Vorgehen in Kauf, in dem Sinne, "daß die Ethik der einzelnen Religionen systematisch wesentlich einheitlicher dargestellt wird, als sie es im Fluß der Entwicklung jemals war. Es müssen hier eine Fülle von Gegensätzen, die innerhalb der einzelnen Religionen lebten, von Entwicklungsansätzen und Zweigentwicklungen beiseite gelassen und die für uns wichtigen Züge oft in einer größeren logischen Geschlossenheit und Entwicklungslosigkeit vorgeführt werden, als sie in der Realität sich vorfanden. Diese Vereinfachung würde historisch ‚Falsches' dann ergeben, wenn sie willkürlich vorgenommen würde. Das aber ist, wenigstens der Absicht nach, nicht der Fall. Es sind vielmehr stets diejenigen Züge im Gesamtbilde einer Religion unterstrichen, welche für die Gestaltung der *praktischen* Lebensführung in ihren *Unterschieden* gegen andere Religionen die entscheidenden waren." (127, S. 27f.)

Als erster Weltreligion in seinen "vergleichenden religionssoziologischen Versuchen" wandte Max Weber sich dem *Konfuzianismus und Taoismus* zu, den zwei großen religiösen Ordnungen des traditionellen China. Anders als bei den Protestantismus-Studien verwandte Weber die Hälfte seiner Untersuchung auf die Skizzierung der "Soziologischen Grundlagen" der chinesischen Gesellschaft, die er in vier Abschnitten behandelte.

Der erste behandelte die begriffliche Trias: Stadt, Fürst und Gott. Nach Weber war China ein Land der großen ummauerten *Städte*, deren Herr der *Fürst* war, wobei diese Entwicklung ganz wesentlich durch die geltende Steuerpolitik begünstigt wurde. China war zudem ein Land des *Binnenhandels*, mit überragender Bedeutung der agrarischen Produktion. In diesem Zusammenhang verwandte Weber viel Aufwand für die Darstellung der chinesischen *Geldwirtschaft*.

Aus diesen grundlegenden Prämissen ergaben sich in Webers Augen zwei "eigentümliche Tatsachen" (184, S. 290):

- die starke Vermehrung des Edelmetallbesitzes führte zwar zu einer "gewissen" Verstärkung der Entwicklung zur Geldwirtschaft, begünstigte jedoch keineswegs eine kapitalistische Entwicklung, sondern eher eine Steigerung des *Traditionalismus*;
- das "kolossale" Bevölkerungswachstum bildete ebenfalls *keinen* Anreiz für eine kapitalistische Formung der Wirtschaft.

Diese Bestärkungen der Formen "stationären" Wirtschaftens bedurften in den Augen Webers der Erklärung. Um diese liefern zu können, verfolgte er zunächst die historische Genese der *chinesischen Stadt*. Von ihr sagte Weber, daß sie primär "Fürstenresidenz" war, verbunden mit dem Fehlen eines städtischen Marktmonopols. Insbesondere fehlte in China der "politische Sondercharakter" der Stadt, d.h. die Stadt war keine "Gemeinde" mit eigenen politischen Sonderrechten, wie Weber das für die okzidentale Stadt beobachtet hatte.

Aus diesen Feststellungen ergab sich als wesentlichstes Ergebnis: Die chinesische Stadt war nicht Heimat eines "*Bürgertums*", dessen große historische Bedeutung Weber für den Okzident herausgearbeitet hatte. Niemals wurden in China "die Bande der *Sippe* abgestreift", es fehlte "der politische Schwurverband von wehrhaften Stadtinsassen" und es gab "wesentlich weniger rechtlich garantierte ‚Selbstverwaltung'", in den chinesischen Städten (vgl. 184, S. 292f.).

Als Gründe für diese Verschiedenheit der städtischen Entwicklungen nannte Weber die folgenden (184, S. 293-298):

- China war vorwiegend Binnenwirtschaftsgebiet.
- Das chinesische kaiserliche Beamtentum war sehr alt. Die Stadt war vorwiegend rationales Produkt der Verwaltung.
- Die bestehenden Gildenmonopole waren primär durch Sippen und Stämme bestimmt.
- Fehlende Vollendung einer systematischen Stadtpolitik der Zünfte.
- Fehlende Rechtsgrundlagen.
- Fehlen einer eigenen politisch-militärischen Macht der Städte und Gilden.

Als Voraussetzung für das Entstehen einer kaiserlichen *Zentralgewalt* und eines damit verbundenen *Patrimonialbeamtentums* nannte Weber "die Notwendigkeit der Stromregulierung als Voraussetzung aller rationalen Wirtschaft" (184, S. 298), wobei es dabei wesentlich um den Überschwemmungsschutz durch Deiche und den Kanalbau zu Binnenschiffahrtszwecken ging. Die Gruppen der Stromregulierungsbeamten und der Polizei "bildeten den Keim der präliterarischen, reinen Patrimonialbürokratie" (184, S. 298).

Reichlich unvermittelt stellte Weber im Anschluß an diese Skizze historischer Entwicklungsprozesse folgende Frage: "Es fragt sich, inwieweit diese Verhältnisse Konsequenzen nicht nur [...] politischer, sondern auch religiöser Natur gehabt haben." (184, S. 298) Um diese Frage zu beantworten, verglich Weber die chinesischen Entwicklungen insbesondere mit denen in Vorderasien, wobei ihm die verschiedenen Gotteskonzeptionen zu Unterscheidungskriterien wurden. Da eine Reihe von geographischen und ökonomischen Voraussetzungen beider Gebiete relativ ähnlich waren, folgerte Weber, daß diese verschiedenen religiösen Vorstellungen nicht allein aus ökonomischen Bedingungen abgeleitet werden können, sondern auch auf "außenpolitischem Gebiet" ihre Ursachen haben könnten.

Bei einem Vergleich der politisch-militärischen Situation von Mesopotamien und China stellte sich letzteres als ein befriedetes Weltreich dar, das auf Grund dieser Befriedung einen erheblichen Wandel seiner Normenerwartungen ermöglichte: Vom Ideal des "Männerhauses" über das Ideal des "hochtrainierten und kostspielig bewaffneten Einzelhelden" zur "Herrschaft der Literaten" ließe sich eine dominante "pazifistische Wendung der Ideologien" verzeichnen (184, S. 299-303).

Damit wandte Weber sein Forschungsinteresse der historischen Stellung des *chinesischen Kaisers* zu und den militärischen und religiösen Wandlungen dieser Position. An dieser Stelle tauchte erstmals eine politisch gefärbte Anwendung des Begriffs "*Charisma*" auf, den er in der „Protestantischen Ethik“ noch rein theologisch, d. h. bezogen auf die Begnadung des Predigers gebraucht hatte (Vgl. 184, S. 229f.), und den er nun in der "Einleitung" detailliert politisch definierte (vgl. 127, S. 28; 184, S. 268f.).

In diesem Zusammenhang befaßte Weber sich insbesondere mit dem zentralen Problem der Bewährung charismatischer Qualitäten, im "soziologischen" Sinn von: "außeralltäglich" (184, S. 310). Die Grundlagen charismatischer Herrschaft und ihrer Bewährung konnten dabei von unterschiedlicher Art sein: "Entscheidend für die Kulturentwicklung war wesentlich Eins: die Frage, ob das *militärische* Charisma des Kriegsfürsten und das *pazifistische* Charisma des [...] Zauberers beide in einer Hand lagen oder nicht." (184, S. 310)

In China, "mitbedingt" durch die große Bedeutung der Stromregulierung, ging das Kaisertum aus dem magischen Charisma hervor: "Der chinesische Monarch blieb so in erster Linie ein Pontifex" (184, S. 311), d.h. "ein Monarch von Gottes Gnaden" (184, S. 312). Diese Herrschaft war jedoch abhängig vom Kriterium der *Bewährung*, d.h. nach Webers Definition des Erfolgs. Wenn dieser ausblieb, durfte man, d.h. insbesondere die hohe Beamtenschaft, den Kaiser im Extremfall sogar töten (vgl. 184, S. 313).

Im zweiten Abschnitt versuchte Weber eine Gegenüberstellung des feudalen Staates im Okzident und des präbendalen Staates (Pfründenwirtschaft) in China. Das politische Lehenswesen war in China nicht primär mit der Grundherrschaft verknüpft, sondern aus dem "Geschlechterstaat" erwachsen, d. h. es kam zu einer "politischen Feudalisierung" (184, S. 315). Bei der Besetzung der Herrschaftspositionen wurden ausschließlich die bereits herrschenden Sippen berücksichtigt, d. h. das für diese Positionen benötigte "Charisma" haftete nicht am einzelnen Individuum, sondern an seiner Sippe. Die sich dadurch bildenden "großen Familien" waren "charismatische Sippen, die ihre Stellung ökonomisch vorwiegend aus politisch bedingten Einkünften, daneben aus erblich zusammengehaltenem Grundbesitz bestritten" (184, S. 315). Für Weber ergab sich daraus, daß in China, im Gegensatz zum Okzident, das "Erbcharisma" der Sippe stets das Primäre und die Grundlage für einen "erbcharismatischen Feudalismus" war.

Weber schilderte im Detail die Stellung der kaiserlichen Sippe innerhalb des Systems der sozialen Schichtung der chinesischen Gesellschaft und die Prozesse, die durch die Konkurrenzkämpfe der Fürsten, Beamten und Literaten in Gang gesetzt wurden. Ein Hauptergebnis dieser komplexen Prozesse war dabei die schrittweise Auflösung des Feudalismus, wobei Weber, wiederum relativ unvermittelt, die religiösen Momente dieser Prozesse betonte, wenn es hieß: "Die feudalen Bestandteile der sozialen Ordnung traten immer stärker zurück, und in allen wesentlichen Punkten wurde doch der Patrimonialismus [...] die für den Geist des Konfuzianismus grundlegende Strukturform." (184, S. 330) Daran anschließend behandelte Weber die Entstehung und die Regeln des chinesischen Patrimonialismus und der sich daraus ergebenden Bürokratie: Die "Patrimonialbürokratie" war, wie im Okzident, "der feste Kern, an dessen Entfaltung die Bildung des Großstaates anknüpfte. Das Auftreten von Kollegialbehörden und die Entwicklung von ‚Ressorts' waren dabei hier wie dort die typischen Erscheinungen. Aber der ‚Geist' der bürokratischen Arbeit war hier und dort [...] ein überaus verschiedener." (184, S. 335)

Die Verschiedenheit dieses "Geistes" begründete Weber mit einer Mehrzahl von Faktoren: Zum einen sah er eine Ursache im unterschiedlichen System der öffentlichen Lasten, d.h. des Steuersystems, wie es sich auf der Grundlage der chinesischen Geldwirtschaft herausgebildet hatte. - Dieses Steuersystem hatte, im Zusammenhang mit der Befriedung des Reiches, in den Augen Webers noch eine weitere Folge: ein gewaltiges Bevölkerungswachstum. Und an dieser Stelle stieß er wiederum auf sein "Zentralproblem" (184, S. 341): das Fehlen auch nur des geringsten Ansatzes "zu einer modern-kapitalistischen Entwicklung".

Zur Erklärung führte Weber aus, daß dafür sowohl "ökonomische wie geistige Ursachen" genannt werden müßten. Beide Ursachenkomplexe hatten jedoch einen gemeinsamen Nenner: "daß sie aus der Eigenart der führenden Schicht Chinas: des Beamten- und Amtsanwärterstandes (der ‚Mandarinen') hervorgingen" (184, S. 341). - Weber schilderte deren materielle Lage als eine, in der zwar das Beamtentum als Ganzes über ein gewaltiges Pfründeneinkommen verfügte, der einzelne Beamte jedoch gezwungen war, in der zumeist nur kurzen Amtszeit "soviel als möglich aus dem Amt herauszuwirtschaften" (184, S. 345). In dieser materiellen Abhängigkeit von einem hochdifferenzierten Pfründensystem sah Weber einen wesentlichen Grund für den extremen administrativen und wirtschaftspolitischen *Traditionalismus* des chinesischen Beamtentums.

Der dritte Abschnitt über die soziologischen Grundlagen der chinesischen Gesellschaft befaßte sich im wesentlichen mit der Agrarverfassung Chinas. Auch weiterhin stand im Vordergrund des Weberschen Interesses die Frage nach den Ursachen für das Ausbleiben einer kapitalistischen Entwicklung. Zu den bereits angeführten, relativ günstigen Voraussetzungen (Bevölkerungswachstum, Vermehrung der Edelmetallvorräte, Ansätze rationaler Wirtschaft und Verwaltung) rechnete Weber noch eine weitere: den unerreichten Fleiß und die Arbeitsfähigkeit der Chinesen, die zu einer "ganz außerordentlichen Entwicklung und Intensität des chinesischen *Erwerbstriebs*" führten (184, S. 349).

Auf der Suche nach den Ursachen für das Nichtentstehen eines chinesischen Kapitalismus stieß Weber noch auf einen weiteren, in seinen Augen den entscheidenden Gegensatz zwischen der chinesischen und der okzidentalen Entwicklung: die ungeheure *Zunahme der bäuerlichen Bevölkerung* seit Beginn des 18. Jahrhunderts in China. Die dahinterstehenden Wandlungen der Agrarverfassung führte Weber wiederum auf eine tiefgreifende Umgestaltung der

Militär- und Fiskalpolitik der chinesischen Regierung zurück. Als Spezialist für Agrargeschichte, als den wir ihn bereits kennen lernten, beschäftigte Weber sich außerordentlich detailliert mit den historischen Entwicklungen der chinesischen Agrarverfassung, und dabei insbesondere der Herausbildung des Privateigentums an Grund und Boden (vgl. 184, S. 354ff.). Entscheidend war hier, daß es nach Weber nicht zur Herausbildung größerer landwirtschaftlicher, "rationaler" Betriebseinheiten kam und daß die altbäuerlichen Sippen, als "Selbsthilfeverband", die Träger des Bodeneigentums waren.

Der vierte Abschnitt faßte die bis hierher angeführten Beobachtungen über die soziologischen Grundlagen der chinesischen Entwicklung zusammen, wobei es Weber auch weiterhin um die Klärung des Problems ging, wieso es in China nur zu einer "keimhaften" Entwicklung eines marktmäßigen, am freien Tausch orientierten Kapitalismus kam, trotz einer Reihe von dafür günstigen Voraussetzungen und Prozessen. Dabei hielt Weber nochmals fest, was seiner Ansicht nach für eine derartige Entwicklung fehlte: ein interessenbewußtes Bürgertum sowie "Rechtsformen und [...] die soziologischen Unterlagen des kapitalistischen ‚Betriebs' mit seiner rationalen Versachlichung der Wirtschaft" (184, S. 374). Dagegen hatte sich, als Folge des Pfründensystems, "auf der Basis der politischen Besitzakkumulation ein wenn auch labiles Patriziat und ein Bodenmagnatentum mit Parzellenverpachtung entwickelt, welches weder feudales noch bürgerliches Gepräge trug, sondern auf Chancen rein politischer Ämterausbeutung spekulierte. Es war [...] vor allem innenpolitischer Beutekapitalismus." (184, S. 375)

Für diese Richtung der historischen Entwicklung machte Weber insbesondere verantwortlich die Institution der Sippenverbände und die dahinter stehende Bedeutung des *Ahnenkultes*. Diese beiden Momente seien es gewesen, die eine der okzidentalen vergleichbare Entwicklung der Stadt verhinderten und dafür das *Dorf* zum Ausgangs- und Bezugspunkt der Entwicklungsprozesse Chinas machten. Die mit dem Sippengedanken auf das engste verbundene *patrimoniale Staatsstruktur* verhinderte die Entwicklung eines rational kalkulierbaren Funktionierens von Verwaltung und Rechtspflege - beides notwendige Voraussetzungen für ein sich entwickelndes Gewerbe. Die "Irrationalitäten" dieser Regierungsform verhinderten das Entstehen der politischen Vorbedingung für einen "rationalen Betriebskapitalismus". Doch nicht nur dieses Fehlen des formal garantierten

Rechts, einer rationalen Verwaltung und Rechtspflege und eine weitgehende "Verpfründung" waren es, die eine kapitalistische Entwicklung verhinderten. Behandelte Weber bis dahin im wesentlichen die ökonomischen, politischen und sozial-strukturellen Gegebenheiten, so wandte er sich nun deren "*gesinnungsmäßigen* Grundlagen" zu; ihn beschäftigte "vor allem [...] diejenige Stellungnahme, welche im chinesischen ‚Ethos' ihre Stätte fand und von der Beamten- und Amtsanwärterschaft getragen wurde" (184, S. 395). Und diese "Grundlagen" waren es, die Weber nunmehr als sein "eigentliches Thema" bezeichnete.

Der fünfte Abschnitt beschäftigte sich mit dem *Träger* eben dieser gesinnungsmäßigen Grundlagen: dem *Literatenstand.* Dieser Stand verdankte, nach Weber, seine soziale Stellung einer spezifisch chinesischen Tradition: "In China bestimmte seit zwölf Jahrhunderten, weit mehr als der Besitz, die durch *Bildung*, insbesondere: durch Prüfung, festgestellte Amtsqualifikation den sozialen Rang." (184, S. 395) Die Tatsache, daß die literarische Bildung zum Maßstab sozialer Schätzung in China gemacht wurde, bewirkte, daß die "Literaten" die herrschende Schicht Chinas wurden. Diese führende Intellektuellenschicht, herausgewachsen aus ritueller Schulung, war im wesentlichen eine vornehme Laienschaft. Die Zugehörigkeit zu dieser Literatenschicht war weder erblich noch exklusiv, sie hing allein von der Anzahl der Examina und der Beherrschung der Fähigkeiten ab, die die chinesische Erziehung für diese Schicht forderte. Der Literatenstand betrachtete sich als Einheit, sowohl in seiner Standesehre, wie als einziger Träger der chinesischen Kultur.

Die Literatenschicht stand durchgängig in der chinesischen Geschichte in einer besonders intimen Beziehung zu den patrimonialen Fürsten, insbesondere zum Kaiser. Die rituell geschulten Literaten"politiker" waren primär an den Problemen der inneren Verwaltung orientiert und an den Problemen der "richtigen" Staatsverwaltung. Diese Orientierungen führten zu einem weitgehenden praktisch-politischen Rationalismus, der in der Präzisierung eines "Amts", in der Schaffung eines Ethos der "Amtspflicht" und der Konzeption des "öffentlichen Wohls" seine Ergebnisse zeigte. - Mit der Befriedung des Reiches und der dadurch mitbedingten Schaffung eines Einheitsstaates hörten jedoch die Konkurrenzkämpfe der Fürsten um die Literaten auf. "Jetzt konkurrierten umgekehrt diese und ihre Schüler um die vorhandenen Ämter und es konnte nicht ausbleiben, daß dies die Entwicklung einer einheitlichen, dieser Situation angepaßten, orthodoxen Doktrin zur Folge hatte. Sie wurde: der *Konfuzianismus.*" (184, S. 401) Zugleich war dies der entscheidende Punkt bei der Wendung zum *Pazifismus* und zum *Traditionalismus*: "an die Stelle des Charisma trat: die Tradition." (184, S. 401)

Der Kern des Literatenstandes war der "Mandarinenstand", aus dem sich alle Klassen der chinesischen Zivilbeamten rekrutierten. Er war "eine Schicht diplomierter Pfründenanwärter [...], deren Amtsqualifikation und Rang nach der Zahl der bestandenen Prüfungen sich richtete. [...] ‚Wieviel Examina er bestanden habe ?', war die Frage, welche an einen Fremden, dessen Rang unbekannt war, gestellt zu werden pflegte. Nicht: wieviele Ahnen man hatte, bestimmte also - trotz des Ahnenkults - den sozialen Rang." (184, S. 404)

Um diese spezifisch chinesische Entwicklung verstehen zu können, entwarf Weber eine Skizze der "großen Typen der Erziehung". Er unterschied dabei die beiden "äußersten Gegenpole auf dem Gebiete der Erziehungszwecke" voneinander: einerseits die Erweckung von Charisma, zum anderen die Vermittlung fachspezifischer Spezialqualifikationen. Das chinesische Erziehungsideal mit seinem System der Examina ließ sich keinem der beiden Pole zuordnen: Weder ging es um die Vermittlung von Fachqualifikationen noch um die Vermittlung charismatischer Fähigkeiten. Bei allen Fertigkeiten der Schreibkunst, der Stilistik, der Beherrschung der klassischen Schriften, stand die Vermittlung einer vorschriftsmäßigen *Gesinnung*, einer "dem vornehmen Manne angemessenen *Denkweise*", im Vordergrund, wobei der literarische, buchmäßige Charakter dieser Bildung das Entscheidende war. - Gerade der schriftmäßige Zug dieser Erziehung war für Weber von entscheidender Wichtigkeit, mit seinen Folgen einer besonderen Betonung des Schreibens, im Gegensatz zu jenen Erziehungstraditionen, bei denen das Reden im Vordergrund steht. "[...] das Schreiben und das die Kunstprodukte des Schreibens rezipierende Lesen als das eigentlich künstlerisch gewertete und des Gentleman Würdige. Das Reden blieb eigentlich eine Sache des Pöbels." (184, S. 413) Diese Eigenart hatte weitreichende Konsequenzen, so insbesondere den Wegfall der Erziehung zum Logos, zum Definieren und Räsonieren, die Nichtausbildung einer Logik. "Bei größter praktischer Nüchternheit verharrten die geistigen Werkzeuge in einer Gestalt, die [...] in ihrer Gleichnishaftigkeit eher an die Ausdrucksmittel indianischer Häuptlinge als an eine rationale Argumentation erinnerte. Das Fehlen des Gebrauchs der Rede als eines rationalen Mittels zur Erzielung politischer und forensischer Wirkungen, wie es historisch zuerst in der hellenischen Polis gepflegt wurde, wie es aber in einem bürokratischen Patrimonialstaat mit nicht formalisierter Justiz gar nicht entwickelt werden konnte, machte sich darin fühlbar." (184, S. 415f.)

Das vermeintlich Widersprüchliche dieser Tradition war, daß diese rein literarische Geistigkeit als das Ideal der Konversation vornehmer Männer und die Betonung des Auschlusses aller praktisch-politischen Fragen verbindlich war für eine Schicht von Beamten, die ein riesiges Reich zu verwalten hatten: "mit bloßer Poesie verwaltet man auch in China nicht" (184, S. 421). Worum es Weber in diesem Zusammenhang wesentlich ging, war die Bestimmung der Gesinnung, die hinter dem System und dem Personal der chinesischen Bürokratie stand. Und diese Gesinnung galt dabei nicht nur für den unmittelbaren Literatenstand mit dem Kaiser an der Spitze, sondern ebenso für die gesamte Bevölkerung: Nur das Bildungs*niveau* war unterschiedlich, nicht jedoch das Bildungsideal. "Denn eine andere Bildungsart als die klassische gab es nicht." (184, S. 422) - Dabei hatte sich diese Konzeption der chinesischen Erziehung erst im Laufe eines längeren historischen Prozesses gegen mächtige Gruppen und Ideen durchsetzen müssen: die "großen Familien" der Feudalzeit, die Amtskäufer, den "Sultanismus" und die ihn stützende Eunuchenwirtschaft, die militärischen Mächte. "Auf die Dauer blieben die Literaten immer wieder siegreich. Jede Dürre, Überschwemmung, Sonnenfinsternis, Niederlage, und jedes auftretende und bedrohliche Ereignis überhaupt spielte ihnen sofort wieder die Macht in die Hände, da es als Folge des Bruches der Tradition und des Verlassens der klassischen Lebensführung angesehen wurde, deren Hüter die Literaten [...] waren." (184, S. 427)

Um diesen Siegeszug einer bestimmten Schicht und ihrer Gesinnung besser erklären zu können, fragte Weber: "Welches war nun der *materiale* Gehalt der orthodoxen Ethik dieses für den Geist der Staatsverwaltung und der herrschenden Schichten maßgebenden Standes ?" (184, S. 430). Der sechste Abschnitt, unter der Überschrift "Die konfuzianische Lebensorientierung" war der Beantwortung dieser Frage nach dem materialen Gehalt der orthodoxen Ethik des Konfuzianismus gewidmet. Die chinesische Patrimonialbürokratie war, nach Weber, nie von einer selbständigen Hierokratie bedroht gewesen. Im Gegensatz zur abendländischen, vorderasiatischen und indischen Entwicklung gab es in China niemals eine sozial machtvolle Prophetie, niemals ein machtvolles Priestertum, niemals eine eigene Erlösungslehre, Ethik und Erziehung durch autonome religiöse Mächte. "Es lebte sich also der intellektuelle Rationalismus einer Beamtenschicht frei aus, der hier wie überall im Innersten die Religionen *verachtete*, wo er ihrer nicht zur Domestikation benötigte [...]" (184, S. 431). Einzig eine staatlich vorgeschriebene "Laienreligion", der Glaube an die Macht der Ahnengeister, und der damit verbundene Kult waren zugelassen, und der charismatische Charakter dieser Religion "entsprach dem Selbsterhaltungsinteresse des Beamtentums" (184, S. 432). Entscheidend war dabei die primäre Ausrichtung dieser "Religion" auf das Diesseits, mit dem Hauptinteresse auf ein langes Leben, Kinder und (mäßigen) Reichtum. Jeder Ansatz einer Eschatologie oder Erlösungslehre fehlte.

Daraus resultierte auch das Desinteresse am Problem einer ungleichen religiösen Qualifikation der Menschen: Der Gedanke einer Differenzierung nach dem jeweiligen "Gnadenstand" der Einzelnen blieb dem Konfuzianismus fremd. Dagegen stand in der klassischen konfuzianischen Lehre der Gedanke einer prinzipiellen Gleichheit der Menschen als konstitutives Moment. Auch hier nochmals der gleiche Gedanke: nicht die Geburt, sondern der Bildungsgrad war für die gesellschaftliche Stellung entscheidend. Die Gebildeten waren die Herrschenden und zudem noch diejenigen, die über den notwendigen materiellen Wohlstand verfügten, wobei ein "möglichst universell verbreiteter Besitz im Interesse der universellen Zufriedenheit" ein "letztes" Ziel dieser Gesellschaft war (184, S. 436).

Ein weiteres Moment der konfuzianischen Lebensorientierung war das Fehlen einer naturrechtlichen Entwicklung modern okzidentalen Gepräges und das dadurch mitbedingte Fehlen eines eigenen Juristenstandes. Das Fehlen der Entwicklung einer "Rechtsrationalisierung" im Sinne des römischen Rechts führte nicht zur Ausbildung eines kodifizierten Rechts, sondern hin zu einer Billigkeitsrechtsprechung, die an Tradition und konkreter Situation orientiert war. Es kam daher nicht zur Ausbildung eines "modernen" Rechtssystems, d. h. neben der philosophischen und theologischen fehlte auch die Entwicklung einer juristischen "Logik".

Weber faßte diese einzelnen Aspekte zusammen, indem er schrieb: "Im Ergebnis konnte sich also hier die immanente Stellungnahme einer Beamtenschaft zum Leben, der nichts, keine rationale Wissenschaft, keine rationale Kunstübung, keine rationale Theologie, Jurisprudenz, Medizin, Naturwissenschaft und Technik, keine göttliche und keine ebenbürtige menschliche Autorität Konkurrenz machte, in dem *ihr* eigentümlichen praktischen Rationalismus ausleben und eine ihr kongruente Ethik schaffen, begrenzt nur durch die Rücksicht auf die Mächte der Tradition in den Sippen und im Geisterglauben. Es trat ihr keines der anderen Elemente spezifisch *modernen* Rationalismus, welche für die Kultur des Westens konstitutiv waren, zur Seite, weder konkurrierend noch unterstützend. Sie blieb aufgepfropft auf eine Unterlage, welche im Westen schon mit der Entwicklung der antiken Polis im wesentlichen überwunden war. Es kann also die von ihr getragene Kultur annähernd als ein Experiment gelten: welche Wirkung rein von sich aus der *praktische* Rationalismus der Herrschaft einer Amtspfründnerschaft hat. Das Resultat dieser Lage war: der orthodoxe Konfuzianismus. Die Herrschaft der Orthodoxie war ein Produkt der Einheit des theokratischen Weltreiches mit seiner obrigkeitlichen Reglementierung der Lehre." (184, S. 440)

Damit war der Konfuzianismus für Weber im wesentlichen eine "innerweltliche *Laien*sittlichkeit", die "Anpassung an die Welt, ihre Ordnungen und Konventionen", letztlich "ein ungeheurer Kodex von politischen Maximen und gesellschaftlichen Anstandsregeln für gebildete Weltmänner" (184, S. 441). Alle Probleme der Gesellschaft waren letztlich Erziehungsprobleme, mit dem Ziel der Selbstentwicklung des Einzelnen. Es gab nicht das "Böse" an sich, etwa im christlichen Sinne, sondern nur *Fehler*, insbesondere als Folge ungenügender Bildung. "Die Welt, insbesondere die soziale Welt, war, sowie sie ist, gewiß ebensowenig vollkommen wie die Menschen [...] aber sie war so gut wie sie es eben nach dem jeweiligen Bildungsstande der Menschen und nach der charismatischen Qualität der Herrscher sein konnte." (184, S. 442)

Die Bildungsideale dieser Sittlichkeit waren dabei "Schicklichkeit", Höflichkeit und Anmut. Dem konfuzianischen Gentleman "eignet Gelassenheit und korrekte Contenance, Anmut und Würde im Sinne eines zeremoniell geordneten höfischen Salons" (184, S. 445). Insbesondere die Unterdrückung der Leidenschaft, als der Störquelle des angestrebten harmonischen Gleichgewichtszustandes, sollte erreicht werden. - Dazu kam die "soziale Grundpflicht", die

Kardinaltugend: die *Pietät*. Was dem Feudalismus die Ehre, war dem Patrimonialismus die Pietät (hiao), verstanden als Unterordnung gegenüber den Eltern, Lehrern, den Vorgesetzten in der Amtshierarchie, dem Kaiser. Ziel dieser Ethik war die Erziehung unbedingter *Disziplin*, an deren Allmacht geglaubt wurde. "Insubordination ist schlimmer als niedrige Gesinnung." (184, S. 447)

Eine weitere Komponente dieser "Beamtenmoral" war die Ächtung der Gewinnsucht, die als Quelle sozialer Unruhen verachtet wurde: "Das Gleichgewicht und die Harmonie der Seele wird durch die Risiken des Erwerbs erschüttert." (184, S. 448) Das ständische Vornehmheitsideal des allseitig gebildeten konfuzianischen Gentleman zielte auf die "Selbstvollendung" im Sinne einer Allseitigkeit und richtete sich gegen den nur durch Vereinseitigung zu gewinnenden Reichtum. "Man konnte in der Welt nichts ausrichten, auch in der einflußreichsten Stellung nicht, ohne die aus Bildung entspringende Tugend. Aber freilich auch umgekehrt nichts mit noch so viel Tugend ohne einflußreiche Stellung. Diese, und nicht Erwerb, suchte daher der ‚höhere' Mensch." (184, S. 449)

Diese genannten Bildungsideale konnten nur auf einem einzigen Weg erreicht werden: durch ein nie aufhörendes Lernen, d. h. ein lebenslanges literarisches Studium der alten Klassiker. "Der ‚fürstliche' Mensch reflektiert und ‚studiert' über alle Dinge unausgesetzt und immer erneut." (184,S.451) Damit hatte Max Weber die *Pietät* als die Quelle der Disziplin und die literarische Bildung als das universelle und alternativlose Mittel der Vervollkommnung bestimmt. Den Konfuzianismus nannte er daher auch einen "Rationalismus der Ordnung" (184, S. 457). Ein Zitat ("Besser ein Hund und in Frieden als ein Mensch und in der Anarchie": Tscheng Ki Tong) "belegte" ihm diese Interpretation und zugleich den pazifistischen Charakter des Konfuzianismus, den er zusammenfassend als "pazifistisch, innerweltlich und nur an der Angst vor den Geistern orientiert" beschrieb (184, S. 457).

Nach seiner Darstellung des *orthodoxen Konfuzianismus* verwandte Weber den siebenten Abschnitt seiner Analyse für die Beschäftigung mit dem *heterodoxen Taoismus*. Der Ausgangspunkt für diese Weiterführung war dabei ein eminent soziologischer: der bisher geschilderte chinesische Staatskult wurde dargestellt als das Werk einer vornehm gebildeten Intellektuellenschicht. Diese Tatsache nun war es, die nach Weber "die typischen religiösen Bedürfnisse der

Massen ganz beiseite" ließ (184, S. 459), so daß es zu einer "Lücke" zwischen der Lehre der Mandarine und den religiösen Konzeptionen der Masse der Nicht-Mandarine kam, d. h. zwischen dem klassischen Konfuzianismus und einer "unklassischen Volksreligion". Weber interessierte in diesem Zusammenhang wesentlich, ob diese "Volksreligion" möglicherweise "Quelle einer abweichend orientierten Lebensmethodik werden konnte und geworden ist" (184, S. 460).

Bei seiner Beantwortung dieser Frage stellte sich heraus, daß die bestehenden volkstümlichen Kulte die kanonische, konfuzianische Lehre und die von ihr kanonisierten religiösen Staatsriten zwar duldeten, aber wesentlich als "Privatangelegenheit" beschränkten. Solche "Privatkulte" sahen sich dem Widerstand der konfuzianischen Bürokratie und deren merkantilen und Währungsinteressen gegenüber. "Individuelle mystische oder asketische Heilssuche [...] war ein dem (*klassischen*) Konfuzianismus gänzlich fremdes Interesse. Sie hatte im chinesischen Beamtenrationalismus gänzlich natürlich ebensowenig eine Stätte, wie sie jemals der Lebensführung irgendeiner Bürokratie entsprochen hat."(184, S.463)

Weber wandte sich damit wesentlich der Lehre des Laotse zu, wobei er betonte: "Er geht uns hier *nicht* als Philosoph an, sondern in seiner soziologischen Stellung und Wirkung." (184, S. 465) Weber versuchte insbesondere die Gemeinsamkeiten und Verschiedenheiten des Taoismus, als der Heterodoxie des Laotse, und des Konfuzianismus herauszuarbeiten. Ganz wesentlich für seinen Untersuchungszusammenhang schienen ihm die Konsequenzen der beiden religiösen Konzeptionen für die politischen Ideale zu sein: Konstatierte er beim Konfuzianismus einen Zug zum Zentralismus des rational von Beamten regierten Wohlfahrtsstaates, so sah er beim Taoismus, bei den Mystikern, "die möglichste Autonomie und Autarkie der einzelnen Staatsteile als kleiner Gemeinwesen, die eine Stätte schlichter bäuerlicher oder bürgerlicher Tugend bilden könnten und daher die Parole: möglichst *wenig* Bürokratie [...]" (184, S. 469). Weber konstatierte als für den Taoismus wesentlich einen prinzipiellen "*Apolitismus*".

Noch ein weiterer Unterschied fiel für Weber ins Gewicht: der aliterarische und antiliterarische Charakter des späteren Taoismus. Dieser wurde in den Augen Webers der Grund, "weshalb er - was uns hier interessiert - gerade in *Kaufmannskreisen* starke (*nicht*: exklusive !) Wurzeln faßte: ein sehr deutliches Paradigma (das wir noch oft kennenlernen werden) dafür: daß die *ökonomischen* Bedingungen allein nirgends die Art der Religiosität einer Schicht bestimmt haben. Umgekehrt konnte *seine* Eigenart nicht gleichgültig für die Lebensführung der Kaufleute bleiben." (184, S. 480f.) Dennoch kam es in China nie zur Ausbildung einer "bürgerlichen Ethik" im okzidentalen Sinn.

Der Orthodoxie wie der Heterodoxie gemeinsam war die Duldung bzw. positive Pflege der *Magie*, die die Entwicklung jeder Art von Rationalisierung in die Richtung eines magischen Weltbildes bewegte. Weber belegte diese These mit der Darstellung der Wissenschaftsgeschichte Chinas und der enormen Bedeutung etwa der Astrologie, Arzneilehre und der Geomantik, d.h. der Kunst, aus Linien und Figuren im Sand wahrzusagen.

Dadurch kam es, über alle Verschiedenheiten hinaus, zu einer gemeinsamen Wirkung von Taoismus und orthodoxem Konfuzianismus: der Bestärkung des Traditionalismus. "In jedem Falle führte von hier nicht nur kein Weg zu einer rationalen - sei es inner- oder außerweltlichen Lebensmethodik, sondern die taoistische Magie mußte eines der ernstlichen Hindernisse für die Entstehung einer solchen werden. Die eigentlich ethischen Gebote waren im späteren Taoismus - für die Laien - materiell wesentlich die gleichen wie im Konfuzianismus. Nur daß der Taoist von ihrer Erfüllung persönliche Vorteile, der Konfuzianer mehr das gute Gewissen des Gentleman erwartete. Der Konfuzianer operierte mehr mit dem Gegensatz: ‚recht'/‚unrecht', der Taoist, wie jeder Magier, mehr mit ‚rein'/‚unrein'. Trotz seines Interesses für Unsterblichkeit und jenseitige Strafen und Belohnungen blieb er innerweltlich orientiert wie der Konfuzianer." (184, S. 489f.)

Als Abschluß seiner Untersuchung der Wirtschaftsethik des Konfuzianismus und Taoismus formulierte Max Weber ein "Resultat". Dabei verwandte er eine Kategorie als Vergleichsmaßstab, deren Wichtigkeit im Zuge der Darstellung erkennbar zunahm: die Kategorie der *Rationalität*. Für Weber repräsentierte Religion eine Stufe im jeweiligen Prozeß der Rationalisierung, wobei er zwei Kriterien an diesen Prozeß anlegte: "Einmal der Grad, in welchem sie [die Religion] die *Magie* abgestreift hat. Dann der Grad systematischer Einheitlichkeit, in welche das Verhältnis von Gott und Welt und demgemäß die eigene ethische Beziehung zur Welt von ihr gebracht worden ist." (184, S. 512)

Um nun den "konfuzianischen Rationalismus" einordnen zu können, zog er den "Rationalismus des Protestantismus" als den "uns geographisch und historisch nächstliegenden" zum Vergleich heran. Dabei ergab sich für Weber in bezug auf die Bedeutung der Magie, daß nur im Protestantismus "die gänzliche *Entzauberung der Welt*" in aller Konsequenz durchgeführt wurde, wohingegen der Konfuzianismus die Magie in ihrer "positiven Heilsbedeutung" unangetastet ließ. Damit war für Weber "völlig klar geworden: daß in dem Zaubergarten vollends der heterodoxen Lehre (Taoismus) [...] eine rationale Wirtschaft und Technik moderner okzidentaler Art einfach ausgeschlossen war" (184, S. 513).

Weiterhin wichtig war für Weber, wie wir bereits gesehen haben, die diesseitige "Weltbejahung" und "Weltanpassung" dieser rein magischen Religiosität. Eine, irgendwie geartete "Erlösung", außer von der Unbildung, begehrte der Konfuzianer nicht, d. h. es fehlte jede transzendente Verankerung der Ethik. "Eine Spannung gegen die ‚Welt' war nie entstanden, weil eine ethische Prophetie eines überweltlichen, ethische *Forderungen* stellenden Gottes, soweit die Erinnerung zurückreicht, völlig gefehlt hat. [...] Die führende Intellektuellenschicht: Beamte und Amtsanwärter, hatten die Erhaltung der magischen Tradition und speziell der animistischen Ahnenpietät als ein absolutes Erfordernis der ungestörten Erhaltung der bürokratischen Autoritäten konsequent gestützt und alle Erschütterungen durch Erlösungsreligiosität unterdrückt." (184, S. 516) Dieses Fehlen einer "Prophetie" in China hatte in den Augen Webers entscheidende Bedeutung: Prophetie schaffte für ihn eine systematische Orientierung der Lebensführung an einem Wertmaßstab von innen heraus. Im Gegensatz dazu war nun der Konfuzianismus "Anpassung nach außen hin, an die Bedingungen der ‚Welt'", (184, S. 521). Diese Stellung zur "Welt" stand im äußersten Gegensatz zu einer okzidentalen religiösen Ethik: "Denn keine, auch nicht eine mit den Ordnungen der Erde in ein noch so enges [!] Kompromiß verflochtene Ethik konnte die pessimistische Spannung zwischen Welt und überweltlicher Bestimmung des einzelnen mit ihren unvermeidlichen Konsequenzen so von Grund aus beseitigen, wie das konfuzianische System des radikalen Weltoptimismus." (184, S. 522)

Weber kam mit dieser Charakterisierung der Sozialethik zu seinem eigentlichen Forschungsanliegen: der *Wirtschaftsethik*. Dabei stand für ihn bei der Einordnung des Konfuzianismus die Tradition des *Sippenkultes*, wie wir gesehen haben, im Vordergrund. "Es ist von sehr erheblicher ökonomischer Bedeutung, wenn alles *Vertrauen*, die Grundlage aller Geschäftsbeziehungen, immer auf Verwandtschaft oder verwandtschaftsartige rein persönliche Beziehungen gegründet blieb, wie dies in China sehr stark geschah. Die große Leistung der ethischen Religionen, vor allem der ethischen und asketischen Sekten des Protestantismus, war die *Durchbrechung* des Sippenbandes, die Konstituierung der Überlegenheit der Glaubens- und ethischen Lebensführungsgemeinschaft gegenüber der *Bluts*gemeinschaft, in starkem Maße selbst gegenüber der Familie." (184, S. 523) Trotz vorhandener wirtschaftspolitischer Maßnahmen und Regeln kam es nicht zur Ausbildung einer der okzidentalen vergleichbaren Wirtschaftsgesinnung. "Aber mit Wirtschafts*politik* schafft man keine kapitalistische Wirtschafts*gesinnung*." (184, S. 524) Und insbesondere die fehlende Ausbildung einer "*bürgerlichen* Lebens*methodik*" war es, die die konfuzianische von der puritanisch-christlichen Wirtschaftsgesinnung unterschied. "Der Gegensatz [des Puritanismus] zum Konfuzianismus ist klar. Beide Ethiken hatten ihre irrationale Verankerung: dort die Magie, hier die letztlich unerforschlichen Ratschlüsse eines überweltlichen Gottes. Aber aus der Magie folgte [...] die Unverbrüchlichkeit der Tradition. Aus der Beziehung zum überweltlichen Gott und zur kreatürlich verderbten ethisch irrationalen Welt folgte dagegen die absolute Unheiligkeit der Tradition und die absolut unendliche Aufgabe immer erneuter Arbeit an der ethisch rationalen Bewältigung und Beherrschung der gegebenen Welt: die rationale Sachlichkeit des ‚Fortschritts'. Der Anpassung an die Welt dort stand also hier die Aufgabe ihrer rationalen Umgestaltung gegenüber." (184, S. 527)

Auf der anderen Seite, so zeigte Weber, setzte sich ein wichtiges Moment in China nicht durch: das Prinzip der *Rechenhaftigkeit* des modernen Kapitalismus. Trotz intensiven Wirtschaftens und eines krassen "Materialismus" kam es in China nicht zur Ausbildung "*methodischer* geschäftlicher Konzeptionen rationaler Art". "Daß ‚Erwerbstrieb' hohe, ja exklusive Schätzung des Reichtums und utilitaristischer ‚Rationalismus' an und für sich noch nichts mit *modernem* Kapitalismus zu tun haben, kann man also gerade in diesem typischsten Land des Erwerbes studieren. [...] Es fehlt ihm [dem chinesischen Geschäftsmann] die zentral, von innen heraus religiös bedingte rationale Lebensmethodik des klassischen Puritaners, für den der ökonomische Erfolg nicht letztes Ziel und Selbstzweck, sondern Mittel der Bewährung war." (184, S. 530)

Diese fehlende rationale Lebensmethodik war, wie wir gesehen haben, mit das Ergebnis eines bestimmten Erziehungsideals. "Der *Fachmensch* aber war für den Konfuzianer auch durch seinen sozialutilitarischen Wert *nicht* zu wirklich positiver Würde zu erheben. Denn [...] ‚der vornehme Mann' (Gentleman) war ‚kein Werkzeug', d. h.: er war in seiner weltangepaßten Selbstvervollkommnung ein letzter Selbstzweck, nicht aber Mittel für sachliche Zwecke welcher Art immer." (184, S. 532)

Abschließend faßte Weber zusammen: "‚Rationalismus' [...] enthielt der Geist beider Ethiken. Aber nur die *über*weltlich orientierte puritanische rationale Ethik führte den *inner*weltlichen ökonomischen Rationalismus in seine Konsequenzen durch, gerade *weil* ihr an sich nichts ferner lag als eben dies, gerade *weil* ihr die innerweltliche Arbeit nur Ausdruck des Strebens nach einem transzendenten Ziel war. [...] Der konfuzianische Rationalismus bedeutete rationale Anpassung an die Welt. Der puritanische Rationalismus: rationale *Beherrschung* der Welt." (184, S. 534) - Welche Bedeutung Weber den "gesinnungsmäßigen" Wurzeln wirtschaftlicher Ordnungen zumaß, wird deutlich aus seiner eigenen Schlußbemerkung: "Es wird kaum abzuweisen sein, daß die grundlegenden Eigentümlichkeiten der ‚Gesinnung', in diesem Fall: der praktischen Stellungnahme zur Welt, so gewiß sie ihrerseits in ihrer Entfaltung durch politische und ökonomische Schicksale mitbedingt wurden, doch auch kraft der ihren Eigengesetzlichkeiten zuzurechnenden Wirkungen an jenen Hemmungen stark mitbeteiligt gewesen sind." (184, S. 536)

Bevor Weber sich, nach Abschluß der Untersuchung der chinesischen Wirtschaftsethik, den religiösen Entwürfen Indiens (Hinduismus und Buddhismus) zuwandte, schob er im Novemberheft 1915 des "Archivs" eine "*Zwischenbetrachtung*" ein, die er auch später in die "Gesammelten Aufsätze zur Religionssoziologie" aufnahm. - War oben gesagt worden, daß die "Einleitung" eine erste und vorläufige Zusammenfassung der Ergebnisse der gesamten religionssoziologischen Untersuchungen unternahm, so gilt ähnliches für die "Zwischenbetrachtung" wenn diese auch eine gezieltere Fragerichtung verfolgte. In ihr versuchte Weber die Entwicklung einer "Theorie der Stufen und Richtungen religiöser Weltablehnung".

In einem idealtypischen Vorgehen bemühte er sich um die Klärung der Frage, "aus welchen Motiven heraus und in welchen Richtungen religiöse Ethiken der Weltverneinung überhaupt entstanden und verliefen: welches also ihr möglicher ‚Sinn' sein konnte." (184, S. 536) Durch "zweckmäßig konstruierte rationale Typen" beabsichtigte Weber mit seinem religionssoziologischen Versuch einen "Beitrag zur Typologie und Soziologie des Rationalismus" (184, S. 537) zu erbringen. - Dabei waren es insbesondere die beiden polaren Begriffe "Askese" und "Mystik", mit deren Hilfe Weber eine Typologie der "Weltablehnung" entwickelte: er kam dabei zur Unterscheidung zwischen einer innerweltlichen und einer weltflüchtigen Askese, und einer weltflüchtigen Kontemplation und einer innerweltlichen Mystik. Grundlegend seien dabei die verschiedenen "Spannungsverhältnisse", namentlich die folgenden:

- Religion vs. "Welt",
- Religion vs. "ökonomische Sphäre",
- Religion vs. "politische Ordnungen",
- Religion vs. "geschlechtliche Liebe",
- Religion vs. "Reich des denkenden Erkennens".

Da die entscheidenden Ergebnisse dieser Typologien und ihrer Anwendung von Weber bei der Abfassung seiner "Vorbemerkung" (1920) zur publizierten Sammlung der religionssoziologischen Arbeiten in den "Gesammelten Aufsätzen zur Religionssoziologie" wieder aufgenommen und vervollständigt wurden und er eigentlich erst dort seine Theorie der "Rationalisierung" formulierte, wird hier auf eine Darstellung der "Zwischenbetrachtung" verzichtet.

Die Weberschen Untersuchungen der Wirtschaftsethik des *Hinduismus* und *Buddhismus*, die er im "Archiv" in den Jahren 1916/17 veröffentlichte und die als unveränderter Nachdruck in Bd. II (1921) der "Gesammelten Aufsätze zur Religionssoziologie" aufgenommen wurden, orientierten sich am Gliederungsprinzip seiner Arbeiten über China: Im ersten Abschnitt behandelte Weber das Sozialsystem Indiens, im zweiten beschäftigte er sich mit dem orthodoxen Hinduismus und dem heterodoxen Buddhismus, und im dritten Abschnitt über die asiatische Sekten- und Heilandsreligiosität untersuchte er deren Auswirkungen auf die Alltagsethik der indischen Gesellschaft.

Zur Darstellung des Gesellschaftssystems Indiens umriss Weber dessen Charakteristika mit knappen Strichen: Indien, ein Land der Dörfer und einer absolut geburtsständischen Gliederung, ein Land des Binnen- und insbesondere des Fernhandels und des Darlehenwuchers. Die fürstliche Kriegsführung, Politik und Finanzwirtschaft waren rational, die Politik war theoretisch begründet ("vollendet ‚machiavellistisch'"), die Städteentwicklung näherte sich abendländischen mittelalterlichen Erscheinungen (auch das rationale Zahlensystem verdankt das Abendland Indien). Es gab zahlreiche philosophische Schulen und religiöse Sekten, das indische Recht wies "zahlreiche Bildungen auf, welche für kapitalistische Bedürfnisse ebenso brauchbare Ansatzpunkte geboten hätten, wie die entsprechenden Institutionen unserer mittelalterlichen Rechtsentwicklung" (203, S. 4). Dazu kam die Tatsache, daß "der Erwerbstrieb der Inder aller Schichten [...] wahrlich nie zu wünschen übrig gelassen" (203, S. 4) habe und daß eine hohe gesellschaftliche "Schätzung" des Reichtums verbreitet gewesen sei.

Und dennoch, trotz dieser günstigen ökonomischen, politischen und ideellen Voraussetzungen konstatierte Weber seine Einschätzung und schloß daran seine Untersuchungsabsicht an: "Moderner Kapitalismus ist innerhalb des Indertums aber weder früher, noch in den Jahrhunderten englischer Herrschaft entstanden, sondern erst Importprodukt. Er ist als fertiges Artefakt übernommen worden, ohne autochtone Anknüpfungspunkte vorzufinden. Hier soll nun untersucht werden, in welcher Art an diesem Ausbleiben der kapitalistischen Entwicklung (im okzidentalen Sinn) etwa - als ein Moment neben sicher zahlreichen andern - die indische Religiosität beteiligt sein kann." (203, S. 4)

Die beherrschende Form indischer Religiosität ist der *Hinduismus*. Zu seiner Einordnung verwandte Weber das bei seinen Arbeiten über den Protestantismus entwickelte Begriffspaar "Sekte" und "Kirche", wonach im soziologischen Sinn eine "Sekte" "ein exklusiver Verein religiöser Virtuosen oder religiös spezifisch Qualifizierter [ist], rekrutiert [...] durch individuelle Aufnahme nach Feststellung der Qualifikation", und "Kirche" eine "universalistische Massen-Heilsanstalt", die den Anspruch erhebt, "daß jeder, mindestens jedes Kind eines Mitgliedes, ihr durch Geburt angehöre" (203, S. 6). Weber ordnete den Hinduismus als eine "strikte, exklusive Geburtsreligion" ein.

Um gerade dieses Moment der Exklusivität darzustellen, betrachtete Weber jene Prozesse, durch die ursprünglich nicht hinduistische Bevölkerungsgruppen, insbesondere "Gastvölker" ("Paria"), einer "Hinduisierung" unterworfen waren. Dabei fragte Weber nach den

"Motiven" für die Verbreitung des Hinduismus, sowohl seitens der "Missionare" als auch seitens der "Missionierten". Die "Missionare" waren im wesentlichen die *Brahmanen*, jene Kaste also, die der institutionelle Träger der hinduistischen Religiosität war. Ihre Motive waren "in erster Linie solche materieller Art", d. h. es ging ihnen um "die Erweiterung der Erwerbschancen an Gebühren für ihre Leistungen, von den Gebühren für die Horoskopstellung angefangen bis zu den Pfründen und Opferanteilen der Haus- und Opferpriester: reiche Stiftungen an Vieh, Geld, Kostbarkeiten und vor allem auch an Land und Landrenten (Pfeffer-Renten) entlohnten insbesondere von jeher den oder die Brahmanen, welche die nötigen ‚Beweise' für die vornehme Abkunft der hinduisierten Herrenschichten eines in Rezeption begriffenen Gebiets geliefert hatten." (203, S. 16) Die Motive der Stämme, die das "Sklavenjoch" der rituellen Pflichten des Hinduismus auf sich nahmen, waren wesentlich die der Legitimierung ihrer sozialen Lage, wobei die Interessen der herrschenden Schichten dieser neuen Kasten von größter Bedeutung waren. Deren Eingliederung in die hinduistische Gemeinschaft hatte dabei eine Doppelfunktion: "Sie gab [...] den Herrenschichten dieser Barbaren nicht nur einen in der Kulturwelt des Hinduismus anerkannten sozialen Rang, sondern sicherte sie durch die Umwandlung in ‚Kasten' auch nach unten hin gegen die von ihr beherrschten Klassen."(203, S. 16)

Weber erklärte den "außerordentlich schnellen Sieg des Hinduismus", insbesondere gegen die spezifisch brahmanenfeindlichen Erlösungsreligionen, den Jainismus und den Buddhismus, damit, "daß der Hinduismus jenen Legitimitätsinteressen der herrschenden Schichten in der besonderen Art, wie sie sich aus den [...] eigentümlichen sozialen Verhältnissen Indiens ergeben, eine unvergleichliche religiöse Stütze zu bieten in der Lage war, welche [...] jene Erlösungsreligionen nicht zur Verfügung stellen konnten" (203, S. 19).

Obwohl Weber ausdrücklich betonte, daß ihn die Anziehungskraft der hinduistischen Lebensordnung nur insoweit interessierte, wie sie diese spezifischen Leistungen der Legitimierung des sozialen Ranges und die damit verbundenen ökonomischen Vorteile erbringen konnte, ging er doch relativ detailliert auf die Typologien der Heilsziele und der dahin führenden Wege ein. Dabei ergab sich, daß Hinduismus doch etwas anderes als eine "Religion" im abendländischen Verständnis ist. Das ergab sich insbesondere aus der Beobachtung, daß ein frommer Hindu ganz wesentlich Mitglied einer Hindu-Sekte ist, und der Hinduismus selber primär *Ritualismus* ist, dessen Kern die Ritualpflicht, das "Dharma", bildet. Dieses "Dharma" seinerseits ist keine konstante Größe, sondern variiert entscheidend mit der jeweiligen sozialen Lage und mit den historischen Veränderungen. Aus dieser Variabilität und dem hinzukommenden Fehlen einer kodifizierten "Ethik" ergab sich die ungeheure Macht und Bedeutung einer bestimmten Kaste. "Anerkennung der Autorität des Veda[49] heißt [...] einfach: Anerkennung der Autorität der hinduistischen, an den Veda anknüpfenden und sein Weltbild fortinterpretierenden Tradition und der sozialen Rangstellung ihrer Träger, und das sind: die *Brahmanen*." (203, S. 30f.)

Bevor Weber sich im einzelnen den Brahmanen zuwandte, richtete er sein Augenmerk auf das entscheidende Element und Strukturprinzip der indischen Sozialverfassung: die *Kasten*. "Die Kaste [...] und die Stellung der Brahmanen sind die Grundinstitutionen des Hinduismus." (203, S. 31) Um zu bestimmen, was eine Kaste sei, fragte Weber, was diese von ihr scheinbar verwandten Verbänden unterscheide: So hebt er die Kaste ab vom "Stamm", vom Berufsverband (Gilde, Zunft), vom "Stand", von der "Klasse" und von der "Sippe". - Zusammenfassend läßt sich festhalten, daß Weber als Kaste definierte: einen sozialen, eventuell beruflichen Teilverband innerhalb einer sozialen Gemeinschaft, wobei die *erbliche* Zugehörigkeit von wesentlicher Bedeutung ist. Insbesondere die extrem rigiden Regeln der Kommensalität (insbesondere Speisegemeinschaft) und des Konnubiums (Heiratsverbot) machten die Kaste zu einem "*geschlossenen Stand*" in äußerster Steigerung.

Die völlige Unmöglichkeit der "Verbrüderung", wie wir das an der mittelalterlichen Stadtentwicklung als bedeutsam kennengelernt hatten, hatte entscheidende politische Auswirkungen: "Denn die Kasten schlossen jede Solidarität und politisch machtvolle Verbrüderung des Bürgertums und der Gewerbe aus. Beachtete der Fürst die rituellen Traditionen und die darauf fußenden sozialen Prätentionen der für ihn wichtigsten Kasten, so konnte er sie nicht nur - wie es geschah - gegeneinander ausspielen, sondern hatte von ihnen, zumal wenn die Brahmanen auf seiner Seite standen, überhaupt nichts zu fürchten. Es ist demnach schon jetzt nicht schwer zu erraten, welche

---

[49] Der "Veda" als Sammelbegriff für die „Veden", jene indische Sammlung von Hymnen, Gebeten, Formeln, usw. Vgl. Bibl. Nr. 203, S. 27f.

politischen Interessen ihre Hand im Spiel hatten bei jenem Umschwung zur Alleinherrschaft des Kastenwesens, der die einige Zeit lang scheinbar dicht an der Schwelle europäischer Städteentwicklung stehende soziale Struktur Indiens in Bahnen lenkte, die weit abführten von jeder Möglichkeit einer Entwicklung okzidentaler Art." (203, S. 41)

Eine Eigenart der indischen Sozialverfassung behandelte Weber im Detail: das Prinzip des "*Gentilcharisma*". Darunter verstand er, "daß eine (ursprünglich rein magisch gedachte) außeralltägliche oder doch jedenfalls nicht universell zugängliche persönliche Qualifikation: - ein ‚Charisma', - an den Mitgliedern einer Sippe als solchen haftet, nicht nur, wie ursprünglich stets, an einem persönlichen Träger." (203, S. 51) Diese Entwicklung, als Folge einer "Veralltäglichung" des ursprünglich rein persönlichen Charisma, hatte in den Augen Webers eine entscheidende Bedeutung für die Entwicklung des Handelsrechts: "Man sollte bei der außerordentlichen Bedeutung des Handels in Indien glauben, daß daraus ein rationales Handels-, Gesellschafts- und Unternehmungsrecht hätte entstehen können." (203, S. 54) Daß es dazu nicht kam, erklärte Weber wesentlich mit einer Auswirkung dieses "Gentilcharisma": der *Sippengebundenheit des Kredits*. Im Gegensatz zur okzidentalen Entwicklung, wo gerade die Herausbildung eines Bürgertums mit der Etablierung von freien Handelskontrakten eine entscheidende Voraussetzung für das Entstehen des Kapitalismus war, verhinderte das Gentilcharisma des Kastensystems eine vergleichbare Entwicklung.

Weber beschrieb im Detail die vier großen Gruppen der etwa 2 000 bis 3 000 Hindukasten:

- die Brahmanen (Priester),
- die Kschatriyas (Krieger),
- die Vaicyas (Kaufleute)
- die Cudras (Dorf-Gewerbe; Handwerker; Landarbeiter).

Weber übernahm weiterhin die Einteilung von Stammes-Kasten ("tribal castes") und Berufskasten ("professional castes") und beschäftigte sich eingehend mit den Prozessen der Kastenspaltung und deren Folgen. Dabei interessierten ihn am meisten die ökonomischen Entstehungszusammenhänge, wie Besitzdifferenzierung, Berufswechsel oder Wechsel der Technik (vgl. 203, S. 101).- Neben diesen ökonomischen Ursachen des Kastensystems untersuchte Weber insbesondere die ökonomischen Wirkungen, wobei seine Hauptthese war, "daß diese Ordnung ihrem ganzen Wesen nach durchaus traditionalistisch und antirational wirken mußte" (203, S. 109). Im expliziten Gegensatz zu Karl Marx, den er in diesem Zusammenhang wörtlich ansprach, suchte Weber die ökonomischen Wirkungen des Kastensystems nicht bei der besonderen Stellung des indischen Dorfhandwerkers, vielmehr sah er in der Kastenordnung allgemein den "Träger der Stabilität." Nicht in spezifischen Einzelschwierigkeiten, "welche jedes der großen Religionssysteme in seiner Art der modernen Wirtschaft in den Weg stellte oder zu stellen schien, lag der Kern der Hemmung" (203, S. 110). Entscheidend für die Ver- bzw. Behinderung des Entstehens einer modernen kapitalistischen Wirtschaftsordnung war sehr viel mehr der "Geist" des ganzen Systems (vgl. 203, S. 110), so daß es "als der Gipfel der Unwahrscheinlichkeit erscheinen [muß], daß auf dem Boden des Kastensystems die moderne Organisationsform des gewerblichen Kapitalismus jemals *entstanden* wäre" (203, S. 111).

Dieser "Geist" der indischen Kastenordnung war es, der verhinderte, daß es vor der Einführung durch die englischen Kolonialherren zur Entwicklung eines rationalen Betriebes des modernen Kapitalismus gekommen war, trotz des Vorhandenseins eines "zum Teil virtuosen skrupellosen Erwerbs" und trotz der eingangs skizzierten günstigen sozio-strukturellen Voraussetzungen. Und auch nach der Einführung durch die Engländer änderte sich nichts grundlegend an der Einstellung beispielsweise der indischen Fabrikarbeiterschaft, die "genau jene traditionalistischen Züge [zeigt], welche ihr in der Frühzeit des Kapitalismus auch in Europa anhafteten." (203, S. 112). So bewirkte beispielsweise die Erhöhung der Lohnsätze keinen Anreiz zur Mehrarbeit, sondern sehr viel eher eine Verringerung der Arbeitszeit und die Erhöhung der Ausgaben für Luxusgüter. Der indische Arbeiter wurde von Weber als "Gelegenheits-Arbeiter" charakterisiert, dem der Begriff "Disziplin" unbekannt sei.

Die Kastenordnung der indischen Gesellschaft betrachtete Weber, wie wir sahen, als die entscheidende Voraussetzung für den extremen Traditionalismus der indischen Wirtschaft und Gesellschaft. Wie bereits ausgeführt, erforderte der Ritualismus des Hinduismus insbesondere die korrekteste Erfüllung der Kastenpflicht. Weber befaßte sich in diesem Zusammenhang mit den religiös-"dogmatischen" Grundlagen dieser Vorstellungen. Er unterschied im wesentlichen zwei Grundvoraussetzungen hinduistischer Religiosität voneinander: den Seelenwanderungs-Glauben (Samsara) und die Vergeltungslehre (Karman). Mit packender Präzision und Anschaulichkeit schilderte er jene religiösen Vorstellungen, nach denen der Mensch und insbesondere sein nie abgeschlossenes Wiedergeburts- und "Wiedertods"-Schicksal einzig abhängig sei von den "Verdiensten" und "Verschuldungen" der früheren Leben, die sein jeweils jetziges bestimmten. Dies sei auch der entscheidende Zusammenhang mit der Kastenordnung: Es ist eben kein "Zufall", in welche Kaste der Einzelne geboren wird, sondern einzig das konsequente Ergebnis seines eigenen Tuns und Unterlassens im Leben davor. "Ein korrekt gläubiger Hindu wird im Hinblick auf die mögliche Lage eines zu einer unreinen Kaste Gehörigen nur den Gedanken haben: er hat besonders viele Sünden aus früherer Existenz abzubüßen. [...] In diesem Leben gibt es einen Ausweg aus der Kaste, nach oben wenigstens, schlechterdings nicht." (203, S. 120) Gerade die Überzeugung, daß er einerseits sein jetziges Leben durch seine früheren Existenzen "verdient" habe, und andererseits, daß die strenge Erfüllung seiner jetzigen Kastenpflichten die unverzichtbaren Voraussetzungen für die Wiedergeburt in einer höheren Kaste - bis zur Möglichkeit der Wiedergeburt als Gott ! - sind, machten die "Kastentreue" zu einem ganz persönlichen Heilsinteresse der gläubigen Hindu. Der Versuch, die Ordnung der Welt umzustürzen, erschien nicht nur sinnlos, weil sie als ewig gültig angesehen wurde, sondern gerade auch, weil ein Umsturz die Möglichkeit genommen hätte, beim "nächsten Mal" eben nicht als "Wurm im Darm eines Hundes" geboren zu werden, sondern aus dem Schoß einer Königin und Brahmanentochter. "Umsturzgedanken oder das Streben nach ‚Fortschritt' waren auf diesem Boden undenkbar, solange und soweit die Karman-Lehre unerschüttert blieb. [...] Auf dem Boden dieses an der Karman-Lehre verankerten Kasten-Ritualismus war eine Brechung des Traditionalismus durch Rationalisierung der Wirtschaft eine Unmöglichkeit."(203, S. 122)

Gerade diese ungeheuer starke Wirkung religiöser Konzeptionen auf die ökonomische und gesellschaftliche Verfassung der indischen Gesellschaft führte Weber zur Frage nach den Entstehungsursachen der Kastenordnung, die sich "anderwärts gar nicht oder doch nur in Ansätzen findet" (203, S. 122). - Weber untersuchte hier verschiedene Wurzeln - neben ständischen und ökonomischen insbesondere auch ethnische Bedingungszusammenhänge. Die Webersche Darstellung des "Kausalzusammenhanges" läßt sich folgendermaßen zusammenfassen: Das Zusammenspiel einer mächtig werdenden "Priesterherrschaft" der Brahmanen, von deren materieller Interessenlage bereits die Rede war, mit den patrimonialen hinduistischen Großkönigen, die wesentlich ein "Legitimitäts-Interesse" und ein "Domestikations-Interesse" verfolgten, führte zur Etablierung des Kastensystems: "ohne den penetranten, alles beherrschenden Einfluß der Brahmanen würde dies in aller Welt seines Gleichen nicht findende soziale System in seiner Geschlossenheit nicht entstanden oder doch nicht herrschend geworden und geblieben sein. [...] Die in ihrer Art geniale Verknüpfung der Kastenlegitimität mit der Karmanlehre und also mit der spezifisch brahmanischen Theodizee ist schlechterdings nur ein Produkt rational ethischen Denkens, nicht irgendwelcher ökonomischer ‚Bedingungen'. Und erst die Vermählung dieses Gedankenprodukts mit der realen sozialen Ordnung durch die Wiedergeburtsverheißungen gab dieser Ordnung die unwiderstehliche Gewalt über das Denken und Hoffen der in sie eingebetteten Menschen [...]" (203, S. 131).

Beschäftigte Weber sich im ersten Abschnitt seiner Untersuchungen der indischen Wirtschaftsethik mit den allgemeinen gesellschaftlichen Bedingungen und Wirkungen des Hinduismus, so wandte er sich im zweiten Abschnitt mehr den *Inhalten* und den *Trägern* der *orthodoxen* und *heterodoxen Heilslehren* in Indien zu.

Der institutionelle Träger der orthodoxen offiziellen indischen Religiosität ist, wie wir sahen, die Kaste der Brahmanen, jene Schicht eines Priesteradels und vornehmer Literaten. Seinem bereits eingeführten Maßstab, dem Verhältnis von Religion zu Mystik und Askese, folgend, charakterisierte Weber die Brahmanenreligiosität als eine, die die orgiastischen und emotionell-ekstatischen Elemente der alten magischen Riten nicht übernahm und allenfalls in der Form einer unoffiziellen Volksmagie duldete. Weber verglich die indischen Brahmanen durchgängig mit den chinesischen Literaten und häufig mit den althellenischen Priestern, um derart die Gemeinsamkeiten und Verschiedenheiten möglichst scharf herausarbeiten zu können. Wie die Mandarine im Konfuzianismus waren auch die Brahmanen ein vornehmer Literatenstand, dessen magisches Charisma primär auf "Wissen" ruhte und dessen "Rationalismus" wesentlich in der Ablehnung aller irrationalen Formen der Heilssuche bestand. Dennoch gab es erhebliche Unterschiede zwischen den chinesischen und indischen

Zuständen, die Weber mit der "Verschiedenheit der sozialen Grundstruktur beider Intellektuellenstände" zu erklären suchte: "dort bei den Mandarinen, eine Beamten- und Amtsanwärterschicht, hier bei den Brahmanen, ein Literatenstand von teils fürstlichen Kaplänen, teils konsultierenden, respondierenden und lehrenden Theologen und Juristen, Priestern und Seelenhirten." (203, S. 137) Die Brahmanen waren wesentlich Berater einzelner Fürsten und Adeliger in privaten und politischen Fragen, sie waren Organisatoren von Staaten - immer auf der Basis der korrekten Lehre des Hinduismus. Ihren materiellen Lebensunterhalt bestritten sie, im Gegensatz zu den Mandarinen, nicht aus Staatsgehältern, sondern aus festen Land- und Abgaberenten, die auf Dauer vergeben waren.

Den entscheidenden Unterschied zwischen Indien und China sah Weber in der historischen Tatsache, daß es in Indien nicht die Institution eines kaiserlichen Oberpontifex gegeben hatte, vielmehr stand hier die Literatenschicht einer Vielzahl von Kleinherrschern der jeweiligen Teilstaaten gegenüber. Im Gegensatz zu den chinesischen Verhältnissen bezogen die einzelnen Fürsten ihre Legitimität nicht von einem übergeordneten Kaiser-Pontifex, sondern es galt, "daß der einzelne Fürst dann und insoweit als ein ‚legitimer', d. h. rituell korrekter Herrscher galt, als er sich in seinem Verhalten, zumal gegenüber den Brahmanen, an die heilige Tradition band" (203, S. 139). Eine der Hauptursachen für diese, von der chinesischen Form sehr verschiedene Legitimitätsherstellung sah Weber in der Tatsache begründet, daß das indische Fürstentum rein aus den Kriegszügen "charismatischer Kriegshäuptlinge" herausgewachsen war.

Bereits oben war die Rede von der für Weber entscheidenden Wichtigkeit der Einheit oder Zweiheit des politisch-militärischen Charisma und des magisch-priesterlichen Charisma. In Indien sollte die Trennung dieser beiden Quellen charismatischer Herrschaftsbegründung weitreichende Folgen haben: Besonders die Etablierung einer *selbständigen Priesterschaft* als gentilcharismatischer Zunft, d.h. als einer Kaste mit fester Abstammungs- und Bildungsqualifikation als Voraussetzung für das Amt, wie auch die Tatsache, daß kein hinduistischer Fürst oder Großkönig je eine pontifikale Gewalt beanspruchen konnte. Die Selbständigkeit und ständische Superiorität der Brahmanen verhinderte weiterhin die Entwicklung einer universell gültigen Ethik und führte zu einem Nebeneinanderbestehen von ständischen Ethiken, die untereinander verschieden und teilweise einander widersprechend waren.

Weber fragte nach den ideell-normativen Voraussetzungen für diese Zweiteilung und ständische Gebundenheit von "Ethiken" und stieß dabei auf ein zentrales Axiom hinduistischer Lehre: "Die Menschen waren nicht - wie für den klassischen Konfuzianismus prinzipiell gleich, sondern wurden zu allen Zeiten ungleich geboren, so ungleich wie Menschen und Tiere. Allerdings hatten sie alle die gleichen Chancen vor sich: Aber nicht in diesem Leben, sondern auf dem Wege der Wiedergeburt konnten sie entweder hinauf bis in den Himmel oder hinab bis in das Tierreich oder die Hölle gelangen. [...] eine ‚Sünde schlechthin' konnte es ja nicht geben. Sondern immer nur einen rituellen Verstoß gegen das konkrete, durch die Kastenzugehörigkeit bedingte Dharma. Es gab in dieser in ihrer Abgestuftheit ewigen Welt keinen seligen Urstand und kein seliges Endreich [...] also auch kein ‚Naturrecht' irgendwelcher Art. Sondern es gab - für die Theorie zum mindesten - nur heiliges, ständisch besondertes, aber positives Recht und innerhalb der von ihm [...] unreglementiert belassenen Gebiete positive Satzungen der Fürsten, Kasten, Gilden, Sippen, und Vereinbarungen der Individuen. [...] Denn es gab schlechthin eben keinerlei ‚natürliche' Gleichheit der Menschheit vor irgendeiner Instanz, am allerwenigsten vor irgendeinem überweltlichen ‚Gott'. Dies ist die negative Seite der Sache. Und diese ist die wichtigste: sie schloß die Entstehung sozialkritischer und im naturrechtlichen Sinn ‚rationalistischer' Spekulationen und Abstraktionen vollständig und für immer aus und hinderte das Entstehen irgendwelcher ‚Menschenrechte'." (203, S. 142ff.)

Derartige Anschauungen bewirkten nicht nur die Trennung von "weltlicher" und "geistlicher" Macht und die Bildung ständischer Spezial-Ethiken, sondern eine Reihe anderer Entwicklungen: Es gab in Indien keine Begriffe wie "Staat", "Staatsbürger", und es kam nicht zur Formation einer "politischen Ethik", was Weber anhand der Auffassungen über das politisch-militärische Verhalten der Fürsten verdeutlichte. Die Spezialisierung der ständischen Ethiken führte dabei jedoch, wiederum im Gegensatz zur konfuzianischen Ablehnung des "Fachmenschen", zur Ausbildung von Fachwissenschaften, vor allem zur Entwicklung einer formalen Logik als einer Kunstlehre des rationalen Beweises. Gerade weil es keine universelle, für das Leben in der Welt allgemein gültige Ethik gab, kam es in Indien zur Herausbildung technischer Kunstlehren für Spezialberufe und zu "Sondersphären des Lebens, von der Bautechnik bis zur Logik als Kunstlehre des Beweisens und Disputierens und bis zur Kunstlehre der Erotik" (203, S. 147).

Auch hier fragte Weber nach den Ursachen dieser, von ihm konstatierten spezifisch indischen Entwicklung: "Die Tatsache dieser Ideen-Entwicklung sowohl wie ihre Art stehen wiederum im Zusammenhang mit der sozialen Eigenart der indischen Literatenschicht, welche ihr Träger war." (203, S. 147) Damit wandte Weber sich der Organisation und den "Techniken" der Brahmanen zu, die nach ihrer Herkunft als "Priester", d. h. hier "Magier", zu interpretieren seien. Dabei interessierte ihn wiederum das spezifische Verhältnis des brahmanischen Hinduismus zu Askese und Mystik. - Das Brahmanentum konnte, nach Weber, "die historischen Beziehungen zur alten Magier-Askese, aus der es hervorgewachsen war, nie ganz abstreifen" (203, S. 148). Diese indische Askese war dabei "wohl die rational entwickelteste der Welt" und wurde zu einer "theoretischen Kunstlehre rationalisiert". Das Brahmanentum bildete jenen Stand von Ritualkundigen, deren soziale Ansprüche auf Wissen und vornehmer Bildung beruhten. Dieses Wissen insbesondere war es, das alle "irrationalen", im Sinne von emotionell-ekstatischen Praktiken von Askese und Mystik, als "unklassisch" und "barbarisch" ablehnte. Gerade die stark asketisch reglementierte innerweltliche Lebensführung des klassischen Brahmanen machten ihn erst zu einem "Arva" ("Gentleman"), zu dem man ausschließlich durch Bildung und eine "rationale" Methodik zur Erringung außeralltäglich heiliger Zustände werden konnte. Solche "rationalen" Methoden waren insbesondere die weltflüchtige Askese oder die Kontemplation; für derartige Wege der persönlichen mystischen Heilssuche versuchten die Brahmanen, mit wechselndem Erfolg, einen Monopol-Anspruch durchzusetzen und zu behaupten.

Weber schilderte im Detail die Organisation der indischen Einsiedler ("Yati") und der Schulen der isolierten "Berufsasketen" ("Guru"). Insbesondere die Schulen oder klosterartigen Organisationen ("Math") dienten dazu, den Brahmanen ohne Sorge für den Unterhalt ihr Wissen zu erhalten und weiterzugeben. Im Laufe der historischen Entwicklung kam deshalb die erbliche Zugehörigkeit zu einer alten Schule oder Klosterpfründnerschicht als Voraussetzung für die Kastenzugehörigkeit der Vollbrahmanen hinzu, d. h. zu derjenigen Brahmanenschicht, welche qualifiziert war einerseits zur Vollziehung der Riten und andererseits zur Annahme von Geschenken und Stiftungen ("Dakshina") (vgl. 203, S. 158f.). - Das Leben in diesen hinduistischen Klöstern hatte so gut wie keine Ähnlichkeiten mit den abendländischen Klosterregeln: Das hinduistische Mönchtum entwickelte sich aus wandernden Magiern, es blieb der Masse nach "wanderndes Bettelmönchtum", der gänzliche Austritt stand dem Einzelnen jederzeit offen, die Disziplin war lax, irgendwelche Arbeitspflichten konnte es, wie sich aus der Lehre über die Heilswege ergab, nicht geben.

Ähnlich wie für den Konfuzianismus untersuchte Weber die Stellung des Hinduismus zur "klassischen" Literatur. Obwohl sich auch die Brahmanen als "Schriftgelehrte" verstanden, war die hinduistische Kultur wesentlich weniger eine Schriftkultur als die chinesische. Im Grundsatz galt in Indien, daß die heilige Lehre nur von Mund zu Mund überliefert werden durfte, was weitreichende Auswirkungen hatte: Das Gerichtsverfahren war mündlich, die Rede spielte eine bedeutende Rolle als Machtmittel, die indische Sprachkultur war wesentlich auf das akustische Gedächtnis orientiert, mündliche Überlieferung und Rezitation hatten eine durchgehend große Bedeutung. - Dies alles führte zu Besonderheiten des "indischen Rationalismus" (203, S. 164), etwa das "Wuchern unermeßlichen Schwulsts" in der religiösen und ethischen Literatur und die Entwicklung einer "Pseudo-Systematik". Trotz ausgezeichneter wissenschaftlicher Leistungen auf den Gebieten der Algebra, Grammatik, Anatomie und Musikwissenschaft konstatierte Weber beispielsweise für die zeitgenössischen Naturwissenschaften einen Stand "etwa unseres 14. Jahrhunderts", da sie nicht "auch nur bis in die Vorhöfe des rationalen Experiments" gelangt seien (203, S. 165f.) - Das indische Denken ganz allgemein stünde "den Tatsächlichkeiten der Welt als solchen im letzten Grunde indifferent gegenüber" und sei formal bestimmt "durch die Techniken der Kontemplation der Intellektuellenschichten" (203, S. 167).

Bei der Untersuchung derartiger Kontemplationstechniken beschäftigte Weber sich ausführlich mit der "typischsten Form der Intellektuellen-Heilstechnik", dem "Yoga", das er als "Rationalisierung der alten ekstatischen Zaubererpraxis" interpretierte. Diese und andere Techniken hatten alle das gleiche Ziel: "Immer handelte es sich darum, von der Welt der Sinne, der seelischen Erregungen, Leidenschaften, der Triebe und Strebungen, der nach Mitteln und Zwecken geordneten Erwägungen des Alltagslebens loszukommen, um dadurch die Vorbedingungen zu schaffen für einen Endzustand, der ewige Ruhe bedeutet: die Erlösung (moksha, mukti) von diesem Getriebe, die Vereinigung mit dem Göttlichen." (203, S. 171) Immer ging es um die Abwendung vom Alltagsleben und die Erlösung von der Welt als solcher. Nicht das Leiden, die Sünde, die Lieblosigkeit oder Unvollkommenheit der Welt waren es, von denen der Gläubige entkommen wollte, sondern die Vergänglichkeit der Welt. Diese Welt erschien als ein ewiges, sinnloses "Rad" von Wiedergeburt und Wiedertod, gleichmäßig abrollend in alle Ewigkeiten der Zeiten hinein - und von ihr galt es loszukommen, und zwar als Einzelner. "Die religiöse Einsamkeit der Einzelseele ist, außer im Prädestinationsglauben, niemals auf einen solchen Resonanzboden gestellt worden, wie in dieser Konsequenz der brahmanischen Lehre, die dabei gerade umgekehrt wie der Gnadenwahlglaube das Schicksal jeder einzelnen Seele gänzlich deren eigenes Werk sein ließ." (203, S. 174f.)

Weber widmete sich detailreich den Inhalten der großen indischen Lehrsysteme, die er als "rationale Konzeptionen stolzer und in ihrer Art konsequenter Denker" (203, S. 184) darstellte; dabei ging er insbesondere auf die Veda-Schulen der Samkhya und der Vedanta ein und untersuchte deren Vorstellungen über die verschiedenen Heilswege (rituelle Werke, Askese und Wissen). Gerade die unterschiedlichen, kasten- und berufsspezifischen Forderungen an das "Dharma", als den für den Einzelnen verbindlichen "Pfad" sozial-ethischen Verhaltens, führten zu erheblichen Spannungsverhältnissen zwischen "Alltags-Dharma" und religiösem Heilsstreben. Was dem brahmanischen Intellektuellen als Dharma erschien, also im wesentlichen "Weltflucht", konnte den Bedürfnissen der gebildeten Laienschaft, insbesondere der Ritterschaft, keineswegs entsprechen. Allen gemeinsam war jedoch der Glaube an die entscheidende Bedeutung der "Beständigkeit" im Gnadenstand. Wer ohne Rücksicht auf Erfolg und ohne persönliches Interesse an seinem Tun seinem ganz eigenen Dharma folgte, dem wurde die Gnade der Erlösung zuteil (vgl. 203, S. 199).

Nach seiner eingehenden Beschäftigung mit der klassischen indischen Literatenanschauung, wie sie die Intellektuellenschicht der alten Adels- und Kleinfürsten-Epoche geschaffen hatte, wandte Weber sich zwei anderen religiösen Entwürfen in Indien zu, "welche in allem

Wesentlichem auf dem Boden der alten Intellektuellenschicht gewachsen waren, aber von dem Brahmanentum als nicht nur unklassisch, sondern auch als ärgste und verwerflichste Ketzereien bekämpft, verflucht und gehaßt wurden" (203, S. 202): dem *Buddhismus* und dem *Jainismus*.

Der Jainismus stand in seinen allgemeinen Lehren auf dem Boden des klassischen Hinduismus, insbesondere teilte er die Auffassung, daß die "Erlösung" in der Befreiung vom Rade der Wiedergeburten bestehe und daß diese nur durch die Loslösung von dieser Welt der Vergänglichkeit, des innerweltlichen Handelns und des am Handeln haftenden Karman zu erlangen sei. Heterodox war diese Lehre vor allem wegen der Ablehnung der Veda-Bildung, des Rituals, und insbesondere wegen ihrer Ablehnung des Brahmanentums. Im Jainismus wurde die Askese als Mittel der Erlösung, neben Studium und Meditation, auf die äußerste Spitze getrieben: "die höchste Heiligkeit erlangt, wer sich zu Tode hungert" (203, S. 206). - Um jede Verstrickung in persönliche oder örtliche Beziehungen zu verhindern, legten die klassischen Jaina-Regeln dem Mönch die Pflicht eines ruhelosen Wanderns von Ort zu Ort auf; diese Pflicht verursachte mit eine gewaltige missionierende Kraft dieses Ordens von "Berufsmönchen". Für die Jaina-Laien, die als schlechthin unmündig betrachtet wurden, galten teilweise entgegengesetzte Regeln, wie beispielsweise ein quasi Reiseverbot. Allgemein galt eine Begrenzung des Besitzes über das "Nötige" hinaus: Nicht der Erwerb von Reichtum war verboten, sondern das Streben danach, reich zu "sein". Diese Lehre, verbunden mit dem überaus strengen Verbot, Falsches oder Übertriebenes zu sagen, bewirkte "die absolute Redlichkeit im ökonomischen Verkehr", so daß die Jaina, die fast durchweg Händler wurden, für ihre Redlichkeit berühmt wurden (vgl. 203, S. 212). Sie widmeten sich in erster Linie dem Bank- und Geldleihgeschäft, weswegen Weber sie mehrfach mit den Juden verglich. Die Jaina, die sich selbst als eine spezifisch asketische Sekte empfanden, entgingen nicht dem Prozeß der Hinduisierung und wurden zu einer zahlenmäßig unbedeutenden Gruppe, die Webers Interesse nur als eine ganz spezifische Kaufmannssekte weckte.

Anders hingegen steht es mit dem Buddhismus, dem Weber sich sehr eingehend widmete. Das spezifische Ideal des alten Buddhismus war, sich der Seligkeit des weltentronnenen Lebens schon im Diesseits zu erfreuen; um dieses Ziel zu erlangen, galt es, sich aller Ablenkungen zu entledigen, wozu sowohl die Askese wie die Spekulation über irgendwelche Probleme (diesseitige und jenseitige, soziale und metaphysische) gerechnet wurden. Der alte Buddhismus war die "religiöse ‚Kunstlehre' eines wandernden, intellektuell geschulten Bettelmönchtums" (203, S. 220). Er ist, darin dem Hinduismus vergleichbar, eine "Erlösungsreligion", worunter nicht zu verstehen ist: Erlösung zu einem ewigen Leben, sondern: Erlösung vom Kreislauf des Lebens und Sterbens, motiviert durch einen "Überdruß am Tod" (vgl. 203, S. 222). Diese "Erlösung" ist dabei ausschließlich die Tat des einzelnen Individuums, das dafür keinerlei Hilfe bei einem Gott oder Heiland bekommt: Es gibt weder "Gnade" noch "Prädestination" die "Erleuchtung" ist einzig der Lohn unausgesetzter meditierender Versenkung. Ziel dieser Meditation ist wesentlich eine "Wahrheit": den "Durst" (trishna) nach Welt und Menschen, der immer mit Leiden bezahlt werden muß, als sinnlos zu erkennen. Nur derjenige, der frei von Sehnsucht nach der Welt und einem jenseitigen Leben ist, der ist dem endlosen Rade der Wiedergeburten entronnen. - Diese Erlösung, als eine absolut individuelle Leistung aus eigener Kraft, bedarf keiner Bestätigung und Bewährung in irgendwelchem inner- oder außerweltlichen Handeln; sie zieht weiterhin keine Folgen im sozialen Verhalten nach sich, da ja dem Einzelnen auch keine soziale Gemeinschaft dabei helfen kann: "der spezifisch asoziale Charakter aller eigentlichen Mystik ist hier auf das Maximum gesteigert" (203, S. 230). Eine derartige "Ethik des Nicht-Handelns" konnte natürlich auch keine "rationale Wirtschaftsethik" entwickeln (vgl. 203, S. 234f.). "Irgendeine religiöse Prämie auf ein bestimmtes ökonomisches Verhalten fehlt auch sonst in jeder Richtung völlig." (203, S. 236) - Aus der Lehre, daß der Grund allen Lebens und damit allen Leidens der sinnlose "Durst" nach Leben und der Erhaltung der Individualität, selbst über den Tod hinaus, ist, ergibt sich die Forderung nach der totalen Ausrottung jeder Art von innerweltlicher Motivation des Handelns überhaupt. "Es fehlt also der im okzidentalen Mönchtum zunehmend entwickelte, für dessen Eigenart so wichtige Zug zur rationalen Methodik der Lebensführung auf allen Gebieten *außer* in der rein geistigen Systematisierung des konzentrierten Meditierens und der reinen Kontemplation." (203, S. 240)

Wiederum interessierte Weber die Frage nach dem dominanten Medium der Darstellung und der Weitergabe der Lehre: Im Buddhismus war es "der sokratische Dialog, durch welchen der Gegner im Wege eines wohlüberlegten Raisonnements ad absurdum geführt und zur Unterwerfung gezwungen wird" (203, S. 244f.). - Das Verständnis und die Teilnahme an solchen Dialogen setzte, das betonte Weber, eine "sehr gute Kinderstube" voraus, was sicherlich ein wesentlicher Grund dafür war, daß der Buddhismus mit keiner "sozialen Bewegung" verbunden war und auch keine "sozialpolitischen Ziele" aufstellte. Diese "absolut unpolitische Bewegung" ist als Ganzes "Erzeugnis nicht etwa negativ, sondern vielmehr stark positiv privilegierter Schichten", die die soziale Ordnung nicht zu ändern suchten (vgl. 203, S. 247).

In diesem Zusammenhang stieß Weber auf eine Paradoxie: Als eine extrem individualistische Erlösungsreligion, die zudem von unterschiedlicher, unveränderlicher charismatischer Qualifikation der Menschen ausging, wurde der Buddhismus eine der größten Missionsreligionen der Erde. Als "reale praktische Antriebe" dafür bezeichnet Weber insbesondere die materiellen Interessen der Mönche: "Entscheidend war für den *Erfolg* der Propaganda bei den Jaina wie bei den Buddhisten: das Auftreten von ‚Berufsmönchen' in der Form von Gemeinschaften. Das entscheidende *Motiv* aber für den Betrieb der Propaganda lag natürlich in den materiellen Interessen der Mönche an der Vermehrung der Nahrunggeber". (203, S. 249) - Dem großen Erfolg der buddhistischen Missionierung kamen darüber hinaus noch einige günstige Umstände zugute: Die einzigen Ansprüche, die diese Lehre an die Laien stellte, war dic Pflicht, den Unterhalt der Mönche bzw. eines einzelnen Mönches zu bestreiten. Dieser "rein parasitäre Charakter der buddhistischen Nahrungssuche" führte zu einer "Überschwemmung des Landes mit missionierenden Jüngern und Mönchen", die in die aufblühenden Städte und in die größeren Ortschaften drängten. - Es ist dabei jedoch festzuhalten, daß Weber diesem Aspekt der historischen Entwicklungen keine determinierende Bedeutung zumaß: "Dennoch hätte der Buddhismus mindestens seinen internationalen Eroberungszug wohl nicht antreten können ohne die historische Zufälligkeit: daß einer der ersten Großkönige, die fast das ganze indische Kulturgebiet beherrschten, sein leidenschaftlicher Anhänger wurde [...]" (203, S. 250).

Aus dem bisher Gesagten wurde deutlich, daß in Webers Darstellung sowohl der Hinduismus als auch der Buddhismus ganz wesentlich Heilslehren für vornehme Intellektuelle und von vornehmen Intellektuellen waren. Eine Reihe von Ursachen und Wirkungen dieser schichtspezifischen Gebundenheit der beiden großen religiösen Entwürfe Indiens wurde bereits angeführt; entscheidend war, daß die Inhalte und Lehren ganz wesentlich auf jene winzige Gruppe zugeschnitten waren, die in der konsequenten Befolgung zu Mönchen wurde und die religiösen Bedürfnisse der übrigen Gesellschaftsmitglieder ignorierte. Diesem Problem und den darauf folgenden Wirkungen wandte Weber sich im dritten Abschnitt zu, in dem er sich mit der asiatischen Sekten- und Heilandsreligiosität befaßte.

Dabei gab es jedoch auch innerhalb des Buddhismus Wandlungsprozesse, für die, "neben der unvermeidlichen Akkomodation an die Bedingungen der Existenz in der Welt", wesentlich das Interesse der Laienschaft verantwortlich gemacht wurde (vgl. 203, S. 252f.). Insbesondere nach der Etablierung eines indischen Großkönigtums unter der Dynastie der Maurya kam es zur Herausbildung eines stehenden Heeres, eines königlichen Beamtentums, einer großen Gruppe königlicher Steuerpächter und einer königlichen Polizei. An die Stelle des alten Kleinkönigtums trat nunmehr der Patrimonialismus der Großkönige, und damit wandelte sich die Lage des Adels wie auch des bürgerlichen Patriziats. Insbesondere nach dem Übertritt von Açoka, dem ersten Großkönig der Maurya-Dynastie, der über ein indisches Einheitsreich herrschte, zum Buddhismus kam es zu einer Epoche, die sich "auf die Befriedigung plebejischer religiöser Bedürfnisse einstellte." (203, S. 254)

Weber machte deutlich, daß gerade der Kleinbürger und Bauer mit den Heilslehren der vornehmen Bildungsschichten nichts anfangen konnte, einerseits, weil ihm die Ziele, Nirwana und eine Vereinigung mit dem Brahman zu begehren, wenig attraktiv erschienen, andererseits, weil ihm die Mittel zu deren Erlangung, insbesondere die dafür notwendige Muße, nicht zur Verfügung standen. Und vor allem fehlte ihm eines: "Es befriedigte in gar keiner Art das eigentlich religiöse Bedürfnis nach emotionalem *Erleben* des Überweltlichen und nach Nothilfe in äußerer und innerer Bedrängnis. Jenes ungebrochene emotionale Bedürfnis insbesondere war und ist aber überall für den psychologischen Charakter der Religion bei den Massen das ausschlaggebende, im Gegensatz zu dem rationalen Charakter aller Intellektuellensoteriologie." (203, S. 255)

Der Weg der Anpassung an diese "spezifisch plebejischen religiösen Bedürfnisse" ging nach Weber in aller Welt über zwei typische

Möglichkeiten: die Magie oder einen Heiland. - Weber stellte sehr ausführlich die Wandlungsprozesse des alten Buddhismus dar, dessen Wirkungen beispielsweise die Entwicklung eines karitativen Wohlfahrtsstaats-Ideals, die Entwicklung einer literarischen Tradition und insbesondere ein "Vergottungsprozeß", d. h. die Uminterpretation des Buddha von einem exemplarischen Menschen zu einem "Heiland", waren. Als die Hauptursachen dieser "tiefgreifenden Umwandlungen" stellte Weber die Anpassung an die religiösen Bedürfnisse der Laien, sowie die "Anpassung an die ökonomischen Existenzbedingungen in der Welt" (203, S. 271) dar.

Nach seinen eingehenden Untersuchungen des Buddhismus und dessen Weiterentwicklungen kehrte Weber nochmals zu dessen historischem Ausgangspunkt, der Etablierung eines indischen Großkönigtums, zurück und wandte sich einer zweiten Entwicklungslinie zu: den vorher und weiterhin bestehenden *Hindu-Sekten*, die sowohl von der hinduistischen Lehre der orthodoxen vornehmen Brahmanen, als auch vom Buddhismus abgelehnt wurden. Auch diese Sekten unterlagen Veränderungen, die ganz wesentlich durch die Opposition gegen die Intellektuellenlehre und durch die religiösen Bedürfnisse der aliterarischen Schichten bestimmt wurden. "Die alte vornehme Intellektuellensoteriologie hatte, wie wir sahen, alle orgiastisch-ekstatischen und gefühlsmäßigen, ebenso die damit zusammenhängenden magischen Bestandteile des urwüchsigen Volksglaubens abgelehnt und ignoriert. Sie bestanden als eine verachtete Unterschicht von Volksreligiosität unterhalb des brahmanischen Ritualismus und der Heilssuche auf dem Wege der brahmanischen Gnosis, gepflegt zweifellos, wie überall, von einer Schicht schamanenartiger Zauberer." (203, S. 322) - Weber ging sehr detailliert ein auf diese magisch-orgiastischen Lehren und Praktiken der Tantra-Magie, der Sakta-Sekten, des Çivaismus, des Vischnuismus, der Krischna-Orgiastik und des Rama-Kultes. Ganz besonderes Augenmerk widmete Weber bei allen diesen Darstellungen der Rolle und Bedeutung der jeweiligen Gurus, deren Macht gerade in den Massensekten außerordentlich groß wurde und deren teilweise fürstliche Einkünfte "das Widerstreben der Brahmanen gegen die Übernahme solcher Stellungen stark verminder[te]" (203, S. 351). Weber verglich die enorme gesellschaftliche, ökonomische und politische Macht der Gurus, die durch die von den Engländern importierte kapitalistische Entwicklung nochmals stark gefördert wurde (vgl. 203, S. 356), mit den Entwicklungen der katholischen Anstaltskirche, und beobachtete entscheidende Unterschiede, die er ganz wesentlich mit der okzidentalen Entwicklung eines Papsttums erklärte (vgl. 203, S. 358f.). Für Indien stellte er fest: "Es war ganz offensichtlich gar nicht daran zu denken, daß eine durch solche inneren Mächte beherrschte Gemeinschaft jemals aus ihrer Mitte das hätte gebären können, was wir hier unter ‚Geist des Kapitalismus' verstehen. Selbst die Übernahme des ökonomisch und technisch fertigen Gebildes als Artefakt, so wie sie die Japaner vollzogen haben, stieß offenbar und ganz begreiflicherweise hier trotz der englischen Herrschaft auf ganz bedeutende und offenbar größere Schwierigkeiten als in Japan. Wenn heut [!] die Durchdringung der indischen Gesellschaft mit kapitalistischen Interessen schon eine so tiefgehende ist, daß sie wohl nicht mehr auszurotten wäre, so konnten vor wenigen Jahrzehnten noch hervorragende englische Kenner des Landes mit guten Gründen die Überzeugung vertreten: daß beim Wegfall der dünnen europäischen Herrenschicht und der von ihr erzwungenen pax Britannica unter den auf Tod und Leben verfeindeten Kasten, Konfessionen und Stämmen die ganze alte feudale Räuber-Romantik des indischen Mittelalters wieder ungebrochen ins Leben treten würde." (203, S. 359)

Für den in Indien geltenden "ökonomisch und sozial traditionalistischen Zug im Hinduismus" machte Weber insbesondere verantwortlich die Kastengebundenheit, die Guru-Herrschaft über die Massen und das Dogma von der Unveränderlichkeit der Weltordnung. "Die Weltentwertung, welche jede Erlösungsreligion mit sich führt, konnte hier nur absolute Weltflucht werden, ihr höchstes Mittel nicht aktive Askese des Handelns, sondern mystische Kontemplation. [...] Immer blieb die Außeralltäglichkeit und Irrationalität der Heilsmittel bestehen. [...] Schlechthin keinem Hindu wäre es eingefallen, in dem Erfolg seiner ökonomischen Berufstreue das Zeichen seines Gnadenstandes zu erblicken oder - was wichtiger ist - die rationale Umgestaltung der Welt nach sachlichen Prinzipien als eine Vollstreckung göttlichen Willens zu werten und zu unternehmen." (203, S. 359f.)

Als Abschluß seines "überaus oberflächlichen Rundgangs durch die asiatische Kulturwelt" unternahm Weber den Versuch einer Zusammenfassung seiner Ergebnisse, wobei er den Vergleich mit der okzidentalen Entwicklung zum Ansatz der Einordnung machte. Asien stellte sich für Weber als das Gebiet der freien Konkurrenz der Religionen, der "Toleranz" dar, mit seinem Nebeneinander der Kulte,

Schulen, Sekten und Orden aller Art. Die Scheidung der Orthodoxen von den Heterodoxen war dabei ganz wesentlich eine soziale, schichtspezifische. Insbesondere die "Kluft" zwischen den literarisch gebildeten Intellektuellen und der aliterarischen Masse der "Banausen", und zudem die Überzeugung, daß es das Wissen sei, das den absoluten Weg zum höchsten Heil ermögliche, charakterisierte die asiatische Religiosität. Dieses "Wissen" war dabei kein "rationales Darbieten und Erlernen empirisch-wissenschaftlicher Kenntnisse, welche die rationale Beherrschung der Natur und der Menschen ermöglichen, wie im Okzident. Sondern es ist das Mittel mystischer und magischer Herrschaft über sich und die Welt: Gnosis. Sie will durch ein intensivstes Training des Körpers und Geistes: entweder durch Askese oder, und zwar regelmäßig, durch angestrengte methodisch geregelte Meditation errungen werden." (203, S. 365) Aus diesen Anschauungen ergaben sich sowohl der "Heilsaristokratismus" asiatischer Heilslehren als auch deren "asozialer und apolitischer Charakter". "Die Weltindifferenz war die gegebene Haltung, mochte sie nun die Form der äußerlichen Weltflucht annehmen oder die des zwar innerweltlichen, aber dabei weltindifferenten Handelns: einer Bewährung also *gegen* die Welt und das eigene Tun, nicht in und durch beides." (203, S. 367)

Trotz der enormen sozialen Kluft zwischen den Trägern der Intellektuellenreligiosität und der plebejischen Massenreligiosität waren es doch die, meist erblichen, Charismaträger, welche die praktische Lebensführung der Massen bestimmten und ihnen magisches Heil spendeten. Und damit stand auch der ökonomische Alltag unter deren bestimmendem Einfluß, der die Ausbildung einer rationalen praktischen Ethik und Lebensmethodik, die aus diesem "Zaubergarten" hätte herausführen können, verhinderte.

Für Weber waren es diese "geistesgeschichtlichen Ursachen", die trotz des verbreiteten Vorhandenseins einer "schrankenlosen Erwerbsgier des Asiaten" eine Entwicklung in Richtung Kapitalismus unmöglich machten: "Es fehlte gerade das für die Ökonomik des Okzidents Entscheidende: die Brechung und rationale Versachlichung dieses Triebcharakters des Erwerbsstrebens und seine Eingliederung in ein System rationaler innerweltlicher Ethik des Handelns, wie es die ‚innerweltliche Askese' des Protestantismus im Abendland, wenige innerlich verwandte Vorläufer fortsetzend, vollbracht hat. Dafür fehlten in der asiatischen religiösen Entwicklung die Voraussetzungen." (203, S. 372) - Zu diesen, in den Augen Webers sicher entscheidenden Ursachen für das "Ausbleiben des ökonomischen Rationalismus" kamen noch weitere, etwa die geographische Lage und die dadurch mitbedingte Einschränkung des Fremdhandels, der Feudalismus (speziell in Japan), schließlich das Fehlen einer Sprachgemeinschaft.

Als zentral entscheidend jedoch bewertete Weber die *ideellen Ordnungen*, verbunden mit den *materiellen Interessen ihrer Träger* in spezifischen Sozialstrukturen und historischen Situationen, wenn er abschließend schrieb: "Die soziale Welt klaffte auseinander in die Schicht der Wissenden und Gebildeten und in die der bildungslosen plebejischen Massen. Den Vornehmen blieben die sachlichen inneren Ordnungen der realen Welt, der Natur wie der Kunst, der Ethik wie der Ökonomik, verborgen, weil sie ihnen jeden Interesses bar schienen. Ihre Lebensführung orientierte sich, im Streben nach einem Außeralltäglichen, an dem Beispiel ihrer durchweg dem Schwerpunkt nach *exemplarischen Propheten* oder Weisen. Den Plebejern aber erschien keine ethische, ihren Alltag rational formende *Sendungs*prophetie. Das Auftreten dieser aber im Okzident, vor allem in Vorderasien, mit den weittragenden Folgen, die sich daran knüpften, war durch höchst eigenartige geschichtliche Konstellationen bedingt, ohne welche, trotz allen Unterschieds der Naturbedingungen, die Entwicklung dort leicht in Bahnen hatte einmünden können, welche denen Asiens, vor allem Indiens, ähnlich verlaufen wären." (203, S. 378)

Die Weberschen Untersuchungen der Wirtschaftsethik des *antiken Judentums*, die er im "Archiv" 1917/18 (Bibl. Nr. 150) und 1918/19 (Bibl. Nr. 166) veröffentlichte, und die unverändert als dritter Band der "Gesammelten Aufsätze zur Religionssoziologie" posthum publiziert wurden, weichen sowohl in ihrem Aufbau als auch stilistisch von den beiden vorangegangenen ab. Die Gliederung ist wesentlich chronologisch aufgebaut, der Stil ist sehr viel stärker narrativ. In seinen Arbeiten über das Judentum verharrte Weber weit intensiver bei den theologischen und historischen Entwicklungen und stieß sehr viel seltener zur Frage nach den ökonomischen Voraussetzungen und Wirkungen dieser Weltreligion durch.

Bei der soziologischen Einordnung des Judentums verwandte Weber durchgängig den Begriff des "*Pariavolkes*", worunter er "ein rituell, formell oder faktisch, von der sozialen Umwelt geschiedenes

Gastvolk" (204, 5.3) verstand. Im Gegensatz zu den bereits behandelten indischen Pariastämmen wurde das Judentum ein Pariavolk in einer kastenlosen Umwelt, und seine Heilserwartungen unterschieden sich erheblich von denen indischer Kasten. Bei seiner grundlegenden Frage: "wie sind die Juden zu einem Pariavolk mit dieser höchst spezifischen Eigenart geworden?" (204, S. 8) wird sowohl deutlich, daß diese Fragestellung sich von der nach einer eigentümlichen *Wirtschaftsethik* des Judentums unterscheidet, als auch, daß hier ganz wesentlich eine *historisch-soziologische Fragestellung* vorliegt.

Wiederum recht detailliert schilderte Weber die Gesamtlage der Bewohner des syrisch-palästinensischen Berglandes zwischen Mesopotamien (Babylon) und Ägypten, wobei ihn vor allem die kulturellen, klimatischen, geographischen und ökonomischen Bedingungen beschäftigen. Die soziale Struktur erschloß er aus dem Konflikt zwischen den Wüsten-Beduinen und einem städtischen Patriziat - in Städten, die häufig Sitz eines Wehrverbandes, des Lokalgottes und seiner Priester und des politischen Machtträgers waren, für die jedoch die Sippen-Organisation von erheblicher Bedeutung war. - Eingehend beschäftigte Weber sich mit der politischen Entwicklung Israels, vor allem mit der Entstehung einer Aristokratie und eines Königtums. Auch in den israelischen Städten kam es zur typischen antiken Klassenschichtung: Die stadtsässigen Patriziersippen beherrschten ökonomisch das flache Land, die Bauern waren ihre Schuldner (vgl. 204, S. 25ff.). - Die Handwerker und Kaufleute wurden als "gerim" (Beisasse, Metöke) eingestuft und bildeten, zumindest die "Königshandwerker" (Goldschmiede, Krämer, Salbenhändler), einen spezifisch städtischen "Demos", der zumeist in Gilden organisiert war.

Neben den freien kamelzüchtenden Beduinen und der bodenständigen Bevölkerung - Stadtpatriziat und Bauern - wandte Weber sein Interesse einer dritten Gruppe zu, die für seine Darstellung eine ausschlaggebende Bedeutung bekam: den halbnomadischen Kleinviehzüchtern, die vor allem Schafs- und Ziegenzucht betrieben. Infolge einschneidender historischer Entwicklungen - Wechsel von Krieg und Frieden, Bevölkerungswachstum, Entstehen von großen Landbesitzungen - kam es zu einer immer stärkeren Bindung an feste und kleine Weidebezirke, zu einer starken Verminderung der Zahl dieser Gruppen und zur Entmilitarisierung dieser Hirten (vgl. 204, S. 46-55). - Für Weber waren nun gerade diese Hirtenstämme aus einem Grund von entscheidender Bedeutung: Sie spielten für die Prägung der prophetischen Jahwe-Religion "eine beträchtliche historische Rolle"; aus ihnen leiteten sich die "Erzväter" ab, die als ganz spezifisch pazifistische Erscheinungen geschildert werden. Die Kleinviehzüchter waren "machtlos eingekeilt" zwischen drei untereinander ebenfalls verfeindeten Gruppierungen: den seßhaften Akkerbauern, den nomadisierenden Beduinen und dem Stadtpatriziat (vgl. 204, S. 59-64). - Erst die Schaffung einer einheitlichen Militärmonarchie mit einem Aufgebot wagenkämpfender Ritter und die Gründung der Hauptstadt Jerusalem bewirkten, daß "[d]ie bisher wesentlich nebeneinander gelagerten sozialen Gebilde: Viehzüchterstämme, Bauernstämme, Städte [...] nun in Eins geschmolzen [wurden], die Hauptstadt und die in ihr ansässigen Herrensippen politisch ausschlaggebend [wurden]" (204, S. 65).

Weber verfolgte die Widerspiegelung dieser sozialen Strukturverhältnisse in den jüdischen Rechtssammlungen (204, S. 66-81) und stieß dabei auf den - seiner Ansicht nach - entscheidenden Begriff der "berith", der Bezeichnung für den *Schwurbund*, als der maßgeblichen Voraussetzung für die "Theokratisierung der israelitischen Sozialordnung" (204, S. 81). Die "berith" wurde zur entscheidenden Voraussetzung für sämtliche rechtlichen und sozialen Beziehungen innerhalb der israelischen Gesellschaft, so daß Weber zum Ergebnis kam: "In immer wiederholten rituellen Bundesschlüssen sehen wir sich nun auch in historischer Zeit die innerpolitische Geschichte Israels bewegen." (204, S. 86)

Die mit dem Begriff der "berith" verbundene Besonderheit der israelischen Geschichte sah Weber darin begründet, "daß die alte Sozialverfassung Israels zum sehr wesentlichen Teil auf einer durch Kontrakt regulierten Dauerbeziehung grundbesitzender Kriegersippen mit *Gaststämmen* als rechtlich geschützten Metöken: Wanderhirten, Priestern, beruhte. [...] Daß aber der Bund mit dem Gott Jahwe selbst eine für Israels Selbstbeurteilung mit seiner Gesamtstellung unter den Völkern grundlegende Konzeption wurde, hing mit folgenden weiteren Umständen zusammen." (204, S. 87) Weber führte hier an: die große Labilität aller politischen Verbände und die außerordentliche Stabilität der religiösen Orden - wie beispielsweise der Rechabiten. Wieso es zu solchen Ordensgründungen kam und wodurch deren große Stabilität bedingt war, dazu findet sich eine, auch methodologisch entscheidende Stelle: "Der Tatbestand war dabei nun nicht etwa der: daß die Lebensbedingungen der Beduinen und Halbnomaden eine Ordensgründung aus sich heraus ‚erzeugt' hätten, etwa als ‚ideologische Exponenten' ihrer ökonomischen Existenzbedingungen. Diese Art materialistischer Geschichtskonstruktion ist hier wie sonst unzutreffend. Vielmehr: *wenn* eine solche Gründung erfolgte, so hatte sie, unter den Lebensbedingungen dieser Schichten, die weitaus stärksten *Chancen*, im Auslesekampf die übrigen, labileren politischen Gebilde zu überdauern. *Ob* sie aber entstanden, das hing von ganz konkreten religionshistorischen und oft höchstpersönlichen Umständen und Schicksalen ab. [...] Muhammeds sowohl wie Jonadab ben Rechab's Verkündigungen sind nicht als Produkte populationistischer oder ökonomischer Bedingungen zu ‚erklären', so sehr ihr Inhalt durch solche mitbestimmt wurde. Sondern sie waren Ausdrücke persönlicher Erlebnisse und Absichten. Aber die geistigen und sozialen Mittel, deren sie sich bedienten, und ferner die Tatsache des großen *Erfolgs* gerade dieses Typus von Schöpfungen sind allerdings aus jenen Lebensbedingungen zu verstehen." (204, S. 88f.)

Weber befaßte sich eingehend mit der Gründungsgeschichte und der Struktur des Stammes Juda, einer spezifisch religiösen Verbrüderung als Grundlage eines festen Stammeszusammenhaltes, wobei die israelische Eidgenossenschaft von ihm als ein kultischer Kriegsbund dargestellt wurde, der mit Jahwe, als dem Kriegsgott dieses Bundes, eine "berith" geschlossen hatte. Insbesondere interessierten Weber die Grundlagen der Rechtssprechung innerhalb dieses Bundes und die Konzeption des "heiligen Krieges", die diesem Bund eigentümlich ist. Für Weber erklärten sich bestimmte religiöse Eigenheiten, wie etwa die Beschneidung, ganz wesentlich aus der mit dieser Konzeption verbundenen Kriegeraskese.

Erst unter dem König Salomon entstand aus der lockeren Eidgenossenschaft von Bauern, Hirtensippen und kleinen Bergstädten ein straff organisiertes politisches Gebilde, ein Stadtkönigtum mit zwölf königlichen Verwaltungsbezirken, einem wagenkämpfenden Ritterheer, königlichen Beamten, Offizieren und Richtern. Diese Entwicklung hatte eine Vielzahl von gesellschaftlichen Auswirkungen, vor allem die der Steigerung der Macht der schulmäßig gebildeten Priester an Stelle der charismatischen Ekstatiker und die der Entmilitarisierung der bäuerlichen Schichten.

An dieser Stelle seiner Darstellung der historischen Entwicklung des Judentums stieß Weber auf eine Figur, die ihn in seiner weiteren

Darstellung des antiken Judentums nicht mehr loslassen wird: den *Propheten.* - Im antiken Judentum gab es, wie überall auf der Welt, das Auftreten von Hellsehern und Magiern, die vor allem durch Orakelweissagung und -interpretation eine unterschiedlich einflußreiche Rolle spielten. Weber sah nun jedoch in Israel eine ganz besondere Ausprägung dieses ursprünglichen Typus auftreten, die sich allein dadurch vom weltweit verbreiteten Wahrsager und Magier unterschied, daß sie die üblicherweise gebräuchlichen Techniken orgiastischer Rauschmittel, sexueller Orgiastik und der Massenekstase ablehnte und zudem spezifisch *politische Prophezeiungen* verbreitete. Insbesondere aus den Gruppierungen der Viehzüchterstämme traten Propheten auf, deren Verkündigungen sich nicht primär an die verfassungsmäßigen Gewalten richteten, sondern primär an die Adresse der politisch interessierten Öffentlichkeit. Sie gaben diese Wahrsagungen nicht auf Anfrage ab, sondern erschienen ungefragt und verkündeten vor allem drohendes Unheil. - Die Geschichte derartiger Propheten begann für Weber mit dem Propheten Elia, von dem es bei Weber heißt: "Elia empfängt seine Befehle von Jahwe in der Einsamkeit und verkündet sie persönlich, als Bote Gottes. [...] Darauf und auf der bis dahin unerhörten Rücksichtslosigkeit seines Auftretens gegenüber den politischen Machthabern beruhte sein beispielloses Prestige. Historisch aber ist er wichtig als der erste historisch leidlich sicher greifbare *Unheilsprophet* und darin der Vorläufer jener Reihe großartiger Gestalten, die für unseren heutigen literarischen Bestand mit Amos beginnt und mit Hesekiel ein Ende nimmt. Sie wurden die geistigen Träger der Opposition gegen das Königtum [...]." (204, S. 118) - Das soziologisch bedeutsame Unterscheidungskriterium dieser Propheten von eventuell vergleichbaren Erscheinungen ist die Tatsache, daß sich eine derartige Unheilsprophetie - im Gegensatz zur "Heilsprophetie" - nicht berufsmäßig lehren läßt und daß sie vor allem nicht erwerbsmäßig verwertbar ist.

Gerade dieser zuletzt genannte Gedanke, verbunden mit der eindrucksvollen Mischung aus grenzenloser Einsamkeit und ebenso grenzenloser Rücksichtslosigkeit dieser "großen Ideologen des Jahwismus", war es sicherlich, der Weber so erkennbar an den israelischen Propheten faszinierte. Er wurde nicht müde, die einzelnen Repräsentanten dieses Typus ausführlich darzustellen - besonders eindruckvoll seine psychologische Charakterisierung von Amos, Hosea, Jesaja, Jeremias und Hesekiel (204, S. 320) - und ihre Lehren im

Detail auszubreiten. Ihre Orientierung am "guten alten Recht" des altisraelischen Bundes, ihre kompromißlose Kritik an der sozialen Ungerechtigkeit der Könige und ihrer verderbten Lebensführung, ihre leidenschaftliche Gegnerschaft gegen die Bürokratie, die für sie nur die Schreckensvision des "ägytischen Fronhauses" war - diese und andere Momente waren es, die Weber so ausführlich auf diese Schicht literarisch gebildeter politischer Ideologen eingehen ließen, die er als die "unbequemen demokratischen Glaubenskämpfer" (204 S. 121) bezeichnete. Gerade in der Zeit, in der das Königtum und das städtische Patriziat (ausgestattet mit Rossen, Wagen, Harem) "hochmütige Sultansallüren" anzunehmen begannen, traten diese kraftvollen Figuren auf, orientiert an der "brüderlichen Gleichheit und Schlichtheit der Eidgenossen in der Wüstenzeit, und forderten von König und Patriziat, zurückzukehren zu den alten Traditionen: "Dann wird der alte Bundesgott Jahwe, wie einst mit dem Bauernheer, auch gegen noch so übermächtig scheinende Feinde, mit ihm [einem charismatischen primus inter pares als König] sein, wenn er nur - was Vorbedingung für alles andere ist - den Prätensionen der Weltpolitik, die an all jenen Neuerungen schuld war, entsagt" (204, S. 125).

Das für Weber Entscheidende an diesem Gott Jahwe, dessen Prestige sich aus der Vernichtung des ägyptischen Heeres herleitete (vgl. 204, S. 133f.), war nun, daß es sich dabei nicht um einen altvertrauten Orts- oder Stammesgott handelte, sondern um eine fremde und geheimnisvolle Gestalt, die der israelischen Eidgenossenschaft die Weihe gab und mit ihr die "berith" schloß. Dieser Gott blieb immer ein Gott der Erlösung und Verheißung, vor allem der Erlösung aus aktuellen politischen Zuständen: "Erlösung von der Knechtschaft der Ägypter, *nicht* von einer brüchigen, sinnlosen Welt, Verheißung der Herrschaft über Kanaan, das man erobern wollte, und ein glückliches Dasein dort, *nicht* Verheißung transzendenter Güter, bot der Gott." (204, S. 136) Weber behandelte die hochgradig anthropomorphe Konzeption dieses Kriegsgottes, der ganz wesentlich ein unberechenbarer und launischer Gott der Naturkatastrophen war, und nicht der ewigen Naturordnung. Dieser Gott nun schloß eine "berith" mit einem Verband freier Volksgenossen, der in religiöser Solidarhaftung der Bundesglieder für die Frevel aller einzelnen stand.

Weber ging ein auf die konkurrierende religiöse Konzeption des

Baal-Kultes und vor allem auf die jeweiligen "Träger des Kultbetriebs", sowohl des Baal-Kultes als auch der jahwistischen Religiosität. Für letztere galt offensichtlich, daß es ursprünglich keinen allgemein anerkannten Priesterstand gab, der ein Monopol des Opferns im Namen des Bundes gehabt hätte, ebenso wie es auch keine "Gemeinden" im heute üblichen Sinne gegeben hatte: An beider Stelle funktionierte noch die alte Sippenordnung. Erst seit dem 9. Jahrhundert v. Chr. bildete sich, auf dem Hintergrund politischer Bedrängnis, eine erbcharismatisch qualifizierte Schicht von ritual- und rechtskundigen Jahwepriestern heraus, deren Opferrituale die Schuld Israels sühnen sollen. "Die mit steigender Rationalisierung des Lebens überall [...] sich steigernde Nachfrage nach Mitteln der Sündenfeststellung und Sündenabbüßung gewann unter dem Druck des politischen Schicksals Israels dort besondere Wucht. Mit der wachsenden Bedeutung des Sühnopfers und der Belehrung über Jahwes Willen wuchs also die Nachfrage nach Trägern des *Wissens* von Jahwe und seinen Geboten." (204, S. 177f.) - Nach der religiösen Konzeption des antiken Judentums gab es eigentlich nur einen Grund für den Zorn Jahwes: die Verletzung der "berith" mit ihm. "Hier mußte also die Fragestellung sowohl der amtlichen Instanzen wie der einzelnen einsetzen: *welches seiner Gebote* war übertreten worden ? Darauf konnten irrationale Divinationsmittel keine Antwort geben, sondern nur die Kenntnis der Gebote selbst und die Gewissenserforschung. So drängt der in den genuin jahwistischen Kreisen lebendige Gedanke der ‚berith' alle Erforschung göttlichen Willens in die Bahn einer mindestens relativ *rationalen* Fragestellung und rationaler Mittel ihrer Beantwortung." (204, S. 179)

Weber wandte sich den Trägern dieser rationalen Befragung zu und schilderte den langwährenden Kampf der verschiedenen levitischen Priestersippen, vor allem der Eliden, Zadokiden und Aaroniden, um die Monopolstellung. Diese Auseinandersetzungen fanden ihren Abschluß mit dem Sieg der Zadokiden, der Jerusalemer Priesterschaft, mit der Etablierung Jerusalems als der einzig vollwertigen Opferstätte (vgl. 204, S. 180-199).

Im Zusammenhang mit der Rationalisierung der israelischen Gedankenwelt ging Weber auf die Zunahme der literarischen Intellektuellenkultur ein: Aus dem Bedürfnis heraus, sich gegen die religiösen und kulturellen Konzeptionen Ägyptens und Babylons abzugrenzen, "mußte eine eigene Bildungsschicht vorhanden sein, welche die in der Umwelt vorhandenen alten Orakel und Verheißungen selbständig aufnahm und rational verarbeitete" (204, S. 219). - Und an eben dieser Stelle wurde ein gravierender Unterschied zwischen dem antiken Judentum und den früher bearbeiteten Weltreligionen des Konfuzianismus, Taoismus, Hinduismus und Buddhismus deutlich: Jene Intellektuellensoteriologien waren immer schichtspezifische Literatenreligionen, die die "plebejischen" religiösen Bedürfnisse nicht befriedigen konnten und wollten; ähnliches galt - nach Webers Darstellung - auch für die religiösen Konzeptionen Ägyptens, Mesopotamiens, des antiken Griechenland und des spätrömischen Staatswesens. "Im Gegensatz dazu war der vorexilische israelitische Plebejer zuerst wirklich, später seiner Erinnerung und seinem Anspruch nach, ein freier wehrhafter Eidgenosse, der die Ritterschaft der Kulturgebiete besiegt hatte. Aus sich selbst hätte er freilich die rationalen Konzeptionen der alttestamentlichen Schriften nie zu schaffen vermocht. Das mußten andere für ihn tun. Aber für die meisten von ihnen war er aufnahmefähig. Und gerade in dem Aufeinanderwirken einer begeisterten Intellektuellenschicht mit diesem Publikum von Schichten, welche durch die Entwicklung der Königszeit entmilitarisiert und sozial deklassiert waren, liegt eines der Geheimnisse der Entfaltung des Jahwismus. Kaum je sind ganz neue religiöse Konzeptionen in den jeweiligen Mittelpunkten rationaler Kulturen entstanden. Nicht in Babylon, Athen, Alexandria, Rom, Paris, London, Köln, Hamburg, Wien, sondern in dem Jerusalem der vorexilischen, dem Galiläa der spätjüdischen Zeit, in der spätrömischen Provinz Afrika, in Assisi, in Wittenberg, Zürich, Genf und in den Außengebieten der holländisch-niederdeutschen und englischen Kulturzonen, wie Friesland und Neu-England, sind rationale prophetische oder reformatorische Neubildungen zuerst konzipiert worden. Aber freilich nie ohne den Einfluß und Eindruck einer benachbarten rationalen Kultur. Der Grund ist überall ein und derselbe: um neue Konzeptionen religiöser Art zu ermöglichen, darf der Mensch noch nicht verlernt haben, mit eigenen Fragen den Geschehnissen der Welt gegenüberzutreten. Dazu hat gerade der abseits von den großen Kulturzentren lebende Mensch dann Anlaß, wenn der Einfluß jener ihn in seinen zentralen Interessen zu berühren oder zu bedrohen beginnt. Der einmal inmitten kulturgesättigter Gebiete lebende, in ihre Technik verflochtene Mensch stellt solche Fragen ebensowenig an die Umwelt, wie etwa das Kind, welches täglich auf der elektrischen

Bahn zu fahren gewohnt ist, von selbst auf die Frage verfallen würde: wie diese eigentlich anfängt, in Bewegung gesetzt werden zu können. Die Fähigkeit des *Erstaunens* über den Gang der Welt ist Voraussetzung der Möglichkeit des Fragens nach ihrem Sinn. Jene Erlebnisse nun, welche die Israeliten vor dem Exil gemeinsam hatten und die ihnen Anlaß zu solchen Fragestellungen gaben, waren: die großen Befreiungskriege und die Entstehung des Königtums, die Entstehung des Fronstaats und der stadtsässigen Kultur, die Bedrohung durch die Großmächte, namentlich aber: der Zusammenbruch des Nordreichs und das jedermann sichtbar vor Augen stehende gleiche Schicksal des Südreichs als des letzten Restes unvergessener Herrlichkeit. Dann das Exil. Die Freiheitskriege schufen das Prestige Jahwes als Kriegsgott. Die soziale Deklassierung und Entmilitarisierung der Träger des alten Jahweheerbanns schufen die jahwistische Geschichtslegende. Die ganz großen Fragen der Theodizee aber warf erst der drohende Zusammenbruch des Reiches auf." (204, S. 220f.)

Weber betonte nachdrücklich die große Bedeutung, die das Wissen für die Entstehung einer jahwistischen rationalen Gesinnungsethik besaß: "Es war vor allem das Fehlen der sonst üblichen Machtstellung der *Magie* oder vielmehr [...] ihre systematische Bekämpfung durch die Thoralehrer, welche für ihr Schicksal innerhalb der alttestamentlichen Frömmigkeit ausschlaggebend gewesen ist." (204, S. 233) Gerade weil es eine "rationale Vorsehung" des persönlichen Gottes Jahwe war, die das Schicksal Israels bestimmte (vgl. 204, S. 238), bedurfte es des Wissens der Leviten und Thorainterpreten um die Gebote Gottes. Gerade weil dieser Gott nicht nur ein "Gott von Plebejern", sondern ebenso ein "Gott der Geschichte", insbesondere der politisch-militärischen Geschichte, war, konnte man seine Heilsabsichten, die Gründe seines Zorns und die Bedingungen seiner Gnade erforschen wie bei einem großen König (vgl. 204, S. 238ff.) - Weber beschäftigte sich darum mit den Ursprüngen, Inhalten und Wirkungen der Thoralehre (vgl. 204, S. 250-280), die in seiner Interpretation eine "Theologisierung des Rechts" ebenso bewirkte wie eine "Rationalisierung der religiösen Ethik." (204, S. 259)

In einem zweiten Abschnitt über "Die Entstehung des jüdischen Pariavolkes" nahm Weber seine Beschäftigung mit der jahwistischen Prophetie und ihren Repräsentanten nochmals verstärkt auf. Hier interessierten ihn die Geschichte und die Wirkungen der großen Propheten in der Zeit vom 9. Jahrhundert, dem Beginn der erneuten Expansionspolitik Babylons und Ägyptens, bis in die Zeit nach dem Exil. Nun wurde Jerusalem zur großen Bühne von Propheten wie Hosea, Jesaja, Jeremias, Hesekiel, die als politische Demagogen - von sich aus - auf dem Markt zum Publikum sprachen. Dabei waren diese Erscheinungen keineswegs Parteipolitiker, - ganz im Gegenteil, sie waren niemals an politischen Interessen primär orientiert: Einziges Anliegen und Maßstab waren die Erfüllung von Jahwes Geboten. - Weber erforschte die soziale Herkunft dieser Propheten, ihre materielle Situation, ihre Stellung zu König und Priesterschaft, ihre psychologische Disposition und vor allem die Inhalte ihrer zumeist ekstatischen Orakelprophetien. - So außerordentlich faszinierend und packend diese langen Partien auch geschrieben wurden und zu lesen sind, so darf doch nicht übersehen werden, daß Weber sich hier von seiner eigenen Beeindruckung hinreißen ließ und weitgehend im Narrativen steckenblieb. Die uns hier leitende Absicht der Konzentration auf dem *soziologischen Gehalt* führt uns demnach zu einer weitgehenden Aussparung dieser Passagen.

Erst gegen Ende seiner Darstellung legte Weber sich die Frage nach dem Einfluß dieser vorexilischen Prophetie auf die Entwicklung einer Ethik wieder vor, wobei nochmals darauf hingewiesen sei, daß ihn auch hier die spezifische Wirtschaftsethik nur mehr ganz am Rande beschäftigte. Weber sah die jahwistische Ethik als das Ergebnis einer "Zusammenarbeit" der an politischen Katastrophen und der Endzeiterwartung orientierten Propheten mit den Rationalisierungen der levitischen Thoralehrer. Dabei maß er jedoch den Propheten unzweifelhaft das größere Gewicht zu: "Der ganze innere Aufbau des ‚Alten Testaments' ist ohne die Orientierung an den Orakeln der Propheten undenkbar, und indem dieses heilige Buch der Juden auch ein solches der Christen wurde und die ganze Deutung der Sendung des Nazareners vor allem durch die alten Verheißungen an Israel bestimmt wurde, reicht der Schatten dieser Riesengestalten durch die Jahrtausende bis in die Gegenwart hinein. [...] Die Leistung der Prophetie wirkte zusammen mit den überkommenen rituellen Gewohnheiten Israels, um das hervorzubringen, was dem Judentum seine Pariastellung in der Welt eintrug." (204, S. 350f.)

Diese Pariastellung wurde vor allem während des Exils verschärft: Erst jetzt entwickelte sich die strenge Exklusivität des Judentums zu einem wesentlich konfessionellen Verband, der jedoch durch den Einfluß der Thora und der Prophetie schon vor dem Exil vorbereitet wurde. Mit dem Verlust der realen Gebietsgrundlage jedoch verschärfte sich die konfessionelle Absonderung eines nunmehr international ansässigen Gastvolkes, beispielsweise mit der kompromißlosen Steigerung der Verpflichtungen zu Beschneidung und Sabbatruhe und dem Verbot von Konnubium und Kommensalität mit Nichtjuden. Insbesondere auf ökonomischem Gebiet kam es zu jener bedeutungsvollen Scheidung von *Binnen- und Außenmoral*, vor allem bezogen auf das "Wucherverbot" (vgl. 204, S. 357-360), was zu einem "Dualismus der Wirtschaftsethik" führte. Als das entscheidende Ergebnis formulierte Weber: "Jedenfalls fehlte jedes *soteriologische* Motiv zur ethischen Rationalisierung der ökonomischen Außenbeziehungen: jede religiöse Prämie darauf." (204, S. 359) Es kam damit zur Ausbildung eines "jüdischen Paria-Kapitalismus", dessen normative Grundlagen diametral dem Wirtschaftsethos der puritanischen Kapitalisten entgegengesetzt waren: "Niemals aber konnte deshalb ökonomischer Erwerb eine Stätte religiöser ‚Bewährung' werden. Wenn Gott die Seinen durch ökonomischen Erfolg ‚segnete', so nicht um ihrer *ökonomischen* ‚Bewährung' willen, sondern weil der fromme Jude *außerhalb* dieser Erwerbstätigkeit gottgefällig gelebt hat [...] Denn [...] das Gebiet der Bewährung der Frömmigkeit in der Lebensführung liegt beim Juden auf einem durchaus andren Gebiet als dem einer rationalen Bewältigung der ‚Welt', insbesondere der Wirtschaft. [...] Jedenfalls haben jene orientalischen, südeuropäischen und osteuropäischen Gebiete, in denen sie am längsten und meisten heimisch waren, weder in der Antike noch im Mittelalter noch in der Neuzeit die dem modernen Kapitalismus *spezifischen* Züge entwikkelt. - Ihr wirklicher Anteil an der Entwicklung des Okzidents beruhte höchst wesentlich auf dem Gastvolkcharakter, den die selbstgewollte Absonderung ihnen aufprägte." (204, S. 360)

In dem Abschnitt über "*Die Pharisäer*" (Bibl. Nr. 205) unterstrich Weber diese angeführten Charakteristika nochmals: Auch die Umwandlungsprozesse im Judentum seit der Makkabäerzeit verstärkten nur die Entwicklungstendenzen zur - nach Weber wesentlich freiwilligen - Absonderung der Juden von den Nichtjuden, bis hin zur sektenartigen Abschließung durch die pharisäische Bewegung (205, S. 402f.). Gerade das Pharisäertum bewirkte eine dominante Entwicklung zu einem Judentum bürgerlich-städtischen Charakters, dessen "Produkt" vor allem der Machtaufstieg der *Rabbinen* wurde (205, S. 407). Aber gerade diese "plebejische Bildungsschicht" drängte einzig auf die korrekte Erfüllung des Gesetzes als des einzigen Heilswegs und verhinderte "jede[n] Ansatz zu einer ökonomisch geordneten Methodik innerweltlicher Askese" (205, S. 419).

Oben wurde auf die enge inhaltliche und zeitliche Zusammengehörigkeit der Weberschen Arbeiten über die "Wirtschaftsethik der Weltreligionen", die wir vorangehend behandelten, und der Passagen über "*Religionssoziologie (Typen religiöser Vergemeinschaftung)*" (Bibl. Nr. 215 f, S. 245-381) aus "Wirtschaft und Gesellschaft" hingewiesen. Für unsere Darstellung verzichten wir auf eine Behandlung des religionssoziologischen Abschnittes aus "Wirtschaft und Gesellschaft": Weber arbeitete in beiden Texten mit demselben Material, das er nur unterschiedlich ordnete. Was die Untersuchungsabsicht der bisher behandelten Arbeiten zur Religionssoziologie war, wurde dargestellt, die Absicht für die Passagen aus "Wirtschaft und Gesellschaft", war - gemäß dem Charakter eines Handwörterbuchs - überwiegend die der Systematisierung und Generalisierung. Hier sprach Weber nicht mehr von den Besonderheiten einzelner religiöser Entwürfe sondern hier sprach er ganz allgemein etwa von der Entstehung "der" Religionen, von "dem" religiösen Handeln, von "dem" Zauberer, "dem" Priester und "den" Propheten, von "dem" Gottesbegriff, "der" religiösen Ethik, "dem" Tabu, "der" Gemeinde, "der" Seelsorge, "der" Religiosität bestimmter Klassen und Stände, dem Problem "der" Theodizee, "der" Erlösung.

Wir interessieren uns an dieser Stelle allein für jenen Abschnitt aus "Wirtschaft und Gesellschaft", in dem Weber über eine weitere Weltreligion schrieb, eine Religion, die er in seinen Aufsätzen nicht mehr ausführlich behandelte: den *Islam* (215f, S. 375f.). Weber beschrieb diesen religiösen Entwurf im wesentlichen als eine "weltangepaßte" Religion, einen "Spätling des vorderasiatischen Monotheismus", der sich zu einer "ständisch orientierten Kriegerreligion" wandelte. Für diese "Herrenreligion" waren typisch die Selbstverständlichkeit der Sklaverei und die Hörigkeit, die Polygamie und die Frauenverachtung, eine vorwiegend ritualistische Auffassung religiöser Pflichten und wenige ethische Anforderungen an die Gläubigen. Individuelle Heilssuche und Mystik waren dem Islam fremd - seine Verheißungen sind diesseitige Macht, Reichtum und Ehre. Es waren typische "Soldatenverheißungen", und sie versprachen zudem ein "sinnliches Soldatenparadies" im Jenseits. Auch die Wirtschaftsethik des Islam war vorwiegend feudal geprägt, mit einer hohen Wertschätzung von

Beuteerwerb und Reichtumsgenuß: "[...] diese teils orgiastische, teils mystische, stets aber außeralltägliche und irrationale Religiosität und ebenso die durch ihre große Einfachheit propagandistisch wirksame offizielle, durchaus traditionalistische Alltagsethik weisen die Lebensführung in Bahnen, welche im Effekt gerade entgegengesetzt der puritanischen und jeder innerweltlich-asketischen Lebensmethodik verlaufen." (125f, S. 376)

Von Marianne Weber wissen wir (Vorwort zu Bibl. Nr. 204, S. V), daß Weber beabsichtigte, seine religionssoziologischen Untersuchungen weiterzuführen: So sollten noch behandelt werden die Psalmen und das Buch Hiob, das talmudische Judentum, das Frühchristentum, die Orden und Sekten des Mittelalters in der vorreformatorischen Epoche, und - ausführlich - der Islam. Trotz angeblich abgeschlossener Vorarbeiten blieb somit sein großangelegter Plan in der Durchführung unvollendet. Betonten wir oben die große Bedeutung der "Einleitung" (1915), so wenden wir uns zum Abschluß dieser Darstellung der religionssoziologischen Arbeiten Webers jener berühmten "*Vorbemerkung*" (Bibl. Nr. 181) zu, die er 1919/20 für die Buchveröffentlichung der "Gesammelten Aufsätze zur Religionssoziologie" verfaßte. Dieser Text griff weit über die eigentlichen religionssoziologischen Arbeiten hinaus: In ihm strömten die Ergebnisse seiner jahrzehntelangen Forschertätigkeit zusammen. So stellt er bis heute eine Art von "Schlüssel" dar - ein nachträglich formuliertes "Programm" *aller* seiner wissenschaftlichen Untersuchungen. Er soll dennoch als Abschluß der religionssoziologischen Arbeiten behandelt werden, da gerade sie wohl die tragfähigste Ausgangsposition für eine Gesamtinterpretation des Weberschen Werkes darstellen.

Weber tritt uns in diesem Text als *Universalhistoriker* entgegen, den vor allem eine Frage beschäftigte: "welche Verkettung von Umständen hat dazu geführt, daß gerade auf dem Boden des Okzidents, und nur hier, Kulturerscheinungen auftraten, welche doch - wie wenigstens wir uns gern vorstellen - in einer Entwicklungsrichtung von universeller Bedeutung und Gültigkeit lagen ?" (181, S. 1) - An diese Frage anschließend führte Weber jene großen gesellschaftlichen Bereiche an, in denen sich in seinen Augen maßgebliche Unterschiede zwischen dem Okzident und den übrigen Kulturbereichen verzeichnen lassen:

– die *Wissenschaften*: Als dem Okzident eigentümlich betrachtete

Weber die mathematische Fundamentierung, den rationalen "Beweis", das rationale Experiment, die biologische/biochemische Grundlage der Naturwissenschaften, eine rationale Chemie, das "thukydieische Pragma" der Geschichtsschreibung, die Systematik und die rationalen Begriffe der Staatslehre, die strengen Schemata und Denkformen des Rechts.

- die *Kunst*: Nur im Okzident gab es - nach Weber - eine rationale harmonische Musik, die Grundinstrumente Orgel, Klavier, Violine, als Mittel zu deren Umsetzung, die rationale Verwendung des gotischen Gewölbes, eine nur für den Druck gedachte Presse.
- die *Verwaltung*: Nur im Okzident beobachtete Weber jenen rationalen und systematischen Fachbetrieb der Wissenschaft, der die Ausbildung eingeschulter "Fachmenschen" übernimmt. Insbesondere dem "Fachbeamten", als dem "Eckpfeiler des modernen Staats und der modernen Wirtschaft", maß Weber die allergrößte Bedeutung für die Sonderentwicklung des Okzidents zu. "Aber die absolut unentrinnbare Gebanntheit unserer ganzen Existenz, der politischen, technischen und wirtschaftlichen Grundbedingungen unseres Daseins, in das Gehäuse einer fachgeschulten Beamten*organisation*, den technischen, kaufmännischen, vor allem aber den juristisch geschulten staatlichen Beamten als Träger der wichtigsten Alltagsfunktionen des sozialen Lebens, hat kein Land und keine Zeit in dem Sinn gekannt, wie der moderne Okzident." (181, S. 3)
- den *Staat*: Schon den "Ständestaat" betrachtete Weber als Spezifikum des Okzidents, ebenso wie die Institution von Parlamenten. Aber der "Staat" als eine "politische Anstalt", mit einer rational gesatzten "Verfassung", mit rational gesatztem Recht und einer an rationalen, gesatzten Regeln ("Gesetze") orientierten Verwaltung durch Fachbeamte, diese Kombination von Merkmalen und ihre Vereinigung in dieser Institution kannte - nach Weber - nur der Okzident.
- die *Wirtschaft*: Diesem gesellschaftlichen Subsystem wandte Weber sich in besonderer Weise zu, und gerade hier konstatierte er das zentrale Spezifikum des Okzidents: den *Kapitalismus*. - War es ihm für die vorangehenden gesellschaftlichen Teilbereiche ein Anliegen gewesen, jeweils deutlich zu machen, welche Ansätze es in den anderen Kulturbereichen in eine vergleichbare Entwicklungsrichtung gegeben hatte und wodurch sich die spezifisch ok-

zidentale Entwicklung davon abhob, so bewegte ihn diese Zielsetzung bei der Charakterisierung des abendländischen Kapitalismus in verstärkter Weise.

In einem "einkreisenden" Verfahren bestimmte Weber die Spezifika dieser "schicksalsvollsten Macht unseres modernen Lebens" (181, S. 4): Nicht das Streben nach maximalem Gewinn ist und war es, was den abendländischen Kapitalismus auszeichnete. "‚Erwerbstrieb', ‚Streben nach Gewinn', nach Geldgewinn, nach möglichst hohem Geldgewinn, hat an sich mit Kapitalismus gar nichts zu schaffen. Dies Streben fand und findet sich bei Kellnern, Ärzten, Kutschern, Künstlern, Kokotten, bestechlichen Beamten, Soldaten, Räubern, Kreuzfahrern, Spielhöllenbesuchern, Bettlern: man kann sagen: bei ‚all sorts and conditions of men', zu allen Epochen aller Länder der Erde, wo die objektive Möglichkeit dafür irgendwie gegeben war und ist. Es gehört in die kulturgeschichtliche Kinderstube, daß man diese naive Begriffsbestimmung ein für allemal aufgibt. Schrankenloseste Erwerbsgier ist nicht im mindesten gleich Kapitalismus, noch weniger gleich dessen ‚Geist'. Kapitalismus *kann* geradezu identisch sein mit *Bändigung*, mindestens mit rationaler Temperierung, dieses irrationalen Triebes. Allerdings ist Kapitalismus identisch mit dem Streben nach *Gewinn*, im kontinuierlichen, rationalen kapitalistischen Betrieb: nach immer *erneutem* Gewinn: nach *‚Rentabilität'*." (181, S. 4)

Um diesen letztgenannten Aspekt unmißverständlich zu machen, definierte Weber eindeutig: "Ein ‚kapitalistischer' Wirtschaftsakt soll uns heißen zunächst ein solcher, der auf Erwartung von Gewinn durch Ausnützung von *Tausch*-Chancen ruht: auf (formell) *friedlichen* Erwerbschancen also. Der (formell und aktuell) gewaltsame Erwerb folgt seinen besonderen Gesetzen und es ist nicht zweckmäßig [...] ihn mit dem (letztlich) an Tauschgewinn-Chancen orientierten Handel unter die gleiche Kategorie zu stellen." (181, S. 4)

Aber auch weitere Charakteristika der Orientierung an der Kapitalrechnung und der Bilanzierung in Geld sind noch nicht das Eigentümliche: "In diesem Sinne nun hat es ‚Kapitalismus' und ‚kapitalistische' Unternehmungen, auch mit leidlicher Rationalisierung der Kapitalrechnung, in *allen* Kulturländern der Erde gegeben, soweit die ökonomischen Dokumente zurückreichen. [...] die kapitalistische Unternehmung und auch der kapitalistische Unternehmer, nicht nur als Gelegenheits-, sondern auch als Dauerunternehmer, sind uralt und waren höchst universell verbreitet." (181, S. 6)

An dieser Nahtstelle der Argumentation begegnet uns nun ganz eindeutig der "Soziologe" Max Weber: waren es bis hierher gesellschaftlich relevante Tatbestände, die die Wirtschaftsform "Kapitalismus" eingrenzen helfen sollten, so zog Weber ab hier *gesellschaftliche* Momente heran, um die universalhistorische Sonderstellung des abendländischen Kapitalismus zu verstehen und zu erklären. Es waren dies im wesentlichen die folgenden:

- die rational-kapitalistische Organisation von (formell) *freier Arbeit*,
- die an den Chancen des *Gütermarktes* orientierte, rationale Betriebsform,
- die *Trennung von Haushalt und Betrieb*,
- die rationale *Buchführung*.

Diese Besonderheiten des abendländischen Kapitalismus erlangten ihre eigentliche Bedeutung erst durch ihren Zusammenhang mit der kapitalistischen *Arbeitsorganisation*, die das wesentliche Moment der *Kalkulierbarkeit* bewirkte. Im Zusammenhang damit interpretierte Weber das Entstehen und Funktionieren der Börse ebenso wie die Entwicklung eines "rationalen Sozialismus", das Auftreten des "Bürgers" ebenso wie die Formation der "Bourgeoisie" und des "Proletariats" als "Klassen". "In einer Universalgeschichte der Kultur ist also für uns, rein wirtschaftlich, das zentrale Problem letztlich *nicht* die überall nur in der Form wechselnde Entfaltung kapitalistischer Betätigung als solcher [...] Sondern vielmehr die Entstehung des *bürgerlichen Betriebs*kapitalismus mit seiner rationalen Organisation der *freien Arbeit*. Oder, kulturgeschichtlich gewendet: die Entstehung des abendländischen *Bürgertums* und seiner Eigenart, die freilich mit der Entstehung kapitalistischer Arbeitsorganisation zwar im nahen Zusammenhang steht, aber natürlich doch nicht einfach identisch ist." (181, S. 10)

Hatte Weber mit der ausführlichen Behandlung des Kapitalismus seine Bestandsaufnahme der wesentlichsten Spezifika der abendländischen Entwicklung abgeschlossen, so wandte er sich daran anschließend verschiedenen Dimensionen einer möglichen Erklärung für diese *Sonderentwicklung des Okzidents* zu, wobei er wiederum "einkreisend" vorging. Deswegen und auch wegen der durchgängigen dialektischen Verknüpfung möglicher kausaler Zusammenhänge sind gerade diese Passagen so außerordentlich gut dazu geeignet, das Vorgehen und die Zielrichtung der Weberschen Soziologie so anschaulich zu verdeutlichen: "Der spezifisch moderne okzidentale Kapitalismus nun ist zunächst offenkundig in starkem Maße durch Entwicklungen von *technischen* Möglichkeiten mitbestimmt. Seine Rationalität ist heute wesenhaft bedingt durch *Berechenbarkeit* der technisch entscheidenden Faktoren: der Unterlagen exakter Kalkulation. Das heißt aber in Wahrheit: durch die Eigenart der abendländischen Wissenschaft, insbesondere der mathematisch und experimentell exakt und rational fundamentierten Naturwissenschaften. Die Entwicklung dieser Wissenschaften und der auf ihnen beruhenden Technik erhielt und erhält nun andererseits ihrerseits entscheidende Impulse von den kapitalistischen Chancen, die sich an ihre wirtschaftliche Verwertbarkeit als Prämien knüpfen. Zwar nicht die Entstehung der abendländischen Wissenschaft ist durch solche Chancen bestimmt worden. [...] Auch die Entstehung der Mathematik und Mechanik war nicht durch kapitalistische Interessen bedingt. Wohl aber wurde die technische Verwendung wissenschaftlicher Erkenntnisse: dies für die Lebensordnung unserer Massen Entscheidende, durch ökonomische Prämien bedingt, welche im Okzident gerade darauf gesetzt waren. Diese Prämien aber flossen aus der Eigenart der *Sozial*ordnung des Okzidents. Es wird also gefragt werden müssen: aus *welchen* Bestandteilen dieser Eigenart, da zweifellos nicht alle gleich wichtig gewesen sein werden. Zu den unzweifelhaft wichtigen gehört die rationale Struktur des *Rechts* und der Verwaltung. Denn der moderne rationale Betriebskapitalismus bedarf, wie der berechenbaren technischen Arbeitsmittel, so auch des berechenbaren Rechts und der Verwaltung nach formellen Regeln, ohne welche zwar Abenteurer- und spekulativer Händlerkapitalismus und alle möglichen Arten von politisch bedingtem Kapitalismus, aber kein rationaler privatwirtschaftlicher Betrieb mit stehendem Kapital und sicherer *Kalkulation* möglich ist. Ein solches Recht und eine solche Verwaltung nun stellte der Wirtschaftsführung in *dieser* rechtstechnischen und formalistischen Vollendung *nur* der Okzident zur Verfügung. Woher hat er jenes Recht ? wird man also fragen müssen. Es haben, neben anderen Umständen, *auch* kapitalistische Interessen ihrerseits unzweifelhaft der Herrschaft des an rationalem Recht fachgeschulten Juristenstandes in Rechtspflege und Verwaltung die Wege geebnet, wie jede Untersuchung zeigt. Aber keineswegs nur oder vornehmlich sie. Und nicht sie haben jenes Recht aus sich *geschaffen.* Sondern noch ganz andere Mächte waren bei dieser Entwicklung tätig. Und warum taten die kapitalistischen Interessen das gleiche nicht in China oder Indien ? Warum lenkten dort überhaupt weder die wissenschaftliche noch die künstlerische noch die staatliche noch die wirtschaftliche Entwicklung in diejenigen Bahnen der *Rationalisierung* ein, welche dem Okzident eigen sind ?" (181, S. 10f.)

An dieser Stelle schlägt die ursprüngliche Fragestellung Webers in eine neue um: Nicht mehr die Frage nach den Ursachen des spezifisch abendländischen *Kapitalismus* steht im Vordergrund, sondern die Frage nach den Merkmalen eines "spezifisch gearteten ‚Rationalismus' der okzidentalen Kultur" (181, S. 11) und nach dessen Ursachen und Wirkungen. "Es kommt also zunächst wieder darauf an: die besondere *Eigenart* des okzidentalen Rationalismus zu erkennen und in ihrer Entstehung zu erklären. Jeder solche Erklärungsversuch muß, der fundamentalen Bedeutung der Wirtschaft entsprechend, vor allem die ökonomischen Bedingungen berücksichtigen. Aber es darf auch der umgekehrte Kausalzusammenhang darüber nicht unbeachtet bleiben. Denn wie von rationaler Technik und rationalem Recht, so ist der ökonomische Rationalismus in seiner Entstehung auch von der Fähigkeit und Disposition der Menschen zu bestimmten Arten praktisch-rationaler *Lebensführung* überhaupt abhängig. Wo diese durch Hemmungen seelischer Art obstruiert war, da stieß auch die Entwicklung einer *wirtschaftlich* rationalen Lebensführung auf schwere innere Widerstände. Zu den wichtigsten formenden Elementen der Lebensführung nun gehörten in der Vergangenheit überall die magischen und religiösen Mächte und die am Glauben an sie verankerten ethischen Pflichtvorstellungen. Von *diesen* ist in den nachstehend gesammelten und ergänzten Aufsätzen die Rede." (181, S. 12)

Weber sagte dabei von den wiederabgedruckten Protestantismus-Untersuchungen, daß diese versuchten, "in *einem* wichtigen Einzelpunkt der meist am schwierigsten zu fassenden Seite des Problems näher zu kommen: der Bedingtheit der Entstehung einer ‚Wirtschaftsgesinnung': des ‚Ethos', einer Wirtschaftsform, durch bestimmte religiöse Glaubensinhalte, und zwar an dem Beispiel der Zusammenhänge des modernen Wirtschaftsethos mit der rationalen Ethik des asketischen Protestantismus. Hier wird also nur der *einen*

Seite der Kausalbeziehung nachgegangen." (181, S. 12) Die Aufsätze über die "Wirtschaftsethik der Weltreligionen" hingegen dienten dem Versuch, "in einem Überblick über die Beziehungen der wichtigsten Kulturreligionen zur Wirtschaft und sozialen Schichtung ihrer Umwelt, *beiden* Kausalbeziehungen soweit nachzugehen, als notwendig ist, um die *Vergleichs*punkte mit der weiterhin zu analysierenden okzidentalen Entwicklung zu finden. Denn nur so läßt sich ja die einigermaßen kausale *Zurechnung* derjenigen Elemente der okzidentalen religiösen Wirtschaftsethik, welche ihr im Gegensatz zu anderen eigentümlich sind, überhaupt in Angriff nehmen." (181, S. 12f.) Ausdrücklich unterstrich Weber die "Begrenztheit des Zwecks" dieser Arbeiten und deren "vollkommen provisorischen Charakter", die auf keinen Fall als umfassende Kulturanalysen gewertet werden dürften. Vielmehr galt: "sie betonen in jedem Kulturgebiet ganz geflissentlich das, was im *Gegensatz* stand und steht zur okzidentalen Kulturentwicklung. Sie sind also durchaus orientiert an dem, was unter *diesem* Gesichtspunkt bei Gelegenheit der Darstellung der okzidentalen Entwicklung wichtig erscheint." (181, S. 13)

4. Die Wirtschaft und die gesellschaftlichen Ordnungen und Mächte (Wirtschaft und Gesellschaft)

Behandelte *Texte* (genaue Angaben s. Bibl. S. 268 ff)

"Vorwort" zu Bd. I "Grundriss der Sozialökonomik" (1914)
"Wirtschaft und Gesellschaft" (1922)
"Die rationalen und soziologischen Grundlagen der Musik" (1921)

Im biographischen Teil wurde kurz auf die Entstehungsgeschichte von "Wirtschaft und Gesellschaft" verwiesen.[50] Der Verleger des "Archivs für Sozialwissenschaft und Sozialpolitik", Paul Siebeck,

[50] Für weitere detaillierte Informationen über den gesamten Zusammenhang vgl. *Winckelmann, Johannes*, Max Webers hinterlassenes Hauptwerk: Die Wirtschaft und die gesellschaftlichen Ordnungen und Mächte. Entstehung und Aufbau. Tübingen 1986, sowie dazu korrigierend *Schluchter, Wolfgang*, "Wirtschaft und Gesellschaft" - Das Ende eines Mythos. In: Max Weber heute. Erträge und Probleme der Forschung. Hrsg. v. Johannes Weiß. Frankfurt/M.:Suhrkamp 1989, S. 55-89.

gewann 1909 Max Weber als Herausgeber des großangelegten *Sammelwerkes* "Grundriss der Sozialökonomik". Ursprünglich sollte dadurch das "Handbuch der Politischen Oekonomie", herausgegeben von Gustav von Schönberg (1. Aufl.: 1882, 4. Aufl.: 1896/98) und im Verlag H. Laupp erschienen, ersetzt werden. Nach dem Verlagsverkauf an J. C. B. Mohr (Paul Siebeck) und der Übernahme der Herausgeberschaft durch Max Weber als "Schriftführer", wurde dieser Plan als "undurchführbar" fallen gelassen (123, S. IX). Weber entwickelte einen völlig neuen Plan für das Gesamtprojekt, wählte den neuen Titel und suchte die Mitarbeiter aus, unter ihnen Heinrich Herkner, Edgar Jaffé, Robert Michels, Karl Oldenberg, Gerhart von Schulze-Gaevernitz, Joseph Schumpeter, Werner Sombart, Alfred Weber, Otto von Zwiedineck-Südenhorst. Verzögerungen bei der Abgabe der bestellten Beiträge und teilweise enttäuschende Resultate brachten Weber auf die Idee, seinen eigenen Beitrag erheblich zu erweitern: "Da für einige Beiträge ein Ersatz überhaupt nicht zu schaffen war, habe ich geglaubt, für das Werk, um ihm ein anderweitiges Aequivalent zu liefern und so seine Eigenart zu heben, unter Opferung anderer, mir weit wichtigeren Arbeiten in dem Abschnitt ‚Wirtschaft und Gesellschaft' eine ziemlich umfassende soziologische Erörterung liefern zu sollen, eine Aufgabe, die ich sonst in dieser Art niemals übernommen hätte."[51] Der erste Band des "Grundriss" erschien 1914, der Erste Weltkrieg bedingte, daß der letzte von insgesamt zwölf Bänden erst 1930 veröffentlicht wurde.

Für die dritte Abteilung, die "Wirtschaft und Gesellschaft" überschrieben werden sollte, waren zwei Teile geplant: einer von Max Weber über "Die Wirtschaft und die gesellschaftlichen Ordnungen und Mächte" und einer von Eugen von Philippovich über "Entwicklungsgang der wirtschafts- und sozialpolitischen Systeme und Ideale". In seinem "Vorwort" schrieb Weber über seinen eigenen Beitrag: "Ausgiebiger, als dies gewöhnlich geschieht, sind [...] die Beziehungen der Wirtschaft [...] zu den gesellschaftlichen Ordnungen behandelt worden. Und zwar absichtlich so, daß dadurch auch die Autonomie dieser Sphären gegenüber der Wirtschaft deutlich hervortritt: Es wurde von der Anschauung ausgegangen, daß die Entfaltung der Wirtschaft vor allem als eine besondere Teilerscheinung der allgemeinen Rationalisierung des Lebens begriffen werden müsse." (123,

---

51 *Weber, Marianne*, Max Weber. Ein Lebensbild, S. 424.

S. VII) Max Weber arbeitete an seinem Beitrag in den Jahren 1909 bis 1920, die Bibliographie macht deutlich, an wie vielen anderen Arbeiten er zugleich in diesem Zeitabschnitt tätig war. Bis zu seinem Tod konnte er einzig die erste Lieferung (Bibl. Nr. 210) für den Druck vorbereiten, alle "vollständigen" Ausgaben (Bibl. Nr. 215a-f) sind *posthum* erschienen und wurden von den jeweiligen Herausgebern - beginnend mit Marianne Weber 1922 und ab 1956 Johannes Winckelmann - teilweise erheblich editorisch bearbeitet.

Diese zweifellos schwierige editorische Situation dieses letzten Endes *unvollendeten Textes* macht jede Darstellung und Interpretation zu einer heiklen Aufgabe. Tatsache bleibt, daß Max Weber den jetzigen Teil II von "Wirtschaft und Gesellschaft" bis 1913 niederschrieb und dann selbst nicht mehr zur endgültigen Überarbeitung aller einzelnen Abschnitte gekommen war, den jetzigen Teil I dagegen erst in den Jahren 1918 - 1920 verfaßte und bis in das Stadium der redigierten Druckfahnen bearbeitete.

Der Teil II von "Wirtschaft und Gesellschaft" besteht in der immer noch letzten Fassung (Bibl. Nr. 215f) aus neun Kapiteln, die sich grob mit folgenden, heute üblichen Überschriften versehen lassen:

- Wirtschaftssoziologie (Kap. II, Kap. III, Kap. VI)
- Soziologie sozialer und politischer Aggregate (Kap. IV)
- Religionssoziologie (Kap. V)
- Rechtssoziologie (Kap. I, Kap. VII)
- Politische Soziologie (Kap. VIII, Kap. IX).

Generell gilt, daß Max Weber sich bemühte, die erheblichen Stoffmassen aller bis dahin von ihm bearbeiteten Themen für "Wirtschaft und Gesellschaft" zu verwenden und zu ordnen. Auch aus diesem Grund erscheint es weder als möglich noch als notwendig, auf alle Abschnitte von "Wirtschaft und Gesellschaft" in ähnlich intensiver Weise einzugehen, wie das für die vorangehenden Abschnitte des Weberschen Werks geschehen ist. "Wirtschaft und Gesellschaft" zehrt materialmäßig von allen schon bisher behandelten Bereichen des Gesamtwerkes und ist darum auch ohne deren Kenntnis nicht umfassend zu erschließen. Andererseits wurden in den bisherigen Abschnitten die Hauptinhalte und Hauptargumente bestimmter Themenbereiche bereits behandelt, wie etwa der Religionssoziologie und der Stadtsoziologie. Wir wollen daher aus Teil II allein jene Passagen behandeln, in denen Weber seine "Rechtssoziologie" darstellt.

a) Rechtssoziologie

Schon aus den bisher behandelten Teilen des Weberschen Werks wurde deutlich, daß Max Weber sich durchgängig mit dem wechselseitigen Verhältnis von Recht und Sozialordnung beschäftigte. Seine Miteinbeziehung des Rechts als eines zentralen Mediums der Organisation gesellschaftlicher Ordnung wurde besonders deutlich in seiner Dissertation, seiner Habilitationsschrift, seiner Behandlung der antiken Agrarverfassung und seinen Landarbeiter-Untersuchungen; weiterhin müßten in diesen Zusammenhang noch weitere, von uns hier nicht behandelte, stark juristisch ausgerichtete Arbeiten einbezogen werden (Vgl. dazu Bibl. Nr. 3, 4, 16, 17, 27, 51, 59, 113). Durchgängig betrachtete der gelernte Jurist Max Weber das Recht als einen entscheidenden Teil historischer und gesellschaftlicher Wirklichkeit, und immer ging es ihm um die Analyse der wechselseitigen, prozeßhaften Beziehungen von Gesellschaft, Recht, Religion, Wirtschaft und Herrschaft.

Für seinen Entwurf einer systematischen Rechtssoziologie betrachtete Weber es als seine erste Aufgabe, dem Rechtsbegriff eine *soziologische Bedeutung* zu geben und ihn damit von den rein juristischen Inhalten zu unterscheiden. Die soziologisch bedeutungsvolle Frage hieß für Weber: "was innerhalb einer Gemeinschaft *faktisch* um deswillen *geschieht*, weil die *Chance* besteht, daß am Gemeinschaftshandeln beteiligte Menschen, darunter insbesondere solche, in deren Händen ein sozial relevantes Maß an faktischem Einfluß auf dieses Gemeinschaftshandeln liegt, bestimmte Ordnungen als geltend *subjektiv* ansehen und praktisch behandeln, also ihr eigenes Handeln an ihnen orientieren." (215f, S. 181) Weber betonte somit vor allem die *empirische Geltung* von Rechtsnormen und vernachlässigte dabei weitgehend die Differenzierung nach den "Motiven", aus denen es zu einer derartigen Geltung im Sinne von *Befolgung* kommt. "‚Recht' ist für uns eine ‚Ordnung' mit gewissen spezifischen Garantien für die Chance ihrer empirischen Geltung." (215f, S. 182) Für diese Garantien betonte Weber die Wichtigkeit eines "*Zwangsapparates*": Danach gilt eine (legitime) Ordnung dort als Recht, "wo die Anwendung irgendwelcher, physischer oder psychischer, Zwangsmittel in Aussicht steht, die von einem Zwangs*apparat*, d. h. von einer oder mehreren Personen ausgeübt wird, welche sich zu diesem Behuf für den Fall des Eintritts des betreffenden Tatbestandes bereit halten, wo also eine spezifische Art der Vergesellschaftung zum Zweck des ‚Rechtszwanges' existiert" (215f, S. 185). In soziologischer Hinsicht definiert Max Weber Recht als "Komplex von faktischen Bestimmungsgründen realen menschlichen Handelns" (215f, S. 181), der durch einen eigens dafür gebildeten Apparat erzwungen wird und in diesem Sinne "Geltung" hat. Diese soziologische Interpretation von "Geltung" meint einzig die *Chance*, d. h. die Wahrscheinlichkeit der Beachtung im Einzelfall, unabhängig von den "Motiven" für deren Beachtung. Die Einführung des Begriffs der "*Wahrscheinlichkeit*" ist deswegen von hoher soziologischer Bedeutung, weil dadurch angedeutet werden soll, daß es für die Soziologie nicht darum geht, die Geltung einer Rechtsordnung abhängig zu machen von deren faktischer durchgängiger Befolgung. Die soziologische Geltung, die sozusagen nur in Prozentzahlen angegeben werden kann, hebt ab auf die Chance der Orientierung und ist - nach Weber - wesentlich mitbegründet durch die Chance der Anwendung von physischem oder psychischem Zwang durch den dafür eingesetzten Apparat (vgl. 215f, S. 183). Dieser *Rechtszwang* ist im Laufe der historischen Entwicklung zu einem "Monopol der Staatsanstalt" geworden, d.h. daß "der Rechtszwang durch die spezifischen, im Normalfall also: direkt *physischen* Zwangsmittel der politischen Gemeinschaft ausgeübt wird" (215f, S. 183). Weber wies ausdrücklich darauf hin, daß die "Geltung" eines Rechtssatzes oder einer Rechtsordnung in diesem Sinne keineswegs nur erreicht wird, weil es den Zwangsapparat gibt: In der Mehrzahl der Fälle würden sehr viel mehr utilitarische, mehr ethische oder subjektiv konventionelle ("die Mißbilligung der Umwelt scheuende") Motive den Ausschlag geben (vgl. 215f, S. 183). Die funktionale Beziehung der Rechtsordnung zur Wirtschaftsordnung wird deutlich, wenn Weber von den Auswirkungen des geltenden Rechts handelt. Eine der Hauptwirkungen einer geltenden Rechtsordnung für die Einzelnen ist die Tatsache, daß daraus "*berechenbare Chancen* erwachsen, ökonomische Güter in ihrer Verfügung zu behalten oder künftig, unter bestimmten Voraussetzungen, die Verfügung über solche zu erwerben" (215f, S. 184) Dieses Moment der Berechenbarkeit und Verläßlichkeit der Rechtsordnung, die nicht nur durch den politischen Zwangsapparat, sondern auch durch andere sozial relevante Einrichtungen (Verbände, Kirchen etc.) gesichert wird, ist gerade für eine für die Zukunft disponierende Wirtschaft von größter Bedeutung.

Betrachtete Weber das Recht derart als einen "Komplex von faktischen Bestimmungsgründen realen menschlichen Handelns", so wies er mit Nachdruck darauf hin, daß die Rechtsordnung "in lückenloser Stufenleiter" (215f, S. 187) in die Gebiete der "Konvention" und der "Sitte" übergehe, die ihrerseits "gänzlich flüssig" ineinander greifen (vgl. dazu 215f, S. 187-194).

Der maßgeblichen Zielrichtung seines *sozialökonomischen Ansatzes* entsprechend, verwandte Weber breiten Raum für die Darstellung der Beziehungen zwischen Recht und Wirtschaft. Dabei stellte er sechs besonders wichtige Aspekte heraus, die sowohl die relative Unabhängigkeit beider Bereiche, als auch ihre Interdependenz verdeutlichen sollten (215f, S. 196ff.):

- "Das Recht (immer im soziologischen Sinn) garantiert keineswegs nur ökonomische, sondern die allerverschiedensten Interessen [...] Es garantiert vor allem auch politische, kirchliche, familiäre oder andere Autoritätsstellungen und überhaupt soziale Vorzugslagen aller Art, welche zwar [...] ökonomisch bedingt und relevant sein mögen, aber selbst nichts Oekonomisches [...] sind."
- "Eine ‚Rechtsordnung' kann unter Umständen unverändert bestehen bleiben, obwohl die Wirtschaftsbeziehungen sich radikal ändern. [...] Die Rechtsordnung würde dann mit ihrem Zwangsapparat nach wie vor bereitstehen müssen [...]"
- "Die rechtliche Ordnung eines Tatbestandes kann vom Standpunkt der juristischen Denkkategorien aus betrachtet fundamental verschieden sein, ohne daß die Wirtschaftsbeziehungen dadurch in irgend erheblichem Maß berührt werden [...]"
- "Natürlich steht die Rechtsgarantie in weitestem Umfang direkt im Dienst ökonomischer Interessen. Und soweit dies [...] nicht direkt der Fall ist, gehören ökonomische Interessen zu den allermächtigsten Beeinflussungsfaktoren der Rechtsbildung [...]"
- "*Trotzdem* aber ist gleichzeitig die Macht des Rechts über die Wirtschaft in vieler Hinsicht nicht stärker, sondern schwächer geworden [...] Der Grad der Möglichkeit, das wirtschaftliche Verhalten der Menschen zu beeinflussen, ist [...] nicht einfach Funktion der generellen Fügsamkeit gegenüber dem Rechtszwang."
- "Die ‚staatliche' Garantie des Rechts ist rein theoretisch betrachtet für keine grundlegende ökonomische Erscheinung unentbehr-

lich. [...] Aber allerdings ist speziell eine Wirtschaftsordnung moderner Art ohne eine Rechtsordnung von sehr besonderen Eigenschaften, wie sie praktisch nur als ‚staatliche' Ordnung möglich ist, zweifellos nicht durchführbar. [...] verlangt die moderne Verkehrswirtschaft ein prompt und sicher funktionierendes, d. h.: ein durch die stärkste Zwangsgewalt garantiertes Recht [...] Die universelle Herrschaft der Marktvergesellschaftung verlangt einerseits ein nach rationalen Regeln *kalkulierbares* Funktionieren des Rechts. Und andererseits begünstigt die Marktverbreiterung [...] kraft der ihr immanenten Konsequenzen die Monopolisierung und Reglementierung aller ‚legitimen' Zwangsgewalt durch eine universalistische Zwangsanstalt [...]"

Das formal mit der Überschrift "Rechtssoziologie" versehene Kapitel VII macht diese, in den soeben genannten grundsätzlichen Bemerkungen aufgezeigten Dimensionen der vielfältigen Beziehungen der einzelnen gesellschaftlichen Teilbereiche nochmals systematisch deutlich, vor allem bereichert und anschaulich gemacht durch vielfältige historische Darstellungen. Nach einem Versuch der Scheidung von "öffentlichem Recht" und "Privatrecht" widmete Weber sich der Analyse der historischen Wurzeln von Rechtsschöpfung und Rechtsfindung. Dabei unterschied er jeweils irrationale und rationale rechtstechnische Mittel, die er zudem nach ihrer formalen und ihrer materialen Seite hin untersuchte. Diese Differenzierung von "Rechtsrationalität", etwa durch die logische Generalisierung abstrakter Sinndeutungen, und "Rechtsirrationalität", beispielsweise durch magische Akte wie Prophetie und Orakel, diente ihm nicht nur zur historischen Systematisierung, sondern ebenso als Ausgangspunkt komparativer Darstellungen von Rechtssystemen, sozialen Systemen und Herrschaftssystemen. Denn die "Rationalität" des jeweiligen Rechtssystems ist in seiner Darstellung auch abhängig von der Struktur des jeweiligen politischen Verbandes und dem Grad der Rationalisierung der jeweiligen Wirtschaft (vgl. 215f, S. 395).

Das besondere Augenmerk Webers galt dem Prozeß der allmählichen Monopolisierung des Zwangsapparates durch den Staat, d. h. es rückte vor allem die politische Gemeinschaft als die dominante Quelle jeglichen "legitimen" Rechts in seinen Blick (vgl. 215f, S. 397). Diese historische Entwicklung beendete in gewisser Weise das Prinzip der "Vertragsfreiheit" (vgl. 215f, S. 399f.) und die Ausbildung von "Sonderrechten" für begrenzte Personenkreise (vgl. 215f,

S. 416f.); beide historischen Prozesse standen ihrerseits wiederum auf das Unmittelbarste im Zusammenhang mit der Herausbildung von Tausch- und Marktwirtschaft. "Die zunehmende Einordnung aller einzelnen Personen und Tatbestände in eine [...] prinzipiell auf formaler ‚Rechtsgleichheit' beruhende Anstalt ist das Werk der beiden großen rationalisierenden Mächte: der Markterweiterung einerseits, der Bürokratisierung des Organhandelns der Einverständnisgemeinschaften andererseits" (215f, S. 419). - Und auch diese übergreifenden Prozesse, denen wir in Webers Werk durchgängig begegnen, differierten wiederum nach ihrer schichtspezifischen Ausprägung und Bedeutung. Die Tatsache, "daß ‚jedermann ohne Ansehen der Person' beispielsweise eine Aktiengesellschaft gründen [...] dürfe, bedeutet natürlich in Wahrheit die Schaffung einer Art von faktischer Autonomie der *besitzenden* Klassen *als solcher*, die ja allein davon Gebrauch machen können" (215f, S. 419).

So waren es für Weber wesentlich vier Themenbereiche, um die seine Rechtssoziologie kreiste:

- "die Wege und Schicksale der *Rationalisierung* des Rechts" (215f, S. 455): Dazu gehört seine historische Darstellung der Entwicklung neuer Rechtsregeln, von den magisch-irrationalen bis zu den "rationalen" Techniken. Der historische Prozeß der Rationalisierung des Rechts beinhaltet als Teilaspekt den der "Säkularisierung" der Rechtssatzung (215f, S. 449), des Rechtsdenkens (215f, S. 453) und der Rechtspflege (215f, S. 466).
- Die *gesellschaftlichen Träger* dieser Entwicklung von der zunftmäßigen Rechtslehre bis zur "rationalen" juristischen Universitätsbildung.
- Die gesellschaftlichen Gruppen, deren (materielle) Interessen durch diese Entwicklung in besonderer Weise berücksichtigt werden.
- Die "Einwirkung der politischen Herrschaftsform auf die formalen Qualitäten des Rechts" (215f, S. 468), vor allem jener Prozeß von der patrimonialfürstlichen Satzung über die ständische und patriarchale Rechtsschöpfung und -pflege zum revolutionär geschaffenen Naturrecht - alles als Vorstufe zur Ausbildung der modernen Staatsanstalt mit ihrem "modernen" Recht gesehen.

Bei der Behandlung dieser vier Themenbereiche zog Weber das gesamte Material seiner vorhergehenden Untersuchungen heran:

Gerade der interkulturelle und diachrone Vergleich machte auch den engen Zusammenhang dieser Entwicklung mit den religiösen Konzeptionen der verschiedenen Zeiten und Kulturen deutlich. Alle diese Dimensionen - "rechtliche", soziale, ökonomische, politische und religiöse - kamen zusammen, als Weber abschließend schrieb: "Die allgemeine Entwicklung des Rechts und des Rechtsgangs führt, in theoretische ‚Entwicklungsstufen' gegliedert, von der charismatischen Rechtsoffenbarung durch ‚Rechts*propheten*' zur empirischen Rechtsschöpfung und Rechtsfindung durch Rechts*honoratioren* [...], weiter zur Rechtsoktroyierung durch weltliches *imperium* und theokratische Gewalten und endlich zur systematischen Rechtssatzung und zur fachmäßigen, auf Grund literarischer und formal logischer Schulung sich vollziehenden ‚Rechtspflege' durch Rechts*gebildete* (Fachjuristen). Die formalen Qualitäten des Rechts entwickeln sich dabei aus einer Kombination von magisch bedingtem Formalismus und offenbarungsmäßig bedingter Irrationalität im primitiven Rechtsgang, eventuell über den Umweg theokratisch oder patrimonial bedingter materialer und unformaler Zweckrationalität, zu zunehmend fachmäßig juristischer, also logischer Rationalität und Systematik und damit [...] zu einer zunehmend logischen Sublimierung und deduktiven Strenge des Rechts und einer zunehmend rationalen Technik des Rechtsgangs. Daß die hier theoretisch konstruierten Rationalitätsstufen in der historischen Realität weder überall gerade in der Reihenfolge des Rationalitätsgrades aufeinander gefolgt, noch auch nur überall, selbst im Okzident, alle vorhanden gewesen sind oder auch nur heute sind, daß ferner die Gründe für die Art und den Grad der Rationalisierung des Rechts historisch [...] völlig verschieden geartet waren, dies alles soll hier ad hoc ignoriert werden, wo es nur auf die Feststellung der allgemeinsten Entwicklungszüge ankommen kann." (215f, S. 504f.)

b) "Allgemeine Soziologie"

Bei seinem Versuch, die Ergebnisse seiner - über die Jahrzehnte angehäuften - thematisch sehr breit angelegten universalhistorischen Untersuchungen zusammenzufassen, schrieb Max Weber in den Jahren 1918-1920 den Teil I von "Wirtschaft und Gesellschaft". Marianne Weber charakterisierte das Verhältnis der beiden Teile folgendermaßen: "Der systematische Teil [Teil I] der vermutlich noch fortgeführt worden wäre, setzte ja für den *Forscher* die Bewältigung des empirischen Stoffs, den er [Max Weber] in eine möglichst prägnante soziologische Begriffslehre einbauen wollte, voraus; dagegen wird deren Verständnis und Aufnahme für den *Leser* wesentlich erleichtert durch die mehr schildernde Darstellung soziologischer Erscheinungen [Teil II]. Auch in diesen Teilen, die als ‚konkrete' Soziologie im Unterschied zur ‚abstrakten' des ersten Teils bezeichnet werden könnten, ist der riesenhafte historische Stoff schon ‚systematisch', d.h. im Unterschied zu bloß schildernder Darstellung durch ‚idealtypische' Begriffe geordnet. [...] Während aber im ersten, abstrakten Teil das auch dort überall herangezogene Historische wesentlich als Mittel zur Veranschaulichung der Begriffe dient, so treten nunmehr, umgekehrt die idealtypischen Begriffe in den Dienst der verstehenden Durchdringung welthistorischer Tatsachenreihen, Einrichtungen und Entwicklungen." (215 f, S.XXXII)

Die Bezeichnung "*Soziologische Kategorienlehre*" für Teil I stammte dabei nicht von Max Weber selbst, der offensichtlich den Titel "*Allgemeine Soziologie*" vorgezogen hätte, sondern von Marianne Weber.[52] Zweifellos ergibt sich bei der Zugrundelegung von Teil I für die Darstellung der Weberschen Soziologie das - mit der Geschichte dieses Textes verbundene Problem, daß Weber nicht mehr dazu gekomen war, die von ihm später entwickelten Begriffe und Definitionen mit seinen Ausführungen in Teil II abzustimmen. Besonders deutlich wird das bei entscheidenden Begriffswechseln, wie beispielsweise dem Austausch des vorher verwendeten Begriffs "Gemeinschaftshandeln" durch den Begriff "Soziales Handeln" oder der Ersetzung des Begriffs "Gemeinschaft" durch "Verband". - Für eine Darstellung im Rahmen der hier genannten Zielsetzung der elementaren Hinführung an die Weberschen Positionen wird von solchen, ansonsten durchaus bedeutenden Modifikationen abgesehen, so daß wir uns auf die späte Fassung von 1918-1920 stützen werden.

Wenn wir uns auf dieser Textgrundlage mit der Weberschen Wirtschaftssoziologie, seiner Soziologie der Herrschaft und - nur am Rande - seiner Musiksoziologie befassen wollen, wird aus deren innerem Zusammenhang notwendig, sich zuerst mit seiner "Allgemeinen Soziologie" zu befassen.

In Kapitel I der sogenannten "Kategorienlehre" breitete Max We-

---

52 Vgl. *Weber, Marianne*, Max Weber. Ein Lebensbild, S. 687f., 709.

ber seine berühmt gewordenen "*Soziologischen Grundbegriffe*" in ihrem systematischen Zusammenhang aus. In diesem Text, der die Fortschreibung des bereits 1913 erschienenen Artikels "Ueber einige Kategorien der verstehenden Soziologie" (Bibl. Nr. 116) darstellte, entwickelte Weber das folgenreiche Konzept *seiner* Soziologie, ihre inhaltliche wie methodische Ausrichtung, ihre zentralen Begriffe und Konzepte und ihre Abgrenzung von anderen Wissenschaftsdisziplinen. Die 17 Paragraphen voller "unvermeidlich abstrakt und wirklichkeitsfremd wirkenden Begriffsdefinitionen" (215f, S. 1) stellten *keine Theorie* dar, weder die einer "Verstehenden Soziologie" noch eine "Theorie sozialen Handelns", sie sollten vielmehr das begriffliche Instrumentarium der Weberschen Soziologie vorstellen, ohne daß Weber selbst diese hätte noch selbst entfalten und eventuell modifizieren können.

Ohne jede Umschweife begann Max Weber mit seiner grundsätzlichen Bestimmung: "Soziologie [...] soll heißen: eine Wissenschaft, welche soziales Handeln deutend verstehen und dadurch in seinem Ablauf und seinen Wirkungen ursächlich erklären will" (ebd.), um derart zu seinen zentral wichtigen Begriffen zu kommen. Deren Inhalte und ihr "architektonischer" Zusammenhang sollen im folgenden behandelt werden.

Zunächst ging es Weber um die Bestimmung des Objektbereichs seiner Soziologie. Als Ausgangspunkt nahm er das Konzept des "*Sozialen Handelns*":

- *Menschliches Verhalten*, so lautet seine allgemeinste Bestimmung, ist "äußeres oder innerliches Tun, Unterlassen oder Dulden" (ebd.).
- *Handeln*, als ein Teilbereich daraus, liegt vor, "wenn und insofern als der oder die Handelnden mit ihm einen subjektiven *Sinn* verbinden" (ebd.).
- *Soziales Handeln* "soll ein solches Handeln heißen, welches seinem [...] gemeinten Sinn nach auf das Verhalten anderer bezogen wird und daran in seinem Ablauf orientiert ist" (ebd.).

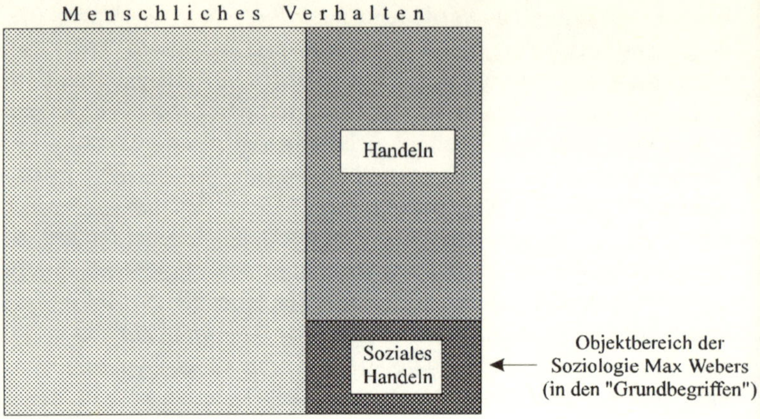

An diese, auf eine erfahrungswissenschaftliche, verstehende Soziologie hinzielende, grundsätzliche Bestimmung folgten zwei Exkurse über die "Methodischen Grundlagen" dieses Verständnisses von Soziologie und über den "Begriff des sozialen Handelns".

Für die "Methodischen Grundlagen" präzisierte Weber sein Konzept einer "Verstehenden Soziologie", für die der Begriff des "*Sinns*" im Zentrum steht. Für seine Soziologie als einer *empirischen Wissenschaft* bedeutet Sinn entweder

"a) der tatsächlich, in einem historisch gegebenen Fall von einem Handelnden oder durchschnittlich und annähernd in einer gegebenen Masse von Fällen von Handelnden oder

b) in einem begrifflich konstruierten *reinen* Typus von dem oder den als Typus *gedachten* Handelnden subjektiv *gemeinte* Sinn." (ebd.)

Ausdrücklich betonte Weber die *Konstruiertheit* dieses derart ermittelten Sinns, bei dem es sich weder um irgendeinen "objektiv ‚richtigen'" noch um einen "metaphysisch ergründeten ‚wahren'" Sinn handeln könne. Für eine "typenbildende wissenschaftliche Betrachtung" forderte Weber die Erforschung der *rational* verständlichen, d. h. der "unmittelbar und eindeutig intellektuell sinnhaft" erfaßbaren *Anteile* des zu untersuchenden Handelns. Dabei wird ein *konstruierter rein zweckrationaler* Verlauf des Handelns *unterstellt*, d.h. es wird danach gefragt, "wie *ohne* Beeinflussung durch irrationale Affekte das Handeln abgelaufen *wäre*, und dann werden jene irrationalen Komponenten als ‚Störungen' eingetragen. [...] Nur dadurch wird alsdann die kausale Zurechnung von Abweichungen davon zu den sie bedingenden Irrationalitäten möglich. Die Konstruktion eines streng zweckrationalen Handelns also dient [...] der Soziologie [...] als *Typus* (‚Idealtypus'), um das reale, durch Irrationalitäten aller Art (Affekte, Irrtümer) beeinflußte Handeln als ‚Abweichung' von dem bei rein rationalem Verhalten zu gegenwärtigenden Verlaufe zu verstehen." (215f, S. 2f.)

Aus diesem methodischen "Zweckmäßigkeitsgrunde" bekannte Weber sich selbst zu einer "rationalistischen" Methode, wobei er dies nicht als "rationalistisches Vorurteil" verstanden wissen wollte, "sondern nur als methodisches Mittel", das "also nicht etwa zu dem Glauben an die tatsächliche Vorherrschaft des Rationalen über das Leben umgedeutet werden" sollte (215f, S. 3).

Stellte der Begriff des "Sinns" die entscheidende Kategorie des Weberschen Handlungsbegriffs dar, so steht das Konzept des "*Verstehens*" im Zentrum seiner Methodologie. Da der "gemeinte Sinn" eines Handelns "verstanden" werden soll, entspricht die Differenzierung des Verstehens der des Sinns. "Verstehen" bedeutet demnach "deutende Erfassung

a) des im Einzelfall real gemeinten [...] oder
b) des durchschnittlich und annäherungsweise gemeinten [...] oder
c) des für den reinen Typus (Idealtypus) einer häufigen Erscheinung wissenschaftlich zu konstruierenden (‚idealtypischen') Sinnes oder Sinnzusammenhangs." (215f, S.4)

Wiederum war es die *Konstruiertheit dieses Verstehens*, auf die Weber nachdrücklich hinwies: "Solche idealtypischen Konstruktionen [...] stellen dar, wie ein bestimmt geartetes, menschliches Handeln ablaufen *würde*, *wenn* es streng zweckrational, durch Irrtum und Affekte ungestört, und *wenn* es ferner ganz eindeutig nur an einem Zweck [...] orientiert wäre. Das reale Handeln verläuft nur in seltenen Fällen [...] und auch dann nur annäherungsweise so, wie im Idealtypus konstruiert." (ebd.) - Dieses Vorgehen, bei dem ein konkretes, beobachtbares menschliches Handeln mit einem idealtypisch konstruierten "Sinn" unterlegt wird, der mit Hilfe eines zweckrational ausgerichteten "Verstehens" ermittelt wird, führt nicht zu einer "kausal gültigen Deutung", sondern einzig zu einer "besonders evidenten kausalen *Hypothese*". Nicht nur, daß den Handelnden die "Motive" ihres Handelns oft selbst nicht bewußt sind bzw. durch andere "verdrängt" sind, sondern auch die Tatsache, daß hinter - von "außen" als gleich oder ähnlich beurteilten - Handlungen höchst verschiedene Sinnzusammenhänge liegen können, macht die Konstruktion eines ganz bestimmten Sinnzusammenhanges nur zu einem "unsicheren Mittel des ‚gedanklichen Experiments' " (215f, S. 5).

Als "*Motiv*" eines Handelns bezeichnete Weber einen "Sinnzusammenhang, welcher den Handelnden selbst oder den Beobachtenden als sinnhafter ‚Grund' eines Verhaltens erscheint" (ebd.). Aus dieser Definition ergibt sich die Webersche Unterscheidung von "*Sinnadäquanz*" und "*Kausaladäquanz*". "‚Sinnhaft adäquat' soll ein zusammenhängend ablaufendes Verhalten in dem Grade heißen, als die Beziehung seiner Bestandteile von uns nach den durchschnittlichen Denk- und Gefühlsgewohnheiten als typischer [...] Sinnzusammenhang bejaht wird. ‚Kausal adäquat' soll dagegen ein Aufeinanderfolgen von Vorgängen in dem Grade heißen, als nach Regeln der *Erfahrung* eine Chance besteht: daß sie stets in gleicher Art tatsächlich abläuft [...] Kausale Erklärung bedeutet also die Feststellung: daß nach einer irgendwie abschätzbaren [...] Wahrscheinlichkeits*regel* auf einen bestimmten beobachteten [...] Vorgang ein bestimmter anderer Vorgang folgt (oder: mit ihm gemeinsam auftritt)." (ebd.)

Das Ziel der Weberschen Soziologie sollte es nun sein, Kausal- und Sinnadäquanz miteinander zu verbinden, um somit zu "verstehenden" und dadurch "erklärenden" Aussagen zu gelangen, die zudem mit Wahrscheinlichkeitsangaben präzisiert werden sollten: "Nur solche statistische Regelmäßigkeiten, welche einem *verständlichen* gemeinten Sinn eines sozialen Handelns entsprechen, sind [...] verständliche Handlungstypen, also: ‚soziologische Regeln'. Nur solche rationalen Konstruktionen eines sinnhaft verständlichen Handelns sind soziologische Typen realen Geschehens, welche in der Realität wenigstens in irgendeiner Annäherung beobachtet werden können." (215f, S. 6)

Der Objektbereich der "Verstehenden Soziologie" Webers wurde bereits oben auf das "Soziale Handeln" eingegrenzt. Der primäre Träger des "Handelns" war für Weber stets der einzelne Mensch: "Handeln im Sinn sinnhaft verständlicher Orientierung des eigenen Verhaltens gibt es für uns stets nur als Verhalten von einer oder mehreren *einzelnen* Personen." (ebd.) Mag es für andere Erkenntniszwecke nützlich und nötig sein, von anderen Untersuchungsobjekten auszugehen - für die verstehende Soziologie Max Webers geht es, auch bei der Untersuchung von "sozialen Gebilden", wie etwa dem "Staat", einer "Genossenschaft", einer "Aktiengesellschaft", um etwas spezifisch anderes: "Für die verstehende Deutung des Handelns durch die Soziologie sind [...] diese Gebilde lediglich Abläufe und Zusammenhänge spezifischen Handelns *einzelner* Menschen, da diese allein für uns verständliche Träger von sinnhaft orientiertem Handeln sind." (ebd.)

Durch diese scharfe Abgrenzung sowohl von der Beschäftigung mit Kollektivbegriffen als auch von rein funktionalistischen, die Sinngebungen der Handelnden ignorierenden Disziplinen beschrieb Weber die zentrale Aufgabe seiner Soziologie: "Wir sind [...] bei ‚sozialen Gebilden' [...] in der Lage: *über* die bloße Feststellung von funktionellen Zusammenhängen und Regeln (‚Gesetzen') *hinaus* etwas aller ‚Naturwissenschaft' [...] ewig Unzugängliches zu leisten: eben das ‚*Verstehen*' des Verhaltens der beteiligten *Einzelnen* [...] Diese Mehrleistung der deutenden gegenüber der beobachtenden Erklärung ist freilich durch den wesentlich hypothetischeren und y>Yfragmentarischeren Charakter der durch Deutung zu gewinnenden Ergebnisse erkauft. Aber dennoch: *sie* ist gerade das dem soziologischen Erkennen Spezifische." (215f, S. 7)

Von solchen dezisionistischen und apodiktischen Setzungen ausgehend, unternahm Max Weber den Versuch einer Abgrenzung seiner Soziologie von anderen Wissenschaftsdisziplinen, wie der Tierverhaltensforschung, der Psychologie und der Geschichte. Dabei stand im Zentrum sein methodologisches Konzept des *Idealtypus*, auf das wir im nächsten Abschnitt eingehen werden.

In seinem Exkurs über den "Begriff des sozialen Handelns" präzisierte Weber eben diesen Begriff und grenzte ihn ab von anderen Formen des Handelns, wie gleichmäßigem Handeln, durch andere beeinflußtem Handeln, massenbedingtem Handeln und Nachahmungshandeln, wobei er die "Flüssigkeit" der Übergänge und Unterschiede unterstrich. Über die bereits angeführte Definition hinausgehend, betonte Weber die historische Dimension dieser Kategorie, wenn er schrieb: "Soziales Handeln (einschließlich des Unterlassens oder Duldens) kann orientiert werden am vergangenen, gegenwärtigen oder für künftig erwarteten Verhalten anderer [...]." (215f, S.

11) Obwohl seine Soziologie es keineswegs nur mit "sozialem Handeln" zu tun haben sollte, bildete dieses jedoch "ihren zentralen Tatbestand [...], der für sie als Wissenschaft sozusagen *konstitutiv* ist" (215f, S. 12).

Nachdem Weber derart die Grundlagen seiner Ausgangsdefinition von Soziologie gelegt hatte, konnte er daran anschließend den systematischen Zusammenhang seiner Kategorien ausführen. Hier führte er seine idealtypische Vierteilung des sozialen Handelns ein, die von den typischerweise möglichen Orientierungen des sozialen Handelns ausgeht. Demnach kann das soziale Handeln bestimmt sein

"1. *zweckrational*: durch Erwartungen des Verhaltens von Gegenständen der Außenwelt und von anderen Menschen und unter Benutzung dieser Erwartungen als ‚Bedingungen' oder als ‚Mittel' für rational, als Erfolg, erstrebte und abgewogene eigene *Zwecke*,
2. *wertrational*: durch bewußten Glauben an den [...] unbedingten *Eigen*wert eines bestimmten Sichverhaltens rein als solchen und unabhängig vom Erfolg, -
3. *affektuell*, insbesondere *emotional*: durch aktuelle Affekte und Gefühlslagen, -
4. *traditional*: durch eingelebte Gewohnheit." (215f, S. 12)

Mit dieser Typologie der *möglichen Orientierungen des sozialen Handelns* wollte Weber weder eine "irgendwie erschöpfende Klassifikation" unternehmen, noch unterstellen, daß es konkretes soziales Handeln geben könne, das *nur* dem einen oder anderen Typus rein entspräche: vor allem eine absolute Zweckrationalität bezeichnete er selbst als einen "konstruktiven Grenzfall" (215f, S. 13).

Hatte Weber in den bisher behandelten zwei Paragraphen seine Definition von Soziologie (§ 1) und eine Typologie der Orientierungen sozialen Handelns (§ 2) vorgelegt, so führte er in den folgenden fünfzehn Paragraphen die konzeptuelle Systematik seiner Soziologie vor. In § 3 führte er die Kategorie der "*Sozialen Beziehung*" ein: "Soziale ‚Beziehung' soll ein seinem Sinngehalt nach aufeinander gegenseitig *eingestelltes* und dadurch orientiertes Sichverhalten mehrerer heißen." (ebd.) - Hier nun wird erneut der Fachsoziologe Max Weber unstrittig erkennbar: Bei der Kategorie der "Sozialen Beziehung" geht es um aufeinander bezogenes Handeln, unabhängig davon, ob es "solidarisches" Handeln ist oder nicht. An solchen Beziehungsinhalten nannte Weber beispielsweise Kampf, Feindschaft, Geschlechtsliebe, Freundschaft, Pietät, Markttausch, Konkurrenz. Gerade von seiner, an den Sinngehalten orientierten Vorstellung von Soziologie ausgehend, betonte Weber, daß die Kategorie "Soziale Beziehung" nicht bedeutet, "daß die an dem aufeinander eingestellten Handeln Beteiligten im Einzelfall den *gleichen* Sinngehalt in die soziale Beziehung legen oder sich sinnhaft entsprechend der Einstellung des Gegenpartners innerlich zu ihm einstellen, daß also in diesem Sinn ‚Gegenseitigkeit' besteht" (ebd.). - Mit der Betonung der unterschiedlichen Zeitdauer des Bestehens von sozialen Beziehungen unterstrich Weber aufs neue die Konstruiertheit gerade auch dieser Kategorie: "Daß eine ‚Freundschaft' oder daß ein ‚Staat' *besteht* oder bestand, bedeutet also ausschließlich und allein: *wir* (die *Betrachtenden*) urteilen, daß eine *Chance* vorliegt oder vorlag: daß auf Grund einer bestimmt gearteten Einstellung bestimmter Menschen in einer einem *durchschnittlich gemeinten* Sinn nach angebbaren Art *gehandelt* wird, und sonst gar nichts." (215f, S. 14)

Obwohl der Sinngehalt von sozialen Beziehungen wechseln kann, lassen sich dennoch Regelmäßigkeiten beobachten, d. h. "in einem typisch gleichartig *gemeinten Sinn* bei gleichen Handelnden sich wiederholende oder [...] bei zahlreichen Handelnden verbreitete Abläufe von Handeln" (ebd.). - Von solchen Typen unterschied Weber vor allem den "Brauch" - dazu gehörte für ihn auch die "Mode" - und die "Sitte", welche er von "Konvention" und "Recht" abgrenzte. (Vgl. 215f, S. 15f.)

Mit § 5 schloß Weber den "Rahmen" seiner Soziologie durch die Einführung der "*Legitimen Ordnung*" ab. Diese Einordnung geschah von ihm selbst, indem er definierte: "Handeln, insbesondere soziales Handeln und wiederum insbesondere eine soziale Beziehung, können von seiten der Beteiligten an der *Vorstellung* vom Bestehen einer *legitimen Ordnung* orientiert werden. Die Chance, daß dies tatsächlich geschieht, soll ‚Geltung' der betreffenden Ordnung heißen." (215f, S. 16) - Von "Ordnung" wollte Weber nur dann sprechen, "wenn das Handeln an angebbaren ‚Maximen' (durchschnittlich und annähernd) orientiert wird" (ebd.). Eine "Geltung" einer solchen Ordnung liegt dann vor, wenn diese "Maximen" - die sicherlich dem heutigen soziologischen Verständnis von "Normen" vergleichbar sind - "irgendwie *für* das Handeln geltend: verbindlich oder vorbildlich, angesehen werden" (ebd.). Die "Orientierung" an einer derartigen

"Ordnung" heißt dabei keineswegs ausschließlich "Befolgung": "Auch im Fall der ‚Umgehung' oder ‚Verletzung' ihres (durchschnittlich verstandenen) Sinnes kann die Chance ihrer in irgendeinem Umfang bestehenden Geltung (als verbindliche Norm) *wirken*. [...] Der Dieb orientiert an der ‚Geltung' des Strafgesetzes sein Handeln: indem er es verhehlt. Daß die Ordnung innerhalb eines Menschenkreises ‚gilt', äußert sich eben darin, daß er den Verstoß verhehlen *muß*." (ebd.) - Dazu kam noch die Webersche Vorstellung von mehreren, nebeneinander bestehenden Ordnungen: "Es macht der Soziologie keine Schwierigkeiten, das Nebeneinandergelten verschiedener, einander *widersprechender* Ordnungen innerhalb des gleichen Menschenkreises anzuerkennen. Denn sogar der Einzelne kann sein Handeln an einander widersprechenden Ordnungen orientieren." (ebd.)

Von einer rein faktisch geltenden Ordnung - im Sinne ihrer Befolgung - aus rein "zweckrationalen" Motiven sagte Weber, daß diese "weit labiler" sei, als eine, an der sich die handelnden Menschen orientieren infolge ihres *Glaubens* an deren "*Legitimität*". Eine solche Legitimität kann einer Ordnung nach Webers Einschätzung aus vier - idealtypischen - Gründen *zugeschrieben* werden:

"a) kraft *Tradition*: Geltung des immer Gewesenen;
b) kraft *affektuellen* (insbesondere: emotionalen) Glaubens: Geltung des neu Offenbarten oder des Vorbildlichen;
c) kraft *wertrationalen* Glaubens: Geltung des als absolut gültigen Erschlossenen;
d) kraft positiver Satzung, an deren *Legalität* geglaubt wird." (215f, S. 19)

Weber unterschied vor allem zwei Arten von Ordnung: die "Konvention", deren Geltung vor allem durch die Chance der sozialen "Mißbilligung" garantiert wird, und das "Recht", das durch die "Chance physischen oder psychischen Zwanges durch [...] einen *eigens* darauf eingestellten Stab [...] von Menschen" (215f, S. 17) garantiert wird, wie wir das bereits aus den obigen Ausführungen über Webers Rechtssoziologie kennen. Zu diesen "äußerlichen" Garantien können noch "innerliche" kommen, vor allem durch die ethische Absicherung von Normen.

Mit den Konzepten des "Sozialen Handelns", der "Sozialen Beziehung" und der "(Legitimen) Ordnung" haben wir die drei wichtigsten "Bausteine" und ihren inneren Zusammenhang der Weberschen Soziologie dargestellt. Dieser Zusammenhang läßt sich folgendermaßen illustrieren:

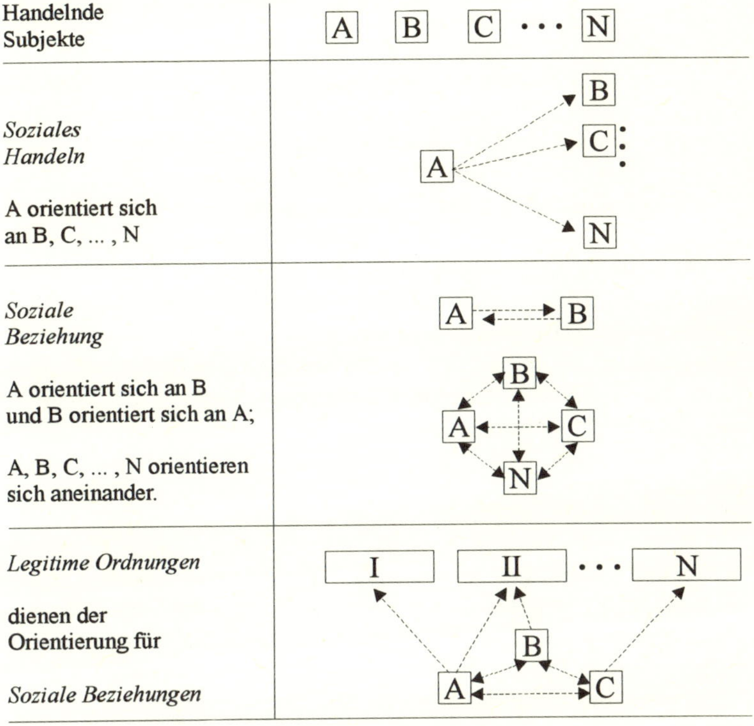

Diese Skizzen sollen verdeutlichen, wie die drei Konzepte miteinander zusammenhängen, wobei diese Schemata der Komplexität des Weberschen Ansatzes nicht gerecht werden. So fehlt etwa die Webersche Betonung der historischen Dimension, sowohl bei der "Sozialen Beziehung" wie auch der "Legitimen Ordnung", was zu einer "Ungleichzeitigkeit" von "sozialem Handeln" führen kann; weiterhin ist nicht dargestellt, daß die jeweiligen gegenseitigen Orientierungen sehr verschiedene Inhalte und eventuell entgegengesetzte Motive haben können.

Die verbleibenden zehn Paragraphen der "Grundbegriffe" behandeln zum einen *verschiedene Ausprägungen sozialer Beziehungen*, wie:

§ 8: "Kampf",
§ 9: "Vergemeinschaftung" vs. "Vergesellschaftung",
§10: "Offene" vs. "geschlossene" soziale Beziehungen,
§16: "Macht" vs. "Herrschaft",

und zum anderen deren *verschiedene Organisationsformen*, wie:
§12: "Verband",
§14: "Verwaltungsordnung" vs. "Regulierungsordnung",
§15: "Betrieb", "Verein", "Anstalt",
§17: "Politischer Verband" vs. "Hierokratischer Verband".

Da es uns hier vor allem um die Skizzierung der zentral wichtigen Begriffe der "Allgemeinen Soziologie" Max Webers zu tun ist, verzichten wir auf die Behandlung der genannten Definitionen und Konzepte. Einige davon werden uns in den anschließenden Abschnitten über die Webersche "Wirtschaftssoziologie" und seine "Soziologie der Herrschaft" ohnehin begegnen.

c) Wirtschaftssoziologie

Betrachtet man die Webersche Wirtschaftssoziologie auf der Textgrundlage von Teil I von "Wirtschaft und Gesellschaft", wie wir das hier tun wollen, so wird der Zusammenhang mit seiner soeben behandelten "Allgemeinen Soziologie" überaus deutlich. Schon bei seinen Erläuterungen des Begriffs des "Sozialen Handelns" wies Weber darauf hin, daß wirtschaftliches Handeln nicht von vornherein soziales Handeln sein müsse; soziales Handeln wird das Wirtschaften eines Einzelnen "erst dann und nur insofern, als es das Verhalten Dritter mit in Betracht zieht [...], indem es auf die Respektierung der eignen faktischen Verfügungsgewalt über wirtschaftliche Güter durch Dritte reflektiert" (215f, S. 11).

So wollte Weber in Kapitel II über "Soziologische Grundkategorien des Wirtschaftens" auch "keinerlei Wirtschaftstheorie" vorlegen, sondern "es sollen lediglich einige weiterhin oft gebrauchte Begriffe definiert und gewisse allereinfachste soziologische Beziehungen innerhalb der Wirtschaft festgestellt werden" (215f, S. 31). Dabei knüpfte er unmittelbar an seine allgemeine soziologischen Konzepte an, indem er definierte:

",Wirtschaftlich *orientiert*' soll ein Handeln insoweit heißen, als es seinem gemeinten Sinne nach an der Fürsorge für einen Begehr nach Nutzleistungen orientiert ist.

,Wirtschaften' soll eine *friedliche* Ausübung von Verfügungsgewalt heißen, welche *primär*, ,rationales Wirtschaften' eine solche, welche zweckrational, also *planvoll*, wirtschaftlich orientiert ist.

,Wirtschaft' soll ein autokephal, ,Wirtschaftsbetrieb' ein betriebsmäßig geordnetes *kontinuierliches* Wirtschaften heißen." (ebd.)

In seinen detaillierten Erläuterungen machte Weber wiederum deutlich, daß nach seiner Definition eine *soziologische Betrachtung* des ökonomischen Bereichs davon auszugehen habe, "daß alle ,wirtschaftlichen' Vorgänge und Objekte ihr Gepräge als solche gänzlich durch den *Sinn* erhalten, welchen menschliches Handeln ihnen - als Zweck, Mittel, Hemmung, Nebenerfolg - gibt" (ebd.). - Ähnlich wie in seiner Rechtssoziologie stellte Weber durchgängig die Beziehungen der gesellschaftlichen Teilbereiche zueinander her: hier der Wirtschaft und der Politik (Vgl. 215f, S. 32) und der Wirtschaft und der rechtlichen Ordnung (Vgl. 215f, S.34).

Diese explizit soziologische Orientierung wird auch bei seiner Begriffsbestimmung der "Nutzleistungen" deutlich, die Weber definierte als "Chancen gegenwärtiger oder künftiger Verwendungsmöglichkeiten [...], an deren geschätzter Bedeutung als Mittel für Zwecke des (oder der) Wirtschaftenden sein (oder ihr) Wirtschaften orientiert wird" (215f, S. 34). Sachliche Nutzleistungen nannte Weber "Güter", menschliche: "Leistungen". Deren Verwendungschancen bezeichnete er als "ökonomische Chancen", die durch Sitte, Interessenlage und die - konventionell oder rechtlich garantierte - Ordnung bestimmt sind.

Die schon bis hier erkennbar völlig gleiche Struktur des begrifflichen Aufbaus der Weberschen Wirtschaftssoziologie mit der Struktur seiner "Allgemeinen Soziologie" wird konsequent fortgesetzt, indem Weber sich den idealtypischen Möglichkeiten der Orientierung wirtschaftlichen Handelns zuwandte. Er unterschied dabei vor allem eine *traditionale* von einer *zweckrationalen* wirtschaftlichen Orientierung (215f, S. 35), von denen ihm die rationale gerade das leitende Handeln dominierte. Erst die weitgehende Überwindung der traditionalistischen Bestimmungsgründe des Wirtschaftens ermöglichte "die *weitere* Fortbildung zur spezifisch modernen, kapitalistisch rationalen Wirtschaft" (ebd.).

Der "*Tausch*", als eines der wichtigsten ökonomischen Mittel, wurde von Weber definiert als ein "Interessenkompromiß der Tauschpartner, durch welches Güter oder Chancen als gegenseitiger Entgelt hingegeben werden" (215f, S. 36). Auch hierbei unterschied Weber wiederum traditional und rational orientierte Tauschformen voneinander, bei den "Tauschmitteln" differenzierte er nach zwei Arten von "Zahlungsmitteln": den "chartalen", d. h. künstlich geschaffenen Tauschmitteln, wie Geld, und "naturalen" (215f, S. 38f.).

Über eine subtile Analyse verschiedener Geld- und Kreditformen gelangte Weber zum Begriff der "Marktlage" als der Gesamtheit der erkennbaren Tauschchancen der Marktteilnehmer im Preis- und Konkurrenzkampf (Vgl. 215f, S. 43f.), wobei er hier dominant den Geldtausch meinte. Für ihn war Geld "das ‚vollkommenste' wirtschaftliche Rechnungsmittel, das heißt: das formal rationalste Mittel der Orientierung wirtschaftlichen Handelns" (215f, S. 45), und damit wird die Geld*rechnung*, und nicht der Geld*gebrauch*, das "spezifische Mittel zweckrationaler Beschaffungswirtschaft".

Bei der üblichen Unterscheidung der zwei typischen Formen des wirtschaftlichen Handelns: Haushalten und Erwerben, definierte Weber *Erwerben* als ein "an den Chancen der [...] Gewinnung von neuer Verfügungsgewalt über Güter orientiertes Verhalten" (215f, S. 48). Diesem rational wirtschaftlichen Erwerben ordnete Weber eine besondere Form der Geldrechnung zu: die "*Kapitalrechnung*". Sie ist "die Schätzung und Kontrolle von Erwerbschancen und -erfolgen durch Vergleichung des Geldschätzungsbetrages einerseits der sämtlichen Erwerbsgüter [...] bei Beginn und andererseits der [...] Erwerbsgüter bei Abschluß des einzelnen Erwerbsunternehmens oder [...] durch Anfangs- bzw. Abschluß-*Bilanz*" (ebd.). Die Orientierung der Kapitalrechnung an der Rentabilität, d. h. an Preischancen, die sich durch Interessenkampf und Interessenkompromiß auf dem Markt bilden, hat für den Soziologen eine bedeutungsvolle gesellschaftliche Voraussetzung: "Die Kapitalrechnung in ihrer *formal* rationalsten Gestalt setzt [...] den *Kampf des Menschen mit dem Menschen* voraus." (215f, S. 49) Für Weber bedeutete der Begriff der "Kapitalmacht", der in diesem Zusammenhang von Wichtigkeit ist, daß "die Inhaber der Verfügungsgewalt über Erwerbsmittel und ökonomische Chancen, welche als Kapital*güter* in einem Erwerbsbetrieb verwendbar sind, kraft dieser Verfügungsgewalt und kraft der Orientierung des Wirtschaftens an den Prinzipien kapitalistischer Erwerbsrechnung eine spezifische Machtstellung gegenüber andern einnehmen." (215f, S. 50f.) - Mit Kapitalrechnung und ökonomischer "Machtlage" hängt auch die Gestaltung des Kapitalzinses zusammen, mit dem Weber sich detailliert auseinandersetzte. (Vgl. 215f, S.51ff.)

Die betonte "*formale Rationalität*" der Geldrechnung war nach Webers Darstellung an zwei spezifische, "materiale" Bedingungen geknüpft:

"1. den Marktkampf [...] autonomer Wirtschaften. Geldpreise sind Kampf- und Kompromißprodukte, also Erzeugnisse von Machtkonstellationen. ‚Geld' ist keine harmlose ‚Anweisung auf unbestimmte Nutzleistungen', welche man ohne grundsätzliche Ausschaltung des durch Kampf von Menschen mit Menschen geprägten Charakters der Preise beliebig umgestalten könnte, sondern primär: Kampfmittel und Kampfpreis, Rechnungsmittel aber nur in der Form des quantitativen Schätzungsausdrucks von Interessen*kampf*chancen.

2. [...] *Strenge* Kapitalrechnung ist ferner sozial an ‚Betriebsdisziplin' und Appropriation der sachlichen Beschaffungsmittel, also: an den Bestand eines Herrschaftsverhältnisses, gebunden." (215f, S. 58)

Um gerade die soziologische Seite der Wirtschaft, d.h. des Wirtschaftens darstellen zu können, wandte Weber sich den Arten der "Verteilung und Verbindung menschlicher Leistungen zum Zweck der Güterbeschaffung" (215f, S. 62) zu, von denen er zwei voneinander unterschied: disponierende Leistung und an Disposition orientierte Leistung, die er "Arbeit" nannte; er differenzierte dabei jeweils noch nach der technischen und der sozialen Seite von Leistung und Arbeit (Vgl. 215f, S. 62-69). Dabei ist es von erheblicher soziologischer Bedeutung, zu untersuchen, wie die "Appropriations"-Verhältnisse, d. h. die Herrschaftsverhältnisse, jeweils beschaffen sind, wobei Weber an dieser Stelle recht detailliert auf die "Expropriation" des Arbeiters zu sprechen kam (Vgl. 215f, S. 77ff.).

In seiner stilistisch außerordentlich spröden "Kasuistik der technischen, betriebsmäßigen Appropriations- und Marktbeziehungen" (215f, S. 82-86) unternahm Weber nicht nur den Versuch, die verschiedenen Organisationsformen darzustellen, sondern zudem noch die Entwicklung des Kapitalismus universalhistorisch-systematisch zu skizzieren. Dabei kam er wiederum zu jenem Ergebnis, das uns bereits aus oben behandelten Arbeiten vertraut ist, daß nämlich gerade die Entwicklung des "freien Gewerbes" ihre klassische Ausbildung als herrschender Typus im okzidentalen Mittelalter fand. Diese Entwicklung, die nach Webers Darstellung exklusiv im Okzident stattfand, war nach Weber "*nicht ausschließlich* durch rein ökonomische Gründe zu erklären" (215f, S. 86).

Um rechnungsmäßige Leistungsoptima der "ausführenden Arbeit" zu erzielen, faßte Weber drei wesentliche Voraussetzungen ins Auge (ebd.):

1. Optimum der Angepaßtheit an die Leistung,
2. Optimum der Arbeits*leistung*,
3. Optimum der Arbeits*neigung*.

In logisch ähnlicher Weise nannte Weber acht Gründe für die Erzielung eines Höchstmaßes von "formaler Rationalität" der Kapitalrechnung von Beschaffungsbetrieben (215f, S. 94):

1. Gütermarktfreiheit,
2. Unternehmerfreiheit,
3. Freie Arbeit, Arbeitsmarktfreiheit, Freiheit der Arbeiterauslese,
4. Wirtschaftliche Vertragsfreiheit,
5. Mechanisch rationale Technik,
6. Formal rationale Verwaltung, formal rationales Recht,
7. Trennung von Betrieb und Haushalt,
8. Formal rationale Ordnung des Geldwesens.

Damit wandte Weber sich vor allem der modernen kapitalistischen Wirtschaft zu, wobei ihn in diesem Zusammenhang insbesondere die funktionalen Beziehungen zwischen dem modernen Staat und der Geldverfassung ausführlich beschäftigten (Vgl. 215f, S. 97-113).

Abschließend zu diesen, im wesentlich sehr definitorischen Festlegungen kam Weber nochmals auf seine soziologische Bestimmung des wirtschaftlichen Handelns zurück, indem er zu den "Motiven" dieser besonderen Form des Handelns ausführte: "Alles Wirtschaften wird in der Verkehrswirtschaft von den *einzelnen* Wirtschaftenden zur Deckung *eigener*, ideeller oder materieller, Interessen unternommen und durchgeführt. [...] In einer Verkehrswirtschaft ist das

Streben nach *Einkommen* die unvermeidlich letzte Triebfeder alles wirtschaftlichen Handelns." (215f, S. 119f.)

d) Soziologie der Herrschaft

Durch unsere geraffte Rekapitulation der Grundbegriffe und Hauptargumente der Weberschen Wirtschaftssoziologie sollte deutlich geworden sein, wie sehr Max Weber sich an der Argumentationsstruktur seiner "Allgemeinen Soziologie" orientiert hatte. Auch in seiner Soziologie der Herrschaft ging es ihm primär um *eine Sonderform sozialen Handelns und sozialer Beziehungen.* Mit "Herrschaft" sollten jene sozialen Beziehungen angesprochen werden, in denen ein Individuum oder eine Gruppe seinen bzw. ihren Willen *gegen* ein anderes Individuum oder eine andere Gruppe durchsetzt, und zwar derart, daß die Handlungspartner diesem Willen "gehorchen". Ausgangspunkt der soziologischen Fragestellung ist dabei die Tatsache, daß alle denkbaren Qualitäten eines oder mehrerer Menschen und alle denkbaren Konstellationen jemanden in die Lage versetzen können, seinen Willen in einer gegebenen Situation durchzusetzen. Um diesen Sachverhalt aufklären zu können, stellte Weber folgende Fragen:

- Welche *persönlichen Qualitäten* bei dem oder den Direktiven*gebenden* und den Direktiven*gehorchenden* machen eine derartige soziale überhaupt Beziehung möglich ?
- Welche historischen, kulturellen, politischen, sozialen, ökonomischen *Voraussetzungen* ermöglichen bzw. erschweren eine derartige soziale Beziehung ?
- Welche *Folgen* hat eine derartige soziale Beziehung auf den verschiedenen Ebenen der gesellschaftlichen Wirklichkeit ?

Um diese Fragen begrifflich anzugehen, entwickelte Max Weber das dreipolige Begriffssystem: Macht - Herrschaft - Disziplin, die er folgendermaßen definierte:

"*Macht* bedeutet jede Chance, innerhalb einer sozialen Beziehung den eigenen Willen auch gegen Widerstreben durchzusetzen, gleichviel, worauf diese Chance beruht;

Herrschaft soll heißen die Chance, für einen Befehl bestimmten Inhalts bei angebbaren Personen Gehorsam zu finden;

Disziplin soll heißen die Chance, kraft eingeübter Einstellung für einen Befehl prompten, automatischen und schematischen Gehorsam bei einer angebbaren Vielheit von Menschen zu finden." (215f, S. 28)

Über das Verhältnis dieser drei Begriffe zueinander, und vor allem, ob Weber eine definitorische Gleichrangigkeit annahm, lassen sich keine endgültigen Aussagen machen. Tatsache ist, daß sich Weber mit den beiden Konzepten der "Macht" und der "Disziplin" nur wenig befaßt hat. Die Kategorie der "Macht" behandelte er in ihren Erscheinungsformen nur skizzenhaft in der Wirtschaft (vgl. 215f, S. 60; 96), in Klassen, Ständen und Parteien (vgl. 215f, S. 531) und in der Bürokratie (vgl. 215f, S. 569f.). Das Phänomen "Disziplin" beschäftigte ihn, ebenfalls nur eher skizzenhaft im militärischen Bereich (vgl. 215f, S. 123; 566; 650; 681-687; 769; 825), im Bereich der Wirtschaft (vgl. 215f, S. 123; 681; 760) und im Bereich religiöser Gemeinschaften (vgl. 215f, S. 698). Womit er sich vor allem auseinandersetzte, war das Phänomen der "Herrschaft", die ihn zeitlebens, wissenschaftlich und praktisch-politisch, beschäftigte. Der Hauptgrund dafür liegt sicher auch darin, daß "Herrschaft" die soziologisch erheblich fruchtbarere Kategorie darstellt - wegen der (relativen) Reziprozität der sozialen Beziehung: des Herrschenwollens auf der einen Seite und des Gehorchenwollens auf der anderen. In diesem Sinne ist "Herrschaft" das Ergebnis einer soziologischen Präzisierung von "Macht".

Im dritten Kapitel der "Soziologischen Kategorienlehre" versuchte Weber unter der Überschrift "Die Typen der Herrschaft" das Begriffsfeld "Herrschaft" analytisch zu differenzieren und zu präzisieren. Im Anschluß an die rein definitorische Fassung der "Grundbegriffe" betonte Weber, daß die Motive für den Gehorsam gegenüber Herrschaftsansprüchen ein breites Spektrum erfassen können, das von "dumpfer Gewöhnung" bis zu rein zweckrationalen Erwägungen reicht. Allen Formen gemeinsam sei jedoch, daß "ein bestimmtes Minimum an Gehorchenwollen, also: *Interesse* (äußerem oder innerem) am Gehorchen" zu jedem "echten" Herrschaftsverhältnis gehört (215f, S. 122).

Diese inhaltliche Fassung stellte eine Präzisierung der Weberschen Position in den "Grundbegriffen" dar, die jedoch einer Einengung gleichkam. Sie wurde offenbar notwendig angesichts der selbstgestellten Aufgabe: Webers Problem bei der Aufstellung seiner Kategorien war durchgängig sein Bemühen, zwischen den "Formen" bestimmter sozialer Beziehungen und ihren "Inhalten" eine Unterscheidung zu treffen, ohne sich dabei ganz auf die eine oder die andere Komponente durch seine Methodologie festzulegen. Ausgangspunkt war dabei - hier exemplifiziert an der Kategorie "Herrschaft" - folgendes methodische Postulat: "Von selbst versteht sich, daß für die soziologische Betrachtung nicht das aus einer Norm dogmatisch-juristisch ableitbare ‚ideelle' sondern das *faktische* Bestehen einer solchen Gewalt maßgebend ist, also: daß einer in Anspruch genommenen Autorität, bestimmte Befehle zu geben, in einem sozial relevanten Umfang *tatsächlich* Folge geleistet wird." (215f, S. 545)

Aus der hier ablesbaren Gegenposition zu allen normativ-dogmatischen Interpretationen von Herrschaft könnte sich ergeben, daß nach Weber jede faktische Befolgung von Befehlen als "Herrschaft" bezeichnet werden müßte. Es war jedoch nicht Webers Überzeugung, daß die "bloße äußerliche Resultante: das faktische Befolgtwerden des Befehls" (215f, S. 544) genüge, um die verschiedenen Varianten der Kausalkette vom Befehl bis zum Befolgtwerden zu erfassen. Weber nannte für die Erhellung dieser Kausalkette "rein psychologisch" vor allem zwei "Hauptformen der Wirkung vom Einen zum Anderen": "Einfühlung" und "Eingebung" (215f, S. 123; 545). Derartige Unterscheidungen seien jedoch für eine Typenbildung der Herrschaft, die als ein *soziologisches Phänomen* untersucht werden soll, nach Ansicht Webers "nicht brauchbar" (215f, S. 123).

Für die Absicherung seiner Durchsetzungschance bedarf der Herrschaftsinhaber nach Weber "normalerweise" eines *Verwaltungsstabes*, dessen Bindung an den Herrscher - nach den oben genannten Typen sozialen Handelns - variieren kann. Rein materielle, zweckrationale Motive der Verbundenheit zwischen Herrn und Verwaltungsstab bewirken nur einen relativ labilen Bestand der Herrschaft. "Regelmäßig", und insbesondere in "außeralltäglichen" Fällen kommen deswegen auch affektuelle oder wertrationale Motive hinzu. Doch auch die Verbindung der materiellen, zweckrationalen Interessen mit affektuellen oder wertrationalen Motiven bildet noch keine "verläßlichen" Grundlagen einer Herrschaft: "Zu ihnen tritt normalerweise ein weiteres Moment: der *Legitimitäts*glaube." (215f, S.122)

"Keine Herrschaft begnügt sich, nach aller Erfahrung, freiwillig mit den nur materiellen oder nur affektuellen oder nur wertrationalen Motiven als Chance ihres Fortbestandes. Jede versucht vielmehr den

Glauben an ihre ‚Legitimität' zu erwecken und zu pflegen. Je nach der *Art* der beanspruchten Legitimität aber ist auch der Typus des Gehorchens, des zu dessen Garantie bestimmten Verwaltungsstabes und der Charakter der Ausübung der Herrschaft grundverschieden. Damit aber auch ihre Wirkung. Mithin ist es zweckmäßig, die Arten der Herrschaft je nach dem ihnen typischen Legitimitätsanspruch zu unterscheiden." (ebd.)

Auch hier kann wiederum auf die Strukturähnlichkeit der Weberschen Soziologie der Herrschaft mit seiner "Allgemeinen Soziologie" hingewiesen werden: "Herrschaft" erscheint als besondere Form sozialen Handelns und sozialer Beziehungen; eine Typologie verschiedener Herrschaftsformen ergibt sich aus unterschiedlichen *Orientierungen* dieses Handelns und dieser Beziehungen an verschiedenen legitimen Ordnungen. So unterscheiden sich seine drei "reinen" *Typen legitimer Herrschaft* einzig und allein durch ihre jeweilige *Legitimitätsgeltung*. Diese "[...] kann nämlich primär sein:

1. *rationalen* Charakters: auf dem Glauben an die Legalität gesetzter Ordnungen und des Anweisungsrechts der durch die zur Ausübung der Herrschaft Berufenen ruhen (legale Herrschaft), oder
2. *traditionalen* Charakters: auf dem Alltagsglauben an die Heiligkeit von jeher geltender Traditionen und die Legitimität der durch sie zur Autorität Berufenen ruhen (traditionale Herrschaft), oder endlich
3. *charismatischen* Charakters: auf der außeralltäglichen Hingabe an die Heiligkeit oder die Heldenkraft oder die Vorbildlichkeit einer Person und der durch sie offenbarten oder geschaffenen Ordnungen ruhen (charismatische Herrschaft).

Im Fall der satzungsmäßigen Herrschaft wird der legal gesatzten sachlichen *unpersönlichen Ordnung* und dem durch sie bestimmten Vorgesetzten kraft formaler Legalität seiner Anordnungen und in deren Umkreis gehorcht.

Im Fall der traditionalen Herrschaft wird der *Person* des durch Tradition berufenen und an die Tradition (in deren Bereich) gebundenen Herrn kraft Pietät im Umkreis des Gewohnten gehorcht.

Im Fall der charismatischen Herrschaft wird dem charismatisch qualifizierten *Führer* als solchem kraft persönlichen Vertrauens in Offenbarung, Heldentum oder Vorbildlichkeit im Umkreis der Geltung des Glaubens an dieses sein Charisma gehorcht." (215f, S. 124)

Es muß darauf hingewiesen werden, daß diese "Legitimität" einer Herrschaft - ähnlich wie die "Geltung" einer Ordnung - von Weber immer nur als "*Chance* dafür in einem relevanten Maße gehalten und praktisch behandelt zu werden" (215f, S. 123), bestimmt wurde; von großer Wichtigkeit ist weiterhin, daß Weber die Erscheinungsformen und die Auswirkungen "herrschaftsmäßiger Beeinflussung" erheblich ausweitete, so daß etwa Erscheinungen im kulturellen Bereich, wie etwa Sprach- und Schreibformen, ebenfalls in diesen Zusammenhang gehörten (215f, S. 123f.).

Im Anschluß an den Aufriß der grundsätzlichen Begriffe behandelte Weber in den folgenden Abschnitten die drei Herrschaftstypen im Detail, wobei er jeweils untersuchte:

– die geltenden Vorstellungen vom Charakter der Herrschaft auf seiten der Herrschenden und der Beherrschten,
– den Aufbau und die Verfahrensregeln des Verwaltungsstabes,
– das Personal und die Rekrutierungsmechanismen des Verwaltungsstabes,
– das Verhältnis der Herrschaft zum Recht,
– das Verhältnis der Herrschaft zur Wirtschaft.

Im Anschluß an die Behandlung des Typus der charismatischen Herrschaft entwickelte Max Weber seine These der "*Veralltäglichung des Charisma*", deren Hauptinhalt kurz skizziert sei: Bleibt zwischen Herrschaftsinhaber ("Charismatischer Führer") plus seinem Verwaltungsstab und den Herrschaftsunterworfenen die soziale Beziehung "charismatische Herrschaft" für eine länger als einen Augenblick währende Zeitspanne bestehen, so ändert sich der Charakter dieser sozialen Beziehung wesentlich.

Die möglichen Richtungen dieser Änderung waren für Weber entweder eine Traditionalisierung oder eine Legalisierung ("Rationalisierung") der sozialen Beziehungen.

Als mögliche Ursachen für derartige Änderungen nannte Weber

– das ideelle oder auch materielle Interesse der *Anhängerschaft* an der Fortdauer und steten Neubelebung der Gemeinschaft;
– das noch stärkere ideelle und materielle Interesse des *Verwaltungsstabes* an der Fortsetzung der Herrschaftsbeziehungen, und zwar derart, daß dabei die eigene Stellung ideell und materiell eine dauerhafte *Alltagsgrundlage* bekommt;
– die Beseitigung der "*Wirtschaftsfremdheit*" des Charismas, d.h.

seine Anpassung an fiskalische Finanzformen der Bedarfsdeckung - und damit an steuer- und abgabefähige Wirtschaftsbedingungen (vgl. 215f, S. 142f.).

Der mögliche unmittelbare Anlaß für alle derartigen Änderungen kann der Wegfall der Person des Charisma-Trägers sein und die daraus resultierende *Nachfolgerfrage*, für die Weber sechs idealtypische Lösungsmöglichkeiten behandelt (vgl. 215f, S. 143f.), von denen die beiden Konzeptionen eines "Erbcharisma" und eines "Amtscharisma" von besonderer Bedeutung sind. - Wenn die Person des charismatischen Führers wegfällt, werden die genannten ideellen und noch mehr die materiellen Interessen des Verwaltungsstabes verstärkt mobilisiert. "Die Masse der Jünger und Gefolgen will ihr Leben (auf die Dauer) auch *materiell* aus dem ‚Beruf' machen und muß dies auch, soll sie nicht schwinden." (215f, S.145) - Dieses Streben nach ideeller und materieller Absicherung des Verwaltungsstabes führt zur genauen Regelung der Rekrutierung des Verwaltungsstabes und der Erwerbschancen seiner Mitglieder. Bei der Neuregelung der Rekrutierung behandelte Weber mehrere Möglichkeiten, von denen hier nur die Aufstellung von Erziehungs- und Erprobungs-Normen genannt seien, die leicht zur Verfestigung traditional-ständischer, also "erbcharismatischer" Strukturen führen. Zur Regelung der Erwerbschancen des Verwaltungsstabes im Laufe der Veralltäglichung unterschied Weber die Lösungsmöglichkeiten der Pfründen, der Ämter und der Lehen voneinander. Gemeinsam ist allen drei Formen, daß durch sie die ehemals konstitutive "Wirtschaftsfremdheit" des Charismas beseitigt wird und eine Anpassung an fiskalische Finanzformen der Bedarfsdeckung eintritt, an deren Ende die Schaffung steuer- und abgabefähiger Wirtschaftsbedingungen steht.

Neben dieser wirtschaftlichen "Veralltäglichung" postulierte Weber noch eine weitere Entwicklung, die mindestens ebenso wichtig sei: den Übergang von rein charismatischen Verwaltungsstäben und -prinzipien hin zu den "alltäglichen", d.h. traditionalen oder legalen ("rationalen"). Diese - nach Weber unvermeidbare - Entwicklung bezeichnete er als das "Hauptproblem" (215f, S. 147), noch wichtiger als das "Nachfolgerproblem" oder zumindest unabhängig von dessen Lösung.

Zusammenfassend lassen sich nach Weber drei zentrale Ursachen für den Prozeß der Veralltäglichung des Charismas nennen:

- das Streben nach Sicherung, d. h. der Legitimierung der sozialen "Herrenpositionen" und der ökonomischen Chancen für die Gefolgschaft und Anhängerschaft des charismatischen Herrn;
- die - für Weber "objektive" - Notwendigkeit der Anpassung der Ordnungen und des Verwaltungsstabes an die normalen Alltagserfordernisse und -bedingungen einer Verwaltung, insbesondere auch für die Rechtsprechung;
- die Notwendigkeit und Unvermeidbarkeit der Anpassung der Verwaltungsstäbe und aller "Verwaltungsmaßregeln" an die ökonomischen Alltagsbedingungen.

In ebenfalls besonders ausführlicher Weise beschäftigte sich Max Weber mit einer, in seinen Augen historisch besonders bedeutungsvollen Form der Herrschaft: dem *Feudalismus*, der sowohl vom traditionalen Patrimonialismus als auch von den Formen charismatischer Herrschaft unterschieden werden muß. Sowohl die Form des Lehens-Feudalismus, wie die des Pfründen-Feudalismus hatten erhebliche politische (Ringen des lehensmäßigen Verwaltungsstabes mit dem feudalen Herrn), soziale (Begründung ständischer Unterschiede) und ökonomische (Besitz von Grund und Boden) Auswirkungen.

Ab dem 7. Abschnitt ließe sich die Webersche Herrschaftssoziologie überschreiben mit "Typen der Demokratie". Gerade weil es Weber mit seiner Typologie durchgehend nicht darum ging, die komplexe historische Wirklichkeit in einem Begriffsschema "einzufangen" (215f, S. 124), sondern mit dessen Hilfe historische Gemengelagen und Wandlungsprozesse zu untersuchen, wandte er sich als einem Ausgangspunkt nochmals der "herrschaftsfremden Umdeutung des Charisma" zu (215f, S. 155 -158). War das charismatische Legitimitätsprinzip - seinem "primären Sinn nach" - auch autoritär gedeutet, so konnte es im Laufe der historischen Entwicklung auch antiautoritär umgedeutet werden. "Denn die tatsächliche Geltung der charismatischen Autorität ruht in der Tat gänzlich auf der durch ‚Bewährung' bedingten *Anerkennung* durch die Beherrschten [...] Bei zunehmender Rationalisierung der Verbandsbeziehungen liegt es aber nahe: daß diese Anerkennung, statt als Folge der Legitimität, als Legitimitäts*grund* angesehen wird (demokratische Legitimität) [...] Der kraft Eigencharisma legitime Herr wird dann zu einem Herrn von Gnaden der Beherrschten, den diese (formal) frei nach Belieben wählen und setzen, eventuell auch: absetzen [...] Der Herr ist nun der frei gewählte Führer." (215f, S. 155f.)

Von diesen Grundgedanken ausgehend, untersuchte Weber die verschiedenen historischen Entwicklungsstufen der Herausbildung demokratischer Herrschaftsformen, von denen er vor allem zwei Typenreihen behandelte: die Formen der "plebiszitären Führerdemokratie" und diejenigen der führerlosen Demokratie, "welche durch das Streben nach *Minimisierung der Herrschaft* des Menschen über den Menschen" charakterisiert sind (215f, S. 157) - Im gleichen inhaltlichen Zusammenhang stehen die detaillierten Bestimmungen über die unterschiedlichen Ausprägungen der Mittel zur Begrenzung von Herrschaft, insbesondere durch Kollegialität und Gewaltenteilung (Vgl. 215f, S. 158-167.).

Das Thema der *Bürokratie* und deren Entwicklung, die Weber bereits im Rahmen seiner Darstellung der "Legalen Herrschaft mit bürokratischem Verwaltungsstab" ausführlich behandelt hatte (Vgl. 215f, S. 124-13O.), war auch bei der Erörterung der Chancen demokratischer Herrschaftskontrolle ebenso ein zentrales Thema Webers wie bei dessen Ausführungen über die *Parteien.* Diese definierte er als "auf (formal) freier Werbung beruhende Vergesellschaftungen mit dem Zweck, ihren Leitern innerhalb eines Verbandes Macht und ihren aktiven Teilnehmern dadurch (ideelle oder materielle) Chancen (der Durchsetzung von sachlichen Zielen oder der Erlangung von persönlichen Vorteilen oder beides) zuzuwenden" (215f, S. 167). - Bilden Parteien im Herrschaftssystem plebiszitärer Demokratien mit politischen Führern ein entscheidendes Instrument für die Eroberung der Führungspositionen, so behandelte Weber in seiner Klassifikation verschiedener Typen "unmittelbarer Demokratien" vor allem unterschiedliche Formen der Repräsentation der Herrschaftsunterworfenen. Unter *Repräsentation* verstand Weber, "daß das Handeln bestimmter Verbandszugehöriger (Vertreter) den übrigen zugerechnet wird oder von ihnen gegen sich als ‚legitim' geschehen und für sie verbindlich gelten gelassen werden soll und tatsächlich wird" (215f, S. 171). - In seiner abschließenden Zusammenfassung begegnet uns eine Argumentation, die zum einen verschiedene Kategorien der Weberschen Herrschaftssoziologie miteinander verbindet und zum anderen diese in einen historischen Zusammenhang stellt, der uns mittlerweile aus seinem ganzen Werk vertraut ist: "Sowohl die genuine parlamentarische Repräsentation mit voluntaristischem Interessenbetrieb der Politik, wie die daraus entwickelte plebiszitäre Parteiorganisation mit ihren Folgen, wie der moderne Gedanke *rationaler* Repräsentation durch Interessenvertreter sind dem Okzident eigentümlich und nur durch die dortige Stände- und Klassen-Entwicklung erklärlich, welche schon im Mittelalter hier, und nur hier, die Vorläufer schuf." (215f, S. 176)

Das letzte Kapitel der "Kategorienlehre" über "Stände und Klassen" stellt die Grundlagenskizze einer Weberschen "Theorie sozialer Ungleichheit" dar: In explizitem Bezug auf Marx entwickelte Weber ein zweipoliges Begriffsschema, gebildet von den beiden Kategorien "Klasse" und "Stand". Hauptabsicht dieser Skizze war es, wegzukommen von einer einseitigen Beurteilung der sozialen Lage von Einzelnen und Gruppen ausschließlich unter dem Gesichtspunkt ihrer materiell-ökonomischen Stellung ("Klasse") und hinzukommen zu einer mindestens zweidimensionalen Betrachtungsweise durch die Verbindung mit einer Sicht, nach der die Art der Lebensführung und die soziale "Schätzung" ebenfalls von kategorialer Bedeutung ist ("Stand"). (Vgl. 215f, S. 177-180)

e) *Musiksoziologie*

Marianne Weber berichtete davon, daß ihr Mann den Plan hatte, "irgendwann eine alle Künste umfassende Soziologie" zu schreiben.[53] Von diesem Plan führte Weber allein die hier kurz zu behandelnde Vorarbeit über "Die rationalen und soziologischen Grundlagen der Musik" aus, die, vermutlich zwischen 1910/11 verfaßt, nach Webers Tod 1921 publiziert wurde, bis in die 4. Auflage von "Wirtschaft und Gesellschaft" dort als Anhang abgedruckt wurde und mittlerweile wieder separat vorliegt. (Vgl. Bibl. Nr. 211, 211a, 211b)

Auf die Ergebnisse dieses Fragments bezog sich Weber an mehreren, für sein Gesamtwerk entscheidenden Stellen, so vor allem in der "Vorbemerkung" zu den "Gesammelten Aufsätzen zur Religionssoziologie" (181, S. 2), in seiner berühmten Rede "Wissenschaft als Beruf" (213c, S. 596) und in seinem Aufsatz "Der Sinn der ‚Wertfreiheit' der soziologischen und ökonomischen Wissenschaften" (213c, S. 520-523).

Diese musiksoziologische Vorarbeit ist vor allem eine Materialsammlung, mit teilweise übergangslos verbundenen Einzelfragen.

[53] Vgl. *Weber, Marianne*, Max Weber. Ein Lebensbild, S. 507

Infolge der ausführlichen Behandlung musiktheoretischer Probleme, insbesondere auf dem Gebiet der Harmonielehre, wurde diese Arbeit zumeist soziologisch nicht rezipiert. - Alphons Silbermann, einer der frühen Kenner dieser Studie, unterteilte diese in 25 Teile - Blickpunkte, Themen, Erwägungen - und schrieb erst zu Punkt 21 (Entwicklung der Streichinstrumente): "Ungefähr von dieser Stelle der Studie an beginnt Weber, die Emphase seiner Gedankengänge mehr auf die soziologischen als auf die rationalen Grundlagen der Musik zu verschieben."[54] Eine derartige Trennung ist nach allem, was schon bisher über das Gesamtwerk Webers ausgeführt wurde, nicht aufrechtzuerhalten: Der universalhistorische Prozeß der "Rationalisierung" war eines der Zentralthemen des Weberschen Werks und dabei von eminenter soziologischer Bedeutung. Weber hatte diesen Prozeß für die Bereiche der Wirtschaft, der Wissenschaft, des Rechts, der Herrschaft und der Religion untersucht. Gerade wegen ihrer vermeintlichen "Irrationalität" reizte ihn die Fragestellung, wie weit auch im Bereich der "Kultur" dieser Prozeß nachzuweisen sei; diese Hypothese ist das Grundthema des Fragments zur Musiksoziologie. [55]

Alle Feststellungen, die Weber zur Harmonielehre "alter" und "moderner" Musik, zur Entstehung der Notenschrift und zur Entwicklung des Instrumentenbaus machte, zielten auf den Nachweis einer allmählichen Auflösung mystischer und "irrationaler" Qualitäten in der Kunst bzw. der Kunstausübung und deren allmähliche Ersetzung durch rationale Muster. Er verfolgte diesen Gedankengang komparativ historisch, indem er primitive und antike Stadien der Gesellschaftsentwicklung ebenso betrachtete wie die Entwicklung der Neuzeit. Das Hauptergebnis dieser Untersuchung war dabei, daß das Prinzip der simplen Distanz von Tönen untereinander durch das "rationale" Prinzip der Akkordharmonie abgelöst wurde. Diese

---

[54] *Silbermann, Alphons*, Max Webers musikalischer Exkurs. Ein Kommentar zu seiner Studie "Die rationalen und soziologischen Grundlagen der Musik". In: Kölner Zeitschrift für Soziologie und Sozialpsychologie, Sonderh. 7 (1963), S. 458.

[55] Vgl. dazu ausführlich *Braun, Christoph*, Max Webers "Musiksoziologie". Laaber: Laaber Verlag 1992. (= Neue Heidelberger Studien zur Musikwissenschaft; Bd. 20); *ders.*, Grenzen der Ratio, Grenzen der Soziologie. Anmerkungen zum "Musiksoziologen" Max Weber. - In: Archiv für Musikwissenschaft, Jg.LI, H. 1 (1994), S. 1-25.

Entwicklung interpretierte Weber als Zeichen einer rationalen Mentalität der abendländischen Gesellschaft.

Um dieses Argument zu stützen, bezog sich Weber auf die unterschiedlichsten gesellschaftlichen Entwicklungen: auf die Entstehung des abendländischen Mönchtums, das Dominieren feudaler Strukturen im Mittelalter, die Beteiligung der Frauen am Chorgesang, die Einwirkungen der Sprache auf die Entwicklung der Melodik. Dabei waren es vor allem zwei Momente, die Weber für die "rationale" Entwicklung der abendländischen Musik verantwortlich machte: die Entwicklung der modernen Notenschrift und die Entwicklung moderner Musikinstrumente. Gerade bei der Entwicklung der Instrumente legte Weber einen "sozialökonomischen" Ansatz zugrunde - wie wir ihm durchgängig in seinem Werk begegnen - wenn es hieß: "Wie gerade die ständische Organisation es war, welche den musikalischen Einfluß der Barden und speziell die Fortbildung ihrer Instrumente auf der Basis *typischer* Formen, wie sie für die Fortschritte der Musik unentbehrlich waren, ermöglichte, so hängen auch weiterhin im ausgehenden Mittelalter die damaligen technischen Fortschritte des Streichinstrumentenbaus offenbar mit der seit dem 13. Jahrhundert in Gang gekommenen, musikalischen Zunftorganisation der noch im Sachsenspiegel als rechtlos behandelten Instrumentisten zusammen. Sie erst gab einen festen Markt für den Instrumentenbau und prägte Instrumententypen. Die allmähliche Aufnahme von Instrumentisten neben den Sängern in die Kapellen der Hierarchie, der Fürsten und Gemeinden, also in feste, bürgerlich gesicherte Stellen [...] gab der Instrumentenproduktion noch ausgiebigere ökonomische Grundlagen. [...] Im Zusammenhang mit der Nachfrage der höfischen *Orchester* begann im 16. Jahrhundert der Aufstieg der Streichinstrumente zu ihrer Vollendung. [...] Daß die neuen Instrumente im Orchester der Opern ziemlich bald [...] verwendet wurden [...] hat seinen Grund allerdings wohl auch in der traditionellen Festlegung des sozialen Ranges der einzelnen Instrumente zueinander. Der Lautenist war, weil die Laute auch höfisches Dilettanteninstrument war, gesellschaftsfähig, seine Gage betrug in einem Orchester der Königin Elisabeth das Dreifache derjenigen des Violinisten, das fünffache des Dudelsackpfeifers. Der Organist vollends galt als Künstler. Der Violinvirtuose hatte eine solche Stellung erst zu erringen, und erst nachdem dies [...] geschehen war, begann auch eine umfangreichere Streichinstrumentenliteratur sich zu entwickeln." (211b, S. 921ff.)

In welchem Maß Max Weber kulturelle, ökonomische, soziale, technische und selbst klimatische Faktoren bei seiner musiksoziologischen Skizze analytisch miteinander verband, wird wohl am deutlichsten, als er auf die Entwicklung des Klaviers als des "spezifisch modernen Tasteninstruments" zu sprechen kam: "[...] namentlich die charakteristischen ausdrucksvollen ‚Bebungen' der Töne haben es [das Clavichord] der Konkurrenz des Hammerklaviers erst dann zum Opfer fallen lassen, als nicht mehr die Nachfrage einer dünnen Schicht von Musikern und feinhörigen Dilettanten, sondern die Marktbedingungen der kapitalistisch gewordenen Instrumentenproduktion über das Schicksal der Musikinstrumente entschieden. [...] Erst das internationale Virtuosentum Mozarts und das steigende Bedürfnis der Musikalienverleger und Konzertunternehmer, der großen Musikkonsumtion nach Markt- und Massenwirkungen brachten den endgültigen Sieg des Hammerklaviers [...] Zuerst in England (Broadwood), dann aber in Amerika (Steinway), wo das vorzügliche Eisen der Konstruktion der eisernen Rahmen zugute kam und die nicht geringen rein klimatischen Schwierigkeiten einer Einbürgerung des Klaviers - die ja auch seiner Verwendung in den Tropen entgegenstehen - überwinden helfen mußte, bemächtigte sich die maschinelle Großproduktion des Instruments. [...] Der Klavierbau [...] wird durch den Massenabsatz bedingt. Denn das Klavier ist auch seinem ganzen musikalischen Wesen nach ein bürgerliches Hausinstrument. [...] Träger der Klavierkultur sind daher nicht zufällig die nordischen Völker, deren Leben schon rein klimatisch hausgebunden und um das ‚Heim' zentriert ist, im Gegensatz zum Süden. Weil dort die Pflege des bürgerlichen Hauskomforts aus klimatischen und historischen Gründen weit zurückstand, breitete sich [...] das dort erfundene Klavier nicht wie bei uns schnell aus und erlangte auch bis heute nicht in dem Maße die Stellung eines bürgerlichen ‚Möbels', wie dies bei uns schon längst selbstverständlich ist." (211 b, S. 926f.)

Die *soziologische Bedeutung* von "Wirtschaft und Gesellschaft" zu betonen, ist müßig. Dieses Werk gehört, neben den religionssoziologischen Arbeiten Webers, zum konstitutiven internationalen Gemeingut dieser Wissenschaft, auch wenn die Rezeption naturgemäß bis heute außerordentlich selektiv und willkürlich verlaufen ist und noch weiter verlaufen wird. Für alle genannten "Spezialsoziologien": Wirtschaftssoziologie, Religionssoziologie, Rechtssoziologie, Herrschaftssoziologie, Stadtsoziologie, Musiksoziologie, aber auch für viele Untergliederungen innerhalb dieser Bereiche - beispielsweise eine Soziologie der Bürokratie, die Soziologie der politischen Parteien, die Schichtungs- und Mobilitätsforschung - dient und diente das große Werk immer wieder als "Steinbruch" für die Begründung oder Bestätigung aktueller Forschungen.

Wir wollen daher abschließend weder eine schematische Wiedergabe der Ergebnisse versuchen, noch zu einer Gesamtwürdigung kommen, sondern nur auf einige, uns wesentlich erscheinende Punkte hinweisen:

1. "Wirtschaft und Gesellschaft" beschäftigt sich mit den wechselseitigen und prozeßhaften Beziehungen von Gesellschaft, Recht, Religion, Wirtschaft und Herrschaft. Grundlegend ist dabei ein sozialökonomischer Ansatz.
2. Das in seiner "Allgemeinen Soziologie" entwickelte begriffliche Kategorienschema versuchte Weber zur Begründung einer erfahrungswissenschaftlich ausgerichteten Soziologie einzuführen. Diese auf Kurzformeln, wie "Verstehende Soziologie" oder "Soziologie des sozialen Handelns" zu reduzieren, wird der tatsächlichen Vielschichtigkeit des Weberschen Ansatzes nicht gerecht. Zwar ging Weber vom sozialen Handeln einzelner handelnder Individuen und den daraus entstehenden sozialen Beziehungen aus, er verfolgte deren Wirkungen jedoch ganz eindeutig vor allem in die Bereiche der gesellschaftlichen Strukturen und Ordnungen hinein. Gerade dort liegen auch die Schwerpunkte seiner Darstellungen und nicht bei der Analyse individuellen Handelns.
3. Die durchgängige Betonung des Wirkens ideeller und materieller Interessen erlaubt es nicht, Max Weber auf eine normativ orientierte Soziologie festzulegen. Er versuchte, den Einseitigkeiten rein funktionalistischer Ansätze ebenso zu entkommen wie denen rein "materialistischer" Ansätze. Sein Thema waren die vielfältigen, oft widersprüchlichen und unbeabsichtigten Wirkungen des Zusammenwirkens "ideeller", "sozialer" und "materieller" Faktoren.
4. In "Wirtschaft und Gesellschaft" ordnete Weber die untersuchten Teilgebiete und Querverbindungen ein als Teilerscheinungen einer allgemeinen historischen Entwicklung der "Rationalisierung" des Lebens. Dieser These Max Webers begegneten wir

in allen von uns behandelten Teilbereichen seines Werkes - und sie ist aus "Wirtschaft und Gesellschaft" allein nicht zu erschließen. Über die sein gesamtes Werk ebenfalls durchziehende forscherische Beschäftigung mit den Ursprüngen und Wirkungen des Kapitalismus stieß Weber allmählich und immer intensiver auf die These von einer allgemeinen, übergreifenden Entwicklung: die der Rationalisierung. Bei seinen Untersuchungen über die Voraussetzungen und die "Kulturbedeutung" dieser universalhistorischen Erscheinung verfolgte Weber ihre Manifestationen - interkulturell und diachron - auf allen behandelten gesellschaftlichen Teilbereichen, wie Wirtschaft, Politik, Recht, Religion und Kultur. Rationalisierung, als das "Schicksal unserer Zeit", war dabei die gemeinsame Formel für jene zahlreichen Teilprozesse, die er abwechselnd Bürokratisierung, Industrialisierung, Entwicklung zum Kapitalismus, Spezialisierung, Säkularisierung, Versachlichung, Entzauberung, Entmenschlichung nannte. Webers Forschen nach der "Gültigkeit" seiner Hypothesen führte ihn sowohl zu Bereichen historischer Wirklichkeit, für die rationales Vorgehen erwartet wird - wie Technik, Wissenschaft, Wirtschaft und Recht - als auch, und hier spüren wir sein besonderes Interesse, in Bereiche, die üblicherweise als eher "irrational" perzipiert werden - wie Religion, Ethik, Musik, Kunst und Kultur.

5. Die von Weber konstatierten und untersuchten Prozesse eines steten Vordringens der Rationalisierung wurden von ihm nicht als unilineare, gesetzmäßig ablaufende Entwicklungen dargestellt. Sowohl seine Feststellung, daß historische Wirklichkeit sich nur als Mischungsverhältnis idealtypischer Konstruktionen analytisch beschreiben läßt, als auch die immer wiederkehrende Betonung von auch gegenläufigen Entwicklungen - beispielsweise der "Pendelbewegungen" von "Ratio" und "Charisma" für den Bereich der Herrschaft - sollten genügen, aus Weber keinen Propagandisten blinder Fortschrittseuphorie zu machen. Eine schlichte "Evolutionstheorie", nach der Weltgeschichte sich als steter Aufstieg zur Vollkommenheit rationaler Weltbeherrschung darstellen würde, wäre ein groteskes Mißverständnis des Weberschen Werks. Gerade das Unglaubliche, "Zufällige", an jenem Prozeß, den er Rationalisierung nannte, und zugleich dessen konstante Unterbrechung durch "nicht-rationale" Ent-

wicklungen war es, was Weber zeitlebens faszinierte und ihn die Fragestellung auf immer neue Gebiete anwenden ließ.

6. Bei der Ausarbeitung seiner These von der Rationalisierung des Lebens waren es vor allem vier Fragestellungen, die im wesentlichen immer gleichartig blieben:
   - Warum hat nur das "Abendland", der Okzident, eine spezifisch "rationale" Kultur von universalhistorischer Tragweite ?
   - Warum entstanden gerade und nur im neuzeitlichen Westeuropa eine "rationale" Wissenschaft und Technik, ein "rationaler" Industriekapitalismus, eine "rational"-bürokratische Organisation des Staates ?
   - Warum gab es einen ähnlichen "Rationalisierungs"prozeß nicht auch im außereuropäischen Raum, besonders in Asien, wo doch weitaus ältere und differenziertere Kulturen existierten ?
   - Welche Vorzüge für die jeweilige Gesellschaft und einzelne Gruppen in ihr brachte diese "Rationalisierung", und welcher Preis wurde von der Gesellschaft, von sozialen Gruppen und vom einzelnen Individuum für diese Entwicklung gefordert ?

Gerade bei Webers Antworten auf die zuletzt genannte Frage wird deutlich, daß die Unterstellung, er habe die Entwicklung der Rationalisierung als ungeheuer positiv und erstrebenswert geschildert, um so eine "Apologie des bürgerlichen Zeitalters" zu geben, seine tiefe Skepsis und seine Befürchtungen vor den Auswirkungen dieser Entwicklung verkennt. Seine eigenen Ausführungen über die mögliche "Irrationalität" der von ihm untersuchten Rationalisierungsprozesse, die neben der Effektivitätssteigerung auch eine weitreichende "Entmenschlichung" mit sich bringen, machen ihn über den Vorwurf erhaben, zum Apologeten derartiger Entwicklungen geworden zu sein.

III. Die Methode

Ein separater Abschnitt über die methodologischen Positionen Max Webers, gerade in einem Lehrbuch zu Max Weber, verleitet dazu, die problematische Tradition einer *Trennung von Inhalt und Methode* fortzusetzen und festzuschreiben. Diese Sichtweise ist einem Gesamtverständnis Max Weber *nicht adäquat*. Wenn heute von einer "Methodologie" Max Webers die Rede ist, so meint man dabei zumeist jene methodologischen Betrachtungen, die - ursprünglich verstreut in Zeitschriften - posthum von Marianne Weber 1922 unter dem Titel "Gesammelte Aufsätze zur Wissenschaftslehre" (Bibl. Nr. 213) herausgegeben wurden. Dabei ist festzuhalten, daß es sich bei den dort gesammelten Texten um Gelegenheits- und Auftragsarbeiten handelte, die zudem größtenteils Fragment geblieben waren.

Diese Quellenlage ist auch mitverantwortlich für die Kontroverse, die die bisherige Interpretation im wesentlichen in zwei Lager teilte: Zum einen wurde immer wieder das Argument der *Einheit* der Weberschen "Wissenschaftslehre" vertreten, zum anderen das Argument einer *Diversität* und nur *allmählichen Entwicklung*. [56] Beide Positionen haben gute Gründe für sich vorbringen können: Ohne Zweifel präzisierten sich gerade die methodischen Positionen Webers im Laufe der jahrzehntelangen Sachforschung, die für ihn stets das Vordringlichste war, so daß von Veränderungen der Positionen gesprochen werden muß. Andererseits lassen sich zahlreiche durchgehende Argumentationen festmachen, ohne daß deswegen gleich von einer einheitlichen Wissenschaftslehre die Rede sein muß.

---

[56] Eine ausführliche und aktuelle Bestandsaufnahme sowohl der historischen als auch gegenwärtigen Kontroversen und Interpretationen bietet: Max Webers Wissenschaftslehre. Interpretation und Kritik. Hrsg v. *G. Wagner* u. *H. Zipprian*. Frankfurt a. M. 1994. Vgl. insbes. die Einleitung der Herausgeber S. 9-28

Erschwerend für das heutige Verständnis ist die Tatsache, daß gerade die Weberschen Arbeiten zur Methodologie der Sozialwissenschaften sehr stark ihrem historischen Hintergrund verbunden sind. Eine Reihe von Texten waren kritische Besprechungen anderer zeitgenössischer Autoren (Vgl. vor allem Bibl. Nr. 60, 68, 71, 75, 80, 85, 92), so daß ein umfassendes Verständnis ohne die Kenntnis der von Weber behandelten Texte unmöglich ist. Zudem standen alle diese zeitgenössischen Diskussionen und Kontroversen in überlieferten philosophischen Traditionszusammenhängen und aktuellen gesellschaftlichen Wandlungsprozessen, vor allem in wissenschaftspolitischen Entwicklungen. Die Formation und allmähliche Institutionalisierung der Sozialwissenschaften - darunter der Soziologie - bildeten eine weitere wichtige Folie für die Weberschen Arbeiten zur Methodologie. In unserer komprimierten Nachzeichnung der Weberschen Aussagen zur Methode der Soziologie kann dieser historische Hintergrund nur unvollkommen einbezogen werden; zudem wird völlig darauf verzichtet, die Kontinuitäten und Brüche in Webers Entwürfen aufzuzeigen.

Daß Weber es zur Einordnung als einem entscheidenden Theoretiker der Methodologie moderner Soziologie gebracht hat, verdankt sich ganz wesentlich drei methodologisch-wissenschaftstheoretischen Konzepten, die wir im folgenden behandeln werden. Es sind dies:

1) das Konzept des "Verstehens",
2) das Konzept des "Idealtypus",
3) das Postulat der "Werturteilsfreiheit".

1. Das Konzept des "Verstehens"

Vom heutigen Stand der wissenschaftlichen Soziologie aus gesehen, erscheint die Herausbildung der "Verstehenden Soziologie" als eine überaus wichtige und bis heute folgenreiche Entwicklung. Blickt man auf die bisherigen Ausdifferenzierungen und Etappen dieser Entwicklung zurück, so bietet sich die analytische Möglichkeit einer Dreiteilung aller bisherigen soziologischen Theorieansätze an in Makro-Ansätze, Mikro-Ansätze und in Ansätze, die den Dualismus von Mikro-

und Makrotheorien überwinden wollen.[57] Betrachtet man dabei die bisher eingeschlagenen methodologischen Perspektiven, die bei der soziologischen Erforschung dieser drei Ansätze angelegt wurden, so zeigt es sich, daß eine "verstehende" Perspektive, die sich ganz wesentlich auf die Rekonstruktion von Sinnzusammenhängen der Handelnden konzentriert, gerade heute, nach einer längeren Phase relativer Bedeutungslosigkeit gegenüber funktionalistischen oder reduktionistischen Ansätzen, wieder erheblich an internationaler Bedeutung gewonnen hat. Richtungen wie die des "Symbolischen Interaktionismus", der "Ethnomethodologie", der "Ethnosoziologie", der "Phänomenologie" u. a. erobern sich wieder eine wichtige Rolle im internationalen soziologischen Diskurs. Und dabei läßt sich durchgängig ein Bezug auf Max Weber feststellen, wenn auch sein Werk zumeist nur den historischen Ausgangspunkt bildet, wie das schon unmittelbar nach seinem Tod mit dem besonders wichtigen Buch von Alfred Schütz der Fall war. [58]

Gerade angesichts einer bis heute überaus breit ausgeführten wissenschaftstheoretischen Diskussion, vor allem über das Verhältnis von "Verstehen" und "Erklären", ist es sicherlich sinnvoll und notwendig, die ursprüngliche Position Webers kennenzulernen. Hier vor allem haben sich Klischees und Mißverständnisse festsetzen können, die Max Weber zum einen ausschließlich auf die Methode des Verstehens festlegen wollen, ihn gewissermaßen zum "Vater" einer "Verstehenden Soziologie" stilisieren wollen, und zum anderen dieses "Verstehen" als eine Methode des "Nachfühlens", der "Intuition" mißdeuten wollen, der etwas Vages und Beliebiges zu eigen sei.

Bei unserer eigenen Darstellung der Weberschen Positionen beziehen wir uns auf die späteren Texte Webers, d. h. vor allem auf den "Kategorienaufsatz" (Bibl. Nr. 116) und die "Grundbegriffe" (Bibl. Nr. 210), ungeachtet der Tatsache, daß er sich bereits sehr viel früher mit dem Problem des verstehenden Ansatzes befaßte. (Vgl. dazu vor allem Bibl. Nr. 60, 62, 68, 75)

Bei der obigen Darstellung seiner "Allgemeinen Soziologie" waren wir bereits von jener Weberschen Definition der "empirischen Soziologie" ausgegangen, nach der diese eben jene Wissenschaft sei,

---

[57] Vgl. dazu paradigmatisch *Treibel, Annette*, Einführung in soziologische Theorien der Gegenwart. Opladen 1993.

[58] *Schütz, Alfred*, Der sinnhafte Aufbau der sozialen Welt. Eine Einleitung in die verstehende Soziologie. (Wien 1932) Frankfurt a. M. 1974.

"welche soziales Handeln *deutend verstehen* und dadurch in seinem Ablauf und seinen Wirkungen ursächlich erklären will". Das deutende Verstehen des "sozialen Handelns", als des zentralen Objektbereichs der Weberschen Soziologie, zumindest in der Fassung seiner "Allgemeinen Soziologie", beabsichtigte eine Erforschung des orientierend wirkenden *Sinnes*. Weber definierte seine verstehende Soziologie als *eine empirische Soziologie des Sinn-Verstehens*; dabei ist dieses methodische Vorgehen nicht zu trennen von einem kausalanalytischen, vielmehr stellte Weber explizit eine innige Verbindung der beiden heuristischen Strategien her. Gerade dieser Zusammenhang ist es, der nach Weber den "wirklichkeitswissenschaftlichen" Charakter der Soziologie begründet.

"Sinn" ist dabei, wie bereits ausgeführt, nicht gemeint in einer irgendwie gearteten Idealität, sondern als *ein* bestimmender realer Faktor menschlichen Handelns. Hier taucht die zentrale Prämisse jedes "verstehenden" Ansatzes auf, nämlich daß handelnde Personen einen "Sinn" mit ihrem Handeln verbinden und daß dieser "Sinn" ihr Handeln mitbestimmt. Daraus ergibt sich als Folgerung für jeden wissenschaftlichen Versuch der Analyse menschlichen Handelns, diesen Sinn in eine Erklärung sozialer Phänomene miteinzubeziehen.

Von dieser Grundlage aus unterschied Weber rein terminologisch ein "aktuelles Verstehen" von einem "Motivationsverstehen". "*Aktuelles Verstehen*" kann nach Weber sein (215f, S. 3f.):

- "rationales aktuelles Verstehen von Gedanken",
- "irrationales aktuelles Verstehen von Affekten",
- "rationales aktuelles Verstehen von Handlungen".

"*Motivationsverstehen*" fragt in ähnlicher Weise nach der symbolischen Qualität von beobachtbarem Handeln, geht jedoch einen Schritt weiter, indem es über das Verständnis des gemeinten Sinnes auf eine Erklärung des manifesten Handelns hinzielt. Dies soll dadurch erreicht werden, daß die Handlung in einen "Zusammenhang" gestellt wird, d.h. "einen uns verständlichen Sinn*zusammenhang* gewinnt (rationales Motivationsverstehen)" (215f, S. 4). Somit kam Weber zu seiner Definition von "*Erklären*": ",Erklären' bedeutet also für eine mit dem Sinn des Handelns befaßte Wissenschaft soviel wie: Erfassung des *Sinnzusammenhangs*, in den, seinem subjektiv gemeinten Sinn nach, ein aktuell verständliches Handeln hineingehört." (ebd.)

Mit der Einführung des Konzeptes eines "Sinnzusammenhangs" läßt sich auf jene Problematik ein klärendes Licht werfen, die zu immer wiederkehrenden Mißverständnissen geführt hat. Weber ging zwar vom "subjektiven" Sinn einzelner Handelnder aus, aber schon die relativierende Formel von dem subjektiv "gemeinten" Sinn macht deutlich, daß Weber klar erkannte, daß dieser Sinn weder der sein muß, der das aktuelle Handeln tatsächlich bestimmt, noch daß das Individuum sich über seine "wirklichen", für sein Handeln tatsächlich wirkungsvollen Motive bewußt sein muß.

Die bereits oben angeführte Differenzierung nach verschiedenen methodischen Zugängen der Sinnerfassung machte deutlich, daß Weber vor allem zu begrifflich konstruierten, reinen Typen ("Idealtypen") verschiedener Sinnsetzungen tendierte. - Ebenso wie Weber in seiner "Allgemeinen Soziologie" von den einzelnen handelnden Subjekten über die Konzepte "Soziales Handeln" und "Soziale Beziehung" zur Kategorie der "(Legitimen) Ordnung" gelangt war, stieg er vom Konstrukt eines "subjektiv gemeinten Sinns" auf zu gesellschaftlich vermittelten "Sinnzusammenhängen". In diesen steckten alle intersubjektiv verbindlichen, d. h. nach seiner Definition "gültigen", Sinn- und Wertsetzungen einer Gesellschaft, an denen sich einzelne Handelnde und soziale Gruppen orientieren. Mit anderen Worten: auch der (vermeintlich) subjektive Sinn ist ein sozialer, d. h. ein gegenseitig und an Ordnungen orientierter und vermittelter. "Das für die verstehende Soziologie spezifisch wichtige Handeln nun ist im speziellen ein Verhalten, welches

1. dem subjektiv gemeinten Sinn des Handelnden nach auf das *Verhalten anderer* bezogen,
2. durch diese seine sinnhafte Bezogenheit in seinem Verlauf *mitbestimmt* und also
3. aus diesem (subjektiv) gemeinten Sinn heraus verständlich *erklärbar* ist." (213b, S. 429)

Selbst wenn diese Position in den "Grundbegriffen" nicht eindeutig formuliert wäre, so ist sie doch aus seinem gesamten materialen Werk abzulesen: Seine Untersuchungen über die antike Sozialordnung oder die zur Religionssoziologie können keinen Zweifel an dieser Grundauffassung Webers aufkommen lassen. Immer ging es Weber darum, Sinn als kommunikabel darzustellen. Kommunikabilität aber ist immer schon gesellschaftlich und intersubjektiv und findet ihren Ausdruck in veränderlichen symbolischen Formen.

Zusammenfassend lassen sich drei Bedeutungsvarianten des Sinn-Begriffs bei Weber analytisch unterscheiden, die alle mit der Methode des "Verstehens" erfaßt werden sollen:

1. Sinn als *Kulturbedeutung*, d.h. als "objektivierter" Sinn in einer "Sinnwelt",
2. Sinn als *subjektiv gemeinter Sinn*, der intersubjektiv verständlich und kommunikabel ist,
3. Sinn als *funktionaler Sinn*, der durch objektive Zusammenhänge beeinflußt ist, intersubjektiv vermittelt ist und für gesellschaftliche Wandlungsprozesse von funktionaler Bedeutung ist.

Betrachtet man beispielsweise die Weberschen Untersuchungen zur Kulturbedeutung des Protestantismus, so lassen sich dort, wie oben skizziert, alle diese drei Varianten ablesen. Der Protestantismus kann in diesen Studien als die untersuchte "Sinnwelt" aufgefaßt werden, in der handelnde und miteinander interagierende Individuen und Gruppen subjektive Sinnentwürfe und Handlungsprojekte zu realisieren suchen. Dieses derart bestimmte, "sinnhafte" Handeln seinerseits war, in der Interpretation Max Webers, funktional für die Entstehung des Kapitalismus. Nur dadurch konnte ein bestimmter religiöser Sinn den Kapitalismus so stark beeinflussen, daß er dieser Wirtschaftsform als funktional adäquat ("sinnhaft adäquat") diente. Die religiöse Sinnwelt war der kapitalistischen Wirtschaftsordnung funktional und umgekehrt; die Vermittlungsebene war, wie wir sahen, das soziale, "sinnhafte" Handeln Einzelner und von Gruppen.

Zu dieser Differenzierung des Sinn-Begriffs bei Weber und damit der Methode des "Verstehens" kommt ein weiteres Moment: Er betonte ausdrücklich die Komplementarität des "Verstehens" und der "kausalen Erklärungen": "Immer muß [...] das ‚Verstehen' des Zusammenhangs noch mit den sonst gewöhnlichen Methoden kausaler Zurechnung, soweit möglich, kontrolliert werden, ehe eine noch so evidente Deutung zur gültigen ‚verständlichen Erklärung' wird." (213b, S. 428) Weber wehrte sich mit Vehemenz gegen jene zeitgenössischen Versuche, wie sie vor allem im Umkreis Wilhelm Diltheys verbreitet waren, aus einem, vom Eigenerleben, von Intuition und Nachempfinden ausgehenden Verstehens-Konzept eine spezifisch "geisteswissenschaftliche" Methode zu machen. Für seine eigene Soziologie suchte er dagegen weder eine naturwissenschaftliche, noch eine geisteswissenschaftliche Begründung und damit auch Methode, sondern eine *sozialwissenschaftliche*. Dadurch sind auch "sinnhafte" Deutungen konkreten Verhaltens selbst bei größter "Evidenz" zunächst nur "Hypothesen der Zurechnung", die der "Verifikation" bedürfen. "Kausalketten, in welche zweckrational orientierte Motivationen durch deutende Hypothesen eingeschaltet sind, sind [...] direkt der statistischen Nachprüfung und [...] also einem (relativ) optimalen Beweis ihrer Gültigkeit als ‚Erklärungen' zugänglich. Und umgekehrt sind statistische Daten [...], wo immer sie den Ablauf oder die Folgen eines Verhaltens angeben [...] für uns erst dann ‚erklärt', wenn sie auch wirklich im konkreten Fall sinnhaft gedeutet sind." (213b, S. 437)

Damit kommen wir zu einer inhaltlichen Bestimmung dieser methodologischen Verknüpfung von "Verstehen" und "Erklären" bei Max Weber. Er postulierte, im Anschluß an seine Forderung nach einer erklärenden Kontrolle des Verstehens: "Das Höchstmaß an ‚Evidenz' besitzt nun die zweckrationale Deutung. Zweckrationales Sichverhalten soll ein solches heißen, welches ausschließlich orientiert ist an (*subjektiv*) als adäquat vorgestellten Mitteln für (subjektiv) eindeutig erfaßte Zwecke." (213b, S. 428) Obwohl, wie wir gesehen haben, Weber ausdrücklich betonte, daß eine derartige Zweckrationalität des sozialen Handelns ein "konstruktiver Grenzfall" sei, führte Weber den Begriff der "Richtigkeitsrationalität", im Sinne einer Zweck-Mittel-Rationalität, als Maßstab ein. - Diese vermeintliche Diskrepanz löst sich auf, wenn man die forschungspragmatische Begründung Webers ansieht. Für seine empirische Soziologie war der jeweilige Grad der Richtigkeitsrationalität eines Handelns eine "empirische Frage" (213b, S. 437). Weber unterstellte dabei keineswegs, daß tatsächliches menschliches Sozialverhalten auch nur ansatzweise vorwiegend zweckrational bestimmt sei: "Bei der Rolle, welche ‚zweckirrationale' Affekte und ‚Gefühlslagen' im Handeln des Menschen spielen [...] könnte man ebenso gut das gerade Gegenteil behaupten." (213b, S. 429) Um aber dennoch zu einem kontrollierbaren "Verstehen" und "Erklären" gelangen zu können, führte Weber den idealtypischen Grenzfall der vermeintlichen, d. h. nur hypothetischen Geltung absoluter Zweck- und Richtigkeitsrationalität ein, d. h. er unterlegte die Frage, wie denn gehandelt worden *wäre*, wenn diese Rationalität gegolten *hätte*. Ein derartiges "Verstehen" fragt dann nicht nur nach dem subjektiv gemeinten Sinn der Handelnden, sondern mißt zugleich den Grad der Abweichung von einem konstruierten "Richtigkeitstyp". Eine derartige Typisierung auf zweckrationale Sinnzusammenhänge begründete Weber mit seinem Ziel, ein Maximum an Eindeutigkeit und begrifflicher Präzision zu erreichen. Mit dieser Strategie wollte Weber die "verstehende" Methode ihres "intuitionistischen" Charakters entkleiden und zu einer intersubjektiv überprüfbaren Methode machen, mit deren Hilfe das soziale Verhalten von Menschen und Gruppen, sowohl unter Berücksichtigung ihrer (vermeintlich) subjektiven Sinnsetzungen als auch unter Miteinbeziehung der gesellschaftlich und kulturell vermittelten und bedingten Wertordnungen und Strukturbedingungen "verstanden" *und dadurch* "erklärt" werden soll.

2. Das Konzept des "Idealtypus"

Bei unserer Darstellung des Weberschen Werks begegneten wir durchgängig einem methodologischen Konzept, mit dem der Name Max Webers untrennbar verbunden ist: dem des *idealtypischen Vorgehens*. Wohl kein Thema der Weberschen Arbeiten zur Methodologie der Sozialwissenschaften hat eine derart ausgefächerte und bis heute anhaltende Diskussion erfahren wie dieses Konzept. Dabei wird, wie bei jeder isolierten Diskussion der methodologischen Äußerungen Webers, der *instrumentale Stellenwert* auch dieses Konzepts zumeist nicht zur Kenntnis genommen, was zu erheblichen Mißverständnissen geführt hat. Tatsächlich aber ist das Konzept des idealtypischen Vorgehens mit dem materialen Teil des Weberschen Werks untrennbar verbunden. Wir wiesen darauf hin, daß bereits in seiner Habilitationsschrift von 1891 die groben Umrisse dieses Konzeptes erkennbar sind; spätestens seit 1904 verfügte Max Weber über ein formuliertes methodologisches Konzept der idealtypischen Methode, wobei wir hier auf Inkonsistenzen zwischen den früheren und späteren Formulierungen nicht eingehen.

Bei Übernahme des "Archivs" 1904 formulierte Weber als eine Hauptaufgabe dieser Zeitschrift den ins Grenzenlose anwachsenden Stoff wissenschaftlicher Analysen durch eine "wissenschaftliche Synthese gleichsam zu beseelen". Bei der Lösung dieser Aufgabe sah Weber vor allem eine Vorgehensweise als geeignet an: "Wir werden sowohl die Erörterung sozialer Probleme unter *philosophischen* Gesichtspunkten im wesentlich verstärkten Maße zu berücksichtigen haben, wie die im engeren Sinn ‚*Theorie*' genannte Form der Forschung auf unserem Spezialgebiet: die Bildung klarer Begriffe. Denn soweit wir von der Meinung entfernt sind, daß es gelte, den Reichtum des historischen Lebens in Formeln zu zwängen, so entschieden sind wir davon überzeugt, daß nur klare eindeutige Begriffe einer Forschung, welche die spezifische Bedeutung sozialer Kulturerscheinungen ergründen will, die Wege ebnen." (61, S. VI)

Diese Absicht der Bildung "eindeutiger Begriffe" steht als Leitidee hinter der Weberschen Formulierung des idealtypischen Vorgehens. Die Entstehung dieser Methode vollzog sich dabei vor dem Hintergrund mehrerer wissenschaftstheoretischer - und zugleich häufig wissenschaftspolitischer Diskurse und Enwicklungen: Sowohl der sogenannte "Methodenstreit" zwischen der historischen und der theoretischen Richtung der Nationalökonomie (Gustav Schmoller vs. Carl Menger) als auch die Kontroverse im Rahmen der Schulen des "Neoidealismus" (Wilhelm Dilthey, Edmund Husserl, Georg Simmel) und des "Neokantianismus" (Heinrich Rickert, Rudolf Stammler, Wilhelm Windelband) sind die Zusammenhänge, aus denen heraus Weber sein eigenes Konzept formulierte. Auf dem Hintergrund dieser ideengeschichtlichen Zusammenhänge erschließt sich, daß weder der Begriff "Idealtypus" noch die idealtypische Methode eine "Erfindung" Max Webers gewesen waren. [59] Das mit dem idealtypischen Verfahren verbundene Konzept eines bestimmten methodologischen Vorgehens entsprang einer breiten Diskussion, die schon lange vor Webers Beiträgen begonnen hatte und die auch nach seinem Tod - zum Teil ohne Berücksichtigung seiner Anregungen - anhielt. Diese Diskussion, die durch die Namen ihrer wichtigsten Teilnehmer: Droysen, Lamprecht, v. Below, Dilthey, Windelband, Rikkert, Schmoller und Hintze charakterisiert sei, ging im Kern um die Bestimmung des Wissenschaftscharakters der *Geschichtsschreibung*. - Und bei allen Kontroversen wie: Politische Geschichte vs. Kulturgeschichte, Individualgeschichte vs. Zustandsgeschichte etc. ging es auch um den Konflikt zwischen den immer wichtiger werdenden

[59] Vgl. dazu und zum Folgenden *Janoska-Bendl, Judith*, Methodologische Aspekte des Idealtypus. Max Weber und die Soziologie der Geschichte. Berlin 1965, S. 17ff.

Naturwissenschaften und den etablierten und sich bedroht fühlenden Geisteswissenschaften. Daß dabei neben theoretisch-methodologischen Problemen auch politisch-wirtschaftliche Machtpositionen eine Rolle spielten, machte die damaligen Kontroversen nur um so heftiger und unnachgiebiger.

In dieser intellektuellen Kontroverse in Deutschland um die Wende vom 19. zum 20. Jahrhundert waren es u. a. Dilthey, Windelband und Rickert, die den Begriff des "Verstehens" zum Ausgangspunkt für die Trennung von Natur- und Geisteswissenschaften machten. "Verstehen" sollte jene spezifische Methode bezeichnen, mittels derer man sich um die Erkenntnis des Besonderen, des Individuellen, Einmaligen bemühte, d. h. die angebliche Sphäre der Geistes- und Kulturwissenschaften, in denen es keine Gesetze wie in den Naturwissenschaften geben könne.

Auf diese erstarrten Fronten, die von einer konstitutiven und unaufhebbaren Trennung der Problembereiche, und damit der sich mit ihnen befassenden Wissenschaften, ausgingen, traf nun der Aufsatz Max Webers über "Die ‚Objektivität' sozialwissenschaftlicher und sozialpolitischer Erkenntnis" von 1904 (Bibl. Nr. 62), der die Einlösung der oben zitierten Absicht bei Übernahme des "Archivs" darstellen sollte und im gleichen ersten Heft der neuen Folge wie das "Geleitwort" erschien. - Weber wollte bei seiner Interpretation sowohl des "Verstehens" wie auch der idealtypischen Methode im Rahmen der erwähnten Debatten vor allem jene Historiker korrigieren, die meinten, daß die Vielfalt und beständige Veränderung der historischen Gegenstände es nicht ermöglichten, feste und präzise Begriffe anzuwenden. Gerade weil er die Sicht von der Wirklichkeit als einem ungeordneten "Chaos" voll teilte, vertrat er die Forderung nach "scharfen" Begriffen umso nachdrücklicher: "Aber die ungegliederte Mannigfaltigkeit der *Fakta* beweist doch nicht, daß wir unscharfe *Begriffe* bilden sollen, sondern umgekehrt: daß *scharfe* ('idealtypische') Begriffe richtig *angewendet* werden müssen, nicht als Schemata zur Vergewaltigung des historisch Gegebenen, sondern um den [...] Charakter einer Erscheinung mit ihrer Hilfe dahin bestimmen zu können: *inwieweit* sie sich dem einen oder anderen ‚Idealtypus' *annähert*." (217, S. 280)

Webers übergeordnetes Anliegen war es, die "Kulturbedeutung" historischer Tatsachen zu erklären, um in dieses "Chaos" eine *gedachte Ordnung* hineinzuprojezieren, - nicht eine Rekonstruktion der

Vergangenheit mit Hilfe von Daten- und Faktenreihen zu unternehmen. Seine programmatische Forderung lautete daher: "Wir erstreben eben die Erkenntnis einer historischen, d. h. einer in ihrer *Eigenart bedeutungsvollen* Erscheinung." (213b, S. 177) - Der Bezugspunkt für seinen eigenen Versuch einer wissenschaftlichen Analyse der Kulturbedeutung der "ungegliederten Mannigfaltigkeit der Fakta" war, wie wir aus der Darstellung seines Werkes sahen, jener (okzidentale) Rationalisierungsprozeß, dessen vielfältige Manifestationen, Ursachen und Wirkungen er verfolgte.

Damit ist es die oberste Aufgabe des Idealtypus, im Sinne Max Webers jedenfalls, die chaotische Vielfalt individueller Erscheinungen hypothetisch einem "idealen", d. h. einem gedachten Verlauf zuzurechnen. "Ideal" sind Idealtypen bei Weber in zweierlei Hinsicht: zum einen sind sie stets auf rein logisch-gedankliche Perfektion hin angelegt, sie verfolgen die in sie einströmenden Überlegungen bis zu einem denkmöglichen Extrem; zum anderen sind sie auch bezogen auf "Ideen", d. h. es sind "Gedankenbilder", also Entwürfe auf Gedanken hin. Die Steigerung und Synthese bestimmter Elemente und Momente der beobachtbaren Wirklichkeit orientiert sich an "Ideen", die für das Handeln von Menschen und Gruppen als leitend *interpretiert* werden. - Weber lehnte es wiederholt und eindringlich ab, in den von ihm entwickelten Idealtypen den "eigentlichen Sinn" der Geschichte, ihr "Wesen", zu sehen. Er warnte wiederholt vor der Gefahr, Idealtypen zu den treibenden, realen Kräften der Geschichte zu hypostasieren (213b, S. 195). Wenn er von der "gedanklichen Steigerung bestimmter Elemente der Wirklichkeit" sprach (213b, S. 190), so meinte er damit zum einen, daß die Idealtypen aus der historischen Wirklichkeit gewonnen werden müssen, zum anderen, daß ein in sich widerspruchsloser Kosmos *gedachter Zusammenhänge* durch Steigerung, bis hin zur "Utopie", *konstruiert* wird. Die Tatsache, daß für die Idealtypen nie Realität in Anspruch genommen wird, macht sie zu einem ausschließlich formalen Instrument der intersubjektiven, diskursiven Erfassung historischer Wirklichkeit, wobei dieses Instrument die Merkmale der logischen Konsistenz und inneren Widerspruchsfreiheit haben muß.

Zumindest auf der Textgrundlage des "Objektivitätsaufsatzes" stellen die Idealtypen dieses heuristische Hilfsmittel zur Erfassung historischer Phänomene unter dem Gesichtspunkt ihrer Kulturbedeutung dar. In Webers letzter Phase, der Arbeit am ersten Teil von

"Wirtschaft und Gesellschaft", konnten wir sein Bemühen erkennen, mit Hilfe überzeitlich gültiger, idealtypischer Begriffe eine universalhistorische Soziologie zu begründen. Diese Absicht, und vor allem die dort vertretene Strategie eines "Abstandsmeßverfahrens" von der absoluten Zweck-Mittel-Rationalität ("Richtigkeitsrationalität"), begegneten uns bereits bei der Erörterung des Konzeptes des "Verstehens". - Diese beiden, chronologisch und inhaltlich voneinander abhebbaren Positionen führten zur Unterscheidung von "historischen" und "soziologischen" Idealtypen,[60] wobei erstere mehr auf die Kulturbedeutung bestimmter historischer Erscheinungen abzielten, letztere jenen überzeitlichen, systematischen Charakter hatten. Ausgehend von einer von Weber selbst vorgelegten "Musterkarte" idealtypischer Varianten (213b, S. 205) wurden sowohl eine Dreiteilung als auch eine Vierteilung vorgeschlagen. Deutlich wird daraus allenfalls, daß Weber sein Konzept keineswegs einheitlich vorgestellt hatte und eine Reihe von Widersprüchlichkeiten zu diversen Interpretationskontroversen Anlaß gab.

Für unsere einführende Darstellung wollen wir zusammenfassend auf die folgenden fünf Punkte hinweisen:

1. Der Idealtypus ist ein *genetischer Begriff*, d. h. er löst aus einem Bündel von Merkmalen jene heraus, die für die Entwicklung bestimmter "Kulturbedeutungen" als ursächlich und wesentlich angesehen werden. Dieser Zusammenhang soll gedanklich "rein" rekonstruiert werden.
2. Der Idealtypus ist selbst *keine Hypothese*, er will der Hypothesenbildung jedoch die Richtung weisen. Er ist somit nicht durch eine Überprüfung an der historischen Realität "falsifizierbar" - eine zu geringe "Adäquanz" zu empirischen Sachverhalten und für eine bestimmte Erkenntnisabsicht zwingen jedoch zur stetigen Entwicklung neuer idealtypischer Konstruktionen.
3. Der Idealtypus dient als ein *heuristisches Mittel* zur Anleitung empirischer Forschung, indem er mögliche Gesichtspunkte der Fremd- und Selbstdeutung gesellschaftlichen Handelns formuliert. Dadurch soll eine Strategie ermöglicht werden, die die unendliche, sinnlose Mannigfaltigkeit empirischer Daten durch

[60] Zuerst bei *Pfister, Bernhard*, Die Entwicklung zum Idealtypus. Eine methodologische Untersuchung über das Verhältnis von Theorie und Geschichte bei Menger, Schmoller und Max Weber. Tübingen 1928, S. 170ff.

Bezug auf einen gedachten, in diesem Sinne: "idealen", Zusammenhang ordnet. Die Brauchbarkeit einer idealtypischen Konstruktion wird an ihrem "Erfolg" für die Erkenntnis gemessen.

4. Der Idealtypus dient der *Systematisierung* empirisch-historischer Wirklichkeit, indem deren Abstand von der typisierten Konstruktion interpretativ "gemessen" wird. Der Idealtypus ist *Konstruktion* - aber diese Konstruktion wird aus der Wirklichkeit abgeleitet und ständig an der Wirklichkeit, unter Einsatz von "Phantasie" und nomologischem Wissen des Forschers, kontrolliert. Die ständige Rekonstruktion und Neuentwicklung von Idealtypen soll eine Annäherung von rein nomothetischer und idiographischer, von rein kausal erklärender und rein individualisierend verstehender Methode ermöglichen und beide miteinander vermitteln.
5. Die Ergebnisse, die mit Hilfe des idealtypischen Vorgehens für ein Erklären und Verstehen von historischen Erscheinungen produziert werden, unterliegen einem nie abzuschließenden *Umdeutungsprozeß*. Gerade die Sozialwissenschaften gehören zu jenen Disziplinen, "denen ewige Jugendlichkeit beschieden ist, [...], denen der ewig fortschreitende Fluß der Kultur stets neue Problemstellungen zuführt. Bei ihnen liegt die Vergänglichkeit *aller*, *aber* zugleich Unvermeidlichkeit immer neuer idealtypischer Konstruktionen im Wesen der Aufgabe" (213b, S. 206). Und hier muß auf eine prinzipielle Hypothek dieses Verfahrens hingewiesen werden: Der Erfolg des idealtypischen Ordnens von historischer Wirklichkeit hängt vom Grad der Konkordanz zwischen den Typen- und Begriffsbildungen der Handelnden im untersuchten sozialen Zusammenhang und den Typen- und Begriffsbildungen der Wissenschaftlerinnen und Wissenschaftler ab, die diese Zusammenhänge untersuchen.

3. Das Postulat der "Werturteilsfreiheit"

Der sogenannte "Werturteilsstreit" ist ein außerordentlich schwer abgrenzbares Phänomen der Wissenschaftsgeschichte und auf keinen Fall auf eine Kontroverse einer Spezialdisziplin um ein bestimmtes, eindeutig lokalisierbares Problem zu reduzieren. Die vielfältigen Probleme, um die in diesem "Streit" gerungen wurde, beziehen sich nicht nur auf einige Wissenschaften, wie etwa Nationalökonomie oder Soziologie, sondern erfassen die Grundbestimmung jeden wissenschaftlichen Erkennens. So schwer ein eigentlicher "Beginn" dieser Kontroverse auch bestimmbar ist, so leicht ist die Feststellung, daß die einschlägigen Arbeiten Max Webers, vor allem seine Aufsätze, "Die ‚Objektivität' sozialwissenschaftlicher und sozialpolitischer Erkenntnis" von 1904 (Bibl. Nr. 62), "Der Sinn der ‚Wertfreiheit' der soziologischen und ökonomischen Wissenschaften" von 1917 (Bibl. Nr. 155) und der Text seiner Rede "Wissenschaft als Beruf" von 1919 (Bibl. Nr. 177) mit die ausschlaggebenden Bezugspunkte für die bis heute anhaltenden Diskussionen waren und sind.[61]

War schon die Rezeption der "Protestantischen Ethik" und der methodologischen Konzepte des "Verstehens" und des "Idealtypus" häufig Anlaß für die Schaffung und Tradierung von Mißverständnissen, so erfuhr die Webersche Konzeption der "Wert(urteils)freiheit" wohl die wirkungsvollste Verzerrung durch Mißverständnisse und Trivialisierungen. - Dabei ist diese Tatsache sicher nicht nur auf verschiedene Interessen zurückzuführen, sondern ebenso auf die hochkomplexe Struktur jener Situation, in der Weber seine Position formulierte. Für ein umfassendes Verständnis, und damit auch für eine erschöpfende Darstellung, ist zumindest die, wenn auch im Rahmen dieser Darstellung nur sehr kursorische, Behandlung von vier einander teilweise überschneidenden Zusammenhangsbereichen erforderlich, und zwar:

a.) der "philosophische" Hintergrund,
b.) der "theoretische" Hintergrund,
c.) der "organisatorische" Hintergrund,
d.) die Lage und das politische Selbstverständnis der deutschen Wissenschaft um die Jahrhundertwende.

a) Der "philosophische" Hintergrund

Für den "philosophischen" Hintergrund ist eine tiefgreifende Krise im

---

61 Vgl. als eine brauchbare Dokumentation einiger Diskussionsstränge bis 1967: *Albert, Hans / Topitsch, Ernst*, (Hrsg.), Werturteilsstreit, Darmstadt 1971.

geschichtlichen und gesellschaftlichen Bewußtsein Europas während des letzten Vierteljahrhunderts vor dem Ersten Weltkrieg von ausschlaggebender Bedeutung.[62] Diese Krise wird abgekürzt als "Krise des Historismus" bezeichnet: Trotz erheblicher inhaltlicher Differenzen unter den Hauptteilnehmern an den damaligen Auseinandersetzungen, vor allem Hermann Cohen, Wilhelm Dilthey, Wilhelm Windelband, Heinrich Rickert, Max Weber, Ernst Troeltsch und Friedrich Meinecke, gab es doch einen gemeinsamen Nenner, die *Kritik am Positivismus*. Angeregt durch die verschiedensten Destruktionen am positivistischen Menschen- und Weltbild, etwa durch Freud, Jung, Nietzsche, Bergson, Baudelaire, Dostojewskij und Proust, wurden die Fiktionen einer rational geordneten Welt in Zweifel gezogen, wurde die Kluft zwischen der Welt des Seienden und der Welt der Sinngebung zunehmend als unüberbrückbar betrachtet. Aus dieser, häufig in Kulturkritik und Kulturpessimismus umschlagenden, Sichtweise ergab sich die Frage, ob eine Wissenschaft der Geschichte oder der Gesellschaft überhaupt möglich sei. Einige Historiker und Soziologen neigten zunehmend der Auffassung zu, daß die menschliche Subjektivität und Irrationalität jedes Wissen in seinem Erklärungs- und Prognosewert erheblich einschränke.

Gegen diesen "Relativismus" und Pessimismus richteten sich jene Bestrebungen einiger Teilnehmer an der Methodendiskussion um die Jahrhundertwende, vor allem Dilthey, Windelband, Rickert, Meinecke und Troeltsch, die an einen "Sinn der Geschichte" glaubten. Dieser Glaube wurde zudem häufig mit der Überzeugung von der grundsätzlichen Richtigkeit der deutschen politischen Entwicklung seit 1870/71, d.h. der deutschen Reichsgründung, verbunden.

Gerade um einen absoluten, alle Bereiche erfassenden Relativismus abwehren zu können, bemühten sich die genannten Wissenschaftler um eine Überprüfung der methodischen und erkenntnistheoretischen Grundlagen der Geschichtswissenschaft. Für ein Verständnis der Weberschen Position in diesen Zusammenhängen ist dabei vor allem die Kenntnis zweier, weit auseinander liegender Positionen dieser erkenntnistheoretischen Diskussion unverzichtbar: zum einen die der sogenannten "südwestdeutschen Schule des Neukantianis-

---

62 Vgl. dazu und für das Folgende: *Iggers, Georg F.*, Deutsche Geschichtswissenschaft. Eine Kritik der traditionellen Geschichtsauffassung von Herder bis zur Gegenwart. München 1971, insbes. Kap. 6 und 7.

mus", repräsentiert durch Wilhelm Windelband und Heinrich Rickert, zum anderen die Position Wilhelm Diltheys. [63] Max Weber ist von beiden Gruppen, persönlich und sachlich, wesentlich beeinflußt worden: Er übernahm zum Teil ihre Fragestellungen und gelangte, über einen Vermittlungsversuch der gegensätzlichen Positionen, zu einer eigenen Ortsbestimmung, die ihrerseits für die folgenden Debatten von erheblicher Bedeutung werden sollte - trotz oder gerade wegen der vielen Mißverständnisse und Verkürzungen. Ein umfassendes Verständnis der Weberschen Position ist ohne die Kenntnis dieser Argumentationsverläufe nicht möglich.

b) Der "theoretische" Hintergrund

Der "theoretische" Hintergrund meint jene Argumentationszusammenhänge, die sich mit einer *Standortbestimmung der deutschen Nationalökonomie* im letzten Drittel des 19. Jahrhunderts befaßten. Die Repräsentanten der sogenannten "klassischen" Nationalökonomie, vor allem Wilhelm Roscher, Bruno Hildebrand und Karl Knies, als die sogenannte "Ältere Historische Schule", hatten bereits um 1850 versucht, das Fundament für eine historisch orientierte, erfahrungswissenschaftlich ausgerichtete Nationalökonomie zu legen, um derart die seinerzeit vorherrschenden naturalistischen und positivistischen Strömungen in ihrem Einfluß eindämmen zu können.

Infolge der Veränderung durch politische Einflüsse, vor allem durch eine verstärkte staatliche Intervention in der Wirtschaftspolitik, wurden diese Konzepte von der "Jüngeren Historischen Schule", mit ihrem machtvollen Oberhaupt Gustav Schmoller, wieder aufgegriffen: Dabei war vor allem der Gedanke der notwendigen Miteinbeziehung der historischen Dimension ökonomischer Vorgänge von ausschlaggebender Bedeutung. Die enge Verbindung der "Jüngeren Schule" mit praktischer Wirtschaftspolitik führte auch mit zur Institutionalisierung des Dialogs von Wissenschaft, Politik und Administration im "Verein für Sozialpolitik" im Jahre 1872, auf den wir im nächsten Abschnitt eingehen werden.

In der Auseinandersetzung mit der "Jüngeren Schule" kam es in den 80er Jahren zu jenen Diskussionen, die als "*Methodenstreit*" in

---

63 Vgl. dazu ausführlich ebd., S. 175ff., 198ff.

die Geschichte der deutschen Volkswirtschaftslehre eingegangen sind und die durch die beiden Namen Gustav Schmoller und Carl Menger eingeordnet seien.

In seiner Arbeit "Untersuchungen über die Methode der Sozialwissenschaften und der politischen Ökonomie insbesondere" von 1883 (Leipzig) unterschied Menger die Wissenschaften in drei Gruppen: in historische, theoretische und praktische. Die historischen Disziplinen sind danach auf die Erkenntnis des Individuellen, die theoretischen auf die Erkenntnis des Generellen der Erscheinungen gerichtet, und die praktischen befassen sich mit dem, was sein soll, mit dem was man tun muß, um bestimmte Ziele für den Menschen zu erreichen. In der "theoretischen" Forschungsrichtung, der Menger sich selbst zurechnete, unterschied er zwei Varianten voneinander: die "empirisch-realistische Richtung", welche "Realtypen" feststellen will, und eine "exakte Richtung", die strenge Gesetze, vergleichbar mit den Naturgesetzen, aufstellen will.

Gustav Schmoller antwortete noch im gleichen Jahr mit einem Artikel "Zur Methodologie der Staats- und Sozialwissenschaften".[64] Darin betonte er den Eigenwert des "beschreibenden Verfahrens", weil mit Hilfe des "deskriptiven Erfahrungsmaterials aller Art die Klassifizierung der Erscheinungen, die Begriffsbildung verbessert, die typischen Erscheinungsreihen und ihr Zusammenhang, die Ursachen in ihrem ganzen Umfang klarer erkannt werden." (Schmoller, ebd. S. 241.) Der Fortschritt der Wissenschaft liege nicht in einer weiteren "Destillation" der bereits wiederholt untersuchten Sätze des alten Dogmatismus. Wer von Hypothesen ausgehe, erhalte nur hypothetische Sätze, denen man durch das Adjektiv "exakt" den Schein strenger Wissenschaftlichkeit verleihen wolle.

Carl Menger fühlte sich durch diese Besprechung von Schmoller auch persönlich angegriffen und antwortete in heftiger Weise im Jahr darauf.[65] Dabei wurde zumeist übersehen, daß Menger von Anfang an eine vermittelnde Position vorgeschlagen hatte, die auf eine Anerkennung beider Richtungen, der theoretischen und der historischen,

---

64 Jahrbuch für Gesetzgebung, Verwaltung und Volkswirtschaft im Deutschen Reich, Hrsg. v. Gustav Schmoller, 7. Jg., H. 3, (Leipzig 1883), S. 239-258.

65 *Menger, Carl*, Die Irrtümer des Historismus in der deutschen Nationalökonomie. Wien 1884. - Vgl. zum ganzen "Methodenstreit": *Brinkmann, Carl*, Gustav Schmoller und die Volkswirtschaftslehre. Stuttgart 1937; *Ritzel, Gerhard*, Schmoller versus Menger, Offenbach 1951.

hinauslief. Aber die zeitgenössischen Kontroversen zwischen "Positivismus" und "Historismus", zwischen Naturwissenschaften, Kulturwissenschaften und Geisteswissenschaften erzwangen häufig simple, dichotomisch angelegte Polarisierungen. Sie bewirkten jedoch auf jeden Fall in allen Wissenschaften, und vor allem in den nicht naturwissenschaftlich ausgerichteten Disziplinen, eine systematische Reflexion der methodologischen Grundlagen.

Max Weber, der sich mit dem "Methodenstreit" in intensivster Weise auseinandersetzte (Bibl. Nr. 40, 60, 62, 68, 71, 75, 80, 88, 92), bezog seine eigene Position wiederum als ein Vermittler und wollte zudem die Kontroverse aus dem rein nationalökonomischen Problembezug lösen; dazu wollte er sie mit dem als "philosophischem Hintergrund" bezeichneten Diskussionszusammenhang in Verbindung setzen. Vor allem die Auseinandersetzungen über das Verhältnis von Geisteswissenschaften und Naturwissenschaften, wie sie von Windelband[66] und Rickert[67] geführt wurden, beeinflußten Max Weber in hohem Maß und brachten ihn zur Formulierung seines eigenen Konzeptes von "Wirklichkeitswissenschaft".

c) Der "organisatorische" Hintergrund

Sowohl der "philosophische" als auch der "theoretische Hintergrund" des Weberschen Werturteilsfreiheits-Konzeptes meint Diskussionen, die größtenteils literarisch ausgetragen wurden. Jene Diskussionen, die als eigentlicher "Werturteilsstreit" bezeichnet wurden und werden, fanden *organisatorische Bühnen*, auf denen diese Debatten geführt wurden: vor allem der "Verein für Sozialpolitik" und - insbe-

66 *Windelband, Wilhelm*, Geschichte und Naturwissenschaft (1882). In: Ders., Präludien, Aufsätze und Reden zur Einleitung in die Philosophie. Freiburg i. B. / Tübingen 1884, S. 211-246.

67 *Rickert, Heinrich*, Die Grenzen der naturwissenschaftlichen Begriffsbildung. Tübingen 1902.

sondere für Weber - die "Deutsche Gesellschaft für Soziologie".[68]

Zum "Verein" ist zu sagen, daß sich nach der Jahrhundertwende, in grober Einteilung, drei "Fraktionen" unter seinen Mitgliedern, die vorwiegend von Wissenschaftlern, hohen Verwaltungsbeamten, Journalisten, Gewerkschaftlern, Bankiers und Unternehmern gestellt wurden, voneinander abheben lassen: ein "linker Flügel", die sogenannten "Kathedersozialisten", mit Brentano, Sombart, Naumann, Harms, Max und Alfred Weber u. a., eine "Mitte" mit Schmoller, Gneist, Nasse u. a., und ein "rechter Flügel" mit Wagner, v. Philippovich u. a. Bereits auf der Mannheimer Tagung von 1905 über "Das Verhältnis der Kartelle zum Staate" entzündeten sich an einigen der Schmoller'schen Forderungen zur Kontrolle der Kartelle die Diskussionen, die Schmoller bis zur Rücktrittsandrohung provozierten, falls der linke Flügel, vor allem Naumann, weiterhin seine "materialistische Demagogie" forciere. In diesen beginnenden, sehr polemisch geführten Auseinandersetzungen über das Theorie-, Methoden- und das politische Selbstverständnis des "Vereins" forderte der "linke Flügel", daß Theorie und Methoden zum Diskussionsgegenstand gemacht würden, während der "rechte Flügel" derartige Diskussionen verhindern wollte und die Hauptaufgabe des „Vereins" in der Beeinflussung praktischer Sozialpolitik sah, weswegen auch die Themen "praktischer Natur" sein müßten. Schmoller bemühte sich - integrierend und vermittelnd - darum, daß der "Verein" ein wissenschaftliches Diskussions- und Publikationsforum bliebe, das gerade dadurch praktische Sozialpolitik mitbeeinflussen könne. Max Weber hielt sich auf diesen anfänglichen Verhandlungen noch sehr zurück (Bibl. Nr. 77, 78).

Zum eigentlichen Ausbruch kam der "Werturteilsstreit" auf der Wiener Tagung 1909, auf der Eugen v. Philippovich, Webers Vorgänger auf dem Freiburger Lehrstuhl, als Vertreter der "Österreichi-

---

[68] Wilhelm Hennis hat kürzlich auf eine weitere, dritte "Bühne" verwiesen, die nach seiner Darstellung von ebenso großer Bedeutung wie die beiden, von mir genannten, gewesen sei: der "Deutsche Hochschullehrertag" und Webers generelles publizistisches Engagement in hochschulpolitischen Fragen. Vgl. *Hennis, Wilhelm*, "Die volle Nüchternheit des Urteils". Max Weber zwischen Carl Menger und Gustav von Schmoller. Zum hochschulpolitischen Hintergrund des Wertfreiheitspostulats.-In: Max Webers Wissenschaftslehre. Interpretation und Kritik. Hrsg.v. *G. Wagner* u. *H. Zipprian*. Frankfurt a.M. 1994. S. 105-145.

schen Schule", das erste rein theoretisch-wissenschaftliche Referat in der Geschichte des "Vereins" über "Das Wesen der volkswirtschaftlichen Produktivität" hielt, wobei er eine dogmengeschichtliche Übersicht bot und Forderungen erhob, die im Begriff lägen. Sombart, Max Weber und Gottl v. Ottlilienfeld kritisierten die wissenschaftliche Unbrauchbarkeit des Begriffs "Produktivität", der voller Wertungen stecke, insbesondere nachdem er zunehmend mit dem des "Volkswohlstandes" vermengt würde. Hier nun begann Weber vehement seinen Kampf gegen eine "Vermengung von Wissenschaft und Werturteil" (102, S. 584) und sah im "Hineinmengen eines Seinsollens in wissenschaftliche Fragen [...] eine Sache des Teufels, die der Verein für Sozialpolitik allerdings recht oft in ausgiebiger Weise besorgt hat" (102, S. 582). Gegen die Position Webers, auf dessen Seite sich Tönnies stellte, polemisierten im Laufe der erregten Debatten v. Zwiedineck-Südenhorst, Spann, Goldscheid und Neurath. Aus vereinspolitischen Gründen sollte eine grundlegende Diskussion, sowohl über die Problematik der "Werturteile" in den Vereins-Verhandlungen als auch über den Wissenschaftscharakter der Nationalökonomie, auf die Vereinssitzung von 1911 in Nürnberg vertagt werden. - Auf dieser Sitzung beantragte Weber jedoch gleich zu Beginn: "Ich möchte vorschlagen, daß die Frage, ob wir [!] hier Werturteile auszuschließen haben oder nicht, ob sie prinzipiell berechtigt sind, inwieweit ihre Ausschließung durchführbar ist, vom Ausschuß des Vereins einmal speziell auf die Tagesordnung gesetzt wird [...]" (115, S. 163).

Als Vorbereitung für diese "spezielle" Tagung erging 1912 auf Anregung Webers ein Rundschreiben an die Ausschußmitglieder mit der Aufforderung um Stellungnahme. Von den 14 Autoren des als Manuskript gedruckten Papiers (Bibl. Nr. 117) vertraten Epstein, Eulenburg, Rohrbeck und Neurath die Webersche Position, die Stellungnahmen von Hartmann, Wilbrandt, Schumpeter, Spann und Oldenberg erwiesen sich als mit Webers Position vereinbar, nur Goldscheid, Hesse, Oncken, Spranger und v. Wiese bezogen eine mehr oder weniger deutliche Gegenposition. Die Ausschußsitzung am 5. Januar 1914, der die publizierten Stellungnahmen zugrunde lagen und an der 52 Mitglieder teilnahmen, verlief ergebnislos und brachte keine Annäherung der Standpunkte. Außer Sombart fand Weber kaum Mitstreiter für sein Anliegen unter der jüngeren und mittleren Generation. - Der Ausbruch des Ersten Weltkrieges unterbrach zwar die Arbeit des "Vereins" nicht gänzlich, beendete aber die Werturteilsdiskussion. Weber überarbeitete seine schriftliche Stellungnahme von 1912 und veröffentlichte die neue Fassung 1917 in der Zeitschrift "Logos" unter der Überschrift "Der Sinn der ,Wertfreiheit' der soziologischen und ökonomischen Wissenschaften" (Bibl. Nr. 155). Daß Weber seine Bereitschaft zur weiteren Mitarbeit am "Verein" trotz dieses Verlaufs nicht gänzlich aufkündigte, zeigt seine Wahl zum stellvertretenden Vorsitzenden im September 1919.

Die zweite organisatorische "Bühne", auf der der "Werturteilsstreit" ausgetragen wurde und ohne deren Kenntnis die Webersche Position nur teilweise verständlich ist, war die "Deutsche Gesellschaft für Soziologie", an deren Gründung 1909 Max Weber maßgeblichen, initiatorischen Anteil hatte. Gerade aufgrund der Erfahrungen im "Verein" versuchte Max Weber etwaige Wiederholungen der in seinen Augen unfruchtbaren Streitereien zu verhindern, indem er schon in der von ihm verfaßten "Einladung" zur Gründung der Gesellschaft (Bibl. Nr. 185) vorschlug: "Die Gesellschaft soll [...] einen rein objektiv wissenschaftlichen Charakter haben. Es folgt daraus, daß *jede* Art von politischer, sozialpolitischer, sozialethischer oder irgend welcher sonstigen Propaganda für *praktische* Ziele oder Ideale innerhalb ihrer oder unter ihrem Namen *ausgeschlossen* sein muß. Sie darf sich nur in den Dienst der Erforschung von Tatsachen und ihrer Zusammenhänge stellen." (185, Bl. 1) - Diese Forderung Webers fand ihren Niederschlag im § 1 des "Statuts" der "Gesellschaft", in dem festgelegt wurde: "Ihr [DGS] Zweck ist die Förderung der soziologischen Erkenntnis durch Veranstaltung rein wissenschaftlicher Untersuchungen und Erhebungen, durch Veröffentlichung und Unterstützung rein wissenschaftlicher Arbeiten und durch Organisation von periodisch stattfindenden deutschen Soziologentagen. Sie gibt allen wissenschaftlichen Richtungen und Methoden der Soziologie gleichmäßig Raum und lehnt die Vertretung irgendwelcher praktischen (ethischen, religiösen, politischen, ästhetischen usw.) Ziele ab." (108, S. V.)[69] Die erbitterten Kontroversen auf den beiden ersten Soziologentagen 1910 und 1912 (Bibl. Nr. 108-113; 118-121), vor allem die Auseinandersetzungen mit Rudolf

---

[69] Vgl. *Honigsheim, Paul*, Die Gründung der Deutschen Gesellschaft für Soziologie in ihren geistesgeschichtlichen Zusammenhängen. - In: Kölner Zeitschrift für Soziologie und Sozialpsychologie, 11. Jg. (1959), S. 3-10.

Goldscheid über das Prinzip der Werturteilsfreiheit, führten zur Enttäuschung und Resignation Max Webers und zu seinem endgültigen Ausscheiden aus der "Gesellschaft" im Jahre 1913. Am Ende sah Weber sich als "Don Quixote eines angeblich undurchführbaren Prinzips".[70]

d) Die Lage und das politische Selbstverständnis der deutschen Wissenschaft um die Jahrhundertwende

Die drei bisher skizzierten "Hintergründe" der sogenannten "Werturteilsdebatte" müssen für ein umfassendes Verständnis, aus dem sich erst eine adäquate Einschätzung der Weberschen Position ableiten läßt, in Verbindung gebracht werden mit der generellen Lage und dem - vor allem: politischen - Selbstverständnis der deutschen Wissenschaft in der Zeit vor dem Ersten Weltkrieg. Gerade eine derartige Darstellung kann an dieser Stelle nur schlaglichtartig ausfallen.

Brachte die Bismarck-Zeit dem deutschen Hochschulwesen zwar eine stürmische Aufwärtsentwicklung der Naturwissenschaften, so bewirkten diese Prozesse dennoch bei den Geisteswissenschaften keine weitreichende Identitätskrise. Die dominierende Stellung der Historiker blieb erhalten, die etablierten Disziplinen und ihre Vertreter standen, vor allem aufgrund einer vorherrschenden nationalliberalen Einstellung, in einem grundsätzlichen Konsens mit dem politischen System. Und doch begannen in jener Zeit Strömungen, die als "Kulturkritik" und "Kulturpessimismus" bezeichnet werden, die die Legitimität der politischen und gesellschaftlichen Ordnung, gerade vom Problem der "Sozialen Frage" her, anzuzweifeln begannen. Vor allem die außerordentlich populären Schriften von Paul de Lagarde und Julius Langbehn setzten ein mit einer grundsätzlichen Kritik an der "falschen Wissenschaft", die einzig Tatsachen konstatieren könne, wohingegen es das "Endziel" der "echten Wissenschaft" sei,

---

70 Vgl. *Weber, Marianne*, Max Weber. Ein Lebensbild, S. 430.; Vgl. zu den Deutschen Soziologentagen insgesamt und zu Max Webers Rolle: *Käsler, Dirk*, Der Streit um die Bestimmung der Soziologie auf den deutschen Soziologentagen 1910 bis 1930. - In: *M. Rainer Lepsius*, Hrsg., Soziologie in Deutschland und Österreich 1918-1945. Materialien zur Entwicklung, Emigration und Wirkungsgeschichte. Opladen 1981 (= Kölner Zeitschrift für Soziologie und Sozialpsychologie, Sonderh. 23.) S.199-244.

Werturteile abzugeben. [71] In der "Objektivität" der Wissenschaft wurde etwas ebenso Unwahres gesehen, "wie jene moderne Humanität, welche alle Menschen für gleichwertig erklärt". [72] Derartige Forderungen an eine *wertende Wissenschaft* waren nicht nur "eine Sache der deutschen Jugend, und zwar der unverdorbenen, unverbildeten, unbefangenen Jugend" [73], sondern diese breiteten sich zwischen 1890 und 1914 immer weiter aus. Georg Hinzpeter, der Erzieher Wilhelms II., klagte auf der Reichsschulkonferenz von 1890 darüber, daß früher "die persönliche geistige Entwicklung [...] als hohes erstrebenswertes Ziel" gegolten habe, mittlerweile jedoch Bildung nur noch als "Mittel zu erfolgreicher Betätigung im wilden Kampf ums Dasein" betrachtet werde. [74] Und Friedrich Paulsen bestimmte noch 1902 als die Aufgabe der deutschen Hochschulen "in ihrer Gesamtheit etwas wie das öffentliche Gewissen des Volkes in Absicht auf Gut und Böse in der Politik" darzustellen. [75] - Derartige Forderungen, die darauf hinausliefen, aus der Gesellschaft des Wilhelminischen Deutschland, mit Unterstützung der deutschen Hochschulen, eine konfliktfreie, ideologisch identische Gesellschaft herzustellen, wurden nicht nur von (bildungs)politischen Instanzen erhoben, sondern fielen in den Hochschulen selbst auf fruchtbaren Boden, wie sich etwa an den Aktivitäten des "Eucken-Bundes" ablesen läßt. [76]

Diese grob skizzierten vier Zusammenhangsbereiche stellen die Folie dar, auf der Weber seine eigene Position zu bestimmen versuchte. Da sich die angedeuteten Debatten über den Zeitraum von 1890-1920 erstreckten, ist für eine exakte Darstellung der Weberschen Position die Kenntnis aller einschlägigen Arbeiten, in denen er sich zum Problem der "Werte" und der "Wertungen" äußerte, unabdingbar (Bibl. Nr. 60, 62, 68, 71, 75, 117, 155, 177). Für diese Darstellung sehen wir von den Modifikationen seiner Position im Laufe der Diskussionen ab und versuchen dafür die durchgängigen Argumente herauszuarbeiten.

---

[71] Vgl. *Zöller, Michael*, Die Unfähigkeit zur Politik. Politikbegriff und Wissenschaftsverständnis von Humboldt bis Habermas. Opladen 1975, S. 101-119.

[72] Ebd., S. 106.

[73] Ebd.

[74] Ebd., S. 107

[75] Ebd.

[76] Vgl. *Lübbe, Hermann*, Politische Philosophie in Deutschland. Basel/Stuttgart 1963, S. 179ff.

Das Webersche Anliegen zerfiel im Grunde in zwei voneinander abzuhebende Argumente:

1.) die Forderung nach "Werturteilsfreiheit" im engeren Sinn,
2.) das Problem der "Wertbeziehung".

1.) Bei der Weberschen *Forderung nach "Werturteilsfreiheit"* im engeren Sinn handelt es sich um die "höchst triviale Forderung: daß der Forscher und Darsteller die Feststellung empirischer Tatsachen (einschließlich des von ihm festgestellten ‚wertenden' Verhaltens der von ihm untersuchten empirischen Menschen) und *seine* praktisch wertende, d.h. diese Tatsachen [...] als erfreulich oder unerfreulich *beurteilende*, in diesem Sinn: ‚bewertende' Stellungnahme unbedingt *auseinanderhalten* solle, weil es sich da nun einmal um heterogene Probleme handelt" (213b, S. 500).

Dieser, "oft arg mißverstandene Grundsatz" (213b, S. 495), der "unendliches Mißverständnis" und "gänzlich sterilen Streit" verursachte, wurde von Max Weber vor allem im Hinblick auf die zu seiner Zeit nicht unübliche "Professoren-Prophetie" aufgestellt. In explizitem Bezug auf Hochschullehrer wie Treitschke, Theodor Mommsen und Schmoller verurteilte Weber die Propagierung praktisch-politischer Ideale im Hörsaal vom Katheder aus und forderte, als das "absolute Minimum", als ein "Gebot der intellektuellen Rechtschaffenheit", die Unterdrückung der persönlichen Prophetie, die Verkündigung von "Weltanschauung". "Was [...] heute der Student im *Hörsaal* [...] vor allen Dingen von seinem Lehrer lernen sollte, ist:

1. die Fähigkeit, sich mit der schlichten Erfüllung einer gegebenen Aufgabe zu bescheiden; -

2. Tatsachen, auch und gerade persönlich unbequeme Tatsachen, zunächst einmal anzuerkennen und ihre Feststellung von der bewertenden Stellungnahme dazu zu scheiden; -

3. seine eigene Person hinter die Sache zurückzustellen und also vor allem das Bedürfnis zu unterdrücken: seine persönlichen Geschmacks- und sonstigen Empfindungen ungebeten zur Schau zu stellen." (213b, S. 493)

Nur so könne das "Sichwichtignehmen", der "modische Persönlichkeitskult auf dem Thron, in der Amtsstube oder auf dem Katheder", der einzig die Sache schädige, bekämpft werden. "Es ist doch ein beispielloser Zustand, wenn zahlreiche staatlich beglaubigte Propheten, welche nicht auf den Gassen oder in den Kirchen oder sonst in der Oeffentlichkeit, oder, wenn privatim, dann in persönlich ausgelesenen Glaubenskonventikeln, die sich als solche bekennen, predigen, sondern in der angeblich objektiven, unkontrollierbaren, diskussionslosen und also vor allem Widerspruch sorgsam geschützten Stille des vom Staat privilegierten Hörsaals ‚im Namen der Wissenschaft' maßgebende Kathederentscheidungen über Weltanschauungsfragen zum besten zu geben sich herausnehmen." (213b, S. 492)

Daß die von ihm geforderte "Scheidung von empirischer Feststellung und praktischer Wertung" schwierig ist, wurde von Weber ausdrücklich betont, auch daß er selber dagegen immer wieder verstoßen habe (213b, S. 497). Ebenso bestritt Weber keineswegs die Einsicht, daß bereits die Themenwahl und die Auswahl des Stoffs "Wertungen" beinhalten; und weiterhin betonte er ausdrücklich, daß es nicht darum gehen könne, "daß die empirische Wissenschaft ‚subjektive' Wertungen von Menschen nicht als *Objekt* behandeln könne (während doch die Soziologie [...] auf der gegenteiligen Voraussetzung beruht)" (213b, S. 500).

Es geht also auf der "ersten Ebene" des Weberschen Postulats der "Werturteilsfreiheit" in der Wissenschaft darum, daß "Wertungen", im Sinne von Bewertungen als "verwerflich" oder "billigenswert", von Aussagen über empirische Tatbestände und Zusammenhänge voneinander getrennt werden müssen. Wenn sich eine wissenschaftlich arbeitende Person eine derartige Wertung nicht versagen kann oder will, muß sie die jeweils persönliche Stellungnahme, für die *keine wissenschaftliche Legitimation* in Anspruch genommen werden darf, von der Tatsachenbeschreibung trennen, sowohl den Diskurspartnern gegenüber, als auch sich selbst gegenüber. Wissenschaft ist für Weber eben ein "*fachlich* betriebener ‚Beruf' [...] im Dienst der Selbstbesinnung und der Erkenntnis tatsächlicher Zusammenhänge, und nicht eine Heilsgüter und Offenbarungen spendende Gnadengabe von Sehern und Propheten oder ein Bestandteil des Nachdenkens von Weisen und Philosophen über den *Sinn* der Welt [...]" (213b, S. 609).

2.) Das *Problem der "Wertbeziehung"* war das eigentliche, tiefergehende Anliegen Max Webers und geht über das soeben behandelte weit hinaus, indem es eine Grundsatzproblematik aller Wissenschaften berührt, insbesondere aller Sozialwissenschaften. Es geht dabei um die "Beziehungen" zwischen den Ergebnissen wissenschaftlicher Forschungen und den "Werten" des forschenden Individuums.

Gerade weil Weber betonte, daß die Wertungen, die Einzelne - ob wissenschaftlich beobachtende oder beobachtete handelnde Subjekte - ihrem Handeln zugrundelegen, nicht als "Tatsache" hingenommen werden müssen, "sondern zum Gegenstand einer wissenschaftlichen *Kritik* gemacht werden" können (213b, S. 501), stellt sich die Frage, wie erfahrungswissenschaftliche-empirische Disziplinen diese Aufgabe lösen können. Dabei geht es darum, den jeweiligen "Wertungsstandpunkt" auf seine "individuelle, soziale, historische Bedingtheit" hin zu untersuchen, was für Weber auf keine andere Weise möglich war, als durch ein "verstehendes Erklären" (213b, S. 503). Das ist "wissenschaftlich höchst wichtig

1. für den Zweck einer empirischen Kausalbetrachtung menschlichen Handelns, um dessen *wirkliche* letzte *Motive* kennen zu lernen,
2. aber, wenn man mit einem (wirklich oder scheinbar) abweichend Wertenden diskutiert, für die Ermittlung der wirklichen gegenseitigen Wertungsstandpunkte" (213b, S. 503).

In dieser Aufgabenstellung sah Weber den "eigentliche[n] Sinn einer Wertdiskussion: das, was der Gegner (oder auch: man selbst) wirklich meint, d. h. den Wert, auf den es jedem der beiden Teile wirklich und nicht nur scheinbar ankommt, zu erfassen und so zu diesem Wert eine Stellungnahme überhaupt erst zu ermöglichen" (ebd.). - Gerade weil das "Verstehen" eines fremden Wertungsstandpunktes nicht dessen Billigung bedeutet, wird eine wissenschaftliche Erforschung der jeweiligen, möglicherweise miteinander kollidierenden, Werte möglich und notwendig.

Obwohl Weber der Anerkennung eines "Polytheismus" letzter Werte zuneigte und davon ausging, daß es zwischen den Werten "letztlich überall und immer [...] nicht nur um Alternativen, sondern um unüberbrückbar tödlichen Kampf, so wie zwischen ‚Gott' und ‚Teufel' "(213b, S. 507) geht, in dem es keine Relativierungen und Kompromisse geben kann, wehrte Weber sich, als Vertreter der Sichtweise einer "Wertekollision", mit aller Entschiedenheit gegen die Unterstellung eines "Relativismus" (213b, S. 508).

Um nun über Werte und Wertungen erfahrungswissenschaftlich-empirisch handeln zu können, postulierte Weber für wissenschaftlich fruchtbare "Wertungsdiskussionen" vier Aufgabenstellungen (213b, S. 510f.):

"a) Die Herausarbeitung der letzten, innerlich ‚konsequenten' Wertaxiome, von denen die einander entgegengesetzten Meinungen ausgehen. [...]
b) Die Deduktion der ‚Konsequenzen' für die *wertende* Stellungnahme, welche aus bestimmten letzten Wertaxiomen folgen würden, wenn man sie, und nur sie, der praktischen Bewertung von faktischen Sachverhalten zugrunde legt. [...]
c) Die Feststellung der *faktischen* Folgen, welche die praktische Durchführung einer bestimmten praktisch wertenden Stellungnahme zu einem Problem haben müßte [...] Endlich können dabei
d) *neue* Wertaxiome und daraus zu folgernde Postulate vertreten werden, welche der Vertreter eines praktischen Postulats nicht beachtet und zu denen er infolgedessen nicht Stellung genommen hatte [...]"

Eine derartige, idealtypisch-konstruierende Methode der Erforschung von "Werturteilen", bei der die Analyse der Wertvorstellungen, die Angabe geeigneter Mittel und Mittelkombinationen für gewählte Zwecke ("Werte"), die Abschätzung der Erfolgsaussichten, die Feststellung der Nebenwirkungen der anzuwendenden Mittel, die Beurteilung der "Kosten" der erstrebten Werte und die Beurteilung der Vereinbarkeit, in logischer wie praktischer Hinsicht, verschiedener Werte im Zentrum stehen, steht nun ihrerseits in einer "Beziehung" zu Werten. Dafür verwandte Weber, im Anschluß an Rickert, den Begriff der "*Wertbeziehung*"; er meinte damit "die philosophische Deutung desjenigen spezifisch wissenschaftlichen *‚Interesses'*[...], welches die Auslese und Formung des Objektes einer empirischen Untersuchung beherrscht" (213b, S. 511). Dieses wissenschaftssoziologisch außerordentlich bedeutsame Konzept will auf die Tatsache hinweisen, daß es "*Wert*interessen [...] sind, welche auch der rein empirisch-wissenschaftlichen Arbeit die *Richtung* weisen" (213b, S. 512).

Weber nahm hier sein, bereits 1904 formuliertes, Konzept des "*Erkenntnisinteresses*" wieder auf. Damals ging es ihm darum, die *Konstruiertheit* einer bestimmten Perspektive zu betonen, von der aus man an das jeweilige Untersuchungsobjekt herangeht, wobei er über seine eigene, sozialökonomische Perspektive schrieb:

"Die Qualität eines Vorgangs als ‚sozial-ökonomischer' Erscheinung ist nun nicht etwas, was ihm als solchem ‚objektiv' anhaftet. Sie ist vielmehr bedingt durch die Richtung unseres Erkenntnis*interesses*, wie sie sich aus der spezifischen Kulturbedeutung ergibt, die wir dem betreffenden Vorgänge im einzelnen Fall beilegen." (213b, S. 161)

Wenn sich (Sozial)Wissenschaftlerinnen und -wissenschaftler ihrem Untersuchungsobjekt nähern wollen, müssen sie dies aus der Perspektive bestimmter Werte tun, die ihnen die sie umgebende Kultur anbietet. Ohne eine solche wertgeprägte Perspektive bleibt die Wirklichkeit ein ungeordnetes Chaos der Mannigfaltigkeit und Widersprüchlichkeit der Fakten und Erscheinungen. Die unendliche Komplexität der Wirklichkeit macht schon eine einfache "Beschreibung" alles Vorfindlichen unmöglich; wenn es nun bei der wissenschaftlichen Erkenntnis um die Aufdeckung von Verursachungszusammenhängen gehen soll, bedarf es eines erkenntnisleitenden Interesses, von dem aus man sich um ein "Verstehen" und "Erklären" der sozialen und historischen Wirklichkeit bemühen will. Die Aufgabe der Kulturwissenschaften, zu denen nach Weber die Soziologie zählt, ist es nun, die Wirklichkeit und Wirksamkeit von "Sinn" und "Bedeutung" zu erforschen. Für diese Aufgabe gibt es keine Möglichkeit einer "objektiven" Behandlung, sondern einzig die forschungsleitende Selektion durch "Wertideen", unter denen "Kultur" im Einzelfall betrachtet wird. ",Kultur' ist ein vom Standpunkt des *Menschen* aus mit Sinn und Bedeutung bedachter endlicher Ausschnitt aus der sinnlosen Unendlichkeit des Weltgeschehens. [...] Transzendentale Voraussetzung jeder Kulturwissenschaft ist *nicht* etwa, daß wir eine bestimmte oder überhaupt irgend eine ‚Kultur' *wertvoll* finden, sondern daß wir Kultur*menschen sind*, begabt mit der Fähigkeit und dem Willen, bewußt zur Welt *Stellung* zu nehmen und ihr einen *Sinn* zu verleihen. Welches immer dieser Sinn sein mag, er wird dazu führen, daß wir im Leben bestimmte Erscheinungen des menschlichen Zusammenseins aus ihm heraus *beurteilen*, zu ihnen als *bedeutsam* (positiv oder negativ) Stellung nehmen." (213b, S. 180f.)

"Erkenntnisinteresse" und "Wertideen" stellen die "Wertbeziehung" zwischen Forscher und Forschungsgegenstand her und haben für die Forschungsergebnisse entscheidende Bedeutung. Welche "Wertideen" als forschungs- und erkenntnisleitend ausgewählt werden, ist dabei nicht subjektive, willkürliche Angelegenheit des einzelnen wissenschaftlich tätigen Subjekts: "*was* Gegenstand der Untersuchung wird, und wie weit diese Untersuchung sich in die Unendlichkeit der Kausalzusammenhänge erstreckt, das bestimmen die den Forscher und seine Zeit beherrschenden Wertideen [...] Denn wissenschaftliche Wahrheit ist nur, was für alle gelten *will*, die Wahrheit *wollen*." (213b, S. 184)

Diese *intersubjektiv* bestimmte und kontrollierte Auswahl der forschungsleitenden Ideen und Interessen unterliegt nun ihrerseits einem fortdauernden *Wandlungsprozeß*. Mit dem Wandel der "Kulturprobleme", d. h. der "herrschenden Wertideen", wandeln sich auch die forschungsleitenden Gesichtspunkte. Dies macht, nach Weber, die "ewige Jugendlichkeit" aller historischen Disziplinen aus, "denen der ewig fortschreitende Fluß der Kultur stets neue Problemstellungen zuführt" (213b, S. 206).

Bleiben so die "Ausgangspunkte" der Kulturwissenschaften "wandelbar in die grenzenlose Zukunft hinein" (213b, S. 184), so gibt es dennoch einen "*Fortschritt*" der kulturwissenschaftlichen Forschung: Er liegt in einem steten Um- und Neubildungsprozeß der wissenschaftlichen Begriffe, d. h. der "Idealtypen", mit denen die unerschöpfliche Wirklichkeit erfaßt werden soll. "Die Geschichte der Wissenschaften vom sozialen Leben ist und bleibt daher ein steter Wechsel zwischen dem Versuch, durch Begriffsbildung Tatsachen gedanklich zu ordnen [...] und der Neubildung von Begriffen [...]. Nicht etwa das Fehlerhafte des Versuchs, Begriffssysteme *überhaupt* zu bilden, spricht sich darin aus [...], sondern *der* Umstand kommt darin zum Ausdruck, daß in den Wissenschaften von der menschlichen Kultur die Bildung der Begriffe von der Stellung der Probleme abhängt, und daß diese letztere wandelbar ist mit dem Inhalt der Kultur selbst. Das Verhältnis von Begriff und Begriffenem in den Kulturwissenschaften bringt die Vergänglichkeit jeder solchen Synthese mit sich." (213b, S. 207)

Die Betonung der intersubjektiven Gebundenheit und Kontrolliertheit sozialwissenschaftlicher Forschung und die Postulierung einer Akkumulation von begrifflichem Wissen ändern nichts an der grundsätzlichen Vergänglichkeit und Wandelbarkeit aller sozialwissenschaftlichen "Erkenntnis".

Jahrzehnte vor der Formulierung des wissenschaftssoziologischen Konzeptes vom "Paradigmenwechsel" erkannte Max Weber die grundsätzliche Bedeutung der Verankerung von Wissen an "Wertideen" und "Erkenntnisinteressen" und deren permanente "Revolutionierung": "Aber irgendwann wechselt die Farbe: die Bedeutung der unreflektiert verwerteten Gesichtspunkte wird unsicher, der Weg verliert sich in der Dämmerung. Das Licht der großen Kulturprobleme ist weiter gezogen. Dann rüstet sich auch die Wissenschaft, ihren Standort und ihren Begriffsapparat zu wechseln und aus der Höhe des Gedankens auf den Strom des Geschehens zu blicken." (213b, S. 214)

IV. Die Wirkung

Trotz jahrzehntelanger, internationaler Forschung liegt bislang keine umfassende Darstellung der Rezeptions- und Wirkungsgeschichte Max Webers vor. Um über die bis heute immer noch nicht unübliche, fragmentarische und selektive Bearbeitung hinauszukommen, die sich häufig allein mit den stereotypisierten "Lehrstücken" befaßt, wie etwa der Protestantismus-Kapitalismus-These, der Herrschafts-Typologie, dem Verstehens-Konzept oder dem Werturteilsfreiheits-Postulat, ist es notwendig, von einer umfassenden Kenntnis sowohl des Weberschen Lebens als auch seines Gesamtwerkes auszugehen und beides sozialhistorisch und wissenschaftssoziologisch in die vielfältigen Traditions- und Rezeptionszusammenhänge einzuordnen.

Der bereits erwähnte Sammelband "Max Weber heute" [77] stellte einen bemerkenswerten Versuch dar, auf ausgewählten Feldern, eine derartige internationale Bestandsaufnahme zu liefern. - Mit meinem eigenen Versuch der historisch-soziologischen Rekonstruktion der Entwicklung der frühen deutschen Soziologie bemühte ich mich, die Grundlage für eine Einordnung Max Webers auf dem Hintergrund der Formationsphase der deutschen Soziologie zu legen [78] Erst auf der Folie der Prozesse der Institutionalisierung und Professionalisierung bei der allmählichen Formation des akademischen Fachs "Soziologie" im System der deutschen Hochschulen läßt sich die bis heute immer noch anzutreffende Sterilität von typischen Seminar-Arbeiten hinauskommen. Diskussionen und Darstellungen über "Beziehungen" zwischen Weber und Marx, Weber und Simmel, We-

---

[77] Max Weber heute. Erträge und Probleme der Forschung. Hrsg. v. *Johannes Weiß*. Frankfurt / Main 1989.

[78] *Käsler, Dirk*, Die frühe deutsche Soziologie 1909 bis 1934 und ihre Entstehungs-Milieus. Eine wissenschaftssoziologische Untersuchung. Opladen 1984.

ber und Schütz, Weber und Parsons, etc. sollten endgültig abgelöst werden von einer systematischen Wirkungs- und Rezeptionsforschung, die noch dazu den Blick freimachen muß für die tatsächliche Wirkung Max Webers, jenseits aller heroisierenden und/oder ideologisierten Verzerrung.

Einen Versuch in diese Richtung unternahm ich in der ersten Fassung dieser Einführung, in der ich Forschungsergebnisse über die *zeitgenössische Rezeption* der Schriften Max Webers, seine Bedeutung als Diskurspartner, als Hochschullehrer und als Herausgeber vorlegte.[79] Die Ergebnisse meiner damaligen Bestandsaufnahme seien an dieser Stelle in knapper Form in Erinnerung gerufen.

Es war das eindeutige Ergebnis meiner Analyse der zeitgenössischen Rezeption der *Schriften Max Webers*, daß sich deren frühe Rezeption, sowohl der materialen wie auch der methodologischen, als *außerordentlich selektiv* darstellte. Sie konzentrierte sich vor allem auf die Schriften zur "Protestantischen Ethik" und die gedruckten Fassungen der beiden Reden "Wissenschaft als Beruf" und "Politik als Beruf. Auch die Versuche Marianne Webers, einige der verstreuten Texte in ihren vier Sammelbänden: "Gesammelte Politische Schriften" (Bibl. Nr. 206) von 1921, "Gesammelte Aufsätze zur Wissenschaftslehre" (Bibl. Nr. 213) von 1922, "Gesammelte Aufsätze zur Sozial- und Wirtschaftsgeschichte" (Bibl. Nr. 217) von 1924 und "Gesammelte Aufsätze zur Soziologie und Sozialpolitik" (Bibl. Nr. 218), ebenfalls von 1924, einem breiteren Leserkreis zu vermitteln, änderten an der grundsätzlich *schwachen Rezeption und Wirkung* der Weberschen Schriften in der Zeit bis nach dem Zweiten Weltkrieg nicht viel.

Untersucht man die wissenschaftliche Bedeutung Max Webers zu Lebzeiten, so kann man sich nicht allein auf seine Schriften und deren Wirkung beschränken, sondern muß von der Tatsache ausgehen, daß Weber zeitlebens an zahlreichen Vereinigungen, Parteien, Akademien und "Kreisen" teilnahm, die alle mehr oder weniger mit seiner Rolle als Wissenschaftler verbunden waren. Dabei wäre es für eine umfassende Darstellung nicht ohne weiteres möglich, die spezifisch wissenschaftlichen von ihren "politischen" Inhalten zu trennen. Gerade auch hier fehlen bislang systematische Erforschungen. Als knappes

---

[79] *Käsler, Dirk,* Einführung in das Studium Max Webers. München 1979, S. 196 - 225.

Resümee meiner Einschätzung der Bedeutung und Wirkung Max Webers für den "Evangelisch-Sozialen Kongreß", den "Verein für Sozialpolitik", die "Deutsche Gesellschaft für Soziologie" und auf den "Deutschen Hochschullehrertagen" ergab sich ebenfalls insgesamt eine eher *geringe Wirkung*, die teilweise bereits vor seinem Tod 1920 beendet gewesen war.

Anders sieht es aus, wenn man sich auf die Zeit von 1903 bis 1918 konzentriert, in der Weber seine Tätigkeit als Hochschullehrer eingestellt hatte, und in der eine Vielzahl von informellen "Kreisen" für ihn eine zunehmende Wichtigkeit als Ersatzöffentlichkeit bekamen. Die Bedeutung dieser Gesprächsrunden in Freiburg und vor allem in Heidelberg kann für die Herausbildung des späteren "Klassikers" Max Weber nicht hoch genug eingeschätzt werden, auch wenn deren Erforschung noch weitgehend zu leisten bleibt.

Schon in Freiburg waren regelmäßige Treffen im Hause der Philosophen Riehl und Rickert üblich, weiterhin bestand lebhafter Kontakt der Webers zu v. Schulze-Gävernitz, Münsterberg, Baist, v. Kries u. a. Vor allem jedoch in Heidelberg traf sich seit etwa 1900 ein immer größer werdender Kreis im Hause der Webers, ab 1907/08 täglich am Nachmittag.

Ab 1912 etwa bis zum Ausbruch des Ersten Weltkrieges fand jeden Sonntag ein "jour fixe" statt, zu dem auch Studierende geladen wurden. Zu diesem Kreis gehörten, neben den früheren Lehrern Webers, Bekker, Fischer und Erdmannsdörfer, die Kollegen und Freunde Jellinek, Hensel, Neumann, Troeltsch, His, Voßler, Landsberg, Gothein, Lask, Else und Edgar Jaffé, Schmid- Noerr, Kläre Schmid-Romberg, Gruhle, Mina Tobler, Gundolf, Salz, Karl und Gertrud Jaspers. Von auswärts kamen häufig Sombart, Michels, Georg und Gertrud Simmel, Marie Baum, Gertrud Bäumer, Honigsheim, Loewenstein, v. Lukács, Bloch, Gustav und Lina Radbruch, Naumann, Theodor Heuss und Elly Heuss-Knapp, Lesser, Altmann, Ehrenberg, Lederer, Braus, Heimann, Salin.

Neben dem Weberschen Kreis bestand noch eine Vielzahl von gleichartigen Zirkeln in Heidelberg, wie etwa der religionswissenschaftliche Gesprächskreis "Eranos" (Windelband, Jellinek, Gothein, Troeltsch, Neumann, v. Domaszewski, Dieterich, Rathgen, v. Duhn), der naturwissenschaftlich-philosophische "Janus" (Alfred Weber, Klebs, Oncken), die "Soziologischen Diskussionsabende" (Curtius, Gundolf, v. Kahler, Jaspers, Gothein, Heyer), der "Montagnachmittag-Kreis" um den Kunsthistoriker v. Thode und seine Frau Daniela v. Bülow, eine Tochter Richard Wagners.

Alle diese Gesprächszirkel, an denen Max und Marianne Weber mehr oder weniger regelmäßig teilnahmen, und vor allem die Treffen im Hause Webers begründeten und verbreiteten den "Mythos von Heidelberg", als der Max Weber schon zu Lebzeiten galt. - Noch bis 1944 hielt Marianne Weber an dieser Einrichtung fest, indem sie zu ihrem "Geistertee" einlud. Zu ihm kamen als Teilnehmer u. a. Jaspers, Alfred Weber, Curtius, Gundolf, Thomas Mann, Dibelius, Radbruch, Zimmer, Lederer, Victor v. Weizsäcker, Brinkmann, v. Salis, Hellpach, Anschütz, Jellinek, Geiler, Bergstraesser, Kurt Hahn, Gruhle, Meyerhof, Täubler, Luise Klebs, Marie Baum, Marie Luise Gothein, Mannheim, Rüstow, Parsons.

Diese Gesprächskreise - vor dem Hintergrund des in Opposition zum Wilhelminischen Preußen stehenden Baden als damaligem Zentrum des deutschen Liberalismus -, als wesentlicher Bestandteil der sozialen Realität des damaligen Geistes- und Universitätslebens in Deutschland stellten das entscheidende Bindeglied zwischen den wissenschaftlichen Arbeiten Max Webers und deren Rezeption und Wirkung dar. Von hier aus entwickelten sich bis heute wirkungsvolle Interpretationsmuster, vor allem die einer unkritisch idealisierenden, heroisierenden Art. Der "Klassiker" Max Weber wurde wesentlich aus diesen Zusammenhängen geschaffen.

Ungeachtet der Tatsache, daß Max Weber zusammengenommen etwa 13 Jahre seines Lebens als Hochschullehrer tätig war, ist auch die Rolle und Wirkung des *Universitätslehrers Max Weber* bis heute nicht systematisch erforscht. Die wissenschaftliche Wirkung Max Webers als eines akademischen Lehrers abzuschätzen, ist angesichts der bisherigen Forschungslage endgültig nicht möglich. Tatsache ist, daß der kleine Kreis derjenigen, die bei ihm promovierten, keine nennenswerte wissenschaftliche Bedeutung erlangte und daß weiterhin keiner seiner "Schüler" unter seiner direkten Anleitung habilitierte. Einen eigentlichen "Nachfolger" hatte Max Weber nicht, zu einer "Weber-Schule", die er selber begründet hätte, war es nicht gekommen. Als Nachfolger auf Max Webers Münchner Lehrstuhl kam v. Zwiedineck-Südenhorst, der keines der theoretischen oder empirischen Projekte Webers aufgriff.

Sowohl der einführende Charakter der hier vorgelegten Hinführung zu Leben und Werk Max Webers, als auch die Tatsache, daß die laufenden Veröffentlichungen der Folgebände der "Max Weber-Gesamtausgabe" ständig neue Forschungsergebnisse zu seiner zeitgenössischen Wirkung produzieren, führten zum Entschluß, meine Ausführungen über die Wirkung Max Webers, neben diesen sehr kursorischen Angaben über seine zeitgenössische Wirkung, bzw. *Wirkungslosigkeit*, auf Überlegungen zur unmittelbar zurückliegenden Rezeption Max Webers, d. h. nach dem Ende des Zweiten Weltkriegs, in der deutschen Soziologie, seine Rezeption in der Gegenwart und in der absehbaren Zukunft zu beschränken.

Als der Leichnam des 56jährigen ordentlichen Professors für "Gesellschaftswissenschaft, Wirtschaftsgeschichte und Nationalökonomie" der Ludwig-Maximilians-Universität München auf dem Münchner Ostfriedhof am 17. Juni 1920 eingeäschert wurde, war nur eine kleine Zahl von Familienmitgliedern, Freunden, Kollegen und Studenten zugegen. Nur wenige hätten sich damals vorstellen können, daß Max Weber derjenige deutsche Soziologe werden würde, der von den heute noch diskutierten Begründern fortwirkender deutscher Traditionslinien die größte Bedeutung für die gegenwärtige internationale Soziologie hat.

Der deutsche Soziologe Max Weber ist zum unbestrittenen "Klassiker" der internationalen Soziologie gemacht worden. Kein Lexikon, keine Fachgeschichte und kein aktuelles Lehrbuch wird seinen Namen nicht an zentraler Stelle erwähnen und seinen maßgeblichen Einfluß auf die Entwicklung unserer Wissenschaft hervorheben. Unverändert bahnt sich der Siegeszug des wesentlich durch Talcott Parsons der Vergessenheit entrissenen frühen deutschen Soziologen seinen Weg. Kam die internationale Soziologie schon seit einigen Jahrzehnten ohne das Werk dieses Wilhelminischen Gelehrten nicht mehr aus, so scheint es so, daß nach dem Ende des "realen Sozialismus" und der damit verbundenen "Verabschiedung" der Klassiker Marx, Engels und Lenin, das Interesse an Max Weber, der so oft als "bürgerlicher Marx" eingeordnet wurde, noch zusätzlich im Wachsen begriffen ist. Ob in Alaska oder Brasilien, Japan oder Moskau: wer heute Soziologie studiert oder lehrt, wird bei der Nennung des Namens Max Weber nicht zeigen können, den Namen noch nie gehört zu haben.

Die heutige Bedeutung Max Webers steht, wie soeben angedeutet, erkennbar im Gegensatz zur nationalen und internationalen Rezeption und Wirkung Webers zu dessen Lebzeiten.

Unmittelbar nach Ende des Zweiten Weltkriegs wurden in der (west)deutschen Soziologie nach dem Wiederaufbau der Universitäten nicht so sehr die deutschen Soziologen der Weimarer Zeit, wie Ferdinand Tönnies, Max Weber, Werner Sombart oder Georg Simmel, gelesen sondern zuerst die "modernen" Amerikaner. Der Anschluß an die westliche Soziologie, die in den Dienst der "re-education" gestellt werden sollte, wurde als zeitgemäße Aufgabe betrachtet.

Nur sehr wenige nahmen Max Weber in den Jahren des "Wirtschaftswunders" ernst. Außer dem damaligen Frankfurter Assistenten Friedrich H. Tenbruck und dem pensionierten Vorstandsmitglied der Hessischen Landeszentralbank Johannes Winckelmann, der in München als Privatgelehrter und Honorarprofessor wirkte, war die damalige deutsche Soziologie eher mit der Erforschung der "nivellierten Mittelstandsgesellschaft" (Helmut Schelsky), der deutschen Familie und der empirischen Wirklichkeit in den Industriebetrieben (René König), oder der "Dialektik der Aufklärung" (Max Horkheimer und Theodor W. Adorno) beschäftigt.

Erst der Heidelberger Soziologentag 1964 machte auch den deutschen Soziologen den Stand der internationalen Weber-Rezeption deutlich. Die "Macher" der internationalen Soziologie versammelten sich zum Gedenken an den Stammvater aus Deutschland: Talcott Parsons (Harvard), Pietro Rossi (Turin), Raymond Aron (Paris), Herbert Marcuse und Reinhard Bendix (beide aus Berkeley). Sie alle gedachten jenes Mannes, der ohne wesentliches Zutun deutscher Soziologen in der Zwischenzeit zum unbestrittenen Klassiker der internationalen Soziologie geworden war. Max Weber wurde allmählich, neben Marx und Durkheim, zu einer der Säulen der internationalen "soziologischen Dreifaltigkeit".

Für diese Entwicklung, daß aus einem zu Beginn der 50er Jahre fast vergessenen deutschen Soziologen jener internationale soziologische Groß-Klassiker werden konnte, war insbesondere Talcott Parsons verantwortlich. Dessen "Struktur-Funktionalismus" wurde in der Soziologie von etwa 1950 bis 1965 die international dominierende theoretische Ausrichtung. Parsons, als einer der zentralen Figuren dieser Entwicklung, verursachte durch sein eigenes Werk, insbesondere durch "The Structure of Social Action"[80], und seine Übersetzungen der "Protestantischen Ethik"[81] und von "Wirtschaft und Gesellschaft"[82] die Aufmerksamkeit für Weber und die internationale Beschäftigung mit dem Werk des deutschen Soziologen.

Unabhängig davon, wie man zu der Weber-Interpretation von Parsons steht, muß festgestellt werden, daß erst durch sie ein breites internationales Interesse an Max Weber geweckt wurde. Daß sowohl die Übersetzungen von Parsons verbesserungsfähig waren, als auch, daß seine Weber-Interpretation eine "Entparsonisierung" Webers[83] sinnvoll machten, ändert an der historischen Bedeutung von Parsons für die Geschichte des internationalen Soziologie-"Klassikers" Weber nichts. Auch in Deutschland ist nach dem Zweiten Weltkrieg die (Wieder-)Entdeckung Webers erst durch die Rezeption des amerikanischen Struktur-Funktionalismus wesentlich in Gang gesetzt worden.

Im Zuge dieser (Wieder-)Entdeckung Max Webers nach dem Zweiten Weltkrieg wurden in Deutschland Interpretationen des Lebens und des Werks von Max Weber bedeutungsvoll, die - direkt oder indirekt - aus jener erwähnten Vielzahl von "Kreisen" stammten, die insbesondere mit der Heidelberger Phase Max Webers verbunden sind. Hervorgehoben als Schöpfer solcher Interpretationen seien hier insbesondere Marianne Weber, Karl Jaspers, Siegmund Hellmann, Melchior Palyi, Karl Loewenstein, Eduard Baumgarten, Carl Brinkmann, Paul Honigsheim, Alexander von Schelting, Georg Lukàcs, Helmut Plessner, Ernst Troeltsch, Theodor Heuss, Robert Michels, Hans Gerth, Max Rheinstein, Ephraim Fischoff und Johannes Winckelmann. Durch die direkte oder indirekte Beeindrucktheit

---

80 *Parsons, Talcott*, The Structure of Social Action. A Study in Social Theory with Special Reference to a Group of Recent European Writers. New York 1937.

81 *Weber, Max*, The Protestant Ethic and the Spirit of Capitalism. Transl. by T. Parsons. London 1930

82 *Weber, Max*, The Theory of Social and Economic Organizations. Transl. by A. M. Henderson and T. Parsons. Ed. by T. Parsons. New York / London 1947

83 Vgl. *Cohen, Jere / Hazelrigg, Lawrence / Pope, Whitney*, De-Parsonizing Weber: A Critique of Parsons' interpretation of Weber's sociology. - In: American Sociological Review, 40 (1975), S. 229-241. - Dazu den Kommentar von Parsons, ebd., S. 666-670 und die Erwiderung von Cohen/ Hazelrigg/Pope, ebd., S. 670-674.

gerade dieser Menschen - die zumeist im Banne der Person Max Webers bzw. nach dessen Tod in dem des "Mythos von Heidelberg" standen - entwickelte sich teilweise jene Heroisierung und Stilisierung des "Geistesaristokraten", des "Titanen", des "Dämonen", des "Genies" Max Weber, die einem distanzierten und kritischen Zugang lange Zeit eher abträglich wirkten. Hinzu kam, daß die meisten dieser Herausgeber, Übersetzer und Interpreten keine Fachsoziologen waren. Gerade das Interesse an den universalhistorischen Entwürfen Webers verdrängte häufig den Blick auf den eigentlichen soziologischen Gehalt des Werks.

Neben dieser eher emotional bestimmten Rezeption entbrannte eine Diskussion, die gerade für die deutsche Weber-Rezeption sehr bedeutungsvoll wurde. Der junge Kölner Historiker Wolfgang J. Mommsen stellte auf dem Heidelberger Soziologentag die Hauptthesen seiner Dissertation von 1959 vor [84], in der er eine ideenmäßige Verbindung zwischen Max Webers Konzept einer "plebiszitären Führerdemokratie" und dem Entstehen des nationalsozialistischen Führerstaats postuliert hatte. Der damals ebenfalls noch recht junge Heidelberger außerordentliche Philosophieprofessor Jürgen Habermas sekundierte: "Wir hier in Deutschland, immer noch auf der Suche nach Alibis" könnten nicht vergessen, daß Webers Vision von einer "cäsaristischen Führerdemokratie" in der Weimarer Zeit verhängnisvolle Folgen gehabt habe. "Wirkungsgeschichtlich betrachtet, hat das dezisionistische Element in Webers Soziologie den Bann der Ideologie nicht gebrochen, sondern verstärkt." [85] Es war der greise Karl Loewenstein, Max Webers Student aus Münchner Zeiten, der seinen verehrten Lehrer gegen solch "dreiste Geschichtsklitterung" verteidigte, wie sie "gewisse jüngere Leute" mit einem "erheblichen Maß an intellektueller Unehrlichkeit" betrieben [86]. Die sogenannte "Ahnherrschaftsdebatte" hat die Geschichte der deutschen Weber-

---

84 *Mommsen, Wolfgang J.*, Max Weber und die deutsche Politik 1890-1920. Tübingen 1959; 2. Aufl. 1974.

85 *Habermas, Jürgen*, Diskussionsbeitrag über "Wertfreiheit und Objektivität". - In: Max Weber und die Soziologie heute. Verhandlungen des fünfzehnten deutschen Soziologentages. Tübingen, S.74-81.

86 *Loewenstein, Karl*, Max Webers Beitrag zur Staatslehre in der Sicht unserer Zeit. - In: Max Weber. Gedächtnisschrift der Ludwig-Maximilians-Universität München zur 100. Wiederkehr seines Geburtstages 1964. Berlin, S.131-146, hier S. 142.

Rezeption in der Nachkriegssoziologie ohne Zweifel erheblich geprägt.

Damit kommen wir zu einer weiteren Charakteristik des heutigen Bildes vom "Klassiker" Max Weber: Ist zum einen der Kontrast zwischen der relativen Wirkungslosigkeit und dem "Scheitern" des Wissenschaftlers Weber zu Lebzeiten und der eminenten internationalen Prominenz seit dem Zweiten Weltkrieg zu verzeichnen, so fällt zum anderen auf, daß diese Rezeption auch heute noch durch einen erstaunlich *hohen Grad an Selektivität* gekennzeichnet ist.

Das Werk Max Webers wird zumeist erst nach 1904, d.h. mit der "Protestantischen Ethik" und dem "Objektivitätsaufsatz" (1904) als soziologisch bedeutsam zur Kenntnis genommen. Die Periodisierung und Sektoralisierung Max Webers in einen Juristen, Agrarhistoriker, Nationalökonomen, Religionswissenschaftler, Kulturhistoriker, Soziologen, Philosophen, Politiker, Sozialforscher, Wissenschaftstheoretiker usw. verleugnet bis heute die nachweisbaren Kontinuitäten und erschwert immer noch in der Folge ein umfassendes Verständnis. Dieses problematische Rezeptionsmuster zeigte sich vor allem in zweierlei Auswirkungen: 1.) Der Webersche Entwurf einer "Verstehenden Soziologie" wurde von seinem materialen Werk abgetrennt und davon isoliert behandelt und als "die" Webersche Soziologie mißverstanden. 2.) Der materiale Bereich des Werks wurde von den Arbeiten Webers über die Methode der Sozialwissenschaften gelöst, und beide wurden nicht als aufeinander bezogen verstanden.

Nicht nur die genannten Auswirkungen einer Periodisierung und Sektoralisierung und die einer Trennung von Untersuchungen und Methode sind das Ergebnis der hohen Selektivität der bisherigen Weber-Rezeption. Dazu kommt noch die Zersplitterung des Gesamtwerks in "Lehrstücke". Gerade dadurch kommt es jedoch ohne Zweifel zur heute quantitativ bedeutungsvollsten Wirkung des "Klassikers" Weber: Keine international anerkannte Arbeit zur Soziologie der Bürokratie, Herrschaft, Musik, Religion, Stadt, Partei etc. wird es versäumen, den Namen Max Webers als eines entscheidenden historischen Vorläufers der sozialwissenschaftlichen Beschäftigung mit dem jeweiligen Problem zu nennen. Die überwiegende Mehrzahl dieser Art von ritualisierten Reverenzen vor dem "Klassiker" Weber hat jedoch keine andere Funktion als die einer "Legitimierung" des eigenen Unterfangens.

Was beweist es jedoch, wenn beispielsweise in wohl jeder seit

1920 erschienenen sozialwissenschaftlichen Arbeit über das Problem der "charismatischen Herrschaft" der Name Max Webers Erwähnung findet ? Uns erscheint das als eine rein antiquarische Denkmalspflege, durch die eine lebendige Auseinandersetzung mit dem Werk und der Methode Max Webers gerade verhindert werden kann. Die "Lebendigkeit" eines Klassikers kann durch die bloße Zitationshäufigkeit nicht unter Beweis gestellt werden.

Was also "bleibt" vom soziologischen "Klassiker" Max Weber ? Geht man von den von uns vorgeschlagenen Kriterien für die Bestimmung eines "Klassikers" aus [87] so ergibt sich insgesamt ein durchaus ambivalentes Bild:

1. Die "Probe auf Zeit" hat Max Weber bestanden: Seine Arbeiten werden heute - über 70 Jahre nach seinem Tod - gelesen und zitiert. Seit 1945 läßt sich eine allmählich anwachsende internationale Weber-Beschäftigung verzeichnen, die derzeit eine gewisse Hochkonjunktur zu erleben scheint.
2. Diese anhaltende und zunehmende Erwähnung der Arbeiten Max Webers und die ebenfalls verstärkte Auseinandersetzung mit ihm ist keine eigentliche "*Re*naissance". Die zeitgenössische Rezeption und Wirkung Max Webers war ungleich weniger stark und kanonisiert als nach 1945. Max Weber stand nicht im Zentrum des soziologischen Diskurses seiner Zeit.
3. Max Weber hat keine neue soziologische Theorie entwickelt. Er hat, im strengen wissenschaftstheoretischen Sinn, überhaupt keine Theorie für die Soziologie geliefert. In dieser Hinsicht besteht seine Arbeit aus einer großen Vielzahl von Axiomen, Prämissen, Vermutungen, Thesen, Hypothesen und einigen Theoremen. Die fehlende Systematik, die vorhandenen Widersprüche und die unterschiedlichen Präzisionsstufen lassen und ließen das Gesamtwerk Max Webers zu einem riesigen "Steinbruch" werden, der in unterschiedlichster Weise ausgebeutet, bewahrt, bewundert und besichtigt werden konnte.
4. Max Weber hat keinen Problembereich entdeckt, der nicht auch schon vorher oder unabhängig von ihm gefunden worden war. Die Erforschung der Entwicklung und der Auswirkungen des modernen Kapitalismus, die Verschränkung des sozialen Han-

---

[87] *Käsler, Dirk*, Einleitung. - In: Klassiker des soziologischen Denkens, Bd. I. Hrsg.v. Dirk Käsler. München 1976, S. 7-18, hier S. 14.

delns einzelner Individuen mit gesellschaftlichen Ordnungen, die normativen Voraussetzungen für materielle Gegebenheiten und Prozesse, die materiellen und gesellschaftlichen Voraussetzungen für normative Ordnungen etc. waren Probleme, mit denen sich Soziologen vor Max Weber und - unabhängig von ihm - nach ihm beschäftigten.

5. Max Weber hat weder die Methode des "Verstehens" noch die des "idealtypischen Vorgehens" erfunden. Er hat diese beiden Forschungsinstrumente jedoch für die Soziologie seiner Zeit präzisiert und konzeptuell reflektiert. Beide heuristischen Hilfsmittel sind in den nach Weber ablaufenden wissenschaftstheoretischen Diskussionen und Weiterentwicklungen stark verändert und ausdifferenziert worden, so daß die Aufsätze Webers zu diesen Methoden heute zwar sehr anregende Texte sind, aber eher archivarisch-antiquarischen Wert haben, wenn man daneben systematische wissenschaftstheoretische Arbeiten legt, die vor allem von einem ganz anderen (Selbst)Verständnis heutiger Naturwissenschaften ausgehen als zu Webers Zeiten.

Betrachtet man den gegenwärtigen Stand der *deutschen Weber-Rezeption*, so wird diese im wesentlichen durch zwei Entwicklungen bestimmt: die Arbeiten an der "Max Weber-Gesamtausgabe" und den Streit der Disziplinen.

Nach Vorbesprechungen im Herbst 1974 konstituierte sich im Herbst 1976 der Hauptherausgeberkreis einer historisch-kritischen Gesamtausgabe der Schriften, Briefe und Vorlesungen Max Webers. Ihm gehörten an die Soziologen Horst Baier (Konstanz) und M. Rainer Lepsius (Heidelberg), der Historiker Wolfgang J. Mommsen (Düsseldorf), der Soziologe Wolfgang Schluchter (Heidelberg) und der Privatgelehrte Johannes Winckelmann (Rottach-Egern). Im Mai 1981 erschien ein Prospekt, der zur Subskription der auf über 30 Bände projektierten Ausgabe einlud. Seit dem Tod von Winckelmann im November 1985 verantworten Baier, Lepsius, Mommsen und Schluchter die "Max Weber-Gesamtausgabe (MWG)", die mit erheblichen Zuwendungen durch die Deutsche Forschungsgemeinschaft, die Werner-Reimers-Stiftung, die Bayerische Akademie der Wissenschaften und den Verlag Mohr-Siebeck unterstützt wird. Mit Hilfe dieser beträchtlichen Forschungsmittel und eines beachtlichen Aufwands an personellen und materiellen Anstrengungen an der Bayerischen Akademie der Wissenschaften in München und den Arbeitsstellen der Herausgeber, sind bislang elf Bände erschienen. Ohne Übertreibung kann sicherlich gesagt werden, daß dieses editionsgeschichtliche Ereignis von "autoritativer, geradezu legislatorischer Bedeutung" (Wilhelm Hennis) für die zukünftige internationale Weber-Forschung geworden ist.

Nicht zuletzt an den Reaktionen auf dieses Editionsunternehmen läßt sich ein weiterer Aspekt der derzeitigen Weber-Rezeption illustrieren: Max Weber ist auch weiterhin ein umkämpfter Klassiker geblieben, sowohl innerhalb der Soziologie als auch zwischen den Disziplinen, insbesondere der Soziologie mit ihren Nachbardisziplinen, der Geschichtswissenschaft, der Philosophie und der Politischen Wissenschaft.

Am meisten beachtet wurden hier die Diskussionen innerhalb der deutschen Geschichtswissenschaft, die sich auf dem Internationalen Historikertag 1985 in Stuttgart intensiv um die Frage nach dem Nutzen und der Tragfähigkeit der Weberschen Ansätze für die gegenwärtige und zukünftige historische Forschung drehten und die in einem Sammelband publiziert wurden [88]. Schon vorher diente Weber als Legitimationsfigur für die neuere deutsche Sozialgeschichte, mit der sowohl gegen traditionelle historistische Entwürfe als auch gegen systemtheoretische, quantifizierende Ansätze gekämpft worden war. Heute dient der Verweis auf Weber eher der Abwehr dominant narrativer Methoden der Darstellung, die sich mit dem Etikett "Neo-Historie" schmücken. Weber fungiert in den gegenwärtigen Diskussionen der (deutschen) Geschichtswissenschaft als Modell für die Synthetisierung vorliegender Massen von Einzelstudien zu geschichtlichen Gesamtdarstellungen von "Gesellschaftsgeschichte" in universalgeschichtlicher Perspektive.

Neben die Diskussionen zwischen den Disziplinen um die "richtige" Nutzung des Werks und der Methoden Max Webers tritt noch der Streit innerhalb und zwischen den verschiedenen nationalen soziologischen Interpretationsgemeinschaften. Stellvertretend für eine nicht mehr überschaubare Diskussionslage sei an dieser Stelle nochmals auf den einflußreichen Sammelband verwiesen, dem die Referate einer Tagung der Sektion "Soziologische Theorien" der Deutschen Gesellschaft für Soziologie in Kassel im Juni 1986 zu-

---

88 *Kocka, Jürgen*, Hrsg., Max Weber, der Historiker. Göttingen 1986.

grunde lagen [89] In diesem Sammelband wurde der Versuch dokumentiert, eine "Zwischenbilanz" der gegenwärtigen Weber-Forschung, sowohl auf bestimmten Teilgebieten als auch in verschiedenen nationalen Diskurszusammenhängen zu ziehen.

Das leidenschaftliche Ringen um die manchmal eher versteckte Frage, in wessen Händen das Erbe Max Webers am besten verwaltet wird, drehte sich ebenso um die disziplinäre Zugehörigkeit wie um Einzelfragen, wie beispielsweise die Frage, ob Weber nun ein tragisch-pessimistischer Nietzscheaner [90] oder ein Liberaler war, der im englischen Vorbild ein Modell für die freiheitliche Entfaltung des bürgerlichen Menschen gesehen hatte.[91] Wie schon 1964 in Heidelberg war auch die Kasseler Tagung von 1986 der Kampf um die beanspruchte Gallionsfigur für diverse sozialwissenschaftliche Disziplinen. Gerungen wird weiterhin zwischen Soziologen, Historikern, Philosophen um die Frage, wem gehört Max Weber, dieser internationale Heilige der deutschen Gelehrsamkeit.

Neben dieser Bedeutung als identitätsstiftende Totemfigur für eine Vielzahl gegenwärtiger Wissenschaften kommt Weber in der gegenwärtigen deutschen Diskussion eine zusätzliche, eminent politische Symbolwirkung zu. Nach der Selbstauflösung der DDR und damit des Projekts einer marxistisch-leninistischen Gesellschaftswissenschaft in Deutschland, brach auch das Bild von Max Weber, als dem Prototyp des "bürgerlichen Soziologen" und damit eines geradezu berufsmäßigen Anti-Marxisten in sich zusammen. Die jahrzehntelang weitergegebene Metapher vom bedeutendsten Gesellschaftwissenschaftler, den die deutsche Bourgeoisie hervorgebracht hat, der als "Anti-Marx" und allenfalls als "negatives Genie" (Jürgen Kuczynski) stigmatisiert worden war, hatte ausgerechnet bereits im Jahr 1989 seinen bestimmenden Wert verloren.

Unter dem Motto der notwendigen "Aneignung unseres gesamten geisteswissenschaftlichen Erbes" (Helmut Steiner) hatte auch die marxistisch-leninistische Soziologie in der DDR begonnen, sich be-

---

89 Max Weber heute. Erträge und Probleme der Forschung. Hrsg. v. *Johannes Weiß*. Frankfurt / Main 1989.

90 *Hennis, Wilhelm*, Max Webers Fragestellung. Studien zur Biographie des Werks. Tübingen 1987, S. 167-191.

91 *Mommsen, Wolfgang J.*, Politik und politische Theorie bei Max Weber. - In: Max Weber heute. Erträge und Probleme der Forschung. Hrsg. v. *Johannes Weiß*. Frankfurt / Main 1989, S. 515-542.

hutsam mit Person und Werk Max Webers nicht nur als feindlicher Gegenposition zu befassen. Ein Kolloquium anläßlich Webers 125. Geburtstages in Erfurt, eine Sammlung von Weber-Diskussionen in der damals einflußreichen "Deutschen Zeitschrift für Philosophie" [92] und die erstmalige Publikation von zentralen Texten Max Webers [93] waren Belege für einen Umdenkungsprozeß, demzufolge das Werk Max Webers "wichtige Anregungen und Denkanstöße [enthält], die kritisch aufzunehmen sich für einen Marxisten lohnt" [94]. Mit dem de facto Verschwinden einer marxistisch-leninistischen Soziologie in Deutschland verschwand auch dieser gerade erst entstandene alternative Strang der deutschen Weber-Rezeption.

Wenn man also abschließend nach der Bedeutung Max Webers für die zukünftige Entwicklung der Soziologie fragt, so sehen wir in Max Weber nicht so sehr denjenigen, der eine prinzipiell neue Sehweise eingeführt hat, durch die neue Problemstellungen, neue Begriffe und neue Methoden geschaffen wurden, sondern jenen Soziologen, der nicht davon ausging, jemals zu einer umfassenden, erschöpfenden Antwort zu gelangen. Diese spezifisch Webersche Sehweise habe ich "*Vermittlung*" genannt.

Damit meine ich sowohl eine Denkfigur als auch eine durchgängig zu beobachtende Aktivität Max Webers. Dieser wollte vermitteln zwischen "Verstehen" und "Erklären", zwischen "Kausaladäquanz" und "Sinnadäquanz", zwischen "Individuum" und "Gesellschaft", zwischen "subjektiv gemeintem Sinn" und "normativer Ordnung", zwischen "sozialem Handeln" und "sozialer Ordnung", zwischen "Vergemeinschaftung" und "Vergesellschaftung", zwischen "materiellen" Voraussetzungen/Folgen und "immateriellen" Voraussetzungen/Folgen, zwischen "Rationalisierung" und "Charisma", zwischen

---

92 *Küttler, Wolfgang*, W.I. Lenin, Max Weber und die typologische Vermittlung von Theorie und Empirie in der Geschichte. - In: Deutsche Zeitschrift für Philosophie, 37.Jg. (1989), S. 309-320.; *Richter, Steffi / Waligora, Melitta*, Die Religionssoziologie Max Webers - ein kulturhistorischer Vergleich? ebd. S. 320-330; *Gessner, Willfried*, Geschichtswissenschaft im Anschluß an Max Weber. Zum theoretischen Konzept der "Gesellschaftsgeschichte". ebd. S. 331-339.

93 *Weber, Max*, Rationalisierung und entzauberte Welt. Schriften zu Geschichte und Soziologie. Leipzig 1989.

94 *Küttler, Wolfgang / Hauer, Friedrich*, Max Weber (1864-1920) - Leben, Werk und Wirken. - In: Weber, Max, Rationalisierung und entzauberte Welt. Schriften zu Geschichte und Soziologie. Leipzig 1989. S. 6

"Außeralltäglichem" und "Veralltäglichung", zwischen "Gesinnungsethik" und "Verantwortungsethik". In allen diesen Vermittlungsversuchen, angereichert durch die Fülle universalhistorischer Daten, zeigt sich sowohl das spezifisch Soziologische als auch das "Klassische" Max Webers.

Das spezifisch Soziologische liegt in seiner Vermittlung von "Individuum" und "Gesellschaft": Für Weber ist das eine ohne das andere nicht denkbar und erklärbar. Wir sehen im Werk Max Webers jene Vermittlung angelegt, die von einer gesellschaftlichen Konstruktion der Wirklichkeit ausgeht, in der das Individuum zum einen einer ihm gegenüberstehenden "objektiven" Wirklichkeit begegnet, die es zum anderen "subjektiv" verändern und mitbestimmen kann. Die "subjektive" Sinngebung ist keine Residualgröße gesellschaftlicher Wirklichkeit, sondern konstitutives Element für deren Entstehung und Veränderung. Damit wird die Erfassung sowohl der "subjektiven" Sinnsetzungen als auch der "objektiven" gesellschaftlichen Wirklichkeit zur eigentlichen Aufgabe der Weberschen Soziologie.

Nach dieser Interpretation steht Weber als zentrale Gründerfigur jener zahlreichen gegenwärtigen soziologischen Ansätze da, die es sich zum erklärten Ziel gesetzt haben, in einer Verbindung von Mikro- und Makrosoziologie den einzigen Weg für eine fruchtbare Weiterentwicklung soziologischer Theorie und Empirie zu verfolgen. So verschieden solche individuellen Versuche auch sind, ich sehe in den gegenwärtig diskutierten Theorieentwürfen von Jürgen Habermas, Pierre Bourdieu und Anthony Giddens den aktuellen und internationalen Beweis für die "Lebendigkeit" des Klassikers Max Weber.

Diese "Lebendigkeit" liegt eben nicht in der Perpetuierung einer prinzipiell unabschließbaren Interpretationsindustrie, sondern darin, daß die soziologische Sehweise Webers zu immer neuen *Versuchen der Vermittlung* führen. Gerade die Möglichkeit und Notwendigkeit immer wieder neuer Lesarten und Interpretationen seines Gesamtwerkes sind es auch, die immer wieder aufs Neue zur Auseinandersetzung mit Werk und Methode Max Webers zwingen.

Bei aller historischen und zeitgenössischen Bedingtheit seines Werks wird der "Klassiker" Max Weber ein hervorragender Prüfstein für die Bestimmung der professionellen Identität jedes soziologisch Tätigen bleiben. Die ernsthafte Auseinandersetzung mit dem Werk Webers führt sowohl weg von einer engen, nur disziplinbezogenen

Perspektive als auch von einer Forschungsperspektive, die allein von einem national bestimmten Diskurszusammenhang gefärbt ist. In dieser Hinsicht ist Max Weber weder ein "Klassiker" der *Soziologie*, noch ein Klassiker der *deutschen* Soziologie.

V. Bibliographie

1. Werkverzeichnis

Das folgende Verzeichnis strebt eine vollständige Erfassung aller *veröffentlichten* Arbeiten Max Webers an. Es wurde zuerst vom Verfasser, gemeinsam mit Helmut Fogt, in den Jahren 1975-1977 erarbeitet. Durch Vorveröffentlichungen (KZfSS, Jg. 27 [1975], H. 4; ebd., Jg. 28 [1976], H. 4) erhielten wir Hinweise auf bis dahin nicht bekannte Texte. Nach der erneuten Veröffentlichung dieser Bibliographie 1978 wurden weitere Texte bekannt, die in die 1979 publizierte Fassung (Dirk *Käsler*, Einführung in das Studium Max Webers, München:C.H.Beck 1979) aufgenommen wurden.

Nachdem jenes Verzeichnis zu Beginn der 80er Jahre wiederum selbst Bezugspunkt für die "Max Weber-Gesamtausgabe" geworden war (Wolfgang *Schluchter*, Einführung in die Max Weber-Gesamtausgabe. Prospekt der MWG, Tübingen:J.C.B.Mohr (Paul Siebeck) 1981, S. 6) wurde die frühere Numerierung nicht mehr verändert: neu hinzugekommene Titel erhielten den Zusatz in römischen Ziffern. Das Erscheinen der ersten Bände der MWG läßt die frühere Nennung älterer Textauswahlsammlungen und früher veröffentlichter Briefsammlungen als überflüssig erscheinen.

Somit sieht die Einteilung in Abschnitte folgendermaßen aus:

I. Chronologisches Verzeichnis der Originalpublikationen Max Webers 1889-1920
II. Chronologisches Verzeichnis unveröffentlichter Arbeiten Max Webers
III. Posthume Publikationen und Sammelwerke Max Webers

Das Gliederungsprinzip ist ein primär chronologisches, wobei jeweils das *Erscheinungsjahr* maßgebend ist. Innerhalb des jeweiligen Jahres wurden die Texte folgendermaßen geordnet:

a) Beiträge in Zeitungen (nach dem jeweiligen Erscheinungsdatum geordnet)
b) Beiträge in Zeitschriften, Jahrbüchern, Lexika, Festschriften und veröffentlichte Reden (alphabetisch nach den Titeln der jeweiligen Sammelwerke und chronologisch nach dem Erscheinungsjahr der Bände, nicht der Einzelhefte, geordnet)
c) Beiträge in Berichten und Protokollen (alphabetisch nach den Titeln der jeweiligen Sammelwerke geordnet)
d) Selbständige Publikationen

Neben den allgemein üblichen Abkürzungen wurde ein einheitliches *Abkürzungsverzeichnis* für die vorliegenden Sammelwerke verwendet:

GAzRS = (180), (203), (204)
GPS = (206)
GAzW = (213)

WuG	= (215)
GAzSuW	= (217)
GAzSuS	= (218)
PE I	= (223)
PE II	= (224)

Für diese Fassung wurde darauf verzichtet, Hinweise auf den Wiederabdruck der jeweiligen Texte in der MWG zu geben.

I. Chronologisches Verzeichnis der Originalpublikationen Max Webers 1889-1920

1889

d) (1) Entwickelung des Solidarhaftprinzips und des Sondervermögens der offenen Handelsgesellschaft aus den Haushalts- und Gewerbegemeinschaften in den italienischen Städten. Inaugural-Dissertation zur Erlangung der juristischen Doktorwürde von der juristischen Fakultät der Königl. Friedrich-Wilhelms-Universität zu Berlin genehmigt und zugleich mit den angehängten Thesen am 1. August 1889 öffentlich zu verteidigen. Stuttgart (Kröner).

(2) Zur Geschichte der Handelsgesellschaften im Mittelalter. Nach südeuropäischen Quellen. Stuttgart (F. Enke). [Enthält (1) als Teil "III. Die Familien- und Arbeitsgemeinschaften".]

(2a) dass. [Fotomechanischer Nachdruck] Amsterdam (Schippers-Verlag) 1964.

1890

b) (3) [Besprechung von] Friedrich Conze, Kauf nach hanseatischen Quellen. In: Zeitschrift für das Gesammte Handelsrecht, hrsg. v. L. Goldschmidt u. a., 37. Bd., 1. u. 2. Heft, Stuttgart (F. Enke), S. 268-271.

(4) [Besprechung von] A[nton] von Kostanecki, Der öffentliche Kredit im Mittelalter. Nach Urkunden der Herzogtümer Braunschweig und Lüneburg. In: Zeitschrift für das Gesammte Handelsrecht, hrsg. v. L. Goldschmidt u. a., 37. Bd., 3. u. 4. Heft, Stuttgart (F. Enke), S. 592-598.

1891

d) (5) Die römische Agrargeschichte in ihrer Bedeutung für das Staats- und Privatrecht. Stuttgart (F. Enke).

(5a) dass. [Fotomechanischer Nachdruck] Amsterdam (Schippers-Verlag) 1962.

1892

b) (6) Zur Rechtfertigung Göhres. In: Die Christliche Welt, Evangelisch-Lutherisches Gemeindeblatt für Gebildete aller Stände, 6. Jg., Nr. 48 vom 24. 11. Leipzig (Fr. W. Grunow), Sp. 1104-1109.

(7) "Privatenquêten" über die Lage der Landarbeiter. In: Mitteilungen des Evangelisch-sozialen Kongresses. Hrsg. vom Aktionskomitee des Evangelisch-sozialen Kongresses. Nr. 4 v. 1. April, S. 3-5; Nr. 5 v. 1. Juni, S. 3-6; Nr. 6 v. 1. Juli, S. 1-5. Berlin (Vaterländische Verlagsanstalt).

d) (8) Die Verhältnisse der Landarbeiter im ostelbischen Deutschland. (Preußische Provinzen Ost- und Westpreußen, Pommern, Posen, Schlesien, Brandenburg, Großherzogtümer Mecklenburg, Kreis Herzogtum Lauenburg). Dargestellt auf Grund der vom Verein für Socialpolitik veranstalteten Erhebungen. Schriften des Vereins für Socialpolitik. LV. Die Verhältnisse der Landarbeiter in Deutschland. 3. Bd. Leipzig (Duncker & Humblot).

1893

b) (9) Die Erhebung des Evangelisch-sozialen Kongresses über die Verhältnisse der Landarbeiter Deutschlands. In: Die Christliche Welt, Evangelisch-Lutherisches Gemeindeblatt für Gebildete aller Stände, 7. Jg., Nr. 23 v. 1.6. Leipzig (Fr. W. Grunow), Sp. 535-540.

(10) Die Evangelisch-sozialen Kurse in Berlin im Herbst dieses Jahres. In: Die Christliche Welt, Evangelisch-Lutherisches Gemeindeblatt für Gebildete aller Stände, 7. Jg., Nr. 32 v. 3.8. Leipzig (Fr. W. Grunow), Sp. 766-768.

(11) [Besprechung von] Th. Frhr. v. d. Goltz, Die ländliche Arbeiterklasse und der preußische Staat. In: Jahrbücher für Nationalökonomie und Statistik, hrsg. v. J. Conrad u. L. Elster, 3. Folge, 6. Bd., Heft 2, Jena (Gustav Fischer), S. 289-296.

(12) Die Erhebung des Vereins für Sozialpolitik über die Lage der Landarbeiter. In: Das Land. Zeitschrift für die sozialen und volkstümlichen Angelegenheiten auf dem Lande. Hrsg. Heinrich Sohnrey, I. Jg., Berlin (Verlag von Trowitzsch & Sohn), Nr. 1, S. 8-9; Nr. 2, S. 24-26; Nr. 3, S. 43-45; Nr. 4, S. 58-59; Nr. 8, S. 129-130; Nr. 9, S. 147-148.

(13) Wie werden einwandfreie Erhebungen über die Lage der Landarbeiter angestellt ? In: Das Land. Zeitschrift für die sozialen und volkstümlichen Angelegenheiten auf dem Lande. Hrsg. Heinrich Sohnrey, I. Jg., Berlin (Verlag von Trowitzsch & Sohn), Nr. 4, S. 59-60.

(14) Zwei neue Schriften zur Landfrage im Osten. [Besprechung von] 1. Th. Frhr. v. d. Goltz, Die ländliche Arbeiterklasse und der preußische Staat. 2. Max Sering, Die innere Kolonisation im östlichen Deutschland. In: Das Land. Zeitschrift für die sozialen und volkstümlichen Angelegenheiten auf dem Lande. Hrsg. Heinrich Sohnrey, I. Jg., Berlin (Verlag von Trowitzsch & Sohn), Nr. 15, S. 231-232.

(15) Monographien von Landgeistlichen über die Lage der Landarbeiter. [Besprechung von] Quistorp, Die soziale Noth der ländlichen Arbeiter. Wittenberg, Die Lage der ländlichen Arbeiter in Neuvorpommern und auf Rügen. O. Fischer, Beiträge zur Kenntnis der Lage der ländlichen Arbeiter in Ostpreußen. In: Sozialpolitisches Centralblatt, hrsg. v. Heinrich Braun, III. Jg., Nr. 9, Berlin, den 27.11., S. 101-103.

(16) [Besprechung von] Wilhelm Kaufmann, Das internationale Recht der ägyptischen Staatsschuld. In: Zeitschrift für das Gesammte Handelsrecht, hrsg. v. L. Goldschmidt u. a., 41. Bd., 3. u. 4. Heft, Stuttgart (F. Enke), S. 595-597.

(17) [Besprechung von] Georg Schaps, Zur Geschichte des Wechselindossaments. In: Zeitschrift für das Gesammte Handelsrecht, hrsg. v. L. Goldschmidt u. a., 41. Bd., 3. u. 4. Heft, Stuttgart (F. Enke), S. 627-629.

c) (18) Referat [über "Die ländliche Arbeitsverfassung"]. Verhandlungen der am 20. und 21. März 1893 in Berlin abgehaltenen Generalversammlung des Vereins für Socialpolitik über die ländliche Arbeiterfrage und über die Bodenbesitzverteilung und die Sicherung des Kleingrundbesitzes. Auf Grund der stenographischen Niederschrift herausgegeben vom Ständigen Ausschuß. Schriften des Vereins für Socialpolitik. LVIII. Verhandlungen von 1893. Leipzig (Duncker & Humblot), S. 62-86.

(19) [Diskussionsbeitrag auf der gleichen Tagung.] In: Verhandlungen der am

20. und 21. März 1893 in Berlin abgehaltenen Generalversammlung des Vereins für Socialpolitik... [Vgl. (18)], S. 128-133.

(20) [Persönliche Bemerkung auf der gleichen Tagung.] In: Verhandlungen der am 20. und 21. März 1893 in Berlin abgehaltenen Generalversammlung des Vereins für Socialpolitik... [Vgl. (18)], S. 215-216.

1894

b) (21) Entwickelungstendenzen in der Lage der ostelbischen Landarbeiter. In: Archiv für Soziale Gesetzgebung und Statistik. Vierteljahresschrift zur Erforschung der gesellschaftlichen Zustände aller Länder, hrsg. v. Heinrich Braun, 7. Bd., Heft 1, Berlin (Carl Heymanns), S. 1-41.

(22) Was heißt Christlich-Sozial? [Besprechung von] Gesammelte Aufsätze von Fr. Naumann. In: Die Christliche Welt, Evangelisch-Lutherisches Gemeindeblatt für Gebildete aller Stände, 8. Jg., Nr. 20 v. 17.5. Leipzig (Fr. W. Grunow), Sp. 472-477.

(23) Zum Preßstreit über den Evangelisch-sozialen Kongreß. In: Die Christliche Welt, Evangelisch-Lutherisches Gemeindeblatt für Gebildete aller Stände, 8. Jg., Nr. 28 v. 12.7. Leipzig (Fr. W. Grunow), Sp. 668-673.

(24) Argentinische Kolonistenwirthschaften. In: Deutsches Wochenblatt, hrsg. v. O. Arendt, VII. Jg., Berlin (Hermann Walther). Nr. 2 v. 11.1., S. 20-22; Nr.5 v. 1.2., S. 57-59.

(25) Entwickelungstendenzen in der Lage der ostelbischen Landarbeiter. In: Preußische Jahrbücher, hrsg. v. Hans Delbrück, 77. Bd., Heft 3, Sept., Berlin (Hermann Walther), S. 437-473 [Umgearbeitete Fassung von (21)].

(26) Die Verhandlungen der Preussischen Agrarkonferenz. In: Sozialpolitisches Centralblatt, hrsg. v. Heinrich Braun, III. Jg., Nr. 45, Berlin, den 6.8., S. 533-537.

(27) Das Anerbenrecht auf der Preussischen Agrarkonferenz. In: Sozialpolitisches Centralblatt, hrsg. v. Heinrich Braun, III. Jg., Nr. 48, Berlin, den 27.8., S. 573-575.

(28) [Besprechung von] Angelo Sraffa, Studi di diritto commerciale. Ders., La liquidazione delle soietà commerciali. In: Zeitschrift für das Gesammte Handelsrecht, hrsg. v. L. Goldschmidt u. a., 42. Bd., 1. u. 2. Heft, Stuttgart (F. Enke), S. 314-320.

(29) [Besprechung von] B. Lehmann, Die Rechtsverhältnisse der Fremden in Argentinien. In: Zeitschrift für das Gesammte Handelsrecht, hrsg. v. L. Goldschmidt u. a., 42. Bd., 1. u. 2. Heft, Stuttgart (F. Enke), S. 326-327.

(30) [Besprechung von] Otto Thorsch, Materialien zu einer Geschichte der österreichischen Staatsschulden vor dem 18. Jahrhundert. In: Zeitschrift für das Gesammte Handelsrecht, hrsg. v. L. Goldschmidt u. a., 42. Bd., 1. u. 2. Heft, Stuttgart (F. Enke), S. 330-331.

(31) Die deutschen Landarbeiter. [Korreferat und Schlußwort]. In: Bericht über die Verhandlungen des 5. Evangelisch-sozialen Kongresses, abgehalten zu Frankfurt am Main am 16. und 17. Mai 1894. Nach den stenographischen Protokollen. Berlin (Verlag von Rehtwisch & Langewort), S.61-82; 92-94.

d) (32) Die Börse. I. Zweck und äußere Organisation der Börsen. Göttinger Arbeiterbibliothek. Hrsg. v. Fr. Naumann. 1. Bd., H. 2, 3. Göttingen (Vandenhoeck u. Ruprecht), S. 17-48.

1895

a) (33) Die Kampfesweise des Freiherrn v. Stumm. (Eingesandt.) In: Neue Preußische Zeitung, Nr. 96 vom 26.2.1895, Ab.ausg.

(34) Eingesandt. [Zur selben Sache wie (33).] In: Neue Preußische Zeitung, Nr. 119 vom 12.3.1895, Mo.ausg.

b) (35) "Römisches" und "deutsches" Recht. In: Die Christliche Welt, Evangelisch-Lutherisches Gemeindeblatt für Gebildete aller Stände, 9. Jg., Nr. 22 v. 30.5., Leipzig (Fr. W. Grunow), Sp. 521-525.

(36) Börsenwesen. (Die Vorschläge der Börsenenquêtekommission.) In: Handwörterbuch der Staatswissenschaften. Hrsg. v. J. Conrad u. a., 1. Supplementbd., Abzahlungsgeschäfte - Wollzoll. Jena (Gustav Fischer), S. 241-252.

(36/I) Erklärung gegen die Umsturzvorlage. [Mitunterzeichnet von Max Weber.] In: Die Hilfe. Gotteshilfe, Selbsthilfe, Staatshilfe, Bruderhilfe. Eine Wochenschrift. Hrsg. v. Fr. Naumann. 1. Jg., Nr. 9, Berlin, 3.3. 1895, S. 3-4.

(36/Ia) dass. in: Die Grenzboten. Zeitschrift für Politik, Literatur und Kunst. 54. Jg., Erstes Vierteljahr, Heft 11, Beilage. Leipzig (Fr. W. Grunow).

(37) [Besprechung von] Karl Grünberg, Die Bauernbefreiung und die Auflösung des grundherrlich-bäuerlichen Verhältnisses in Böhmen, Mähren und Schlesien. 2 Bde. In: Historische Zeitschrift, hrsg. v. H. v. Treitschke u. Fr. Meinecke, 75. Bd., Heft 1, München u. Leipzig (Oldenbourg), S. 143-146.

(38) Der preussische Gesetzentwurf über das Anerbenrecht bei Rentengütern. In: Soziale Praxis. Centralblatt für Sozialpolitik, hrsg. v. J. Jastrow, IV. Jg., Nr. 50, Berlin-Frankfurt/M. (C. Heymanns), Sp. 956-960.

(39) Die Ergebnisse der deutschen Börsenenquête. Vorbemerkung. I. Organisation und Rechtsstellung der Börsen. II. Maklerwesen und Kursnotirung. In: Zeitschrift für das Gesammte Handelsrecht, hrsg. v. L. Goldschmidt u.a., 43. Bd., Stuttgart (F. Enke), 1. u. 2. Heft, S. 83-219; 3. u. 4. Heft, S. 457-514.

d) (40) Der Nationalstaat und die Volkswirtschaftspolitik. Akademische Antrittsrede. Freiburg i.B. u. Leipzig (Mohr-Siebeck).

1896

b) (41) Die technische Funktion des Terminhandels. In: Deutsche Juristen-Zeitung, hrsg. v. P. Laband u. a., I. Jg., Berlin (O. Liebmann), Nr. 11 v. 1.6., S. 207-210; Nr. 13 v. 1.7., S. 248-250.

(42) [Besprechung von] Dr. Vallentin, Westpreußen seit den ersten Jahrzehnten dieses Jahrhunderts. Ein Beitrag zur Geschichte der Entwicklung des allgemeinen Wohlstandes in dieser Provinz und ihren einzelnen Theilen. In: Historische Zeitschrift, hrsg. v. H. v. Treitschke u. Fr. Meinecke, 76. Bd., Heft 2, München u. Leipzig (Oldenbourg), S. 308-309.

(43) Die sozialen Gründe des Untergangs der antiken Kultur. In: Die Wahrheit. Halbmonatsschrift zur Vertiefung in die Fragen und Aufgaben des Menschenlebens. Hrsg. v. Christoph Schrempf. 6. Bd., 3., 1. Maiheft (Nr. 63), Stuttgart (Fr. Frommanns Verlag [E. Hauff]), S. 57-77.

(44) Die Ergebnisse der deutschen Börsenenquête. III. Das Kommissionsge-

schäft. IV. Zulassung von Effekten zum Handel und Emmissionswesen. In: Zeitschrift für das Gesammte Handelsrecht, hrsg. v. L. Goldschmidt u.a., 44. Bd., 1. u. 2. Heft, Stuttgart (F. Enke), S. 29-74; 45. Bd., 1. u. 2. Heft, ebd., S. 69-156 [Fortsetzung von (39)].

c) (45) [Diskussionsbeitrag zum Vortrag] Hans Delbrück, Die Arbeitslosigkeit und das Recht auf Arbeit. In: Bericht über die Verhandlungen des 7. Evangelisch-sozialen Kongresses, abgehalten zu Stuttgart am 28. u. 29. Mai 1896. Nach den stenographischen Protokollen. Berlin (Karl Georg Wiegandt), S. 122-123.

(46) [Diskussionsbeitrag zur Gründung einer national-sozialen Partei.] In: Protokoll über die Vertreter-Versammlung aller National-Sozialen in Erfurt vom 23. bis 25. November 1896. Berlin (Verlag der "Zeit"), S. 47-49.

d) (47) Die Börse. II. Der Börsenverkehr. In: Göttinger Arbeiterbibliothek. Hrsg. v. Fr. Naumann. 2. Bd., H. 4, 5. Göttingen (Vandenhoeck u. Ruprecht), S. 49-80 [Fortsetzung von (32)].

1897

b) (48) Agrarverhältnisse im Altertum. In: Handwörterbuch der Staatswissenschaften. Hrsg. v. J. Conrad u. a., 2. Supplementbd., Agrarverhältnisse im Altertum - Zinsfuß im Mittelalter. Jena (Gustav Fischer), S. 1-18.

(49) Börsengesetz. In: Handwörterbuch der Staatswissenschaften. Hrsg. v. J. Conrad u. a., 2. Supplementbd., Agrarverhältnisse im Altertum - Zinsfuß im Mittelalter. Jena (Gustav Fischer), S. 222-246.

(50) Wertpapiere (Aufbewahrung). Das Bankdepotgesetz vom 5. Juli 1896. In: Handwörterbuch der Staatswissenschaften. Hrsg. v. J. Conrad u. a., 2. Supplementbd., Agrarverhältnisse im Altertum - Zinsfuß im Mittelalter. Jena (Gustav Fischer), S. 984-986.

c) (51) Gutachten über die Frage: Empfiehlt sich die Einführung eines Heimstättenrechtes, insbesondere zum Schutz des kleinen Grundbesitzes gegen Zwangsvollstreckung ? In: Verhandlungen des 24. Deutschen Juristentages. Hrsg. v. dem Schriftführer-Amt der ständigen Deputation. 2. Bd., Berlin (Commissions-Verlag v. J. Guttentag), S. 15-32.

(52) [Diskussionsbeiträge zum Vortrag] Karl Oldenberg, Ueber Deutschland als Industriestaat. In: Die Verhandlungen des 8. Evangelisch-sozialen Kongresses, abgehalten zu Leipzig am 10. u. 11. Juni 1897. Nach den stenographischen Protokollen. Göttingen (Vandenhoeck & Ruprecht), S. 105-113; 122-123.

1898

a) (53) [Stellungnahme zur Flotten-Umfrage der Allgemeinen Zeitung.] Die Ergebnisse der von der Allgemeinen Zeitung veranstalteten Flotten-Umfrage. Außerordentliche Beilage zur Allgemeinen Zeitung, Jg. 1898, Nr. 3 v. 13.1.1898. München (Verlag der Allgemeinen Zeitung), S.4-5.

b) (54) Agrarverhältnisse im Altertum. In: Handwörterbuch der Staatswissenschaften. Hrsg. v. J. Conrad u. a., 2., gänzlich umgearbeitete Aufl., 1. Bd., Abbau - Armenwesen, Jena (Gustav Fischer), S. 57-85 [umgearbeitete Fassung von (48)].

1899

b) (55) Herr v. Miquel und die Landarbeiter-Enquête des Vereins für Sozialpolitik. In: Soziale Praxis. Centralblatt für Sozialpolitik, hrsg. v. Ernst Francke, VIII. Jg., Nr. 24 vom 16.3.1899, Berlin (Duncker & Humblot), Sp. 640-642.

d) (56) Vorbemerkung des Herausgebers. In: S. Goldschmidt, Die Landarbeiter in der Provinz Sachsen, sowie den Herzogtümern Braunschweig und Anhalt. Die Landarbeiter in den evangelischen Gebieten Norddeutschlands. In Einzeldarstellungen nach den Erhebungen des Evangelisch-Sozialen Kongresses, hrsg. v. M. Weber, 1. Heft, Tübingen (H. Laupp), S. 1-11.

(56/I) [Anmerkung des Herausgebers]. In: A. Grunenberg, Die Landarbeiter in den Provinzen Schleswig-Holstein und Hannover östlich der Weser, sowie in dem Gebiete des Fürstentums Lübeck und der freien Städte Lübeck, Hamburg und Bremen. Die Landarbeiter in den evangelischen Gebieten Norddeutschlands. In Einzeldarstellungen nach den Erhebungen des Evangelisch-Sozialen Kongresses, hrsg. v. M. Weber, 2. Heft, Tübingen (H. Laupp), S.VI.

1900

d) (57) Vorbemerkung des Herausgebers. In: Walter Abelsdorff, Beiträge zur Sozialstatistik der Deutschen Buchdrucker. Volkswirtschaftliche Abhandlungen der Badischen Hochschulen, hrsg. v. C. J. Fuchs, G. v. Schulze-Gävernitz, M. Weber. 4. Bd., 4. Heft, Tübingen u. Leipzig (Mohr-Siebeck), S. VII-IX.

(58) Anmerkung des Herausgebers [zum Vorwort Marianne Webers]. In: Marianne Weber, Fichte's Sozialismus und sein Verhältnis zur Marx'schen Doktrin. Volkswirtschaftliche Abhandlungen der Badischen Hochschulen, hrsg. v. C. J. Fuchs, G. v. Schulze-Gävernitz, M. Weber, 4. Bd., 3. Heft, Tübingen, Freiburg i.B. u. Leipzig (Mohr-Siebeck), S. VI.

(58a) 2., photomechanisch gedruckte Aufl., Tübingen (Mohr-Siebeck) 1925.

1902

b) (59) [Besprechung von] Philipp Lotmar, Der Arbeitsvertrag, 1. Bd. In: Archiv für Soziale Gesetzgebung und Statistik, Zeitschrift zur Erforschung der gesellschaftlichen Zustände aller Länder, hrsg. v. Heinrich Braun, 17. Bd., 3. Heft, Berlin (Carl Heymanns) , S. 723-734.

1903

b) (59/I) [Besprechung von] A. Grotjahn, Über Wandlungen in der Volksernährung. In: Jahrbuch für Gesetzgebung, Verwaltung und Volkswirtschaft im Deutschen Reich. Hrsg. v. Gustav Schmoller. 27. Jg., 2. Heft, Leipzig (Duncker & Humblot), S. 728-732.

(60) Roscher und Knies und die logischen Probleme der historischen Nationalökonomie. (Erster Artikel), Vorbemerkung u. I. In: Jahrbuch für Gesetzgebung, Verwaltung und Volkswirtschaft im Deutschen Reich. Hrsg. v. Gustav Schmoller. 27. Jg., 3. Heft, Leipzig (Duncker & Humblot), S. 1181-1221.

1904

b) (61) Geleitwort [der Herausgeber zum Übergang des Archivs für Soziale Gesetzgebung und Statistik auf die neuen Herausgeber Werner Sombart, Max Weber und Edgar Jaffé]. In: Archiv für Sozialwissenschaft und Sozialpolitik, Neue Folge des Archivs für Soziale Gesetzgebung und Statistik, hrsg. v. Werner Sombart, Max Weber und Edgar Jaffé, 19. Bd., Heft 1, Tübingen (Mohr-Siebeck), S. I-VII.

(62) Die "Objektivität" sozialwissenschaftlicher und sozialpolitischer Erkenntnis. In: Archiv für Sozialwissenschaft und Sozialpolitik, 19. Bd., Heft 1, S. 22-87.

(63) Agrarstatistische und sozialpolitische Betrachtungen zur Fideikommißfrage in Preußen. In: Archiv für Sozialwissenschaft und Sozialpolitik, 19. Bd., Heft 3, S. 503-574.

(64) Der Streit um den Charakter der altgermanischen Sozialverfassung in der deutschen Literatur des letzten Jahrzehnts. In: Jahrbücher für Nationalökonomie und Statistik, hrsg. v. J. Conrad u. a., III. Folge, 28. Bd., Heft 4, Jena (Gustav Fischer), S. 433-470.

1905

b) (65) Die protestantische Ethik und der "Geist" des Kapitalismus. In: Archiv für Sozialwissenschaft und Sozialpolitik:, 20. Bd., Heft 1, S. 1-54; 21. Bd., Heft 1, S. 1-110.

(66) Redaktionelle Bemerkung zu vorstehendem Aufsatz [G. Cohn, Über den wissenschaftlichen Charakter der Nationalökonomie]. In: Archiv für Sozialwissenschaft und Sozialpolitik, 20. Bd., Heft 3, S. 479.

(67) Bemerkungen im Anschluß an den vorstehenden Aufsatz [R. Blank, Die soziale Zusammensetzung der sozialdemokratischen Wählerschaft Deutschlands]. In: Archiv für Sozialwissenschaft und Sozialpolitik, 20. Bd., Heft 3, S. 550-553.

(68) Roscher und Knies und die logischen Probleme der historischen Nationalökonomie. II. Knies und das Irrationalitätsproblem. In: Jahrbuch für Gesetzgebung, Verwaltung und Volkswirtschaft im Deutschen Reich. Hrsg. v. Gustav Schmoller. 29. Jg., 4. Heft, Leipzig (Duncker & Humblot), S. 1323-1384 (Fortsetzung von (60)].

1906

a) (69) "Kirchen" und "Sekten". In: Frankfurter Zeitung, 50. Jg., Nr. 102 vom 13.4.1906, 4. Mo.bl.

(70) "Kirchen" und "Sekten" (Schluß). In: Frankfurter Zeitung, 50. Jg., Nr. 104 vom 15.4.1906, 6. Mo.bl. [Fortsetzung von (69)].

b) (71) Kritische Studien auf dem Gebiet der kulturwissenschaftlichen Logik. In: Archiv für Sozialwissenschaft und Sozialpolitik, 22. Bd., Heft 1, S. 143-207.

(72) Zur Lage der bürgerlichen Demokratie in Rußland (S. J. Giwago u. Max Weber, Zur Beurteilung der gegenwärtigen politischen Entwicklung Rußlands). In: Archiv für Sozialwissenschaft und Sozialpolitik, 22. Bd., Heft 1, Beilage, S. 234-353.

(73) Rußlands Übergang zum Scheinkonstitutionalismus. In: Archiv für Sozi-

alwissenschaft und Sozialpolitik, 23. Bd., Heft 1, Beilage, S. 165-401.

(74) "Kirchen" und "Sekten" in Nordamerika. Eine kirchen- und sozialpolitische Skizze. In: Die Christliche Welt, Evangelisches Gemeindeblatt für Gebildete aller Stände. 20. Jg., Marburg i.H. (Verlag der Christlichen Welt), Nr. 24 v. 14.6., Sp. 558-562; Nr. 25 v. 21.6., Sp. 577-583 [umgearbeitete Fassung von (69),(70)].

(75) Roscher und Knies und die logischen Probleme der historischen Nationalökonomie. (Dritter Artikel). II. Knies und das Irrationalitätsproblem (Fortsetzung). In: Jahrbuch für Gesetzgebung, Verwaltung und Volkswirtschaft im Deutschen Reich, hrsg. v. Gustav Schmoller. 30. Jg., 1. Heft, Leipzig (Duncker & Humblot), S. 81-120 [Fortsetzung von (60) und (68)].

c) (76) The Relations of the Rural Community to other Branches of Social Science (Translated by Professor Charles W. Seidenadel). In: Congress of Arts and Science. Universal Exposition, St. Louis, 1904. Edited by Howard J. Rogers. Vol. VII. Boston - New York (Houghton, Mifflin and Company), S. 725-746.

(76a) Capitalism and Rural Society in Germany. In: From Max Weber: Essays in Sociology. Translated, Edited and with an Introduction by H. H. Gerth and C. Wright Mills. New York 1946, S. 365-385 [umgearbeitete Fassung von (76)].

(76b) Kapitalismus und Agrarverfassung. In: Zeitschrift für die gesamte Staatswissenschaft. Hrsg. v. F. Böhm u. a., 108. Bd., 3. Heft, Tübingen (Mohr-Siebeck) 1952, S. 431-452 [deutsche Rückübersetzung von (76a) durch Hans H. Gerth].

(77) [Diskussionsbeitrag zum Thema] Das Arbeitsverhältnis in den privaten Riesenbetrieben. In: Verhandlungen des Vereins für Socialpolitik über die finanzielle Behandlung der Binnenwasserstraßen, über das Arbeitsverhältnis in den privaten Riesenbetrieben und das Verhältnis der Kartelle zum Staate. Schriften des Vereins für Socialpolitik. 116. Bd. Verhandlungen der Generalversammlung in Mannheim, 25., 26., 27. u. 28.9.1905. Auf Grund der stenographischen Niederschrift hrsg. v. Ständigen Ausschuß. Leipzig (Duncker & Humblot), S. 212-217.

(78) [Diskussionsbeiträge zum Thema] Das Verhältnis der Kartelle zum Staate. In: Verhandlungen des Vereins für Socialpolitik... [Vgl. (77)] S. 371; 382-390; 432-433; 434-435.

1907

a) (79) [Zuschrift zum Thema] Die badische Fabrikinspektion. In: Frankfurter Zeitung, 51. Jg., Nr. 24 vom 24.1.1907, Ab.bl.

b) (80) R. Stammlers "Ueberwindung" der materialistischen Geschichtsauffassung. In: Archiv für Sozialwissenschaft und Sozialpolitik, 24. Bd., Heft 1, S. 94-151.

(81) Kritische Bemerkungen zu den vorstehenden "Kritischen Beiträgen" [H. Karl Fischer, Kritische Beiträge zu Prof. Max Webers Abhandlung: "Die protestantische Ethik und der Geist des Kapitalismus"]. In: Archiv für Sozialwissenschaft und Sozialpolitik, 25. Bd., Heft 1, S. 243-249.

1908

a) (81/I) Der Fall Bernhard. In: Frankfurter Zeitung, 52. Jg., Nr. 168 vom 18.6.1908, 1. Mo.bl. [anonym].

(82) Der "Fall Bernhard" und Professor Delbrück. In: Frankfurter Zeitung, 52. Jg., Nr. 190 vom 10.7.1908, 4. Mo.bl.

(83) Die sogenannte "Lehrfreiheit" an den deutschen Universitäten. In: Frankfurter Zeitung, 53. Jg., Nr. 262 vom 20.9.1908, 5. Mo.bl.

b) (84) Bemerkungen zu der vorstehenden "Replik" [H. K. Fischer, Protestantische Ethik und "Geist des Kapitalismus"]. In: Archiv für Sozialwissenschaft und Sozialpolitik, 26. Bd., Heft 1, S. 275-283.

(85) Die Grenznutzlehre und das "psychophysische Grundgesetz". In: Archiv für Sozialwissenschaft und Sozialpolitik, 27. Bd., Heft 2, S. 546-558.

(86) Zur Psychophysik der industriellen Arbeit. In: Archiv für Sozialwissenschaft und Sozialpolitik, 27. Bd., Heft 3, S. 730-770.

(87) Die Kredit- und Agrarpolitik der preussischen Landschaften [Besprechung von H. Mauer, Das landschaftliche Kreditwesen Preussens, agrargeschichtlich und volkswirtschaftlich betrachtet, 1907]. In: Bank-Archiv, Zeitschrift für Bank- und Börsenwesen, hrsg. v. Dr. Riesser, VIII. Jg., Nr. 6 vom 15.12., Berlin (Verlag v. J. Guttentag), S. 87-91.

(87/1) Sozialdemokraten im academischen Lehramt. In: Hochschul-Nachrichten, hrsg. v. Paul v. Salvisberg, XIX. Jg., Heft 218, Nr. 2, November, München (Academischer Verlag), S. 45.

(88) [Glückwunschadresse zu Gustav Schmollers 70. Geburtstag.] In: Reden und Ansprachen gehalten am 24.6.1908 bei der Feier von Gustav Schmollers 70. Geburtstag. Nach stenographischer Aufnahme. Als Handschrift gedruckt. Altenburg (Pierersche Hofbuchdruckerei Stephan Geibel & Co.), S.67-68.

(88a) dass. in: Carl Brinkmann, Gustav Schmoller und die Volkswirtschaftslehre. Stuttgart (W. Kohlhammer) 1937, S. 8-9. [unvollständig].

(88b) dass. in: Kölner Zeitschrift für Soziologie und Sozialpsychologie. Hrsg. v. R. König. 27. Jg., Heft 4, Opladen (Westdeutscher Verlag) 1975, S.723-724.

c) (88/I) [Diskussionsbeiträge auf dem Zweiten deutschen Hochschullehrertag]. Zweiter deutscher Hochschullehrertag zu Jena am 28. und 29. September (Bericht, erstattet vom engeren geschäftsführenden Ausschuß). In: Beilage der Münchner Neuesten Nachrichten, Jg. 1908, Nr. 146, München, 18. Dezember, S. 634-635.

(89) [Diskussionsbeitrag zum Thema] Verfassung und Verwaltungsorganisation der Städte. In: Verhandlungen des Vereins für Socialpolitik über die berufsmäßige Vorbildung der volkswirtschaftlichen Beamten und über Verfassung und Verwaltungsorganisation der Städte. Schriften des Vereins für Socialpolitik. 125. Bd. Verhandlungen der Generalversammlung in Magdeburg, 30.9., 1. u. 2.10.1907. Auf Grund der stenographischen Niederschrift hrsg. v. Ständigen Ausschuß. Leipzig (Duncker & Humblot], S. 294-301.

d) (90) Erhebungen über Auslese und Anpassung (Berufswahl und Berufsschicksal) der Arbeiterschaft der geschlossenen Großindustrie [Exposé zur Met hodik der Erhebungen]. Als Manuskript gedruckt. Altenburg (PiererscheHofbuchdruckerei Stephan Geibel & Co.).

1909

a) (90/I) Rußland. Prof. Weber-Heidelberg über die Erneuerung Rußlands. In: Neue Badische Landeszeitung, Mannheim, Nr. 158 vom 4.4.1909, Mo.ausg.

b) (91) Zur Psychophysik der industriellen Arbeit. II., IV. [III. fehlt]. In: Archiv für Sozialwissenschaft und Sozialpolitik, 28. Bd., Heft 1, S. 219-277; Heft 3, S. 719-761; 29. Bd., Heft 2, S. 513-542 [Fortsetzung von (86)].

(92) "Energetische" Kulturtheorien. [Besprechung von] Wilhelm Ostwald, Energetische Grundlagen der Kulturwissenschaft. In: Archiv für Sozialwissenschaft und Sozialpolitik, 29. Bd., Heft 2, S. 575-598.

(93) [Besprechung von] Adolf Weber, Die Aufgaben der Volkswirtschaftslehre als Wissenschaft. In: Archiv für Sozialwissenschaft und Sozialpolitik, 29. Bd., Heft 2, S. 615-620.

(93/I) [Besprechung von] Franz Eulenburg, Die Entwicklung der Universität Leipzig in den letzten hundert Jahren. In: Archiv für Sozialwissenschaft und Sozialpolitik, 29. Bd., Heft 2, S. 672-675.

(94) Zur Methodik sozialpsychologischer Enquêten und ihrer Bearbeitung. [Besprechung von] A. Levenstein, Aus der Tiefe, 1908. Ders., Arbeiter-Philosophen und -Dichter, Bd. I, 1909. Ders., Lebenstragödie eines Tagelöhners, 1909. In: Archiv für Sozialwissenschaft und Sozialpolitik, 29. Bd., Heft 3, S. 949-958.

(95) Agrarverhältnisse im Altertum. In: Handwörterbuch der Staatswissenschaften. Hrsg. v. J. Conrad u. a., 3. gänzlich umgearbeitete Aufl., 1. Bd., Abbau - Aristoteles, Jena (Gustav Fischer), S. 52-188 [umgearbeitete Fassung von (54)].

(96) Die Lehrfreiheit der Universitäten. In: Hochschul-Nachrichten, hrsg. v. Paul v. Salvisberg, XIX. Jg., Heft 220, Nr. 4, Januar, München (Academischer Verlag), S. 89-91.

(96a) dass. In: Süddeutsche Zeitung, 29. Jg., Nr. 254 vom 3./4.11.1973, SZ am Wochenende.

(97) Altertum. In: Die Religion in Geschichte und Gegenwart. Handwörterbuch in gemeinverständlicher Darstellung. Unter Mitwirkung v. H. Gunkel u. O. Scheel hrsg. v. F. M. Schiele. 1. Bd. Von A bis Deutschland. Tübingen (Mohr-Siebeck), Sp. 233-237.

(97a) Antike Agrarverfassung. In: Die Religion in Geschichte und Gegenwart. Handwörterbuch für Theologie und Religionswissenschaft. 2., völlig neu bearbeitete Aufl. In Verbindung mit A. Bertholet u. a. hrsg. v. H. Gunkel u. L. Zscharnack. 1. Bd. A-D, Tübingen (Mohr-Siebeck) 1927, Sp. 158-161 [textgleich mit (97)].

1910

b) (98) Antikritisches zum "Geist" des Kapitalismus. In: Archiv für Sozialwissenschaft und Sozialpolitik, 30. Bd., Heft 1, S. 176-202.

(99) Antikritisches Schlusswort zum "Geist des Kapitalismus". In: Archiv für Sozialwissenschaft und Sozialpolitik, 31. Bd., Heft 2, S. 554-599.

c) (100) [Diskussionsbeiträge auf dem 3. Deutschen Hochschullehrertag.] In: Verhandlungen des III. Deutschen Hochschullehrertages zu Leipzig am 12. u. 13.10.1909. Bericht erstattet vom engeren geschäftsführenden Ausschuß. Leipzig (Verlag des Literarischen Zentralblattes für Deutschland [Eduard Avenarius]), S. 6, 16-17, 20-21, 41-42, 47.

(101) [Diskussionsbeiträge zum Thema] Die wirtschaftlichen Unternehmungen der Gemeinden. In: Verhandlungen des Vereins für Socialpolitik in Wien, 1909. I. Zum Gedächtnis an Georg Hanssen. II. Die wirtschaftlichen Unternehmungen der Gemeinden. III. Die Produktivität der Volkswirtschaft. Schriften des Vereins für Socialpolitik. 132. Bd. Verhandlungen der Generalversammlung in Wien, 27., 28. u. 29.9.1909. Auf Grund der stenograph. Niederschrift hrsg. v. Ständigen Ausschuß. Leipzig (Duncker & Humblot), S. 245, 282-287.

(102) [Diskussionsbeiträge zum Thema] Die Produktivität der Volkswirtschaft. In: Verhandlungen des Vereins für Socialpolitik in Wien, ... [Vgl. (101)]. S. 580-585, 586, 605-607, 610, 611, 614.

1911

a) (102/I) Ein Votum zur Universitätsfrage. In: Volksstimme. Sozialdemokratisches Organ für Südwestdeutschland, Frankfurt a. Main, 22. Jg. , Nr. 146 vom 26.6.1911. [Abgedruckter Brief Max Webers an Max Quarck]

(103) Professor Max Weber - Heidelberg über seine Rede auf dem Deutschen Hochschultag zu Dresden. In: Tägliche Rundschau, 31. Jg., Nr. 497 vom 22.10.1911, 2. Beilage.

(104) Die Handelshochschulen. Eine Entgegnung. In: Berliner Tageblatt, 40. Jg., Nr. 548 vom 27.10.1911, Mo.ausg.

(105) Max Weber über das "System Althoff". In: Frankfurter Zeitung, 56. Jg., Nr. 298 vom 27.10.1911, Ab.bl.

(105a) Die Reverse des Kultusministeriums. In: Vossische Zeitung, Nr. 539 vom 28.10.1911. [textgleich mit (105)].

(105/I) Die preußische Unterrichtsverwaltung und Prof. Max Weber-Heidelberg. In: Badische Landeszeitung, Nr. 504 vom 28.10.1911.

(105/II) Die "Reverse" des Kultusministeriums. In: Vossische Zeitung, Nr. 547 vom 1.11.1911.

(106) Max Weber und das System Althoff. In: Frankfurter Zeitung, 56. Jg., Nr. 304 vom 2.11.1911, 1. Mo.bl.

(107) Nochmals Weber - Althoff. In: Tägliche Rundschau, 31. Jg., Nr. 528 vom 9.11.1911, Ab.ausg., 2. Beilage.

(107a) Nochmals das "System Althoff". In: Frankfurter Zeitung, 56. Jg., Nr. 312 vom 10.11.1911, 3. Mo.bl. [inhaltlich identisch mit (107)].

c) (108) [Geschäftsbericht für die Deutsche Gesellschaft für Soziologie.] In: Verhandlungen des Ersten Deutschen Soziologentages vom 19.-22.10.1910 in Frankfurt a.M. Reden und Vorträge von G. Simmel, F. Tönnies, M. Weber, W. Sombart, A. Ploetz, E. Troeltsch, E. Gothein, A. Voigt, H. Kantorowicz und Debatten. Schriften der Deutschen Gesellschaft für Soziologie. I. Serie: Verhandlungen der Deutschen Soziologentage. I. Bd., Tübingen (Mohr-Siebeck), S. 39-62.

(109) [Diskussionsbeitrag auf der gleichen Tagung zu dem Vortrag von] Werner Sombart, Technik und Kultur. In: Verhandlungen des Ersten Deutschen

Soziologentages... [Vgl. (108)], S. 95-101.
(110) [Diskussionsbeiträge zu dem Vortrag von] Alfred Plötz, Die Begriffe Rasse und Gesellschaft und einige damit zusammenhängende Probleme. In: Verhandlungen des Ersten Deutschen Soziologentages ... [Vgl. (108)], S. 151-157, 159, 161-165, 215.
(111) [Diskussionsbeiträge zu dem Vortrag von] Ernst Troeltsch, Das stoisch-christliche Naturrecht und das moderne profane Naturrecht. In: Verhandlungen des Ersten Deutschen Soziologentages ... [Vgl. (108)], S. 196-202, 210-211.
(112) [Diskussionsbeitrag zu dem Vortrag von] Andreas Voigt, Wirtschaft und Recht. In: Verhandlungen des Ersten Deutschen Soziologentages... [Vgl. (108)], S. 265-270.
(113) [Diskussionsbeiträge zu dem Vortrag von] Hermann Kantorowicz, Rechtswissenschaft und Soziologie. In: Verhandlungen des Ersten Deutschen Soziologentages ... [Vgl. (108)], S. 312-313, 320, 323-330, 333.

1912

c) (114) [Diskussionsbeiträge zum Thema] Die von den deutschen abweichenden Einrichtungen an den nordamerikanischen Hochschulen. In: Verhandlungen des IV. Deutschen Hochschullehrertages zu Dresden am 12. u. 13.10.1911. Bericht erstattet vom geschäftsf. Ausschuß. Leipzig (Verlag des Literarischen Zentralblattes für Deutschland [Eduard Avenarius]), S. 66-77, 85-86.
(115) [Diskussionsbeiträge zum Thema] Probleme der Arbeiterpsychologie unter besonderer Rücksichtnahme auf Methode und Ergebnisse der Vereinserhebungen. In: Verhandlungen des Vereins für Sozialpolitik in Nürnberg 1911. I. Fragen der Gemeindebesteuerung. II. Probleme der Arbeiterpsychologie unter besonderer Rücksichtnahme auf Methode und Ergebnisse der Vereinserhebungen. Schriften des Vereins für Sozialpolitik. 138. Bd. Verhandlungen der Generalversammlung in Nürnberg, 9. u. 10.10.1911. Auf Grund der stenograph. Niederschrift hrsg. v. Ständigen Ausschuß. Leipzig (Duncker & Humblot), S. 163, 176, 189-197.

1913

b) (116) Ueber einige Kategorien der verstehenden Soziologie. In: Logos. Internationale Zeitschrift für Philosophie der Kultur. Hrsg. v. R. Kroner u. G. Mehlis. Bd. IV, Heft 3, Tübingen (Mohr-Siebeck), S. 253-294.

c) (117) [Bemerkungen zur Werturteilsdiskussion]. Äußerungen zur Werturteilsdiskussion im Ausschuß des Vereins für Sozialpolitik. Als Manuskript gedruckt, (o. O.), S. 85-120.
(117a) dass. in: Eduard Baumgarten, Max Weber. Werk und Person. Dokumente ausgewählt und kommentiert von Eduard Baumgarten. Tübingen (Mohr-Siebeck) 1964, S. 102-139.
(118) [Diskussionsbeitrag zu dem Vortrag von] Paul Barth, Die Nationalität in ihrer soziologischen Bedeutung. In: Verhandlungen des Zweiten Deutschen Soziologentages vom 20.-22.10.1912 in Berlin. Reden und Vorträge von A. Weber, P. Barth, F. Schmid, L. M. Hartmann, F. Oppenheimer, R. Michels und Debatten. Schriften der Deutschen Gesellschaft für Soziolo-

gie. I. Serie: Verhandlungen der Deutschen Soziologentage. II. Bd., Tübingen (Mohr-Siebeck), S. 49-52.

(119) [Diskussionsbeiträge auf der gleichen Tagung zu dem Vortrag von] Ferd. Schmid, Das Recht der Nationalitäten. In: Verhandlungen des Zweiten Deutschen Soziologentages ... [Vgl. (118)], S. 72-73, 74-75.

(120) Rechenschaftsbericht für die abgelaufenen beiden Jahre [über die Tätigkeit der Deutschen Gesellschaft für Soziologie]. In: Verhandlungen des Zweiten Deutschen Soziologentages... [Vgl. (118)], S. 75-79.

(121) [Diskussionsbeiträge zu den Vorträgen von] Ludo Moritz Hartmann, Die Nation als politischer Faktor. Franz Oppenheimer, Die rassentheoretische Geschichtsphilosophie. Robert Michels, Die historische Entwicklung des Vaterlandsgedankens. In: Verhandlungen des Zweiten Deutschen Soziologentages ... [Vgl. (118)], S. 188-191.

1914

a) (121/I) Eine Erklärung von Max Weber. In: Frankfurter Zeitung, 58. Jg., Nr. 181 vom 2.7.1914, Ab.bl.

b) (122) Redaktionelles Nachwort [Zu Arthur Salz, In eigener Sache. Im selben Bd., S. 527-538]. In: Archiv für Sozialwissenschaft und Sozialpolitik, 38. Bd., Heft 2, S. 539-550.

d) (123) Vorwort [von Schriftleitung und Verlag zum Erscheinen der I. Abteilung des "Grundriss der Sozialökonomik", Heidelberg und Tübingen, 2.6.1914]. In: Grundriss der Sozialökonomik, I. Abt. Wirtschaft und Wirtschaftswissenschaft. Bearb. v. K. Bücher, J. Schumpeter, Fr. Freiherrn v. Wieser. Tübingen (Mohr-Siebeck), S. VII-IX.

1915

a) (124) Bismarcks Außenpolitik und die Gegenwart. I. Dreibund und Westmächte. II. Dreibund und Rußland. In: Frankfurter Zeitung, 60. Jg., Nr. 357 vom 25.12.1915, 3. Mo.bl.

b) (125) Zu dem redaktionellen Geleitwort im Märzheft 1914 S. 539f. gegen Herrn Prof. Dr. Sander in Prag (IV.). In: Archiv für Sozialwissenschaft und Sozialpolitik, 39. Bd., Heft 1, S. 231-252.

(126) Geleitwort [der Redaktion zu den als Bd. 40 des Archivs für Sozialwissenschaft und Sozialpolitik unter dem Titel "Krieg und Wirtschaft" erschienenen Abhandlungen]. In: Archiv für Sozialwissenschaft und Sozialpolitik, 40. Bd., Heft 1, S. 1-2.

(126/I) [Namensliste der Unterzeichner der Gegenadresse zur sog. "Seeberg-Adresse", Sommer 1915; mitunterzeichnet von Max Weber.] In: Preußische Jahrbücher. Hrsg. v. Hans Delbrück. 162. Bd., Heft I, Oktober, Berlin (Georg Stilke), S. 169-172. [Der Text der Gegenadresse findet sich in: ebd., 169. Bd., Heft II, August, Berlin (Georg Stilke), S. 306-307].

1916

a) (126/II) "Der Berliner Professoren-Aufruf" [Erklärung zu einem Aufruf Berliner Professoren, abgedruckt in der Frankfurter Zeitung, 61. Jg., Nr. 206 vom 27.7.1916, 2. Mo.bl.]. In: Frankfurter Zeitung, 61. Jg., Nr. 207 vom 28.7.1916, Ab.bl. [anonym].

(126/III) Kundgebung. [Protest gegen Anfeindungen des Reichskanzlers Bethmann Hollweg. Mitunterzeichnet von Max Weber.] In: Heidelberger Tageblatt, 35. Jg., Nr. 277 vom 25.11.1916.

b) (127) Die Wirtschaftsethik der Weltreligionen. Religionssoziologische Skizzen. Einleitung; Der Konfuzianismus I-IV; Zwischenbetrachtung. Stufen und Richtungen der religiösen Weltablehnung. In: Archiv für Sozialwissenschaft und Sozialpolitik, 41. Bd., Heft 1, S. 1-87; Heft 2, S. 335-421.

(128) Die Wirtschaftsethik der Weltreligionen. Hinduismus und Buddhismus, I-III. In: Archiv für Sozialwissenschaft und Sozialpolitik, 41. Bd., Heft 3, S. 613-744; 42. Bd., 1916/17, Heft 2, S. 345-461; Heft 3, S. 687-814.

(129) Zur Erklärung der Prager Rechts- und Staatswissenschaftlichen Fakultät Bd. 39, S. 567. In: Archiv für Sozialwissenschaft und Sozialpolitik:, 41. Bd., Heft 3, S. 927-928.

(130) Zwischen zwei Gesetzen [Brief M. Webers an Dr. Gertrud Bäumer]. In: Die Frau, Monatsschrift für das gesamte Frauenleben unserer Zeit, hrsg. v. Helene Lange, 23. Jg., Heft 5, Februar, Berlin (W. Moeser), S. 277-279.

(131) Deutschland unter den europäischen Weltmächten [Vortrag in München am 27.10.1916. Zensierte Fassung. In einem redaktionellen Vermerk heißt es: "Mit Rücksicht auf die Zensur sind die Ausführungen gegen die Demagogie in rein militärischen Fragen fortgelassen"]. In: Die Hilfe, Wochenschrift für Politik, Literatur und Kunst. Hrsg. v. Fr. Naumann. 22. Jg., Nr. 45 vom 9.11., S. 735-741.

(132) Deutschland unter den europäischen Weltmächten. Deutscher Kriegs- und Friedenswille. Drei Reden: Fr. Naumann, Rede über den Krieg. M. Weber, Deutschland unter den europäischen Weltmächten. W. Heile, Deutscher Siegeswille. In: Die Hilfe, Wochenschrift für Politik, Literatur und Kunst. Hrsg. v. Fr. Naumann. Sonderheft. Berlin (Verlag der "Hilfe") o. J., S. 7-13 [umgearbeitete Neufassung von (131)].

c) (133) [Diskussionsbeitrag zur] Generaldebatte. In: Die wirtschaftliche Annäherung zwischen dem Deutschen Reiche und seinen Verbündeten. Hrsg. im Auftrage des Vereins für Sozialpolitik von H. Herkner. 3. Teil. Aussprache in der Sitzung des Ausschusses vom 6.4.1916 zu Berlin. Schriften des Vereins für Sozialpolitik. 155. Bd. 3. Teil. München und Leipzig (Duncker & Humblot), S. 28-37.

(134) [Diskussionsbeiträge zum Thema] Bedenken gegen eine Erleichterung des Güteraustausches. In: Die wirtschaftliche Annäherung... [Vgl. (133)], S. 42, 57-59.

1917

a) (135) Deutschlands äußere und Preußens innere Politik. I. Die Polenpolitik. In: Frankfurter Zeitung, 61.Jg., Nr. 55 vom 25.2.1917, 1. Mo.bl.

(136) Deutschlands äußere und Preußens innere Politik. II. Die Nobilitierung der Kriegsgewinne. In: Frankfurter Zeitung, 61. Jg., Nr. 59 vom 1.3.1917, 1. Mo.bl. [Fortsetzung von (135)].

(137) Ein Wahlrechtsnotgesetz des Reichs. Das Recht der heimkehrenden Krieger. In: Frankfurter Zeitung, 61. Jg., Nr. 86 vom 28.3.1917, 1. Mo.bl.

(138) Der preußische Landtag und das Deutsche Reich. In: Frankfurter Zeitung, 61. Jg., Nr. 114 vom 26.4.1917, 1. Mo.bl.

(138/I) Eine katholische Universität in Salzburg. In: Frankfurter Zeitung, 61. Jg., Nr. 128 vom 10.5.1917, 1. Mo.bl. [anonym].

(139) Deutscher Parlamentarismus in Vergangenheit und Zukunft. I. Die Erbschaft Bismarcks. In: Frankfurter Zeitung, 61. Jg., Nr. 145 vom 27.5.1917, 1. Mo.bl.

(140) Vergangenheit und Zukunft des deutschen Parlamentarismus. II. Beamtenherrschaft und politisches Führertum. In: Frankfurter Zeitung, 61. Jg., Nr. 157 vom 9.6.1917, 1. Mo.bl. [Fortsetzung von (139)].

(141) Vergangenheit und Zukunft des deutschen Parlamentarismus. II. Beamtenherrschaft und politisches Führertum (Schluß). In: Frankfurter Zeitung, 61. Jg., Nr. 158 vom 10.6.1917, 1. Mo.bl. [Fortsetzung von (140)].

(142) Deutscher Parlamentarismus in Vergangenheit und Zukunft. III. Verwaltungsöffentlichkeit und politische Verantwortung. In: Frankfurter Zeitung, 61. Jg., Nr. 172 vom 24.6.1917, 1. Mo.bl. [Fortsetzung von (141)].

(143) Die Lehren der deutschen Kanzlerkrisis. In: Frankfurter Zeitung, 62. Jg., Nr. 247 vom 7.9.1917, 1. Mo.bl.

(143/1) Die Abänderung des Artikels 9 der Reichsverfassung. In: Frankfurter Zeitung, 62. Jg., Nr. 248 vom 8.9.1917, 1. Mo.bl. [anonym].

(144) Die siebente deutsche Kriegsanleihe. In: Frankfurter Zeitung, 62. Jg., Nr. 258 vom 18.9.1917, 1. Mo.bl.

(145) Vaterland und Vaterlandspartei. In: Münchner Neueste Nachrichten, 70. Jg., Nr. 494 vom 30.9.1917.

(146) Bayern und die Parlamentarisierung im Reich. I. In: Münchner Neueste Nachrichten, 70. Jg., Nr. 522 vom 15.10.1917, Ab.ausg.

(147) Bayern und die Parlamentarisierung im Reich. II. In: Münchner Neueste Nachrichten, 70. Jg., Nr. 525 vom 17.10.1917, Mo.ausg. [Fortsetzung von (146)].

(147/I) Gegen die "Vaterlandspartei". [Abdruck der "Heidelberger Erklärung". Mitunterzeichnet von Max Weber.] In: Frankfurter Zeitung, 62. Jg., Nr. 294 vom 24.10.1917, 1. Mo.bl.

(148) "Bismarcks Erbe in der Reichsverfassung." In: Frankfurter Zeitung, 62. Jg., Nr. 298 vom 28.10.1917, 1. Mo.bl.

(148/I) Eingesandt. In: Heidelberger Tageblatt, 35. Jg., Nr. 289 vom 10.12.1917.

(148/Ia) dass. in: Kölner Zeitschrift für Soziologie und Sozialpsychologie. Hrsg. v. R. König, 28. Jg., Heft 4, Opladen (Westdeutscher Verlag) 1976, S. 808.

(149) Schwert und Parteikampf. In: Frankfurter Zeitung, 62. Jg., Nr. 344 vom 13.12.1917, 1. Mo.bl.

(149/I) Volksbund für Freiheit und Vaterland! Aufruf! [Mitunterzeichnet von Max Weber "Als Mitglied des Ausschusses".] In: Heidelberger Tageblatt, 35. Jg., Nr. 298 vom 20.12.1917.

b) (150) Die Wirtschaftsethik der Weltreligionen. Das antike Judentum. I. Die israelitische Eidgenossenschaft und Jahwe. In: Archiv für Sozialwissenschaft und Sozialpolitik, 44. Bd. 1917/18, Heft 1, S. 52-138; Heft 2, S. 349-443; Heft 3, S. 601-626.

(151) Erklärung [zu dem Aufsatz von E. Jaffé, Das theoretische System der kapitalistischen Wirtschaftsordnung]. Zusammen mit Werner Sombart. In: Archiv für Sozialwissenschaft und Sozialpolitik, 44. Bd. 1917/18, Heft 1, S. 348.

(152) Das preussische Wahlrecht. In: Europäische Staats- und Wirtschafts-Zeitung, hrsg. v. H. v. Frauendorfer u. E. Jaffé, Nr. 16 vom 21.4., Berlin (Verlag der Europäischen Staats- und Wirtschafts-Zeitung), S. 398-402.

(152a) dass. in: Kölner Zeitschrift für Soziologie und Sozialpsychologie. Hrsg. v. R. König. 27. Jg., Heft 4, Opladen (Westdeutscher Verlag) 1975, S. 724-730.

(153) Rußlands Übergang zur Scheindemokratie. In: Die Hilfe, Wochenschrift für Politik, Literatur und Kunst. Hrsg. v. Fr. Naumann. 23. Jg., Nr. 17 vom 26.4., S. 272-279.

(154) Das Reichstagswahlrecht für Preußen. In: Die Hilfe, Wochenschrift für Politik, Literatur und Kunst. Hrsg. v. Fr. Naumann. 23. Jg., Nr. 48 vom 29.11., S. 709-710. [Vorabdruck aus (156), mit einem Vorwort von W. Heile].

(155) Der Sinn der "Wertfreiheit" der soziologischen und ökonomischen Wissenschaften. In: Logos: Internationale Zeitschrift für Philosophie der Kultur. Hrsg. v. R. Kroner u. G. Mehlis. Bd. VII, Heft 1, 1917/18, Tübingen (Mohr-Siebeck), S. 40-88. [umgearbeitete Fassung von (117)].

d) (156) Wahlrecht und Demokratie in Deutschland. In: Der deutsche Volksstaat. Schriften zur inneren Politik. Hrsg. v. W. Heile u. W. Schotte. 2. Heft, Berlin (Fortschritt [Buchverlag der "Hilfe"]).

1918

a) (157) Innere Lage und Außenpolitik. I. In: Frankfurter Zeitung, 62. Jg., Nr. 34 vom 3.2.1918, 1. Mo.bl.

(158) Innere Lage und Außenpolitik. II. In: Frankfurter Zeitung, 62. Jg., Nr. 36 vom 5.2.1918, 2. Mo.bl. [Fortsetzung von (157)].

(159) Innere Lage und Außenpolitik. III. In: Frankfurter Zeitung, 62. Jg., Nr. 38 vom 7.2.1918, 1. Mo.bl. [Fortsetzung von (158)].

(160) Die nächste innerpolitische Aufgabe. In: Frankfurter Zeitung, 63. Jg., Nr. 288 vom 17.10.1918, 1. Mo.bl.

(160/1) Waffenstillstand und Frieden. In: Frankfurter Zeitung, 63. Jg., Nr. 298 vom 27.10.1918, 2. Mo.bl. [anonym].

(161) Die Staatsform Deutschlands. I. In: Frankfurter Zeitung, 63. Jg., Nr. 324 vom 22.11.1918, 1. Mo.bl.

(162) Die Staatsform Deutschlands. II. In: Frankfurter Zeitung, 63. Jg., Nr. 326 vom 24.11.1918, 1. Mo.bl. [Fortsetzung von (161)].

(163) Die deutsche Staatsform. III. In: Frankfurter Zeitung, 63. Jg., Nr. 330 vom 28.11.1918,1. Mo.bl. [Fortsetzung von (162)].

(164) Die deutsche Staatsform. IV. In: Frankfurter Zeitung, 63. Jg., Nr. 332 vom 30.11.1918, 1. Mo.bl. [Fortsetzung von (163)].

(165) Die deutsche Staatsform. V. (Schluß). In: Frankfurter Zeitung, 63. Jg., Nr. 337 vom 5.12.1918, 1. Mo.bl. [Fortsetzung von (164)].

(165/I) Ein Aufruf der demokratischen Partei an Österreich. [Erklärung der DDP, mitunterzeichnet von Max Weber.] In: Frankfurter Zeitung, 63. Jg., Nr. 375 vom 25.12.1918, 1.Mo.bl.

b) (166) Die Wirtschaftsethik der Weltreligionen. Das antike Judentum. I. Die israelitische Eidgenossenschaft und Jahwe (Schluß). II. Die Entstehung des jüdischen Pariavolkes. In: Archiv für Sozialwissenschaft und Sozialpolitik, 46. Bd. 1918/19, Heft 1, S. 40-113; Heft 2, S. 311-366; Heft 3, S. 541-604.

d) (167) Parlament und Regierung im neugeordneten Deutschland. Zur politischen Kritik des Beamtentums und Parteiwesens. In: Die innere Politik, hrsg. v. S. Hellmann, München und Leipzig (Duncker & Humblot) [Umgestaltung und Erweiterung von (138), (139) bis (142) sowie Vorbemerkung].

(168) Der Sozialismus. Wien ("Phöbus", Kommissionsverlag Dr. Viktor Pimmer).

1919

a) (169) [Zuschrift betr. seine Nichtaufnahme in die Kandidatenliste der Provinz Hessen-Nassau zur Wahl in die Nationalversammlung.] In: Frankfurter Zeitung, 63. Jg., Nr. 12 vom 5.1.1919, 2. Mo.bl.

(169/I) Erklärung ! [gegen antisemitische Propaganda. Mitunterzeichnet von Max Weber.] In: Heidelberger Zeitung, 61. Jg., Nr. 12 vom 15.1.1919.

(170) Zum Thema der "Kriegsschuld". In: Frankfurter Zeitung, 63. Jg., Nr. 43 vom 17.1.1919, 1. Mo.bl.

(170/I) Professor Max Weber und die Couleurstudenten. In: Heidelberger Neueste Nachrichten, Nr. 22 vom 27.1. 1919.

(170/II) Aufruf [an die demokratische Jugend. Mitunterzeichnet von Max Weber.] In: Heidelberger Tageblatt, Nr. 22 vom 30.1.1919.

(170/Ia) [Erwiderung] In: Deutsche Corpszeitung. Amtliche Zeitschrift des Kösener S.C. Verbandes, 36. Jg., Nr. 2 vom 1.5.1919, S. 17f.

(171) Für eine Politik des Rechts. [Erklärung der "Arbeitsgemeinschaft für Politik des Rechts (Heidelberger Vereinigung)". Mitunterzeichnet von Max Weber.] In: Frankfurter Zeitung, 63. Jg., Nr. 117 vom 13.2.1919, 1. Mo.bl.

(171/I) Der gebundene Privatbesitz in der badischen Verfassung. In: Karlsruher Tagblatt, Nr. 50 vom 19.2.1919, 1. Bl.

(172) Der Reichspräsident. In: Berliner Börsen-Zeitung, 64. Jg., Nr. 93 vom 25.2.1919, Mo.ausg.

(172/I) Aufruf [zur Unterstützung der elsaß-lothringischen Flüchtlinge. Mitunterzeichnet von Max Weber.] In: Heidelberger Tageblatt, Nr. 59 vom 14.3.1919.

(173) Die Untersuchung der Schuldfrage. In: Frankfurter Zeitung, 63. Jg., Nr. 218 vom 22.3.1919, 1. Mo.bl.

(173/I) Für die Aufhebung des Standrechts [Erklärung der "Arbeitsgemeinschaft für Politik des Rechts (Heidelberger Vereinigung)". Mitunterzeichnet von Max Weber.] In: Münchner Neueste Nachrichten, Nr.227 vom 12.6.1919, Mo.Bl.

(173/II) Gegen die Blockade Rußlands [Erklärung der "Arbeitsgemeinschaft für Politik des Rechts (Heidelberger Vereinigung)". Mitunterzeichnet von Max Weber.] In: Frankfurter Zeitung, Nr. 847 vom 12.11.1919, 1.Mo.bl.

(174) (entfällt)

d) (175) Deutschlands künftige Staatsform. In: Zur deutschen Revolution. Flugschriften der Frankfurter Zeitung. Sonderabdruck aus der Frankfurter Zeitung. Heft 2. Frankfurt (Frankfurter Societäts-Druckerei). [Umgearbeitete Fassung von (161) bis (165) mit einem Vorwort vom 15.12.1918.]

(176) [Rede über die wirtschaftliche Zugehörigkeit des Saargebietes zu

Deutschland.] Gegen Frankreichs Anspruch auf Pfalz und Saarbecken. Protestkundgebung von Lehrkörper und Studentenschaft der Ruprecht-Karls-Universität Heidelberg. 1.3.1919. Ansprachen v. Ch. Bartholomae, H. Oncken, W. Windelband, E. Thiel u. M. Weber. Heidelberg (Carl Winters Universitätsbuchhandlung), S. 30-38.

(176a) Gegen Frankreichs Anspruch auf das Saarbecken. Auszug aus zwei Reden der Professoren Hermann Oncken und Max Weber gehalten bei einer Protestkundgebung der Universität Heidelberg am 1. März 1919. Berlin (H. Bergmann), S. 8-12. [Gekürzte Fassung von (176).]

(176/I) Unitarismus, Partikularismus und Föderalismus in der Reichsverfassung. In: Heidelberger Zeitung, Nr. 74 vom 28.3.1919 und Nr. 75 vom 29.3.1919.

(177) Wissenschaft als Beruf. In: Geistige Arbeit als Beruf. Vier Vorträge vor dem Freistudentischen Bund. Erster Vortrag. [Mit einem Nachwort von Immanuel Birnbaum]. München und Leipzig (Duncker & Humblot).

(177a) dass. 2. Aufl., München und Leipzig (Duncker & Humblot) 1921.

(177b) dass. 3. Aufl. In: Wissenschaftliche Abhandlungen und Reden zur Philosophie, Politik und Geistesgeschichte. Heft VIII. München u. Leipzig (Duncker & Humblot) 1930.

(177 c) dass. Gedanken anläßlich einer Studentenversammlung 1919, die über Berufsfragen orientiert werden sollte. [Mit einem Zitat von Theodor Heuss als Vorwort.] In: SV-Schriftenreihe zur Förderung der Wissenschaft. Forschung und Wirtschaft. Partner im Fortschritt. 7. Jg., o. O. 1958/3.

(177d) dass. 4. Aufl., Berlin (Duncker & Humblot) 1959.

(177e) dass. 5. Aufl., Berlin (Duncker & Humblot) 1967.

(177f) dass. 6. Aufl., Berlin (Duncker & Humblot) 1975.

(178) Politik als Beruf. In: Geistige Arbeit als Beruf. Vier Vorträge vor dem Freistudentischen Bund. Zweiter Vortrag. München u. Leipzig (Duncker & Humblot).

(178a) dass. 2. Aufl. [Mit einer Vorbemerkung Marianne Webers vom August 1926.) In: Wissenschaftliche Abhandlungen und Reden zur Philosophie, Politik und Geistesgeschichte. II. München u. Leipzig (Duncker & Humblot) 1926.

(178b) dass. 3. Aufl. (Mit einer Vorbemerkung Marianne Webers vom August 1926.) Berlin (Duncker & Humblot) 1958.

(178c) dass. 4. Aufl. Berlin (Duncker & Humblot) 1964.

(178d) dass. 5. Aufl. Berlin (Duncker & Humblot) 1968.

(179) (entfällt)

(179a) (entfällt)

(179b) (entfällt)

(179c) (entfällt)

(179d) (entfällt)

(179e) (entfällt)

1920

(179/I) Kundgebung deutscher Hochschullehrer [Mitunterzeichnet von Max Weber.] In: Frankfurter Zeitung, Nr. 406 vom 5.6.1920, 1.Mo.bl.

d) (180) Gesammelte Aufsätze zur Religionssoziologie [GAzRS]. Bd. I (1. Aufl.), Tübingen (Mohr-Siebeck) 1920.

(180a) 2., photomechanisch gedruckte Aufl., Tübingen (Mohr-Siebeck) 1922.

(180b) 3., photomechanisch gedruckte Aufl., Tübingen (Mohr-Siebeck) 1934.

(180c) 4., photomechanisch gedruckte Aufl., Tübingen (Mohr-Siebeck) 1947.

(180d) 5., photomechanisch gedruckte Aufl., Tübingen (Mohr-Siebeck) 1963.

(180e) 6., photomechanisch gedruckte Aufl., Tübingen (Mohr-Siebeck) 1972.

(181) Vorbemerkung [zu GAzRS Bd.I]. In: Gesammelte Aufsätze zur Religionssziologie, Bd. I, Tübingen (Mohr-Siebeck), S. 1-16.

(182) Die protestantische Ethik und der Geist des Kapitalismus. In: Gesammelte Aufsätze zur Religionssoziologie, Bd.I, Tübingen (Mohr-Siebeck), S. 17-206. [Umgearbeitete Fassung von (65).]

(183) Die protestantischen Sekten und der Geist des Kapitalismus. In: Gesammelte Aufsätze zur Religionssoziologie, Bd.I, Tübingen (Mohr-Siebeck), S. 207-236. [Umgearbeitete Fassung von (74).]

(184) Die Wirtschaftsethik der Weltreligionen. Vergleichende religionssoziologische Versuche. Einleitung; I. Konfuzianismus und Taoismus; Zwischenbetrachtung: Theorie der Stufen und Richtungen religiöser Weltablehnung. In: Gesammelte Aufsätze zur Religionssoziologie, Bd. I, Tübingen (Mohr-Siebeck), S. 237-573. [Umgearbeitete Fassung von (127).]

II. Chronologisches Verzeichnis unveröffentlichter Arbeiten

(184/I) [Beiträge zu den] Verhandlungen des provisorischen Börsenausschusses im Reichsamt des Innern in der Zeit vom 19. bis 26. November 1896, S. 24, 33f., 43f., 53-56, 66, 70, 74, 77, 82, 90, 109-113, 128f., 132, 147ff., 154, 158, 165ff., 170. Bayerisches Hauptstaatsarchiv, Abt. MH 11250.

(184/II) Bericht des provisorischen Börsenausschusses, betreffend die Neuordnung der Verkehrsnormen an den deutschen Produktenbörsen. [Berichterstatter Max Weber], In: Verhandlungen des provisorischen Börsenausschusses... a.a.O. S. 194-212.

(185) [Einladung zum Beitritt zu der in Berlin gegründeten "Deutschen Gesellschaft für Soziologie".] Heidelberg, Juni 1909. Bundesarchiv Koblenz, Nachlaß Brentano/67.

(185/I) Vorbericht über eine vorgeschlagene Erhebung über die Soziologie des Zeitungswesens. [Für die Deutsche Gesellschaft für Soziologie, 1910] Nachlaß F. Toennies, Schleswig-Holsteinische Landesbibliothek, Cb. 54. B 30, 516ff.

(186) [Siehe (219)]

(187) [Bemerkungen über die Handelshochschulen.] Heidelberg, den 7.11.1911. Max-Weber-Archiv, München.

(188) [Siehe (223/I]

(189) [Entfällt]

(190) [Aufzeichnungen über Ausführungen zum Verfassungsentwurf.] Aufzeichnung über die Verhandlungen im Reichsamt des Innern über die Grundzüge des der verfassungsgebenden deutschen Nationalversammlung vorzulegenden Verfassungsentwurfs, vom 9. bis 12.12.1918 (I A 15607).

Bundesarchiv Koblenz, Nachlaß Payer/11; S. 3, 12-13, 17, 20, 23, 25-27, 29, 31-32, 35.

III. Posthume Publikationen und Sammelwerke

(191) [Siehe (81/I)]
(192) [Entfällt]
(193) [Siehe (126/II)]
(194) [Siehe (138/I)]
(195) [Entfällt]
(196) [Entfällt]
(197) [Siehe (143/I)]
(198) [Entfällt]
(199) [Entfällt]
(200) [Entfällt]
(201) [Siehe (160/1)]
(202) Die Stadt. Eine soziologische Untersuchung. In: Archiv für Sozialwissenschaft und Sozialpolitik, 47. Bd. 1920/21, Heft 3, S. 621-772.
(203) Gesammelte Aufsätze zur Religionssoziologie. Bd. II. Hinduismus und Buddhismus. (1. Aufl.) Tübingen (Mohr-Siebeck) 1921.
(203a) 2., photomechanisch gedruckte Aufl., Tübingen (Mohr-Siebeck) 1923.
(203b) 3., photomechanisch gedruckte Aufl., Tübingen (Mohr-Siebeck) 1963.
(203c) 4., photomechanisch gedruckte Aufl., Tübingen (Mohr-Siebeck) 1966.
(203d) 5., photomechanisch gedruckte Aufl., Tübingen (Mohr-Siebeck) 1972.
(203e) 6., photomechanisch gedruckte Aufl., Tübingen (Mohr-Siebeck) 1978.
(204) Gesammelte Aufsätze zur Religionssoziologie. Bd .III. Das antike Judentum. (1. Aufl.) Tübingen (Mohr-Siebeck) 1921.
(204a) 2., photomechanisch gedruckte Aufl. Mit Register zu Bd.I-III. Tübingen (Mohr-Siebeck) 1923.
(204b) 3., photomechanisch gedruckte Aufl., Tübingen (Mohr-Siebeck) 1963.
(204c) 4., photomechanisch gedruckte Aufl., Tübingen (Mohr-Siebeck) 1966.
(204d) 5., photomechanisch gedruckte Aufl., Tübingen (Mohr-Siebeck) 1971.
(204e) 6., photomechanisch gedruckte Aufl., Tübingen (Mohr-Siebeck) 1976.
(204d) 7., photomechanisch gedruckte Aufl., Tübingen (Mohr-Siebeck) 1978.
(205) Die Pharisäer (Nachtrag). In: Gesammelte Aufsätze zur Religionssoziologie. Bd. III. Das antike Judentum. Tübingen (Mohr-Siebeck) 1921, S. 401-442.
(206) Gesammelte politische Schriften [GPS]. [Hrsg. v. Marianne Weber]. München (Drei-Masken-Verlag) 1921.
(206a) 2., erweiterte Aufl. Mit einem Geleitwort v. Th. Heuss, neu hrsg. v .J. Winckelmann. Tübingen (Mohr-Siebeck) 1958.
(206b) 3., erneut vermehrte Aufl. Mit einem Geleitwort von Th. Heuss, hrsg v. J. Winckelmann. Tübingen (Mohr-Siebeck) 1971.
(206c) 4., photomechanisch gedruckte Aufl., Tübingen (Mohr-Siebeck) 1980.
(207) Zur Frage des Friedenschließens. (Erste Denkschrift, Ende 1915 / Anfang 1916]. In: GPS S. 48-59.
(208) Der verschärfte U-Boot-Krieg. Denkschrift unter Mitarbeit von Dr. Felix

Somary. März 1916. Bundesarchiv Koblenz, Nachlaß Payer/10. In: GPSS. 64-72.

(209) Begleitschreiben an die Frankfurter Zeitung vom 20.3.1919 zu seinem Artikel "Die Untersuchung der Schuldfrage" [vgl. (173)]. In: GPS S. 487.

(210) Grundriss der Sozialökonomik. III. Abteilung. Wirtschaft und Gesellschaft. I. Die Wirtschaft und die gesellschaftlichen Ordnungen und Mächte. Bearbeitet von Max Weber. Erster Teil. (Erste Lieferung). Tübingen (Mohr-Siebeck) 1921. S. 1-180.

(211) Die rationalen und soziologischen Grundlagen der Musik. [geschrieben 1911]. Mit einer Einl. v. Th. Kroyer, München (Drei-Manken-Verlag) 1921.

(211a) dass. 2. Aufl., München (Drei-Masken-Verlag) 1924.

(211b) Neuauflage Tübingen (UTB/Mohr-Siebeck Bd. 122) 1972.

(211/I) Spätere Erklärung der deutschen Viererkommission. In: Bayerische Dokumente zum Kriegsausbruch und zum Versailler Schuldspruch. Im Auftrage des Bayerischen Landtages hrsg. v. P. Dirr. München u. Berlin (R. Oldenbourg) 1922, S. 25-24.

(211/Ia) dass. In: ebd., 2., erweiterte Aufl., 1924.

(211/Ib) dass. In: ebd., 3., erweiterte Aufl., 1925.

(211/Ic) dass. In: ebd., 4. Aufl., 1928.

(212) Die drei reinen Typen der legitimen Herrschaft. Eine soziologische Studie. In: Preußische Jahrbücher, hrsg. v. W. Schotte, Bd. 187, Heft 1, Januar 1922, Berlin (G. Stilke), S. 1-12.

(213) Gesammelte Aufsätze zur Wissenschaftslehre [GAzW]. [Hrsg. v. Marianne Weber]. Tübingen (Mohr-Siebeck) 1922.

(213a) 2., durchgesehene und ergänzte Aufl., besorgt v. J. Winckelmann, Tübingen (Mohr-Siebeck) 1951.

(213b) 3., erweiterte und verbesserte Aufl., hrsg. v. J. Winckelmann, Tübingen (Mohr-Siebeck) 1968.

(213c) 4., erneut durchgesehene Aufl., hrsg. v. J. Winckelmann, Tübingen (Mohr-Siebeck) 1973.

(213d) 5., erneut durchgesehene Aufl., hrsg. v. J. Winckelmann, Tübingen (Mohr-Siebeck) 1982.

(213e) 6., erneut durchgesehene Aufl., hrsg. v. J. Winckelmann, Tübingen (Mohr-Siebeck) 1985.

(213f) 7., erneut durchgesehene Aufl., hrsg. v. J. Winckelmann, Tübingen (Mohr-Siebeck) 1988.

(214) Nachtrag zu dem Aufsatz über R. Stammlers "Ueberwindung" der materialistischen Geschichtsauffassung. In: Gesammelte Aufsätze zur Wissenschaftslehre. Tübingen (Mohr-Siebeck) 1922, S. 556-579 [unvollendete Fortsetzung von (80); aus dem Nachlaß veröffentlicht].

(215) Grundriss der Sozialökonomik. III. Abteilung. Wirtschaft und Gesellschaft. Bearbeitet von Max Weber. [Hrsg. v. Marianne Weber]. Tübingen (Mohr-Siebeck) 1922 [WuG].

(215a) Grundriss der Sozialökonomik. III. Abteilung. Wirtschaft und Gesellschaft. Von Max Weber. [Hrsg. v. Marianne Weber]. 2., vermehrte Aufl., 2 Hbde., Tübingen (Mohr-Siebeck) 1925.

(215b) 3. Aufl. Unveränderter Nachdruck der zweiten vermehrten Aufl. 2 Hbde., Tübingen (Mohr-Siebeck) 1947.

(215c) Wirtschaft und Gesellschaft. Grundriss der verstehenden Soziologie. Mit einem Anhang: Die rationalen und soziologischen Grundlagen der Musik. 4. neu hrsg. Aufl., besorgt von J. Winckelmann, 2 Hbde., Tübingen (Mohr-Siebeck) 1956.

(215d) Wirtschaft und Gesellschaft. Grundriss der verstehenden Soziologie. Studienausgabe. Hrsg. v. J. Winckelmann. 2 Hbde., Köln/Berlin (Kiepenheuer & Witsch) 1964.

(215e) 5., revidierte Aufl., besorgt von J. Winckelmann. Studienausgabe. Tübingen (Mohr-Siebeck) 1972.

(215f) 6., revidierte Aufl., mit Textkritischen Erläuterungen hrsg. v. J. Winckelmann. 2 Hbde. und Erläuterungsbd., Tübingen (Mohr-Siebeck) 1976.

(216) Wirtschaftsgeschichte von Max Weber. Abriss der universalen Sozial- und Wirtschaftsgeschichte. Aus den nachgelassenen Vorlesungen hrsg. v. S. Hellmann u. Dr. M. Palyi. München u. Leipzig (Duncker & Humblot) 1923.

(216a) 2., unveränderte Aufl., München u. Leipzig (Duncker & Humblot) 1924.

(216b) Wirtschaftsgeschichte. Abriß der universalen Sozial- und Wirtschaftsgeschichte. Von Max Weber. Aus den nachgelassenen Vorlesungen hrsg. v. S. Hellmann u. Dr. M. Palyi. 3., durchgesehene und ergänzte Aufl., besorgt von J. Winckelmann. Berlin (Duncker & Humblot) 1958.

(217) Gesammelte Aufsätze zur Sozial- und Wirtschaftsgeschichte. Von Max Weber. [Hrsg. v. Marianne Weber]. Tübingen (Mohr-Siebeck) 1924 [GAzSuW].

(218) Gesammelte Aufsätze zur Soziologie und Sozialpolitik. Von Max Weber. [Hrsg. v. Marianne Weber]. Tübingen (Mohr-Siebeck) 1924 [GAzSuS].

(219) Gedenkrede Max Webers auf Georg Jellinek bei der Hochzeit von dessen Tochter Frau Dr. Dora Busch am 21.3.1911]. In: Marianne Weber, Max Weber. Ein Lebensbild. Tübingen (Mohr-Siebeck) 1926, S. 481-486. [unvollständig und verändert].

(219a) dass. in: ebd., (2. Aufl.] Heidelberg (L. Schneider) 1950, S. 517-523.

(219b) dass. in: Max Weber zum Gedächtnis. Materialien und Dokumente zur Bewertung von Werk und Persönlichkeit, hrsg. v. R. König u. J. Winckelmann. Kölner Zeitschrift für Soziologie und Sozialpsychologie, hrsg. v. R. König, Sonderheft 7, Köln u. Opladen (Westdeutscher Verlag) 1963, S. 13-17 [nach der Originalniederschrift von Dora Busch].

(219/1) [Bericht für die Reservelazarettkommission Heidelberg, 1915]. In: Marianne Weber, Max Weber. Ein Lebensbild. Tübingen (Mohr-Siebeck) 1926, S. 545-560.

(219/Ia) dass. in: ebd., [2. Aufl.] Heidelberg (L. Schneider) 1950, S. 589-593 [unvollständig und verändert].

(220) Die protestantische Ethik und der Geist des Kapitalismus. Sonderdruck aus M. Weber, Gesammelte Aufsätze zur Religionssoziologie, I, S. 1-206. Tübingen (Mohr-Siebeck) 1934.

(221) Rechtssoziologie. Aus dem Manuskript hrsg. und eingeleitet v. J. Winckelmann. Soziologische Texte, hrsg. v. H. Maus u. F. Fürstenberg, Bd. 2, Neuwied (Luchterhand) 1960.

(221a) 2., überarbeitete Aufl., Neuwied/Berlin (Luchterhand) 1967.

(222) Soziologische Grundbegriffe. Sonderdruck aus "Wirtschaft und Gesellschaft", 4., neu hrsg. Aufl., besorgt v. J. Winckelmann, 1956, S. 1-30. Tübingen (Mohr-Siebeck) 1966.

(222a) 2., durchgesehene Aufl., Tübingen (Mohr-Siebeck) 1966.

(222b) 3., durchgesehene Aufl. Sonderausgabe aus: Wirtschaft und Gesellschaft, 5., revidierte Aufl. besorgt v. J. Winckelmann, 1972, S. 1-30. Tübingen (UTB/Mohr-Siebeck Bd. 541) 1976.

(222c) 4., durchgesehene Aufl.,Tübingen (UTB/Mohr-Siebeck Bd. 541) 1978.

(222d) 5., durchgesehene Aufl.,Tübingen (UTB/Mohr-SiebeckBd. 541) 1981.

(222e) 6., durchgesehene Aufl.,Tübingen (UTB/Mohr-Siebeck Bd. 541) 1984.

(223) Die protestantische Ethik. Eine Aufsatzsammlung. Hrsg. v. J. Winckelmann. München u. Hamburg (Siebenstern-Taschenbuch Bd. 53/54) 1965 [PE I].

(223a) 2., durchgesehene und erweiterte Aufl., München u. Hamburg (Siebenstern-Taschenbuch Bd. 53/54) 1969.

(223b) 3., durchgesehene und erweiterte Aufl., Hamburg (Siebenstern-Taschenbuch Bd. 53/54) 1973.

(223c) 4., durchgesehene Aufl., Hamburg (Siebenstern-Taschenbuch Bd.53/54) 1975.

(223d) 5., erneut überarbeitete und mit einem Nachwort versehene Aufl., Gütersloh:Gütersloher Verlagshaus Mohn 1979.

(223e) 6., erneut überarbeitete und mit einem Nachwort versehene Aufl., Gütersloh:Gütersloher Verlagshaus Mohn 1981.

(223f) 7., erneut überarbeitete und mit einem Nachwort versehene Aufl., Gütersloh:Gütersloher Verlagshaus Mohn 1984.

(223/I) An die Herren Teilnehmer der Leipziger Besprechung. [Zirkular Max Webers an eine Sondergruppe des Vereins für Sozialpolitik vom 15.11.1912.] Max-Weber-Archiv, München. In: Bernhard Schäfers, Ein Rundschreiben Max Webers zur Sozialpolitik. In: Soziale Welt, 18. Jg., Heft 2/3, 1967, S. 265-271.

(224) Die protestantische Ethik II. Kritiken und Antikritiken. Hrsg. v. J. Winckelmann. München u. Hamburg (Siebenstern-Taschenbuch Bd. 119/120) 1968 [PE II].

(224a) 2., durchgesehene und erweiterte Aufl., Hamburg (Siebenstern-Taschenbuch Bd. 119/120) 1972.

(224b) 3., durchgesehene und erweiterte Aufl., Gütersloh:Gütersloher Verlagshaus Mohn 1978.

(224c) 4., durchgesehene und erweiterte Aufl., Gütersloh:Gütersloher Verlagshaus Mohn 1982.

(225) Georg Simmel As Sociologist. Introduction by Donald N. Levine. In: Social Research, Vol. 39, 1/1972, S. 155-163.

(226) [Stichwortartiges Konzept einer politischen Rede für die Deutsche Demokratische Partei im Januar 1919] In: Wolfgang J. Mommsen, Max Weber und die deutsche Politik 1890 - 1920. 2. Aufl. Tübingen: Mohr-Siebeck 1974, S. 527-535

2. Exemplarische Sekundärliteratur

Die folgende Auswahl gliedert sich in gleicher Weise wie die ganze Arbeit. Zu jedem Abschnitt werden jene Arbeiten in alphabetischer Reihenfolge angeführt, die uns von besonderer Bedeutung zu sein scheinen, unabhängig vom Erscheinungsjahr, und die zugleich gute Ratgeber für weiterführende Literatur sind.

I. Das Leben

Anter, Andreas, Männer mit Eigenschaften. Max Weber, Emil Lask und Georg Simmel als literarische Figuren in Berta Lasks Roman "Stille und Sturm". In: Rowohlt Literatur Magazin, 30, 1992, S. 156-169.

Baumgarten, Eduard, Max Weber. Werk und Person. Dokumente, ausgewählt und kommentiert v. Eduard Baumgarten. Tübingen:Mohr-Siebeck 1964.

ders. 1977: Über Max Weber. Brief an Nicolaus Sombart. In: Merkur, 31.Jg., H.3 (März 1977), S. 296-300.

Demm, Eberhard, Alfred Weber und sein Bruder Max. Zum 25. Todestag Alfred Webers am 2. Mai 1983. In: Kölner Zeitschrift für Soziologie und Sozialpsychologie 35 (1983), S. 1-28.

Döhner, Otto, Das Hugenottengeschlecht Souchay de la Duboissière und seine Nachkommen. Neustadt:Deutsches Familienarchiv, Bd.19, 1961.

Fügen, Hans Norbert, Max Weber mit Selbstzeugnissen und Bilddokumenten dargestellt. Reinbek:Rowohlt 1985.

Green, Martin, The Von Richthofen Sisters. The Triumphant and the Tragic Modes of Love. Else and Frieda von Richthofen, Otto Gross, Max Weber, and D.H.Lawrence, in the Years 1870-1970. New York:Basic Books / London:Weidenfeld&Nicolson 1974. - Dt. Übers.: Else und Frieda, die Richthofen-Schwestern. Übers. v. Edwin Ortmann. München:Deutscher Taschenbuch Verlag 1980.

Honigsheim, Paul, Der Max-Weber-Kreis in Heidelberg. In: Kölner Vierteljahrshefte für Soziologie 5 (1926), S. 270-287.

ders., Marianne Weber 80 Jahre. In: Kölner Zeitschrift für Soziologie. Neue Folge der Kölner Vierteljahrsschrift für Soziologie. 3.Bd., 1950, S. 132-138.

Käsler, Dirk, Hrsg., Max Weber. Sein Werk und seine Wirkung. München:Nymphenburger Verlagshandlung 1972. Bes.: Zeittafel S. 349-360.

ders., Der retuschierte Klassiker. Zum gegenwärtigen Forschungsstand der Biographie Max Webers. In: Max Weber heute. Erträge und Probleme der Forschung. Hrsg. v. Johannes Weiß. Frankfurt/M.:Suhrkamp 1989, S. 29-54.

Koerner, Bernhard, Hrsg., Deutsches Geschlechterbuch. Bd.19. Görlitz:C.A. Starke 1911.

Lepsius, M. Rainer, Max Weber in München. Rede anläßlich der Enthüllung einer Gedenktafel. In: Zeitschrift für Soziologie, 6. Jg., H. 1, Jan. 1977, S. 103-118.

Mitzman, Arthur, The Iron Cage. An Historical Interpretation of Max Weber. With a New Introduction by the Author. New Brunswick/Oxford:Transaction Books 1985.

ders., Sociology and Estrangement, Three Sociologists of Imperial Germany. New Brunswick/Oxford:Transaction Books 1985.

Mommsen, Wolfgang J., Max Weber und die deutsche Politik 1880-1920. Tübingen:Mohr-Siebeck 1959, 2. überarbeitete und erweiterte Aufl. 1974.

Roth, Guenther, Weber the Would-Be Englishman: Anglophilia and Family History. In: Weber's Protestant Ethic. Origins, Evidence, Contexts. Ed. by Hartmut Lehmann and Guenther Roth. Washington, D.C.:German Historical Institute 1993, S. 83-121.

Weber, Marianne, Max Weber. Ein Lebensbild. Tübingen (Mohr-Siebeck) 1926. Heidelberg (L. Schneider) 1950. 3.Aufl., unveränd. Nachdr. d. 1.Aufl. ergänzt um Register und Verzeichnisse von Max Weber-Schäfer. Tübingen:Mohr-Siebeck 1984.

dies., Erfülltes Leben. Heidelberg:Lambert Schneider 1946.

dies., Lebenserinnerungen. Bremen (J. Storm) 1948.

Weiller, Edith, Max Weber und die Literarische Moderne. Ambivalente Begegnungen zweier Kulturen. Stuttgart:Metzler 1994.

Zwirner, Eberhard und *Gottfried Roesler*, Ahnentafel des Soziologen und Nationalökonomen Max Weber. Ahnentafeln berühmter Deutscher. Hrsg. v. der Zentralstelle für Deutsche Personen- und Familiengeschichte. 4. Folge, Lieferung 10, Leipzig 1937, S. 198-208.

II. Das Werk

1. Studien zur Agrar-, Wirtschafts- und Sozialgeschichte der Antike und des Mittelalters

Deininger, Jürgen, Vorwort, Einleitung, Editorischer Bericht. In: MWG I/2.

Heuß, Alfred, Max Webers Bedeutung für die Geschichte des griechisch-römischen Altertums. In: Historische Zeitschrift, Bd. 201, H. 3, Dez. 1965, S. 529-556.

Honigsheim, Paul, Max Weber as an Historian of Agriculture and Rural Life. In: Agricultural History, Vol. 23, July 1949, S. 170-213.

Love, John R., Antiquity and Capitalism. Max Weber and the sociological foundations of Roman civilization. London:Routledge 1991.

2. Studien zur Sozial- und Wirtschaftsverfassung des Wilhelminischen Deutschland

Honigsheim, Paul, Max Weber as Rural Sociologist. In: Rural Sociology, Vol. 11, 1946, S. 207-218.

Lazarsfeld, Paul F. und *Anthony R. Oberschall*, Max Weber and Empirical Social Research. In: American Sociological Review, Vol. 30, 1, 1965, S. 186-199.

Mommsen, Wolfgang J. und *Rita Aldenhoff*, Vorwort, Einleitung, Editorische Berichte. In: MWG I/4, 2 Halbbde.

Oberschall, Anthony, Empirical Social Research in Germany 1848-1914. Paris-The Hague:Mouton 1965.

Riesebrodt, Martin, Vorwort, Einleitung, Editorische Berichte. In: MWG I/3, 2 Halbbde.

3. Schriften zur Religionssoziologie

a) Studien zur Kulturbedeutung des Protestantismus

Green, Robert W., Hrsg., Protestantism, Capitalism, and Social Science. The Weber Thesis Controversy. 2nd ed. Lexington u.a.:D.C.Heath 1973.

Nelson, Benjamin, Weber's Protestant Ethic: Its Origins, Wanderings and Foreseeable Futures. In: Charles Y. Glock and Phillip E. Hammond, Hrsg., Beyond the Classics ? Essays in the Scientific Study of Religion. New York:Harper & Row 1973, S. 71-130.

Seyfarth, Constans und *Walter M. Sprondel*, Hrsg., Seminar: Religion und gesellschaftliche Entwicklung. Studien zur Protestantismus-Kapitalismus-These Max Webers. Frankfurt/M.:Suhrkamp 1973.

Tawney, R. H., Religion und Frühkapitalismus. Eine historische Studie. (Dt. Übers. von: Religion and the Rise of Capitalism, Harmondsworth:Penguin 1938.) Bern:Francke o. J. [1946].

Weiß, Johannes, Max Webers Grundlegung der Soziologie. Eine Einführung. München:Verlag Dokumentation/UTB 1975.

b) Die Wirtschaftsethik der Weltreligionen

Schluchter, Wolfgang, Hrsg., Max Webers Studie über das antike Judentum. Interpretation und Kritik. Frankfurt/M.:Suhrkamp 1981.

ders., Hrsg., Max Webers Studie über Konfuzianismus und Taoismus. Interpretation und Kritik. Frankfurt/M.:Suhrkamp 1983.

ders., Hrsg., Max Webers Studie über Hinduismus und Buddhismus. Interpretation und Kritik. Frankfurt/M.:Suhrkamp 1984.

ders., Hrsg., Max Webers Sicht des antiken Christentums. Interpretation und Kritik. Frankfurt/M.:Suhrkamp 1985.

ders., Max Webers Religionssoziologie. Eine werkgeschichtliche Rekonstruktion. In: ders., Hrsg., Max Webers Sicht des antiken Christentums. Interpretation und Kritik. Frankfurt/M.:Suhrkamp 1985, S. 525-560.

ders., Hrsg., Max Webers Sicht des Islam. Interpretation und Kritik. Frankfurt/M.:Suhrkamp 1987.

ders., Hrsg., Max Webers Sicht des okzidentalen Christentums. Interpretation und Kritik. Frankfurt/M.:Suhrkamp 1988.

ders., Religion und Lebensführung. 2 Bde. Frankfurt/M.:Suhrkamp 1988.

Schmidt-Glintzer, Helwig und *Petra Kolonko*, Vorwort, Einleitung, Editorischer Bericht. In: MWG I/19

4. Die Wirtschaft und die gesellschaftlichen Ordnungen und Mächte (Wirtschaft und Gesellschaft)

a) Rechtssoziologie

Breuer, Stefan und *Hubert Treiber*, Hrsg., Zur Rechtssoziologie Max Webers. Interpretation, Kritik, Weiterentwicklung. Opladen:Westdeutscher Verlag 1984.

Dux, Günter, Strukturwandel der Legitimation. Freiburg-München:Alber 1976. [Teil VI: Glauben - Werten - Wissen. Die Rechtslehre Max Webers.]

Rehbinder, Manfred, Max Webers Rechtssoziologie: Eine Bestandsaufnahme. In: Max Weber zum Gedächtnis. Materialien und Dokumente zur Bewertung von Werk und Persönlichkeit. Hrsg. v. René König und Johannes Winckelmann. Köln-Opladen: Westdeutscher Verlag 1963, S. 470-488.

ders. und *Klaus-Peter Tieck*, Hrsg., Max Weber als Rechtssoziologe. Berlin 1987.

b) "Allgemeine Soziologie"

Girndt, Helmut, Das soziale Handeln als Grundkategorie erfahrungswissenschaftlicher Soziologie. Tübingen:Mohr-Siebeck 1967.

Levine, Donald N., Das Problem der Vieldeutigkeit in der Begründung der Soziologie bei Emile Durkheim, Max Weber und Georg Simmel. In: Simmel und die frühen Soziologen. Hrsg. v. Otthein Rammstedt. Frankfurt/M.:Suhrkamp 1988, S. 181-195.

Schluchter, Wolfgang, "Wirtschaft und Gesellschaft" - Das Ende eines Mythos. In: Max Weber heute. Erträge und Probleme der Forschung. Hrsg. v. Johannes Weiß. Frankfurt/M.:Suhrkamp 1989, S. 55-89.

Tenbruck, Friedrich H., Abschied von Wirtschaft und Gesellschaft. In: Zeitschrift für die gesamte Staatswissenschaft, 133, 1977, S. 703-736.

Weiß, Johannes, Max Webers Grundlegung der Soziologie. Eine Einführung. München:Verlag Dokumentation/UTB 1975, S. 80ff.

Winckelmann, Johannes, Max Webers hinterlassenes Hauptwerk: Die Wirtschaft und die gesellschaftlichen Ordnungen und Mächte. Tübingen:Mohr-Siebeck 1986.

c) Wirtschaftssoziologie

Mommsen, Wolfgang J., Kapitalismus und Sozialismus. Die Auseinandersetzung mit Karl Marx, in: Ders., Max Weber. Gesellschaft, Politik und Geschichte. Frankfurt/M.:Suhrkamp 1974, S. 144-181.

Wilbrandt, Robert, Kritisches zu Max Webers Soziologie der Wirtschaft. In: Kölner Vierteljahrshefte für Soziologie, V. Jg., 1925/26, S. 171-186.

d) Soziologie der Herrschaft

Anter, Andreas, Max Webers Theorie des modernen Staates. Herkunft, Struktur und Bedeutung. Berlin:Duncker & Humblot 1994.

Breuer, Stefan, Max Webers Herrschaftssoziologie. Frankfurt/M.-New York:Campus 1991.

ders., Bürokratie und Charisma. Zur Politischen Soziologie Max Webers. Darmstadt:Wissenschaftliche Buchgesellschaft 1994.

Löwenstein, Karl, Max Webers staatspolitische Auffassungen in der Sicht unserer Zeit. Frankfurt/M.-Bonn:Athenäum 1965.

Winckelmann, Johannes, Legitimität und Legalität in Max Webers Herrschaftssoziologie. Tübingen:Mohr-Siebeck 1952.

e) Musiksoziologie

Braun, Christoph, Max Webers "Musiksoziologie". Laaber:Laaber Verlag 1992. (= Neue Heidelberger Studien zur Musikwissenschaft; Bd. 20)

ders., Grenzen der Ratio, Grenzen der Soziologie. Anmerkungen zum "Musiksoziologen" Max Weber. In: Archiv für Musikwissenschaft, Jg.LI, H. 1 (1994), S. 1-25.

Silbermann, Alphons, Max Webers musikalischer Exkurs. In: Max Weber zum Gedächtnis. Materialien und Dokumente zur Bewertung von Werk und Persönlichkeit. Hrsg. v. René König und Johannes Winckelmann. Köln-Opladen:Westdeutscher Verlag 1963, S. 448-469.

III. Die Methode

Burger, Thomas, Max Weber's Theory of Concept Formation. Durham:Duke University Press 1987.

Bruun, H. H., Science, Values and Politics in Max Weber's Methodology. Copenhagen:Munksgaard 1972.

Hennis, Wilhelm, Der Sinn der Wertfreiheit. Zu Anlaß und Motiven von Max Webers "Postulat". In: Der demokratische Verfassungsstaat. Hrsg. v. Oscar W. Gabriel u.a. München:Oldenbourg 1992, S. 97-114.

Henrich, Dieter, Die Einheit der Wissenschaftslehre Max Webers. Tübingen:Mohr-Siebeck 1952.

Janoska-Bendl, Judith, Methodologische Aspekte des Idealtypus. Max Weber und die Soziologie der Geschichte. Berlin:Duncker & Humblot 1965.

Oakes, Guy, Weber and Rickert. Concept Formation in the Cultural Sciences. Cambridge/Mass.:MIT Press 1988.

ders., Die Grenzen kulturwissenschaftlicher Begriffsbildung. Frankfurt/M.:Suhrkamp 1990.

Prewo, Rainer, Max Webers Wissenschaftsprogramm. Versuch einer methodischen Neuerschließung. Frankfurt/M.:Suhrkamp 1979.

Tenbruck, Friedrich H., Abschied von der Wissenschaftslehre ? In: Max Weber heute. Erträge und Probleme der Forschung. Hrsg. v. Johannes Weiß. Frankfurt/M.:Suhrkamp 1989, S. 90-115.

ders., Die Wissenschaftslehre Max Webers. Voraussetzungen zu ihrem Verständnis. In: Wagner, Gerhard und Heinz Zipprian, Hrsg., Max Webers Wissenschaftslehre. Frankfurt/M.:Suhrkamp 1994, S. 367-389.

Turner, Stephen P. und *Regis A. Factor*, Max Weber and the dispute over reason and values. A study in philosophy, ethics, and politics. London:Routledge 1984.

von Schelting, Alexander, Max Webers Wissenschaftslehre. Das logische Problem der historischen Kulturerkenntnis. Die Grenzen der Soziologie des Wissens. Tübingen:Mohr-Siebeck 1934.

Wagner, Gerhard, Geltung und normativer Zwang. Eine Untersuchung zu den neukantianischen Grundlagen der Wissenschaftslehre Max Webers. Freiburg und München:Alber 1987.

ders. und *Heinz Zipprian*, Hrsg., Max Webers Wissenschaftslehre. Frankfurt/M.:Suhrkamp 1994.

IV. Die Wirkung

Albrow, Martin, Max Weber's Construction of Social Theory. London:Macmillan 1990.

Alexander, Jeffrey C., Theoretical Logic in Sociology. The Classical Attempt at Theoretical Synthesis: Max Weber. Berkeley:University of California Press 1983.

Bendix, Reinhard und Guenther Roth, Scholarship and Partisanship: Essays on Max Weber. Berkeley:University of California Press 1971.

Boese, Franz, Geschichte des Vereins für Sozialpolitik 1872-1932. Im Auftrage des Liquidationsausschusses verfaßt vom Schriftführer. (= Schriften des Vereins für Sozialpolitik, Bd. 188). Berlin:Duncker & Humblot 1939.

Conrad, Else, Der Verein für Sozialpolitik und seine Wirksamkeit auf dem Gebiet der gewerblichen Arbeiterfrage. Jena:G. Fischer 1906.

Habermas, Jürgen,Theorie des kommunikativen Handelns. 2 Bde. Frankfurt/M.:Suhrkamp 1981.

Hennis, Wilhelm, Max Webers Fragestellung. Studien zur Biographie des Werks. Tübingen:Mohr-Siebeck 1987.

Kocka, Jürgen, Hrsg., Max Weber, der Historiker. Göttingen:Vandenhoeck & Ruprecht 1968.

Kretschmar, Gottfried, Der Evangelisch-Soziale Kongreß. Der deutsche Protestantismus und die soziale Frage. Stuttgart:Evangelisches Verlagswerk 1972.

Lindenlaub, Dieter, Richtungskämpfe im Verein für Sozialpolitik. Wissenschaft und Sozialpolitik im Kaiserreich vornehmlich vom Beginn des "Neuen Kurses" bis zum Ausbruch des Ersten Weltkrieges (1880-1914). 2 Teile. In: Vierteljahresschrift für Sozial- und Wirtschaftsgeschichte. Beiheft 52, 53. Wiesbaden:F. Steiner 1967.

Mommsen, Wolfgang J. und *Jürgen Osterhammel*, Hrsg., Max Weber and His Contemporaries. London:Allen & Unwin 1987.

Mommsen, Wolfgang J. und *Wolfgang Schwentker*, Hrsg., Max Weber und seine Zeitgenossen. Göttingen:Vandenhoeck & Ruprecht 1987.

Münch, Richard, Theorie des Handelns. Zur Rekonstruktion der Beiträge von Talcott Parsons, Emile Durkheim und Max Weber. Frankfurt/M.:Suhrkamp 1982.

Parsons, Talcott, The Structure of Social Action. A Study in Social Theory with Special Reference to a Group of Recent European Writers. New York:Free Press 1937.

Plessen, Marie L., Die Wirksamkeit des Vereins für Socialpolitik von 1872-1890. Studien zum Katheder- und Staatssozialismus. Berlin:Duncker & Humblot 1975.

Roth, Guenther und *Wolfgang Schluchter*, Max Weber's Vision of History. Ethics and Methods. Berkeley:University of California Press 1979.

Roth, Guenther, Politische Herrschaft und persönliche Freiheit. Heidelberger Max Weber-Gastvorlesungen 1983. Frankfurt/M.:Suhrkamp 1987.

Scaff, Lawrence A., Fleeing the Iron Cage. Culture, Politics, and Modernity in the Thought of Max Weber. Berkeley:University of California Press 1989.

Schluchter, Wolfgang, Die Entwicklung des okzidentalen Rationalismus. Eine Analyse von Max Webers Gesellschaftsgeschichte. Tübingen:Mohr-Siebeck 1979.

ders., Rationalismus der Weltbeherrschung. Studien zu Max Weber. Frankfurt/M.: Suhrkamp 1980.

Shils, Edward A., The Power of the State and the Dignity of the Academic Calling in Imperial Germany: The Writings of Max Weber. Chicago:University of Chicago Press 1973.

Sica, Alan, Weber, Irrationality, and Social Order. Berkeley:University of California Press 1988.

Turner, Bryan S., Max Weber: From History to Modernity. London:Routledge 1993.

Weiß, Johannes, Das Werk Max Webers in der marxistischen Rezeption und Kritik. Opladen:Westdeutscher Verlag 1981.

Personenregister

Sachregister

Weil ihm immer öfter begegnet!

Ortsarbeiten (bei meinen Ort-kunde Recherchen)

Stadt – Architekten